학교폭력 예방의 이론과 실제 2판

SCHOOL
VIOLENCE
PREVENTION

푸른나무재단 학교폭력문제연구소 편
이규미 · 지승희 · 오인수 · 송미경 · 장재홍
정제영 · 조용선 · 이정윤 · 이은경 · 고경희
오혜영 · 이유미 · 김승혜 · 최희영 공저

학지사

2판 머리말

이 책의 2판 작업을 마무리하는 현재는 코로나 사태가 예상보다 장기화되고, 여전히 학교등교여부가 쟁점화되고 있는 시점이다. 한편, 학생의 교우관계 경험부족이 사회성 발달에 문제가 될 수 있다는 안타까운 현실에 직면해 있는 와중에도 심각한 학교폭력 사건들이 이어지면서 놀라움을 안겨 주고 있다. 또한 연예인, 스포츠 선수 등 유명인의 가해로 인한 과거 학창시절 피해경험에 대한 폭로가 이어졌다. 게다가 일부 청소년들이 저지르는 사이버공간에서의 범죄는 어른들은 상상도 못할 새로운 수법으로 발전된 양상이며 학교폭력 성격의 성폭력도 지속적으로 보도되고 있다. 그리고 무엇보다 근래 몇 년간 관련통계 수치가 낮았던 것과는 달리 최근 피해율 증가 등의 부정적인 변화가 눈에 뜨인다.

과거 학교폭력의 심각성에 정부와 모든 국민의 관심이 최고조에 달했던 때는 2011년 12월 대구에서 학교폭력피해로 시달리던 중학생이 자살한 사건 직후일 것이다. 2011년도는 푸른나무재단(당시 청소년폭력예방재단)에서 매년 실시하는 실태조사에서 피해율이 가장 높았던 해로 그만큼 학교폭력 문제가 심각했던 것 아닌가 생각되며, 이 학생의 안타까운 죽음과 유서내용은 전 국민에게 학교폭력의 심각성과 경각심을 일깨워 주었다.

그 이듬해인 2012년 교육부는 '학교폭력근절 종합대책'을 발표하고, 매년 1, 2차에 걸쳐 학교폭력실태 전수조사를 실시하기 시작했다. 이 책의 본문에도 나와 있듯이 이후 많은 관련 법이나 정책에 변화가 있었고 교육부 조사결과 2017년까지 꾸준히 피해율이 감소했었다. 푸른나무재단 조사결과에서도 약간의 증감이 있었으나 감소추세가 이어지면서 2014년도엔 가장 낮은 피해율을 보였다. 문제는 교육부 조사 피해율이 2018년 이후 매우 적은 차이로 증가하고 있고, 푸른나무재단 수치 역시 2015년 이후 증가로 돌아서서 2019년 다시 크게 증가한 수치를 보였다는 것이다. 이러한 증가가 일과적 현상인지 다시 증가추세로 돌아선 것인지는 아직 불분명하지만 최근 여러 가지 현상을 감안할 때 현 시점은 또 다시 사회전체의 관심과 적극적인 예방적 접근이 요구되는 시기일 수 있다.

이 책의 초판이 출판된 이후 꽤 많은 시간이 흘렀다. 그럼에도 이 책은 많은 독자들의 선택을 받으며 오늘날까지 교사교육 및 학교폭력 예방활동 현장에서 널리 활용되어 왔다는 데 감사드린다. 좀 더 일찍이 2판 작업이 이루어졌어야 하지만 앞에서 언급한 이유들과 함께 이 시점에 서둘러 2판 작업이 이루어진 것은 참으로 다행이라는 생각이 든다. 초판에서 전체적인 구조나 기본 내용이 독자들로부터 좋은 평가를 받았다는 점을 고려하여 전면개정보다는 최신 자료와 정보를 반영하는 부분 개정을 하였다. 개정된 주요내용은 근래의 학교폭력실태의 변화와 양상, 해결과제 등을 분석 제시하였고, 최근 법 개정을 통해 학교폭력에 대한 공정한 처리를 강화하고 학생들 간의 관계회복이 우선 이루어질 수 있는 패러다임의 전환이 갖는 의미와 학교장자체해결제와 같은 주요 변화를 담고 있다. 이외에도 학교차원의 정책 및 예방활동, 학교폭력의 구조와 피해학생, 가해학생, 주변학생 등 관련학생들에 대한 이해, 그리고 사이버폭력, 성폭력, 부모교육과 상담, 분쟁조정활동의 실제에 관한 최신 정보와 지식을 담고자 했다. 부족하나마 이러한 내용들이 학교폭력문제 예방 및 개입에 헌신하고 있는 현장교사와 교원양성과정에 있는 예비교사 그리고 다양한 학교폭력 현장 실무자 및 연구자들에게 도움이 되기 바란다.

이 책은 우리나라의 대표적인 학교폭력문제전문 NGO인 푸른나무재단 학교폭력문제연구소 편저서로 출판되었다. 이러한 기회를 열어 주신 푸른나무재단 설립자 김종기 명예이사장과 문용린 이사장, 그리고 실무진의 비폭력문화 확산을 위한 의지와 헌신에 감사드린다. 또한 2판의 출판기회를 주신 학지사 김진환 대표님, 실질적인 지원을 아끼지 않은 유명원 부장과 김현주 편집자께도 감사드린다. 끝으로 정부와 학교뿐 아니라 전 국민이 관심을 갖고 함께 노력하면 학교 폭력도 감소한다는 경험을 되새기면서 학교폭력문제 예방 및 근절에 대한 관심과 노력을 놓지 않기 바라면서, 이 책이 그 필요성과 방법을 찾아가는 데 도움이 되기를 기대한다.

2021년 9월
저자 대표 이규미

감사의 글

학교폭력의 심각성은 날로 더해 가고 있으며 그 양상이 급변하고 있다. 폭력의 양상이 달라지면 대처방식이 달라져야 한다. COVID-19는 전 세계적으로 예기치 못한 혼란을 가져왔다. 우리의 삶을 완전히 바꾸어 비대면을 새로운 일상으로 만들었다. 문이 닫힌 학교에도 학교폭력은 사라지지 않았다. 사이버 공간에서 많은 시간을 보낼 수밖에 없는 청소년들은 사이버폭력 위험에 나날이 노출되고 있다. 시공간을 초월한 사이버폭력은 다양한 형태로 진화하여 청소년들의 고통을 가중시키고 있다.

최근에는 학교폭력 재연(再燃)현상이 발생하고 있다. 소위 학폭미투는 과거 미해결된 학교폭력 피해자가 유명해진 가해자와 의도하지 않게 마주하면서 트라우마를 재경험하게 된 것이다. 학교폭력 피해 기억은 평생 가는 아픔과 만성의 고통을 수반한다. 재연현상은 학교폭력 발생 당시 학교 현장에서의 해결이 얼마나 중요한지를 알려 주고 있다. 가해자의 진심 어린 반성을 통한 피해자의 회복은 학교폭력 발생 당시 이루어져야 하는 것이다.

학교폭력은 더 이상 학교만의 문제가 아니다. 전 사회적 문제이다. 학교폭력 해결과 피해 학생 회복을 위해 가정, 학교, 정부, 지역사회, 기업, 민간단체 등 사회구성원 모두의 협력과 참여가 필요하다.

이 책은 푸른나무재단(청소년폭력예방재단) 학교폭력문제연구소가 학교폭력 문제해결의 학문적 연구를 위해 『학교폭력 예방과 상담』『학교폭력 위기개입의 이론과 실제』에 이어 2014년 동 연구소의 자문위원, 이 분야 전문가, 재단 활동가의 실제 경험을 바탕으로 싣고 있다.

초판 이후 지난 7년간 「학교폭력 예방 및 대책에 관한 법률(학교폭력예방법)」에 많은 변화가 있었고 학교폭력은 새로운 양상으로 나타나고 있어 이를 반영한 개정이 필요하게 되었다. 이번 개정판이 학교폭력 예방 및 대처의 이론과 지식 그리고 실천의 경험과 지혜를 줄 수 있을 것이라 믿는다.

끝으로 여러 가지 어려운 상황에서도 개정판 출간을 위해 노력해 주신 이규미 교수 외 공동 집필진께 깊은 감사의 말씀을 전한다. 그리고 이 책의 출판을 항상 격려하고 지지해 주신 푸른나무재단 설립자 김종기 명예이사장과 학교폭력 현장에서 늘 진심으로 최선을 다하는 우리 재단 활동가들 그리고 이 책의 제작과 발간에 노력해 주신 학지사 김진환 대표에게도 감사를 전한다. 아무쪼록 학교폭력 예방의 이론과 실제에 관심을 갖고 있는 모든 분께 도움이 되기를 바란다.

2021년 9월
푸른나무재단 이사장 문용린

1판 머리말

    교사는 학생들의 지적인 교육뿐 아니라 인성적 발달 및 성숙에 도움을 주어야 하는 중요한 위치에 있다. 과거부터 교사는 학생의 교과목 지도뿐만 아니라 생활지도 및 인성지도를 담당해 왔지만, 최근엔 가정기능의 약화 현상이 두드러지면서 교사의 이러한 역할에 대한 관심과 기대가 더욱 강조되고 있는 추세다. 가정이 해체되었거나 가정으로부터 충분한 정서적 지지를 받지 못하는 학생들, 사회성이 부족하거나 인간관계에 어려움을 겪는 학생들이 증가하고 있고, 학교현장에서는 학생들 간 심각한 수준의 폭력이나 자살 등의 사건이 발생하기도 한다. 심지어 교사를 대상으로 한 폭력 사건도 적지 않게 일어나고 있다. 이러한 일들은 교사들에게 무거운 짐이자 극복해야 할 과제가 된다. 특히 어려운 문제를 겪고 있는 학생들일수록 유능하고 준비된 교사의 도움을 필요로 하기 때문에 교사는 학교폭력을 예방하는 일뿐 아니라 다양한 적응 및 행동문제에 대한 대처능력을 갖추는 것이 매우 중요하다.

    이 책은 교사들이 학교폭력에 대한 깊이 있는 이해와 학교현장에서의 학교폭력의 예방 및 대처에 필요한 지식과 역량을 갖추는 데 도움을 주기 위해 기획되었다. 현직 교사, 교원양성과정을 위해 개설되는 교직과목을 이수하는 예비 교사뿐만 아니라 학교폭력에 대한 전체적인 맥락과 함께 예방 및 대처, 관련 프로그램 및 지도방안에 이르기까지 다차원적인 대책에 관심이 있는 현장전문가들에게도 도움이 되는 내용을 담고 있다. 이 책을 통해 교사는 학교현장에서 학급운영을 하면서 학교폭력 예방프로그램을 실시하고, 교과 시간에 수시로 이에 대한 자각과 주의를 환기시키는 예방활동을 전개할 수 있다. 또한 학교폭력의 징후를 발견하거나 구체적인 사건을 보고 받았을 때 이를 지도하고 개입하는 데 도움을 얻을 수 있다.

이미 대부분의 교사가 주지하고 있겠지만 학교폭력을 예방하기 위한 교육, 예방, 발견, 개입 등의 다양한 교사의 역할 중, 어느 것 하나 중요하지 않은 것이 없다는 것을 이 책을 통해 다시 한 번 확인하게 될 것이다. 이러한 역할을 효과적으로 해내기 위해서는 학교폭력 문제의 전체 맥락에 대한 지식을 갖추고 있어야 한다. 이를 위해 집필진은 독자들이 학교폭력에 대한 기본적이고 맥락적인 지식을 갖추고, 교사로서 학교폭력 예방 및 대처방법을 학교 및 학급에, 또는 개인적 상황에 알맞게 적용할 수 있는 내용으로 구성하고자 했다. 구체적인 내용은 학교폭력의 정의, 문제양상 및 새로운 폭력의 형태, 학교폭력의 구조 및 각 참여자들의 역할 등 기본적인 이해를 돕는 내용에서 시작하여 관련 법률 및 학교 차원의 정책에 대한 이해, 교사로서 각자 실천할 수 있는 학급운영 방법 및 학교폭력 대처 및 개입에 관한 내용을 담고 있다. 그리고 학교폭력 문제로 분쟁이 벌어졌을 때 교사로서 당사자들을 효율적으로 안내하고 대처하는 데 필요한 내용으로 마무리하였다. 각 장은 개요와 본문 그리고 토론주제로 구성되어 있다. 이러한 내용을 학습하고 직무환경에 적용하는 교사들은 학교폭력 발생 시 준비된 자세로 임할 수 있을 뿐 아니라, 교사 직무에 대한 효능감을 갖고 자신의 유능성을 최대한 발휘할 수 있을 것으로 기대된다.

이 책이 나오게 된 배경에는 (재)청소년폭력예방재단 학교폭력문제연구소와 동 연구소의 자문위원으로 활동해 온 전문가들이 있다. 이 책의 집필자 대부분은 동 연구소 자문위원이었으며, 오랜 기간 학교폭력 관련 정책, 연구, 상담, NGO 활동 등 각 분야에서 학교폭력 문제에 관심을 갖고 직접 참여해 온 전문가들이다. 본 자문위원단은 학교폭력 문제해결을 위해 무엇보다 교사들의 역할이 중요하다는 데 뜻을 모았다. 경험적 연구에 의하면 학교폭력에 대한 지식과 태세를 갖추는 것이 교사뿐만 아니라 학생들 대상의 결과에서도 의미 있는 효과로 나타났기 때문에 이러한 작업은 매우 중요할 것으로 기대된다.

집필진은 출판의 필요성에 뜻을 모으는 것에서 시작하여 전체적인 내용을 구성하고, 각 내용을 담당할 최적의 집필진을 선정하는 일련의 과정을 함께했다. 다양한 필자들이 모여 한 권의 책을 만들어 내는 작업은 매우 어려운 일이 될 수도 있으나, 모든 필진은 적극적으로 의견을 개진하고 차질 없이 원고 작성에 참여하는 성의를 보였다. 개인적으로 훌륭한 필진과 작업한 것을 기쁘게 생각하며, 본 지면을 통해 깊은 감사를 전한다.

　또한 학교폭력 예방의 이론과 실제를 주제로 한 책을 출판하는 작업의 중요성에 공감하시고 기획에서부터 최종 마무리까지 전 과정을 지원해 주신 (재)청소년폭력예방재단 김종기 이사장과 실무를 맡아 준 담당자께 필자를 대표해서 감사드린다. 끝으로 이 책이 출판될 수 있도록 실질적인 지원을 해 주신 학지사 김진환 대표 및 실무자 여러분께도 감사를 전한다. 모쪼록 학교폭력 예방의 이론과 실제에 관심을 갖는 많은 분께 실질적으로 도움이 되는 책이 되기를 바란다.

2014년 2월
저자 대표 이규미

차례

제10장 성폭력의 예방과 지도　285

제1장

학교폭력의 정의와 특징

　이 장에서는 학교폭력 문제를 학습하는 데 필요한 기초 지식 및 이해를 돕는 데 목적을 두고, 우선 학교폭력 개념이 서구와 우리 사회에 등장한 시기를 소개한다. 학교폭력을 법률과 학문적 연구결과들에 기초하여 정의함으로써 또래 간의 장난이나 싸움과 구분할 수 있도록 한다. 구체적으로 어떤 행동들이 학교폭력 행동이라고 할 수 있는지 유형별로 살펴보고, 우리 사회 학교폭력의 실태, 양상, 최근의 추세 및 문제점을 살펴볼 것이다. 또한 학교폭력의 원인 및 위험요인에 대한 다차원적인 분석을 통해 학교폭력 문제의 발생기제를 심도 있게 이해하는 기회를 갖는다. 끝으로 본 교재에서 다루게 될 다양한 학교폭력 예방 및 대책들의 성격에 대한 이해를 돕기 위해 이를 예방적 접근, 대응적 접근, 정책적 접근의 큰 범주로 나누어 간단히 소개할 것이다.

1. 학교폭력의 정의 및 유형

1) 학교폭력 개념의 등장

학교폭력 사건이 언제부터 등장했는지는 정확하게 말할 수 없으나 이를 심각하게 판단하여 문제 제기를 하거나 주제로 삼아 연구를 수행하기 시작한 것은 오래되지 않았다. 서구에서는 노르웨이의 심리학자인 Olweus 교수가 1970년대에 학교폭력을 연구주제로 방대한 프로젝트를 진행하여 그 결과를 전 세계에 알리기 시작했다. 그는 1970년대에 연구를 시작해서 1973년에 가해자 및 피해자에 대한 첫 과학적 연구결과를 자국어로 발표했고, 이어서 1978년에 『학교에서의 공격성: 가해자와 피해자(Aggression in the Schools: Bullies and Whipping Boys)』라는 책을 영어로 출판하여 이를 전 세계에 알렸다(Clemson University, 2003). 북유럽에서는 관련된 용어로 'mobbing'(노르웨이, 덴마크) 또는 'mobbning'(스웨덴, 핀란드)이라는 단어가 사용되어 왔으나, Olweus(1993)는 이 단어가 갖는 의미가 커다란 익명의 집단이라는 의미가 강하게 내포되어 있는 것에 문제를 제기했다. Olweus는 베르겐 대학에서 진행한 연구를 통해 집단에 의해서뿐 아니라 한 명의 다른 학생들로부터 괴롭힘을 당하는 경우도 많다는 것을 발견하고, 'mobbing'보다는 'bullying'이라는 단어 사용을 주장하였다. Olweus의 연구는 이후 전 세계에서 학교폭력에 관심을 갖고, 이를 체계적으로 연구하는 데 촉진적인 역할을 하였다. 미국에서는 1980년대 후반부터 괴롭힘 주제 연구물이 크게 증가하여 1997~2007년 사이에 200% 증가한 것으로 보고되었다(Swearer, Espelage, & Napolitano, 2009).

우리나라의 경우 학교폭력이 사회적 문제로 부각되기 시작한 것은 1990년대 중반부터이지만 우리나라에서도 학교폭력 행동이나 사건은 오래 전부터 있었던 것으로 보인다. 관련 글(민병욱, 2010)에 의하면 1990년대 이전에도 간간히 따돌림과 관련된 사건·사고 또는 보복행동이 보도됐지만 이는 매우 특이한 사건으로 취급되었다. 그러던 중 1980년대 중반 일본의 이지메 현상과 이로 인한 학생들의 자살사건이 국내에 전해지면서 이와 유사한 사건들이 우리나라에서도 일어나고 있다는 보도가 등장하였다. 그러나 학교폭력 사건이 본격적인 사회문제로 등장하고 이를 연구대상으로 삼는 등, 보다 적극적인 움직임은 1990년대에 일어나기 시작했다. 이러한 움직임 중 하나가 학교폭력 피해로 인해 자살한 한 고등학생의 아버지가 1995년 학교폭력의 심각성을 사회에 알리고 학교폭력 예방과 치료를 위한 활동을 목적으로 (재)청소년폭력예방재단(설립자 김종기)을 설립하며 본격적으로 사회문제화한 것이다. 이때는 이미 학교현장에서 따돌림 등의 문제가 심각해지고 있는 상황이었던 것으로 보인다. 이후 몇 년 사이에 본격적인 현장보고와 연구가 이어지면서 이에 대한 관심이 고조되었는데, 당시 이러한 관심의 초점은 따돌림 문제에 있었다. 정부의 '학교폭력 예방 및 근절 종합대책의 발표' 등과 함께 1997년 청소년대화의광장에서는 상담현장을 중심으로 이루어진 따돌림 사례의 특징과 지도방안을 제시한『따돌리는 아이들, 따돌림 당하는 아이들』이라는 주제의 토론회 및 자료집을 발간하였고, 이어서 1998년 서울특별시청소년종합상담실에서는 상담사례에 나타난 문제 및 피해자의 특징을 분석한 '왕따현상에 대한 이해와 상담접근'이라는 주제의 심포지엄을 개최하였다. 또한 1999년 한국교육개발원 연구보고서인「학생의 집단따돌림에 대한 대책연구」가 발간되는 등 이에 대한 본격적인 관심과 연구가 집중되기 시작했다. 정부의 적극적인 관심도 시작되어 2004년에는「학교폭력 예방 및 대책에 관한 법률」이 제정되었고, 교육인적자원부에서는 2005년에 제1차 학교폭력 예방 및 대책 5개년 계획을 발표하는 등 학교폭력은 국민 모두가 관심을 갖고 근절해야 할 사회문제로 부각되어 오늘에 이르렀다.[1]

2) 학교폭력의 정의

(1) 괴롭힘 개념의 등장 및 정의

서구 사회에서는 Olweus가 사용하고 소개한 이래로 괴롭힘(bullying)이란 용어를 주로 사용하고 있는데, Olweus(1993)는 괴롭힘을 "한 학생이 한 명의 학생이나 여러 명의 학생에 의한 부정적인 행위에 반복적이고 지속적으로 노출되었을 때 이는 괴롭힘을 당하거나 피해를 겪고 있는 것"(p. 9)이라고 정의했다. 그

---

[1] 재단법인 청소년대화의 광장은 현재 청소년상담복지개발원, 서울특별시청소년종합상담실은 현재 서울시청소년상담복지센터, 그리고 교육인적자원부는 현재 교육부의 당시 명칭이다.

는 부정적인 행위에는 언어적 · 신체적 표현이나 표정, 몸짓에 의한 것들이 포함된다고 덧붙였다. Ma 등(Ma, Stewin, & Mah, 2001)은 괴롭힘에 대해 공격자는 권한과 만족을, 희생자는 고통의 결과를 가져오는 신체적 · 정신적 힘의 불균형을 낳는 일련의 반복되는 행동이라고 정의한 바 있다. 미국보건후생부(2021)는 괴롭힘을 학령기 아동 간의 실제적이거나 지각된 힘의 불균형이 포함된 원치 않는, 반복적이거나 반복될 가능성이 있는 공격적인 행동으로 정의하고, 이러한 행동으로 인해 괴롭히거나 괴롭힘 당하는 양쪽이 모두 심각하고 지속적인 문제를 가질 수 있다고 덧붙인다. 보다 구체적으로는 상대를 통제하거나 해치기 위해서 신체적 힘, 당혹스러운 정보에 대한 접근, 인기 등을 사용하는 것과 같은 힘의 불균형 그리고 한 번 이상 반복하거나 반복할 가능성이 내포된 공격적인 행동을 괴롭힘으로 본다. 미국심리학회(2021)에서는, 괴롭힘은 어떤 사람이 다른 사람을 고의적이고 반복적으로 해를 입히거나 불편하게 하는 공격행동의 한 형태로, 이는 신체적 접촉, 언어나 다른 미묘한 행동의 형태로 가해질 수 있다고 정의하고 있다.

이외에도 괴롭힘에 대한 여러 학자들의 정의는 크게 다르지 않으며, 각 정의에는 몇 가지 중요한 공통요소가 포함되어 있다. 가장 두드러진 것은 의도적이며, 반복적이고, 힘의 불균형적인 요소에 관한 것이다. 선행연구들(Carrera, DePalma, & Lameiras, 2011; Farrington, 1993)에서 제시한 괴롭힘 정의에 포함된 공통요소들은 다음과 같다.

- 괴롭힘은 일정 기간 지속적이며 반복적으로 행해지는, 피해자에게 유해한 광범위한 부정적인 행동들이 포함된다.
- 괴롭힘 행동은 개인 또는 집단에 의해 가해지며, 피해 대상은 보통 한 명이지만, 한 명 또는 그 이상의 개인이 될 수 있다.
- 괴롭힘 행동은 피해자가 유발한 것이 아니고, 가해자의 의도적인 목표행동이다.
- 괴롭힘 행동은 피해자와 가해자 간에 힘의 불균형 상태에서 이루어지며, 이 때문에 피해자는 공격행동을 방어하기 어렵다.
- 괴롭힘 행동은 피해자에게 해를 주기 위한 것으로, 피해자에게 부정적인 영향을 미친다.

이러한 요소들은 괴롭힘에 관해 보다 구체적으로 정의하고 여타의 다른 행동과 구분하는 데 도움이 된다. 이러한 요소에 기초해서 괴롭힘을 정의하면, 괴롭힘은 피해자의 유발요인과는 관계없이 가해자가 피해자를 해치려는 의도에 의해 비교적 지속적이고 반복적으로 행해지는 부정적인 행동이다. 피해자, 가해자는 개인이나 집단이 될 수 있으며, 대개 가해자는 피해자보다 힘이 강한 점을 이용하기 때문에 피해자 스스로 이를 방어하는 데 한계가 있다. 이는 피해자들에게 고통스러운 경험이 될 뿐 아니라, 가해자들 역시 부정적인 문제해결 방법을 익히거나 반사회적 행동을 학습하는 결과가 될 수 있기 때문에(Kyriakides & Creemers, 2012), 피해자, 가해자 그리고 방관자들 모두의 건강한 발달을 위해 관심을 갖고 지도해야 하는 문제다.

(2) 괴롭힘과 학교폭력

우리나라에서 사용하고 있는 학교폭력이라는 용어는 서구의 괴롭힘에 해당하는 동시에 서구에서 폭력(violence)으로 다루는 문제도 일부 포함이 된다. 서구에서 폭력의 개념을 별도로 다룰 때는 총기사건이나 살인을 포함하는 심각한 상해와 폭행 등 신체적 · 물리적 힘의 행사를 의미한다(Bloomquist & Schnell, 2002; McCabe & Martin, 2005). 최근 또래 간의 괴롭힘으로만 보기 어려운 심각한 폭력사건이 많이 발생했고, 이러한 폭력사건의 배경이 괴롭힘인 경우가 많아서 이 두 가지를 구분하기는 쉽지 않다. Farrington(1993)은 괴롭힘이 잠재적 폭력 가해자와 잠재적 폭력 피해자 간에 일어나는 일이라고 괴롭힘과 폭력 간의 관계를 강조한 바 있다. 이와 관련하여 학교폭력은 괴롭힘을 포함하는 보다 폭넓은 개념으로 볼 수 있다(김혜원, 2013; Farrington, 1993; McCabe & Martin, 2005).

(3) 학교폭력의 법률적 정의

학교폭력이란 용어는 우리나라에서 일반적으로 사용되고 있는 관습적인 용어인 동시에 법률적인 용어다. 이는 관련 법률명, 즉 「학교폭력 예방 및 대책에 관한 법률(약칭: 「학교폭력예방법」. 법률 제17668호, 2020. 12. 22. 일부개정)」에서 공식적으로 사용하고 있는 개념이기도 하다.

'학교폭력'이란 학교 내외에서 학생을 대상으로 발생한 상해, 폭행, 감금, 협박, 약취·유인, 명예훼손, 모욕, 공갈, 강요·강제적인 심부름 및 성폭력, 따돌림, 사이버 따돌림, 정보통신망을 이용한 음란·폭력 정보 등에 의하여 신체·정신 또는 재산상의 피해를 수반하는 행위를 말한다(동법 제2조 1항).

이러한 법적인 정의는 피해학생을 보호하고 가해학생을 선도, 교육할 뿐 아니라 양자 간의 분쟁조정을 함에 있어서 이에 포함되는 행위를 하나하나 구체적으로 명시하고 있다는 데 그 중요성을 갖는다. 본 법은 개정되는 과정에서 학교폭력을 '학생 간'에 이루어진 행위를 넘어서 '학생을 대상으로' 발생한 행위로, 학교 내에서 발생한 사건뿐 아니라 학교 외에서 이루어진 행위로 그 범위가 확대되었다. 즉, 법에서는 학교폭력을 학교 내외에서 벌어지는(장소), 학생 대상의(피해자 및 가해자), 신체, 정신, 재산상의 피해를 수반하는 행위(행위의 범주)에 대해 규정하고 있다.

3) 학교폭력의 유형

학교폭력의 정의와 구성요소뿐 아니라 구체적으로 어떤 행동이 문제가 되는 학교폭력 행동인지 아는 것은 학생을 지도하고 학교폭력 문제를 예방·개입하기 위해 매우 중요하다. 앞에서 제시한 우리나라 법률에 포함된 내용은 법으로 명시할 수 있는 구체적인 행위를 제시하고 있으나, 여기서는 폭력행동의 특징에 따른 유형별 행동을 제시하고자 한다. 이러한 행동에는 타인이 보기에는 미묘하거나 경미하게 보이지만 피해학생에게는 큰 상처가 되는 것들이 포함되어 있어서 이러한 문제행동의 유형을 아는 것과 동시에 각 행동이 피해학생에게 미치는 영향에 대해서 민감해야 한다. 실제 가해학생이 자신의 행동이 문제가 되는 행동인지 잘 몰라서 이러한 행동을 저지르는 경우들이 있고, 이러한 행동이 발생한 경우에도 이를 부인하면서 사과하거나 교정하지 않아서 문제가 더욱 커지는 경우도 많기 때문에 교사 등 주변인들은 이에 대해 명확한 지식을 갖고 지도할 필요가 있다.

앞에서 소개한 괴롭힘에 대한 정의에서 Olweus(1993)는 괴롭힘 행동을 '부정적인 행동'이라고 기술한 바 있는데, 그는 이에 대해 보다 구체적인 설명을 덧붙였다. 부정적인 행동이란 어떤 사람이 다른 사람을 고의적으로 해치거나 해치려고 시도할 때, 상해를 입히거나 불편하게 할 때를 의미하며, 부정적인 행동은 언어에 의해, 신체적 접촉에 의해, 표정이나 불쾌한 몸짓으로 전달될 수 있다고 소개한 바 있다. 즉, 괴롭힘 행동의 유형을 언어적, 신체적, 표정, 몸짓 등으로 구분한 것이다.

Tattum 등(Tattum, Tattum, & Herbert, 1993: Tattum, 1997에서 재인용)은 또래 간의 괴롭힘을 몸짓을 통한 괴롭힘, 언어적 괴롭힘, 신체적 괴롭힘, 강요, 따돌림 등으로 구분하고, 훗날 여기에 나쁜 소문 퍼트리기를 덧붙였다(Tattum, 1997). Tattum은 몸짓을 통한 괴롭힘에 대해 이러한 행동이 상대적으로 덜 유해한 것으로 보이지만 피해자는 마음의 상처를 입고 이를 위협으로 느낄 수 있다고 기술하고, 신체적 괴롭힘은 교사가 감지하고 예방할 수 있지만 몸짓은 교사가 개입할 새 없이 일어날 수 있음을 경고했다. 따라서 이러한 미묘한 괴롭힘 행동은 교육 등을 통한 사전 예방이 매우 중요함을 알 수 있다.

이러한 초기 분류에 이어 연구자들은 학교폭력 행동의 범주를 다양하게 제시해 왔는데, 대체로 신체적·언어적·관계적 행동으로 분류하고 있으며 최근엔 사이버 괴롭힘을 포함시키고 있다(Berger, 2007). Field(2007)는 괴롭힘의 대표적인 유형으로 조롱, 따돌림, 신체적 괴롭힘, 희롱을 들었는데, 여기서 조롱(teasing)은 언어적 괴롭힘에 속하고 앞에서 Olweus나 Tattum이 강조한 불쾌한 몸짓은 희롱(harrassment)에 포함시킬 수 있다. 이러한 선행연구자들의 견해 및 실태를 반영하여 학교폭력 행동의 유형을 신체적 폭력, 언어적 폭력, 관계적 폭력(따돌림), 사이버폭력 그리고 성폭력으로 나누고 이를 살펴보고자 한다. 각 유형에 속하는 행동 및 특징을 소개하면 다음과 같다.

(1) 신체적 폭력

때리기, 발로 차기, 지나가면서 충돌하기, 침 뱉기, 필기구로 찌르기, 밀치기, 밀폐된 공간에 가두기(감금), 물이나 고무줄 튕기기 등등의 직접적인 공격행동은 신체적 폭력행동의 전형적인 예다. 여기에 덧붙여 신체적 가해 행위는 아니지만 가해학생이 행동을 통해 괴롭히는 다양한 간접적인 신체적 폭력행동이 이에 속한다. 간접적인 신체적 폭력행동에는 각종 위협, 물건 빼앗기, 과제물이나 개인 물건 훼손, 개인 물건 감추기나 훔치기, 개인 물건 갖고 놀기, 심부름 등 원치 않는 행동시키기(강요나 강제심부름) 등이 포함될 수 있다. 앞으로 살펴보게 될 교육부와 푸른나무재단 조사에는 신체폭행 외에도 강제심부름과 감금, 협박과 위협, 금품갈취 등이 각기 다른 항목으로 포함되어 있다.

신체적 괴롭힘 행동은 자기 방어를 위한 행동, 또래 간 다툼, 과격한 신체적 놀이 등과는 구분해야 하지만 경우에 따라서는 놀이를 빙자한 괴롭힘도 있으므로 세심한 관찰이 필요하다.

(2) 언어적 폭력

언어적 폭력의 구체적인 행동에는 상대가 원하지 않는 별명 부르기, 욕설, 경멸 섞인 말, 모욕적인 말, 불쾌한 라벨 붙이기 등을 반복적으로 사용하거나 상대의 성(性)이나 생김새, 인종 및 민족성을 비하해서 비아냥거리는 조롱의 형태, 피해자가 지나가면 소리 지르기, 고함으로 위협하기 등이 포함된다. 언어적 폭력은 독자적인 유형으로 분류될 만큼 특징적이지만 실제로는 모든 유형의 폭력에 수반할 수 있을 만큼 폭력적인 행동과 밀착되어 있다.

최근 청소년 사이에서는 욕설을 자주 사용하고 타인을 비하하는 신조어(예: 진지충)를 유행처럼 사용하면서 이러한 언어사용이 타인에게 고통을 줄 수 있다는 데 둔감화되고 있다. 이렇게 부정적인 또래 문화가 당연시되면서 이로 인해 상처를 받으면서도 배척당하는 것이 두려워 자신의 권리를 주장하지 못하고 괴로워하는 학생들이 있는 것이다. 반복적인 언어폭력에 노출되는 피해자들은 자괴감을 느끼며 또래들을 기피하는 등 부정적인 영향을 받게 된다. 이외에도 성정체성, 성별, 인종, 종교나 국적 등에 대해 반복적으로 성가신 질문, 언급, 혹은 공격을 해대는 식의 언어폭력도 발생하고는 하는데, Field(2007)는 이를 희롱의 범주로 구분한 바 있다.

(3) 관계적 폭력

관계적 폭력의 대표적인 행동은 따돌림이다. 우리나라 「학교폭력 예방 및 대책에 관한 법률(법률 제17668호, 2020. 12. 22., 일부개정)」에서는 따돌림에 대해 "학교 내외에서 2명 이상의 학생들이 특정인이나 특정집단의 학생들을 대상으로 지속적이거나 반복적으로 신체적 또는 심리적 공격을 가하여 상대방이 고통을 느끼도록 하는 일체의 행위를 말한다(동법 제2조 1항의 2)."고 정의하고 있다. 이는 가해학생들이 대상자를 공격하기 위해 사회적 구조를 활용해서 자신은 직접 개입하지 않고 집단을 조정하여 권력통제의 기제가 되는 집단 정체감을 형성하려는 행동적 특징을 지닌다(Field, 2007).

집단따돌림 피해 중학생 16명들의 경험에 대해 질적연구를 한 이종화(2013)에 의하면 또래집단의 괴롭힘에는 정신적 괴롭힘(예: 무시, 성적수치심, 접촉거부, 놀림, 헛소문 퍼뜨리기, 협박, 조별활동 거부), 언어폭력(예: 욕설, 트집, 중상모략, 뒷담화, 별명 부르기, 집단조롱, 모욕, 문자), 물리적 괴롭힘(예: 구타, 열외, 과제대행, 물건 숨기기, 금품갈취, 집단폭행, 장난감이나 샌드백의 대용물 취급)이 포함되어 있었다. 남학생의 경우는 물리적 괴롭힘이, 여학생의 경우는 정신적 괴롭힘이 더 많았다. 이에 덧붙여 치마 들추기, 신발에 압정 넣기 등 다양한 가해행위가 있었지만 피해자들이 가장 힘들어 한 것은 자신을 '그림자 취급' 하는 것이었다. 그리고 피해자 경험에서의 중심현상은 '고립감과 두려움'으로 그 하위범주에는 정서변화(예: 위축, 공격감정, 정서조절의 어려움), 행동변화(예: 침묵/소심, 자기표현과 자신감 저하, 언어폭력에 익숙해지고, 욕설모방), 신체적 위축(예: 신경성 위질환, 피로감, 팔과 허리가 구부러짐), 대인관계변화(예: 따돌림의 확산, 마음을 닫음, 신뢰가 깨짐, 쉬는 시간을 두려워함), 심리적 위기(예: 살인충동, 우울증, 대인기피증, 정신과 치료), 학교생활부적응(예: 등교거부, 교실기피, 급식포기, 게임몰입이나 성적하락), 존재의미상실(예: 삶에 대한 회의, 의욕저하, 자해행동/자살생각이나 시도) 등이 포함되어 있었다.

집단따돌림 가해행동은 피해학생에 대한 평판 및 명예를 손상시킬 뿐 아니라 다른 학생들에게도 위협이 되면서 주변 학생들의 사회적 관계까지 해치는 결과가 된다. 즉, 따돌림을 목격하거나 인지하고 있는 또래들은 자신도 그러한 대상자가 될 수 있다는 불안감으로 이를 묵인하고 대상 학생과의 관계를 철회하거나 회피하는 등의 소극적인 동조를 하면서 직·간접적인 피해를 경험한다.

(4) 사이버폭력

우리나라 「학교폭력 예방 및 대책에 관한 법률」에서는 "사이버 따돌림이란 인터넷, 휴대전화 등 정보통신기기를 이용하여 학생들이 특정 학생들을 대상으로 지속적, 반복적으로 심리적 공격을 가하거나, 특정 학생과 관련된 개인정보 또는 허위사실을 유포하여 상대방이 고통을 느끼도록 하는 모든 행위를 말한다(동법 제2조, 1항의 3)."고 정의하고 있다. 즉, 이메일, 사이버 공간의 게시판 또는 문자메시지 등을 통해 특정학생을 공격하거나 명예를 훼손하는 사진, 악담, 나쁜 소문, 별명 등을 유포하는 행위 또는 단체 모바일 메신저에서의 따돌림 등 다양한 형태의 폭력행동이 사이버 상에서 이루어지는 것을 의미한다. 사이버폭력은 특정인뿐 아니라 불특정인도 그 피해자가 될 수 있고, 익명성을 갖고 이루어지는 경우 가해행위가 용이하고, 상대방의 감정이나 반응을 확인할 수 없기 때문에 오프라인 상에서 이루어지는 폭력보다 수위조절이 어렵다(김경은, 2013).

청소년들은 새로운 방식의 폭력을 창조해 내고 새로운 신조어로 이를 부르며 그들만의 세계를 확대해 나가고 있기 때문에 지속적인 모니터링이 필요한 부분이다. 실제 현장에서는 감시체계나 법이 새롭게 변화하는 사이버폭력의 형태를 따라잡기 어려울 정도다. 더욱이 사이버 공간은 더욱 강력한 구속력(예: 사이버 감옥, 안티카페)과 파급력(예: 빠른 전파력)을 갖고 있어서 피해정도와 피해 후유증이 클 수밖에 없다. 이승현, 강지현, 이원상(2015)은 청소년사이버폭력의 특징을, 첫째, 현실에서의 학교폭력 등이 온라인으로 옮겨와 진행하는 경우가 많으며, 행태만 달라질 뿐 가해대상이나 방법에 큰 차이가 없다는 점, 둘째, 놀이과정에서 사이버폭력을 하고, 친구들에게 왕따가 되지 않기 위해서 가담하는 경우가 많다는 점, 셋째, 사이버 공간에서 괴롭히고자 하는 다양한 방법이 동원되면서 가해행동의 일관성이 없다는 점, 넷째, 성인들은 익명성을 갖고 개인이 원하는 인성과 모습을 설정하여 현실에서의 자아통제장치를 해제한 행위를 하지만 청소년들은 학교폭력의 연장선에서 군이 익명으로 할 필요를 못 느끼며 오히려 자신을 드러내면서 폭력행위를 하는 경우도 상당수 있다는 점을 들었다. 한편 최근엔 중학생들이 '불법으로 합성 영상 제작을 의뢰하거나 이를 판매해 수익을 얻으려' 하다가 수사망에 걸린 사건(노컷뉴스, 2021. 5. 13.)도 있었고, 또래들 간에 싸우거나 맘에 안 들면 보복으로 (나체)사진을 합성하거나 불법으로 굴욕적인 영상을 찍어 단체채팅방에 유포를 하는 사례도 있었다(국민일보, 2021. 5. 27.). 이러한 사건들은 청소년들의 사이버폭력의 위험수준이 날로 심각해지고 있음을 보여 준다.

(5) 성폭력

성폭력에는 강제적 성행위나 성매매를 통한 착취, 성추행, 성희롱, 성적 학대, 사이버성폭력 등등이 포함되지만 우리나라 현행 법률상 성폭력과 성희롱의 개

〈표 1-1〉 성희롱과 성폭력에 대한 관련 법률체계

구분		관련법령	법적정의	법 적용
성희롱		• 「국가인권위원회법」 • 「아동복지법」 • 「양성평등기본법」 • 「남녀고용평등 및 일·가정 양립지원에 관한 법률」	• 지위를 이용하거나 업무등과 관련하여 성적언동 또는 성적 요구 등으로 상대방에게 성적 굴욕감이나 혐오감을 느끼게 하는 행위나 상대방이 성적언동 또는 요구에 대한 불응을 이유로 불이익을 주거나 그에 따르는 것을 조건으로 이익공여의 의사표시를 하는 행위	기관 내 징계, 손해배상, 상위기관에 제소
성폭력	기본법	• 형법	• 폭행이나 협박, 위계, 위력 등을 사용하여 상대방의 성적 자기결정권을 침해하는 모든 성적행위로써 강간, 강제추행, 공중밀집장소에서의 추행, 통신매체를 이용한 음란행위, 업무상 위계, 위력 등에 의한 추행, 카메라 등을 이용한 촬영 등 • 폭행이나 협박, 위계, 위력 등을 사용하여 상대방의 성적자기결정권을 침해하는 모든 성적행위로써 강간, 강제추행, 공중밀집장소에서의 추행, 통신매체를 이용한 음란행위, 업무상 위계, 위력 등에 의한 추행, 카메라 등을 이용한 촬영 등	형사처벌
	특별법	• 「성폭력범죄의 처벌 등에 관한 특례법」 • 「아동·청소년의 성보호에 관한 법률」 • 「아동복지법」		

출처: 교육부(2019). p. 7.

념은 각각 구분되는 법적근거에 기반하고 있다. 다음 〈표 1-1〉는 교육부(2019)의 '학교 내 성희롱성폭력 대응매뉴얼'에 수록된 관련 법률체계이다.

또한 이 매뉴얼에서는 학교 내 성희롱·성폭력은 이러한 법적 개념을 기본으로 함과 동시에 대상이 학교 내 구성원이므로 학생의 경우 「초·중등교육법」, 「학교폭력 예방 및 대책에 관한 법률」를 근거로 적용하고, 교직원의 경우 「교원의 지위향상 및 교육활동보호를 위한 특별법」, 「교육공무원 징계령」 등이 적용된다고 명시하고 있다.

　　성폭력과 성희롱은 특성상 양성평등교육, 인권교육, 의사소통기술교육, 2차 피해방지를 위한 절차 등등을 포함하는 예방체계를 갖추고 철저히 사전 예방하는 것이 중요하다. 또한 각 학교는 사건이 일어났을 경우 안전하게 도움을 청하고 학교구성원 모두 개인정보 유출이나 2차 가해에 연루되지 않도록 세심하게 접근할 수 있는 준비를 갖추고 있어야 한다.

4) 괴롭힘의 확대 연속선

　　일부 괴롭힘 행동은 어른의 입장에서는 대수롭지 않게 여겨질 수도 있지만 이것이 반복될 때 피해학생에게 장기간의 스트레스로 작용해서 심각한 후유증을 가져올 수 있으므로 또래 간에 나타나는 어떠한 폭력행동도 간과되거나 소홀히 다루어져서는 안 될 것이다(이규미, 이대식, 김영혜, 2003). Field(2007)는 무해한 것처럼 보이는 농담에서부터 시작하지만 점점 확대되면 범죄로 이어질 수 있는 행동들의 목록을 괴롭힘의 연속선이라는 개념으로 소개하고 있다(p. 6).

　　사회적인 농담
　　　상처를 주는 조롱
　　　　천박하고 미묘한 신체언어
　　　　　밀치기, 낚아채기, 발로 차기와 같은 공격적 신체 행동
　　　　　악의적인 험담(예: 온라인상에서의 집단 괴롭힘)
　　　　　성적, 성차별적, 인종적, 종교적인 희롱
　　　　　　직접적 혹은 통신을 이용한 사회적인 따돌림
　　　　　패거리 지어 공격함
　　　　곯리기
　　　　금품탈취/ 갈취
　　　　　전화, 사이버 상의 공격
　　　　　　소유물을 손상시킴
　　　　　신체적 공격
　　　　　　무기사용
　　　　　　범죄행동
　　　　　　　살인

출처: Field, E. M. (2007), p. 6

2. 학교폭력의 양상 및 문제점

1) 학교폭력의 피해율과 가해율

푸른나무재단(청소년폭력예방재단, 이하 푸른나무재단)[2]에서는 2001년부터 매년 전국 초·중·고등학생을 대상으로 학교폭력에 대한 실태조사를 하고 있으며, 이러한 일관된 조사활동은 폭력의 실태 및 변화추이를 살펴보는 데 도움이되고 있다. 이 책의 초판에 소개된 2006년부터 2012년까지의 푸른나무재단 실태조사 결과(2012, 2013)에서는 매년 최소한 10% 이상의 학생들이 학교폭력 피해 및 가해를 경험하고 있었으며, 피해율이 가장 높았던 해(2011년)는 18.4%에이르렀다. 가해율도 2008년을 제외하고는 최소한 11% 이상의 비율을 나타내어많은 학생들이 학교폭력의 피해 및 가해를 경험하고 있음을 알 수 있었다. 그러나 2012년 이후 실태를 살펴보면 학교폭력의 피해 및 가해율이 현저히 줄어들었음을 알 수 있는데 이는 정책 및 사회단체, 학교현장에서의 학교폭력 예방에대한 대응활동 및 교육의 효과가 가시화된 결과로도 볼 수 있다.

특히 2011년 12월 한 중학생이 학교폭력에 시달리다 극단적 선택을 한 충격적인 사건과 이 학생이 남긴 유서를 통해 극도로 고통스러웠던 피해내용이 적나라하게 드러나면서 전 국민이 충격에 빠진 사건이 있었다(이덕기, 2011. 12. 23.). 이듬해인 2012년은 '학교폭력근절 종합대책'을 발표하고, 교육부가 학교폭력실태 전수조사를 시작한 해이기도 하다. 중학생의 충격적인 자살사건으로 이전부터 우려해 왔던 학교폭력문제의 실상이 드러나면서 전 국민의 관심과 인식수준이 한층 높아졌고, 이는 전문상담인력확충, 예비교사 및 교사교육 강화, 학교전담경찰관제도 도입, CCTV설치 확대 등 학교폭력근절을 위해 제도적 기반을 보다 강화하는 계기가 되었다.

---

2) 재단명: 1995년 창립~2014년까지 청소년폭력예방재단, 2013~2017년 (재)푸른나무청예단, 2018년 ~현재까지 푸른나무재단(청소년폭력예방재단)으로 기관명에 변화가 있었고 이에 따라 자료출처명에도 변화가 있음.

우선 2012년부터 2020년까지 초·중·고등학교 학생을 대상으로 한 교육부 (초4~고3) 및 푸른나무재단(초2~고2)[3]의 조사결과 중 피해율과 가해율을 살펴보면 〈표 1-2〉와 같다. 실태조사결과는 주최하는 기관에 따라 조사대상, 조사방법 및 조사자, 문항내용에 따라 차이가 있을 수 있다는 것을 참고해야 할 것이다.

2012년 이후 피해율과 가해율의 수치는 많이 낮아졌으나 여전히 많은 학생들이 학교폭력의 피해를 경험할 뿐 아니라 그 양상이 변화되고 있는 점에 주목할 필요가 있으며, 변화추이를 보면 2012년부터 정책적, 사회적 관심이 높았던 만큼의 성과를 짐작해 볼 수 있다. 최근의 교육부 결과에서는 2018년부터 피해율이 다소 증가하였고, 푸른나무재단의 경우 2014년도에 가장 적은 수치로 내려갔다가 2015년에 증가하기 시작하면서 2019년 급격하게 증가한 수치를 나타내었다. 이러한 현상이 일시적인 것인지, 앞으로의 증가에 대한 전조현상인지는 지속적인 관찰이 필요할 것이다. 그리고 2020년도 결과는 2019년이 코로나19 상황이었던 점을 고려해야 한다.

〈표 1-2〉 교육부[4] 및 푸른나무재단 실태조사에서 나타난 학교폭력 피해율 및 가해율

연도	교육부		푸른나무재단	
	피해율(%)	가해율(%)	피해율(%)	가해율(%)
2012	12.3	2차 조사부터 시행	12.0	12.6
2013	2.2	1.1	6.3	5.6
2014	1.4	0.6	3.8	3.3
2015	1.0	0.4	4.6	2.3
2016	0.9	0.4	6.4	3.5
2017	0.9	0.3	6.5	3.9

3) 교육부 및 푸른나무재단(청소년폭력예방재단) 학교폭력실태조사 자료출처는 꼭 필요한 경우가 아니면 본문 중 일일이 제시하지 않을 것이므로 이 장의 참고문헌을 참고하기 바람.

4) 교육부는 2012년부터 2017년까지는 매년 2회 전수조사를 실시하였으나 결과가 낮게 나오는 데 비해 학교폭력자치위원회 심의건수는 늘어나고 있다(중앙일보, 2017. 7. 10.)는 등의 문제제기에 따라 2018년부터는 전수조사 1회(전반기) 및 표본조사 1회(하반기)를 도입하고 문항을 정비하는 등 조사방법을 개편하였다(교육부, 2017. 12. 6.). 여기에서 제시한 결과는 매년 상반기 1차 전수조사 결과이다.

2018	1.3	0.3	6.6	4.1
2019	1.6	0.6	11.2	7.8
2020[5]	0.9	0.3	6.7	7.6

2) 국내 학교폭력의 최근 양상과 심각성

여기서는 교육부 및 푸른나무재단의 실태조사를 중심으로 국내 학교폭력의 양상을 살펴보고자 하며, 최근 양상을 살펴보기 위해 2017년도부터 2019년도의 조사결과에 비중을 두고자 한다. 우선 각 조사결과 나타난 피해양상은 다음 〈표 1-3〉과 같다. 교육부는 언어폭력, 집단따돌림, 스토킹이 순위 3위까지의 비율

〈표 1-3〉 최근 학교폭력 피해유형별 비율

조사기관	2017년도	2018년도	2019년도
교육부	언어폭력(34.1%) 집단따돌림(16.6%) 스토킹(12.3%) 신체폭행(11.7%) 사이버 괴롭힘(9.8%) 금품갈취(6.4%) 성추행·성폭행(5.1%) 강제심부름(4.0%)	언어폭력(34.7%) 집단따돌림(17.2%) 스토킹(11.8%) 사이버 괴롭힘(10.8%) 신체폭행(10.0%) 금품갈취(6.4%) 성추행·성폭행(5.2%) 강제심부름(3.9%)	언어폭력(35.6%) 집단따돌림(23.2%) 사이버 괴롭힘(8.9%) 스토킹(8.7%) 신체폭행(8.6%) 금품갈취(6.3%) 강제심부름(4.9%) 성추행·성폭행(3.9%)
푸른 나무 재단	욕설모욕(22.4%) 신체폭력(17.2%) 집단따돌림(18.3%) 지나친 괴롭힘(14.3%) 협박위협(8.7%) 사이버폭력(7.4%) 금품갈취(5.3%) 성폭력(3.4%) 강요나 강제심부름(2.3%)	욕설모욕(24.1%) 집단따돌림(15.7%) 신체폭력(15.5%) 지나친 괴롭힘(12.6%) 사이버폭력(10.2%) 협박위협(6.3%) 성폭력(5.7%) 강요나 강제심부름(3.1%) 금품갈취(3.1%) 감금(2.1%)	신체폭력(22.4%), 욕설모욕(18.0%) 집단따돌림(14.9%) 지나친 괴롭힘(14.2%) 협박이나 위협(8.7%) 금품갈취(6.5%) 사이버폭력(5.3%) 성폭력(4.6%) 강요나 강제심부름(2.6%) 감금(1.2%)

5) 교육부는 2012년부터 매년 2회 학교폭력실태조사를 실시(본 자료는 상반기자료)하고 있으나 2020년
도에는 코로나19 상황을 고려하여 하반기에 한 번 실시한 결과이다. 푸른나무재단은 2020. 12. 7.부
터 2021. 1. 14.에 조사하고 2021년 4월에 발표한 결과이다.

을 차지하다가 2019년 사이버 괴롭힘이 3위에 진입한 것이 특징이고, 푸른나무 재단은 욕설모욕(언어폭력), 집단따돌림, 신체폭력이 순위 3위에 포함되었고 지나친 괴롭힘이 그 뒤를 잇는 것으로 나타났다. 또한 푸른나무재단(2021)에 의하면 코로나가 있던 시기에 사이버폭력피해율은 전년도(2019년, 5.3%) 대비 3배 이상 증가했다(2021년, 16.3%).

(1) 폭력행동의 이른 시작

매년 교육부 1차 실태조사는 초등학교 4학년부터 고등학교 3학년을 대상으로, 푸른나무재단은 초등학교 2학년부터 고등학교 2학년을 대상으로 하고 있다. 교육부조사의 각 학교급 별 피해응답률과, 푸른나무재단 조사 중 '최초 학교폭력 경험 시기'에 대한 응답을 통해 학교폭력 행동의 저연령화는 단순한 추세가 아니라 초등학교나 그 이전부터 시작되는 문제행동임을 알 수 있다. 학교급별로 볼 때 교육부 결과에서는 2012년 이후 줄곧 초등학생의 피해응답률이 가장 높았다. 푸른나무재단의 조사결과에서도 2013년 이후 2019년까지 줄곧 초등학생의 응답률이 피해, 가해, 목격 모두에서 가장 높았다(70.2~91.0%). 푸른나무재단이 2015년부터 '최초 학교폭력 경험 시기'에 대한 응답지에 '초등학교 입학 전'을 넣은 결과 그해 7.1%가 취학 전 처음 폭력을 겪었다고 응답한 이후 매해 비슷한 수준의 응답률을 보이고 있다.

초등학교 시기는 또래 간에 접촉이 많고 관계에 관심이 높아지면서 사회성 발달의 기초를 이루는 매우 중요한 때로, 이러한 문제의 근원에는 유아기의 기본적인 신뢰형성이나 애착발달 등 대인관계에 필수적인 발달과정부터 문제가 있음을 유추해 볼 수 있다. 이 시기에 부모와 학교는 초등학교 저학년부터 다른 또래들과 원만한 관계를 맺는 태도와 기술에 대해 학습하면서 자신의 공격성이나 위축된 행동방식 등을 교정해 나가며 친사회적 행동을 키우도록 도와줄 필요가 있다.

(2) 언어폭력피해율은 높은 데 반해 심각성 인식은 낮은 편이다

언어폭력(심한 욕설)은 교육부가 실태조사를 실시한 이후 피해율에서 지속적으로 가장 높은 수치를 나타냈고, 푸른나무재단 조사에서도 욕설모욕은 지속적으로 피해율 1~3위 내에 속하는 문제이다. 그러나 응답자들이 심각하게 인식하는 폭력유형에서는 4, 5위 수준으로 실제 피해율과 인식 간에는 차이가 있는데, 이러한 결과는 일상적으로 사용하는 언어폭력 피해에 대한 상대적인 둔감화를 반영하는 것일 수도 있다. 실제로는 언어폭력 피해율과는 별도로 거의 모든 유형의 폭력에 폭력적인 언어사용이 포함될 수 있다.

청소년들은 또래 간의 대화에서 장난처럼 상대를 비하하거나 모욕감을 주고 욕설이 담긴 언어를 사용할 뿐만 아니라 최근 유행하는 신조어에는 상대를 무시하거나 혐오를 드러내는 표현들이 많이 포함되어 있다. 이러한 언어사용은 그 자체로 상대방의 존엄성과 가치를 무시하고 인격을 모독하는 행동이 되며 결국은 또래들과의 폭력적인 언어사용에 대해서 무감각해진 결과로 볼 수 있기 때문에 건전한 언어사용은 폭력근절을 위해 무엇보다 선행되어야 할 과제이다.

(3) 집단따돌림은 지속적으로 높은 피해율을 보이고 있다

집단따돌림은 교육부 조사결과에서 최근 3년 동안 피해율 2위(2017년 16.6%, 2018년 17.2%, 2019년 23.2%)를 유지하고 있고, 푸른나무재단의 경우 2017년 피해율 3위(18.3%), 2018년 2위(15.7%), 2019년 3위(14.9%)이며, 심각성 인식도 역시 3년간 3위(2017년 17.6%, 2018년 14.1%, 2019년 13.7%)로 나타나 여전히 심각한 학교폭력 문제라는 것을 알 수 있다. 즉, 집단 따돌림은 두 조사기관의 피해율 순위가 유사할 뿐 아니라 비율도 다른 문제에 비해 크게 차이가 나지 않고 특히 푸른나무재단의 피해율과 심각성 인식에서 크게 차이가 나지 않는다. 이는 직접 피해를 경험한 경우가 아니어도 응답자들이 집단따돌림의 심각성에 대해 현실적인 체감을 하고 있을 뿐만 아니라 피해, 가해, 방관자 등 주변인으로서 직·간접적으로 경험하면서 이를 심각한 문제로 간주한다는 것을 보여 주는 결과이다.

푸른나무재단(2012) 조사에서 우리나라 학교폭력 피해에 대한 가해학생의 수는 1명인 경우보다 2인 이상인 경우가 많았고, 6인 이상인 경우도 적지 않은 것으로 나타났다. 또한 "학교폭력 가해학생이 2인 이상인 경우 동조현상으로 인하여 본인의 가해행동에 대해 반성하기보다는 정당한 행동이라고 인식하며, 죄책감 또한 감소되어 가해행동에 대한 선도 및 치료가 더욱 어려움을 갖는다(p. 7)."고 덧붙였다. 집단따돌림은 초기엔 일부 가해학생들로부터 시작되지만 결국엔 방관하는 친구들까지 포함하여 전체 집단으로부터의 소외당하는 결과를 가져오기 때문에 피해학생들은 더욱 소외되고, 무력감에 빠지며, 두려움에 휩싸이게 된다. 장기적으로 집단따돌림으로부터 벗어나지 못하는 학생들은 부정적인 자기개념과 존재의미상실로 이어질 수 있기 때문에 가능한 이른 시기에 발견하여 벗어날 수 있도록 관심을 갖고 개입해야 한다. 집단따돌림 예방 및 근절을 위해서는 전체 학생을 대상으로 하는 체계적 접근이 필요할 것이다.

(4) 사이버폭력이 증가하고 있다

최근 우리 사회에서도 일반인들은 생각하지 못했던 심각한 사이버범죄가 드러나면서 모두를 충격 속에 빠트리는 일들이 보도되고 있으나 학교폭력 문제영역에서도 점점 피해율이 증가하며 사이버 공간은 다양한 폭력의 무대가 되고 있다. 교육부 실태조사에서도 사이버폭력 피해율이 2017년 5위(9.8%), 2018년 4위(10.8%), 2019년 3위(8.9%), 2020년 3위(12.3%)로 증가 추세에 있다. 푸른나무재단 조사에서 사이버폭력 피해율이 비교적 뒤쪽에 속하는 것은 설문에서 다양한 유형의 폭력을 다루고 있기 때문으로 보인다. 푸른나무재단 실태조사결과 피해율은 2017년 6위(7.4%), 2018년 5위(10.2%)으로 상승했다가 2019년 7위(5.3%)로

〈표 1-4〉 2017년과 2018년 조사한 사이버폭력 유형과 비율

항목	2017년	2018년
욕설이나 모욕적인 말을 들음	40.0	36.2
허위사실이나 비방하는 글이 퍼짐	21.8	16.2
채팅방에서 다수에게 피해당함	13.6	10.0
저격 글이 올라옴(2018 신문항)	–	10.8
위협이나 협박을 당함	10.0	10.0
개인정보가 유출됨	5.5	2.3
나의 동의 없이 내 사진이나 동영상이 유포됨(2018 신문항)	–	5.4
사이버금품(아이템 등)을 갈취당함(2017년 문항)	4.5	–
사이버머니, 게임 아이템 등을 빼앗김(2018년 문항)	–	4.6
성적인 메시지를 받음	3.6	3.8
모름/무응답	0.9	0.7
합계	100.0	100.0

출처: 푸른나무 청예단(2017), 푸른나무재단(2018).

낮은 비율을 나타냈지만 코로나 상황인 2021년 4월 발표한 결과(2020년 12월~ 2021년 1월 조사)에서는 언어폭력에 이어 2위(16.3%)까지 급상승하였다. 푸른나 무재단은 2017년과 2018년 조사에서 응답자들이 경험한 사이버폭력의 유형에 대한 설문을 병행 실시하였으며 그 결과는 〈표 1-4〉와 같다.

〈표 1-4〉의 내용을 보면 사이버폭력은 사이버공간에서 일어나는 언어폭력, 명예훼손, 집단따돌림, 위협이나 협박, 개인정보 유출, 갈취, 성폭력, 스토킹, 강 요 등등 오프라인에서 일어나는 다양한 폭력행동이 모두 일어나고 있다는 것을 알 수 있다. 그러나 사이버 공간에서의 폭력은 법률이나 사회적 감시가 따라잡 기 어려울 만큼 빠르게 변화하고 확대되면서 그 심각성을 가늠하기 어려울 정도 이다. 사이버폭력 유형에는 일반적으로 잘 알려진 것 외에도 아이디 도용, 사이 버감옥(사이버공간에서 특정인을 퇴장하지 못하게 막고 비방 또는 욕설하는 행위), 플 레이밍(flaming, 특정인을 자극, 일부러 논쟁 또는 분란을 일으켜 특정인이 문제가 있 음을 드러나도록 하는 의도적 행위), 안티카페, 사이버 왕따놀이(소속된 사람들끼리 번갈아가며 한 명에 대해 일방적으로 욕설, 비방, 모욕하는 행위, 한국정보화진흥원 조 사, 조윤오, 2013: 이승현 외, 2015에서 재인용) 외에도 해피슬래핑(본인의사에 반해 서 예상치 못하게 휴대폰 촬영을 당하는 것, 안성진 외, 2015, 한국정보화진흥원 조사, 조윤오, 2013: 이승현 외, 2015에서 재인용), 저격글(누군가를 공격하거나 험담하기 위 해 올리는 글)등이 있었다. 또한 카따(카톡에서의 집단 따돌림), 떼카(SNS를 이용해 서 다수의 학생이 한 명의 학생에게 일시에 욕을 퍼붓는 행위), 방콕(대화방에 초대한 뒤 한꺼번에 나가버려 피해학생만 남기는 행위) 등 신종유형과 신조어를 사용하고 있다(이승현 외, 2015). 그리고 최근에는 불법 합성사진과 불법동영상을 제작하 여 유포하는 범죄수준의 사이버폭력도 발견되고 있을 뿐만 아니라 동급생이나 후배를 협박해서 SNS 계정을 갈취하거나 현금이나 게임머니 등과 교환하여 불 법사이트 홍보 등에 이용하는 SNS 계정갈취 사건도 있다(경북도민일보, 2021. 2. 21.). 사이버폭력은 증가추세뿐 아니라 빠르게 유포되고, 기록이 남겨질 가능성 등 수습이 쉽지 않은 점, 일부 가해행동은 피해자에게 인격말살에 가까운 후유 증을 남긴다는 점에서 문제가 심각한 폭력인 것이다.

(5) 성폭력 문제는 드러난 것보다 더 심각한 수준일 수 있다

성장기에 있는 아동 및 청소년은 그 피해자가 자신이든 타인이든 성적 침해

2. 학교폭력의 양상 및 문제점

를 매우 예민하게 받아들이고, 자신이 직접 피해를 경험했을 때 큰 수치심과 함께 이를 쉽게 노출하는 것을 꺼리는 경향이 있다. 최근 푸른나무재단의 실태조사를 보면 '가장 심각하다고 생각하는' 학교폭력 유형으로 성적추행이 2017년도의 경우 전년도 대비 급격하게 증가(11.7% 증가)한 후 2018년, 2019년까지 신체적 폭력 다음 순위를 유지했다. 그러나 직접적인 피해유형에서는 9~10개의 유형 중 7, 8위 수준을 보이고 있다. 이렇게 심각성 인식(고)과 피해율(저) 간에 차이가 있는 것에 대해 몇 가지 가능성을 생각해 볼 수 있다. 첫째, 실제 성폭력은 보고된 피해율 보다 더 많이 일어나고 있기 때문일 수 있다. 둘째, 자신이 직접적인 피해를 입지 않았어도 이를 목격하거나 문제로 인식하는 면에서 감수성이 예민하기 때문일 수 있다. 한편 푸른나무재단은 이례적으로 2017년과 2018년 '경험한 성적괴롭힘 유형'에 대한 조사를 별도로 실시하였는데 그 항목과 응답률은 〈표 1-5〉와 같다.

〈표 1-5〉 2017년과 2018년 조사한 성적괴롭힘 유형과 비율   (단위 %)

항목	2017년	2018년
성적인 말이나 농담을 함	27.1	32.1
강제로 신체를 만짐	20.8	30.2
옷을 벗기거나 옷을 벗어 신체부위를 노출함	14.6	9.4
성적인 전화를 하거나 문자를 보냄	12.5	9.4
강제로 신체를 만지게 함	6.3	3.8
신체 일부분을 촬영하거나 촬영한 것을 유포함	6.3	5.7
강제로 성관계를 가지거나 성적행위를 강요함	4.2	1.9
기타: 야한 동영상 시청유도, 화장실 담을 넘어 신체부위를 봄 등	6.3	–
모름/무응답	2.1	7.5
합계	100.0	100.0

출처: 푸른나무청예단(2017), 푸른나무재단(2018).

이러한 조사결과는 학생들이 다양하고 심각한 성희롱 및 성폭력에 노출되어 있음을 보여 준다. 성적 괴롭힘이 또래 간에 장난처럼 가해질 경우 실제상황에서는 발견이 어렵고 대수롭지 않게 지나칠 수 있지만 일부 성폭력은 일과적 사건이라 해도 피해자에게는 매우 충격적이고 장기적인 후유증으로 이어지는 사건이 될 수 있다. 더욱이 위협적이고 지속적이며 반복적인 성폭력 가해에 노출되었을 경우 대부분의 가해행동은 신체적 폭력보다 가혹하고 복합적이어서 피해학생은 심한 고통과 함께 손상된 자기개념을 갖고 살아야 하는 문제로 이어질 수 있으므로 청소년들이 심각하다고 인식하는 배경과 경험에 대해 주의를 기울일 필요가 있다.

(6) 학교폭력으로 인한 피해와 가해를 중복경험하거나 순환적으로 경험하는 학생이 적지 않다

푸른나무재단의 실태조사에서는 피해와 가해를 모두 경험한 학생의 비율이 전체 응답자의 8.6%(2012년), 5.1%(2013년)로 나타났다. 그리고 이와 관련된 한 연구(장덕희, 2007)에서는 피해경험이 있다고 보고한 학생 중 52.7%가 중복경험자였다. 즉, 학교폭력은 피해와 가해를 중복 경험하거나 순환적으로 경험하는 사례도 적지 않음을 알 수 있다. 2017년과 2018년 푸른나무재단 조사에는 별도로 학교폭력 피해로 인한 경험에 대한 질문[6]이 포함되어 있다. 이때 제시된 부정적인 경험들에 대해 '하루에 1번 이상'에 답한 결과를 보면 그 고통이 얼마나 심각한 것인지 가늠해 볼 수 있다. 각 항목 모두 심각한 피해경험들이지만 '복수충동'이 가장 큰 비율을 차지하고 있는데(〈표 1-6〉 참조), 이것은 피해자가 복수를 위해 충동적인 폭력행동을 저지를 가능성을 보여 주는 결과이다. 또한 교육부가 가해이유를 조사한 결과에 의하면 가해학생의 다수가 '먼저 괴롭혀서'라고 답하고 있는 것(2017년 가해학생 중 26.8%, 2018년 26.2%, 2019년 29.7%; 각 년도 가

〈표 1-6〉 학교폭력 피해로 인한 부정적인 경험   (단위: %)

항목	하루에 1번 이상	
	2017년도	2018년도
복수충동	29.6	40.6
등교거부	23.2	30.2
자살생각	33.3	30.2
자해 및 자살시도	29.7	32.3

출처: 푸른나무청예단(2017), 푸른나무재단(2018).

---

6) 2015년과 2016년도의 경우 응답지에 차이가 있고, 2019년에는 이와 같은 질문이 빠져 있음.

해이유 1순위)도 같은 맥락이라고 볼 수 있다. 특히 실제 사례에서는 피해를 두려워하여 집단가해에 가담하는 경우나 피해로 고통을 당하던 학생이 역으로 공격행동을 가함으로써 가해자가 되는 경우도 적지 않다. 학교폭력은 조기에 발견하여 적절한 조치가 이루어지지 않을 경우 또 다른 가해자를 양산할 수 있는 심각한 문제다.

(7) 지나친 괴롭힘 피해율에 주목할 필요가 있다

푸른나무재단은 '지나친 괴롭힘'이라는 항목을 포함시키고 있는데 이 유형의 피해율은 2017년 14.3%(4위), 2018년 12.6%(4위), 2019년 14.2%(4위)로 비교적 높은 비율을 차지하고 있다. 이 문항의 질문을 자세히 들여다보면 "괴롭힘(지나치게 괴로운 장난)을 당했다."(푸른나무재단, 2019)로 다소 모호한 내용이지만 응답비율이 비교적 높은 것은 피해자들이 지나치게 괴롭다는 것을 강조한 것임을 알 수 있다. 앞으로 고통수준이 높고 집요한 괴롭힘에 대한 구체적인 확인이 가능한 조사도 필요할 것으로 보인다.

3) 학교폭력의 최근 추세 및 주요과제

학교폭력의 최근 추세에 기초하여 앞으로 더욱 관심을 갖고 살펴볼 필요가 있는 영역과 주요과제를 살펴보면 다음과 같다.

(1) 최근 학교폭력 피해율 증가에 주의를 기울일 필요가 있다

앞에서 다룬 바와 같이 2012년 이후 정책적 관심과 제도 정비, 교육부의 전수조사를 통한 감시활동이 강화되면서 교육부 조사결과 2012년(12.3%)부터 2017년(0.9%)까지 점차 감소효과가 나타났다. 푸른나무재단 조사결과에서도 2012년 이전 매년 최소 10% 이상의 피해율 및 가해율을 보이다가 2011년은 최고 높은 18.3%를 기록하고, 2012년은 12.0%로 나타났다. 이후 피해율이 낮아지면서 2013년과, 2014~2018년까지는 피해율 6.3~6.6%로 감소하고 특히 2014년(3.8%)엔 가장 낮은 피해율을 보였다.

그러나 최근 교육부조사결과 수치는 2018년 1.3%, 2019년 1.6%로 다소 높아졌으며, 푸른나무재단 수치도 2015년(6.4%) 이후 3년간 0.1%씩 증가하다가

2019년 11.2%까지 상승한 결과를 보이고 있다. 이러한 증가가 2018년과 2019년에 유독 두드러진 일과적 현상인지 증가경향으로 가고 있는 것인지는 아직 불분명하지만 이 점에 주의를 기울여 선제적으로 예방활동을 강화할 필요가 있을 것이다.

(2) 학교폭력에 대한 민감성, 주변에 대한 신뢰가 도움요청이나 신고로 연결된다

학교폭력 예방교육이 확대되고 신고체계가 인터넷상담, 전화상담, SNS상담, 문자신고 등 다양화되면서 최근 들어 자신의 피해사실을 가족, 선생님, 친구나 선배 등에 알리거나 다른 사람이나 기관, 117신고전화나 경찰관에 신고하는 비율은 비교적 높게 유지되고 있다(교육부조사에서 주위에 알리거나 신고한 비율: 2017년 78.8%, 2018년 80.9%, 2019년 81.8%). 푸른나무재단 결과에서도 학교폭력 피해 후의 도움/보호에 대한 질문에서 2017년엔 아무 '도움도 없음'이 1순위였으나 2018년 '학교선생님께 도움을 받았다'가 1순위로 앞섰고, 2019년에는 '부모님께 도움을 받았다'와 '학교선생님께 도움을 받았다'가 1, 2순위로 '아무 도움을 받지 못했다(3순위)'보다 우세했다.

그러나 여전히 피해자의 상당수(교육부, 2017년 21.2%, 2018년 19.1%, 2019년 18.2%)에 가까운 학생들이 피해사실을 은폐하며 혼자 감당하고 있다는 데 관심을 기울일 필요가 있다. 이들 중 '별일이 아니라서'라고 답한 경우가 가장 많았으나(23.9%~28.0%), 이외에 '스스로 해결하려고, 더 괴롭힘을 당할 것 같아서, 해결이 안 될 것 같아서, 창피해서, 부모님이나 선생님의 야단이나 걱정 때문에, 어디에 알려야 할지 몰라서'라는 다양한 이유로 피해고통을 노출하지 않은 채 힘든 시간을 보내고 있었다. 이렇게 도움을 청하지 않는 것은 학교폭력 피해학생들이 돌파구를 찾기보다 무력감에 빠지는 현상을 반영할 뿐 아니라 폭력피해 신고체제 및 해결에 대한 신뢰가 부족함을 반영하고 있다. 즉, 일부 학생들은 폭력피해를 노출하거나 신고하면 적절한 도움을 받을 수 있다는 확신을 갖지 못하고 더 큰 괴롭힘을 당하거나 주변의 비난이 돌아올 것이라는 불안감을 안고 있다. 이는 여전히 또래들의 힘겨루기 문화가 우세한 영향력을 미치기 때문이며, 안심하고 폭력사건을 신고할 수 있는 체계 및 과정에 대해 불신하기 때문인 것이다. 이런 학생들에게 자기노출의 용기를 줄 수 있는 주변사람들이나 신고체계에 대한 신뢰를 형성할 필요가 있으며, 특히 부모나 교사가 이런 어려움에 처했을 때 서슴없이 도움의 손길을 청할 수 있는 대상이 되도록 수용적이고 지지적이 되어야 할 것이다. 그런 의미에서 교사뿐 아니라 부모맞춤형 학교폭력예방교육의 활성화와 교육기회가 지속적으로 확대되어야 한다.

(3) 가해행위에 대한 무감각화와 더불어 잔인한 가해행위 사례가 증가하고 있다

최근의 학교폭력 문제는 또래들의 싸움이 과격하게 번지면서 일어난 사건, 또는 또래 간의 일시적인 갈등수준을 넘어서고 있다. 즉, 상습적인 구타, 성추행, 극도의 굴욕감을 유발하거나 엽기적인 가혹행위 등 잔인한 가해사례가 증가하고 있다. 이러한 가해행위가 지속되면서 일부 피해학생들은 극도의 불안과 공포, 고통 속에서 희망을 잃고 자해 및 자살을 시도하는 경우도 있다. 교육부 조사에 포함된 가해이유로는 '먼저 괴롭혀서' 이외에 '장난으로, 마음에 안 들어서, 특별한 이유 없이, 다른 친구가 하니까, 화풀이 스트레스 때문에. 친구나 선배가 시켜서, 내 힘을 보여 주려고, 부모님과 선생님께 관심을 받고 싶어서(교육부, 2018년 가해이유 순위순), 그리고 오해와 갈등으로(교육부, 2019 가해이유)' 등이다. 푸른나무재단의 가해이유도 유사한 내용들이다. 즉, 가해이유의 대부분은 가해학생의 삐뚤어진 자기중심적 욕구충족을 위해 피해학생에게 해를 입히는 행위로 상대의 고통에 대한 공감능력이 부족하고 타인의 권리, 인간적 존중감과 가치를 무시하는 행위인 것이다. 가해학생 역시 미래를 열어가는 성장기의 청소년들이기 때문에 사건이 발견되었을 때 무조건 자신의(또는 자녀의) 문제를 부인하거나 방어하기보다 인정하고 잘못은 사과하며 적절한 조치과정을 통해 보다 합리적인 문제해결력을 키우고 자기성찰을 할 수 있도록 지도할 필요가 있다.

(4) 학교폭력 피해는 자살, 살인, 방화 등 보다 심각한 문제로 이어지기도 한다

학교폭력 피해는 개인에 따라 스스로 헤어 나오기 힘든 늪과 같이 느껴져 충격적이고 안타까운 사건으로 이어지기도 한다. 관련 글(민병욱, 2010)에 의하면 우리나라에서 1963년에 따돌림 피해학생이 저지른 살인미수사건이 보도되었고, 1972년에는 따돌림 피해를 입은 초등학생에 의한 학교시설 방화사건이 있었다. 그리고 2000년대 초반 폭행 및 따돌림에 대한 앙갚음으로 급우를 살해하는 끔찍한 사건들이 있었다. 즉, 학교폭력은 후유증의 한 형태로 순환적 가해 및 범죄의 가능성을 내포하고 있는 심각한 문제인 것이다. 또한 피해학생들의 자살사건에 대한 보도가 이어져 충격을 주고 있는데, 앞에서 제시한 바와 같이 피해학생 중 많은 수가 자살생각과, 자해 및 자살시도를 한 경험이 있다는 것이다. 우리나라 학생들을 대상으로 한 연구결과(Kim, Koh, & Leventhal, 2005)에 의하면 학교폭력과 연루된 학생들은 그렇지 않은 학생들에 비해 자살사고와 자살행동의 위험이 높았으며, 특히 공격적 피해자와 여학생이라는 조건일 때 더욱 위험했다. 학교폭력은 또래들 간에 있을 수 있는, 발달과정상의 경험으로 과소평가되기 쉬우나 감수성이 예민한 청소년들에게는 어떤 경미한 피해경험조차 자존심과 자기가치감을 뒤흔드는 굴욕적인 사건이 될 수 있기 때문에 어떤 문제라도 소홀히 다뤄서는 안 될 것이다.

(5) 주변학생들의 적극적 방어자 역할이 중요하다

앞에서 살펴본 바와 같이 학교폭력 피해학생 중에서 최근(2017~2019년) 18.2~21.2%의 학생들이 주변에 피해사실을 알리지 않고 혼자 감당하는 미신고자라고 응답했다. 이들의 이유 중에는 '스스로 해결하려고, 더 괴롭힘을 당할 것 같아서, 해결이 안 될 것 같아서, 창피해서, 부모님이나 선생님의 야단이나 걱정 때문에, 어디에 알려야 할지 몰라서' 등이 포함되어 있다. 이렇게 피해자이면서도 자신이 수치심과 죄책감을 느끼며 위축되어 있는 학생들에게 현장을 목격하고 있는 또래들의 따뜻한 관심과 위로, 구체적인 도움은 자신이 잘못된 사람이 아니라는 자기타당화와 문제를 헤쳐 나갈 용기를 북돋워 주는 활력소가 된다. 그래서 무엇보다 학교 내 또래들 중 이들을 알아차리고 나서 주는 적극적 방어자의 역할이 중요한 것이다.

교육부 조사결과 학교폭력피해를 목격한 학생들 중 많은 학생이 이를 알리거나 도와주었다(괴롭히는 친구를 말렸다, 가족/선생님/학교전담경찰관 등에 신고했다, 피해를 받은 친구를 위로하고 도와주었다 등, 2017년 목격자 2.6% 중 78.8%, 2018년 3.4% 중 80.9%, 2019년 4.0% 중 81.8%). 그러나 이들 중 0.8~1.2%는 '나도 같이 피해학생을 괴롭혔다'고 응답했고, 2017년 20.3%, 2018년 30.5%, 2019년 30.1%

는 '모른 척했다/아무것도 하지 못했다'(방관)고 응답했다. 푸른나무재단 조사에서도 이렇게 방관한 학생들의 비율은 2017년 29.5%, 2018년 35.4%, 2019년 23.3%로 나타났고 역시 목격 후 '가해학생 편을 들었다'고 한 학생들도 이례적으로 이러한 조사가 이루어졌던 2018년 4.0%, 2019년 5.2%로 나타났다.

모른 척한 이유는 '같이 피해를 입을까 봐' '어떻게 해야 할지 몰라서' '내 일이 아니어서(또는 관심이 없어서)' '도와줘도 소용이 없을 것 같아서' 등이 상위순에 있었고, 이외에 '별일이 아니라고 생각해서' '피해학생도 잘못했다고 생각해서' 등의 반응이 뒤를 이었다. 이러한 반응은 많은 학생이 학교폭력에 직·간접적으로 관여한다는 견해들, 즉 학교폭력은 피해학생, 가해학생 양자 간의 문제가 아닌 하나의 집단현상이라고 보는 관점(Craig, & Pepler, 1995; Hawkins, Pepler, & Craig, 2001; Pepler & Craig, 1995; Salmivalli, et al, 1996)과 관련된다. Salmivalli 등(1996)은 핀란드의 초등학생들을 대상으로 괴롭힘 상황에서 어떻게 행동하는지를 평가한 결과, 괴롭힘 상황에서 약 87%의 학생들이 다양한 참여자의 역할을 하고 있음을 확인하였다. 이들은 피해자(victims)와 가해자(bullies) 외에도 괴롭힘 행동을 주도하는 것은 아니지만 괴롭힘 행동을 따르는 조력자(assistants), 괴롭힘 행동을 부추기는 '청중'의 역할을 하는 강화자(reinforcer), 괴롭힘 상황과 떨어져서 '아무것도 하지 않는' 방관자(outsider) 그리고 가해행동을 막기 위해 능동적인 노력을 할 뿐만 아니라 피해자 편에서 위로하고 지지해 주는 방어자(defender) 등 여섯 가지 유형의 역할로 사건에 참여하고 있었다. 초등학생을 대상으로 한 연구(Sainio, Veenstra, Huitsing, & Salmivalli, 2011)에서는 학교폭력 피해를 당할 때 또래들의 도움을 받은 피해자들이 도움을 받지 못한 피해자들에 비해 피해를 덜 당했고, 자존감도 더 높았으며, 또래들 사이에서의 지위도 더 높게 나타났다. 11~12세부터 13~14세까지 2년간 추적한 종단연구(Smith et al., 2004)에서 연구 개시 시점에는 피해자였던 학생 중 72%(204명 중 146명)가 피해자의 입장에서 벗어났는데, 이들은 지속적으로 피해 상황에 있는 다른 학생들에 비해 더 많은 친구가 생겼음을 보고하고 있다. 즉, 피해로부터 벗어나는 데는 피해자들의 노력뿐 아니라 주변 친구들의 관심과 지지가 매우 중요하며, 피해자, 가해자에 대한 관심뿐 아니라 방관자들을 방어자로 전환시키는 개입 또한 중요함(Berger, 2007)을 시사한다. 방어자 역할에 대한 질적연구(손강숙, 이규미, 2015) 결과에서는 이러한 도움행동이 방어자 자신의 성장에도 도움이 되었다. 즉, 방어자의 개입이 가해자의 폭력행동을 막고 피해자의 또래들과의 관계 회복에 도움이 될 뿐 아니라 방어자도 도움행동을 한 이후 내적으로 옳은 일이라는 신념과 자신감을 갖게 되었다. Beane(1999)은 주변 학생들이 침묵을 깨야 한다고 강조하면서 학생들에게 '고자질'과 '보고'의 차이를 분명히 알게 하라고 촉구한다. 고자질은 다른 학생을 '곤란에 처하게 할 목적'이라면, 보고는 누군가를 '보호할 목적'으로 말하는 것이므로, 보고는 사회적 금기가 아니고 바람직한 행동이라고 인식시켜야 한다(Beane, 1999, p. 137).

4) 학교폭력의 연령별 · 성별 차이

학교폭력 유형은 연령이나 성별에 따라 어떤 양상을 보이는지 살펴보기로 하겠다. 푸른나무재단 조사(2015년 이후~현재까지)에서 또래 간의 괴롭힘을 취학 전부터 경험했다고 응답하고 있는 것과 마찬가지로, 해외에서도 유치원 때부터 피해경험이 발견되고 있다(Kochenderfer & Ladd, 1996). 유아기의 괴롭힘은 단순히 또래에 대한 선호의 표시이거나 상황적, 반응적인 것이 대부분이라면 초등학교 학교폭력 피해사례에서는 고의적이고 지속적인 가해 행동이 발견되기 시작한다. (재)청소년폭력예방재단(2012) 실태조사에 의하면 학교폭력 피해를 처음 경험한 시기가 초등학교 3학년부터 중학교 1학년에 가장 많이 집중되어 있어서 이 시기부터 본격적인 개입이 요구됨을 알 수 있다. 초등학생들 사이에서는 욕설, 폭언, 험담, 협박 등 언어폭력이나 무시, 따돌림 등 관계적 폭력이 많이 나타난다(김순혜, 2012; 박효정, 2005). 학교급이 높을수록 금품 갈취, 신체적 폭행이 심각하며, 특히 금품 갈취와 집단 괴롭힘은 다른 학교급에 비해 중학생 사이에 더 많은 것으로 나타났다(박효정, 2005). 중학교 이후부터 학교폭력은 집단화 · 흉포화되는 경향을 보이면서 청소년기 이후에는 일탈 및 성인범죄로 연결될 가능성이 커진다(박효정, 정미경, 박종효, 2007). 학교폭력 빈도 자체는 초 · 중 · 고등학교로 올라갈수록, 즉 연령 증가에 따라 낮아지지만(김준호, 김선애, 2003; 조영일, 2013; 교육부, 2019; 푸른나무재단, 2019; Wang, Iannotti, & Nansel, 2009), 연령이 높아지면서 흉포화되어 고등학교에서 발생한 학교폭력은 더욱 심각한 양상을 띤다. 우리나라에서 발생한 자살 및 급우살해 사건 등은 대개 고등학교 시기에 발생한 것이었다. 그럼에도 고등학교에서는 성숙효과에 의해(Dukes, Stein, &

Zane, 2010) 자연스럽게 학교폭력 가해행동을 멈추는 학생들이 늘어나면서 학교폭력 빈도도 줄어든다.

　일반적으로 학교폭력 가해 및 피해율은 남학생이 더 높은 것으로 인식되어 있지만 실제 연구에서는 다양한 결과를 보인다. 한편, 경험율과는 무관하게 실제로 학교폭력을 남학생이 더 자주 경험한다는 연구결과(Ledwell & King, 2013)가 있다. 학교폭력의 유형에 따른 경험은 성별에 따라 차이가 있어서 남학생은 여학생에 비해 신체적 · 물리적 폭력행동을 더 많이 사용하였고, 여학생은 언어적 · 관계적 폭력을 더 많이 사용했다(푸른나무청예단, 2015[7]; Crick & Bigbee, 1998; Dukes, Stein, & Zane, 2010; Wang et al., 2009).

3. 학교폭력의 원인과 위험요인

　인간의 행동은 개인과 환경 간의 상호작용의 결과이고, 각 개인을 둘러싸고 있는 환경 역시 다차원적이어서 학교폭력의 원인은 각 개인과 그를 둘러싸고 있는 다양한 환경 속의 위험요인을 통해 살펴봐야 한다. 이러한 요인들은 대개 학교폭력 가해행동을 설명하고자 하는 것으로 제5장에서 보다 상세하게 설명할 것이다. 여기서는 개괄적으로 학교폭력의 원인으로 작용할 수 있는 위험요인들이 무엇인지 개인, 가정, 학교 및 또래, 사회적 요인으로 나누어 살펴보기로 하겠다.

1) 개인적 요인

　Boulter(2004)는 학교폭력과 관련 있는 생물학적 요인으로 기질(temperament)과 회복탄력성(resilience)을 들고 있다. 기질이란 정서의 강도와 질, 행동 수준, 주의, 정서 조절에서의 개인차(Berk, 2003; Boulter, 2004에서 재인용)를 의미하며, 비교적 인생 초기에 나타나는 성격적 측면으로 유전, 임신 및 출산 과정 등등 생물학적 배경이 크게 작용했을 것으로 가정된다. 영유아기(2세 이전) 때부터 과민

---

7) 2015년이 성차에 대한 가장 최근자료이며 이후 조사에서는 성차변인이 제외됨.

하고, 쉽게 좌절하고, 화를 잘 내고, 진정시키기 어려운 아이들이 있다. 이렇게 기질적으로 예민한 아이들 중 많은 수는 부모의 특별한 관심과 적절한 양육을 통해 기질적 문제를 극복하지만, 특별한 양육적 배려가 없는 경우 문제가 되는 기질은 지속적으로 안정적인 특징이 되고 이후 환경적 문제가 복합적으로 작용했을 때 더 큰 문제 요인이 되기도 한다. Boulter(2004)는 기질 외에도 부정적인 경험, 상처, 스트레스, 위협 등으로부터 벗어날 수 있는 능력인 회복탄력성에서의 개인차를 강조하면서 지나치게 예민하고 상처받기 쉬운 사람들은 공격성이나 우울 등에 대처하는 데 비효율적이라고 지적하고 있다.

Kokko와 Pulkkien(2000)은 핀란드의 8세 아동 369명을 14세, 27세, 36세에 추적하여 이들의 발달경로를 살펴보는 종단적 연구를 실시했다. 연구 시작 시 이들의 공격성에 대한 교사의 평정 결과가 기초가 되었으며, 14세에도 교사의 평정 점수를 사용하였고, 27세, 36세에는 현재 생활 상황에 대한 자기보고식 척도를 사용하였다. 연구결과, 8세의 공격성에 대한 교사의 평정 점수는 14세의 학교 부적응, 27세의 음주 문제와 구직의 어려움, 36세의 장기실직과 관련이 있었다. 한편, 같은 연구에서 지지적이고 적절한 감독과 따뜻한 가족환경 등의 아동 중심적 양육환경과 자신의 높은 정서조절능력은 이러한 '부적응적 순환(cycle of maladaptation)'으로부터 벗어나는 데 도움이 되는 것으로 나타났다. 이러한 연구는 어려서부터 기질적으로 어려움이 발견되는 아동에 대해서는 조기 발견과 함께 적절한 양육기회를 제공해야 함을 시사한다.

또한 두뇌의 전두엽 손상 및 전두엽 실행 기능이 폭력적인 성격 및 행동의 원인이 될 수 있다. 전두엽은 동기부여, 주의집중, 목표지향적인 행동 및 정서 조절 등 고등정신기능을 관장하는 두뇌 부위로, 이 부위에 이상이 있거나 실행 기능에 문제가 있는 사람은 계획성의 부족, 둔화된 정서, 충동성, 인지적 결함, 공격성과 같은 문제를 보이고 반사회적 행동과 관련이 있는 것으로 알려져 왔다(Bufkin & Luttrell, 2005; Moffit, 1993; Raine, 1995).

사회적 정보처리능력의 결함 역시 공격적인 아동의 특징 중 하나다. Crick과 Dodge(1994)는 공격적인 아동들이 모호한 사회적 상황 및 상호작용, 다른 사람의 의도 및 동기를 지각하고 이러한 상황에 대한 반응을 결정하는 방식을 편향된 사회정보처리과정 모델(biased social information processing model)로 설명하였다. 연구결과들에 의하면 공격적인 아동들은 공격적인 단서에 더 민감하고,

다른 사람의 모호한 행동이나 특정 상황에 대해 적대적인 추론을 하는 경향을 나타낸다(Bradshaw & Garbarino, 2004; Dodge & Pettit, 2003). 이와 같은 부정적인 개인적 요인이 학교폭력과 관련될 수 있는 반면, 공감능력, 친사회적 지향성, 정서 사회적 지능 등, 친사회적 요소들이 높은 청소년들은 학교폭력과 연루될 가능성이 적은 것으로 알려져 이러한 요인들은 학교폭력으로부터의 보호요인임을 알 수 있다(예: Polan, Sieving, & McMorris, 2013). 이러한 연구결과들은 공격적인 아동 및 청소년들에게 필요로 하는 개입요소가 무엇인지 알 수 있게 해 준다.

2) 가정적 요인

가정은 부정적인 경험의 완충지대이며 개인적 부족함을 채워 주는 역할을 하는 곳이다. 따라서 기질적인 문제가 있는 아동도 부모의 적절한 보호와 감독을 통해 보다 긍정적인 발달을 이룰 수 있고, 일시적으로 방황하던 청소년도 기다리는 가족이 있어 돌아와 제자리를 찾게 도와주는 장소가 가정인 것이다. 예를 들어, 청소년패널조사에 참여한 학생들의 종단자료를 사용한 연구(조영일, 2013)에서 1년 만에 가해집단에서 학교폭력 무경험 집단으로의 변화를 예측해 주는 변수는 부모애착이었다. 또한 부모와의 원활한 의사소통은 학교폭력 및 내현화된 문제를 조절해 주는 효과가 있었다(Ledwell et al., 2013). 부모와의 친밀한 관계 형성, 기능적·지지적인 부모, 적응적인 부모-자녀 상호작용 및 가족 간 유대감 등은 자녀의 회복탄력성을 보호해 주는 요인이 된다.

최근 핵가족화로 인해 가족 수는 줄었으나 오히려 부모는 맞벌이 등 바쁜 경제생활에 쫓기면서 부부뿐만 아니라 부모-자녀 간에 접촉할 시간이 줄어들었고, 그로 인해 가족 간의 심리적 유대감이 약해지거나 자녀에 대한 감독이 소홀해지는 등 훈육 상의 문제가 심각해지고 있다. 부모가 바쁠 뿐만 아니라 외동이가 많고, 적은 자녀 수로 아이들은 어린 나이부터 혼자 지내는 시간이 많아지고 있다. 어린 나이에 적절한 돌봄을 받지 못하고 외롭게 지내는 것은 심리적으로 유기되고 애착형성이 불안정할 뿐 아니라 적절한 사회적 기술을 배우지 못해 긍정적인 대인관계 형성의 기초가 약화되는 결과로 이어질 수 있다. 물론 현대 가정의 공통적인 특징이 모두 학교폭력과 관련되는 것은 아니지만, 이러한 요소들이 부모의 정신건강 문제나 적절치 못한 훈육방법과 맞물릴 때는 문제가 심각해진다. Papanikolaou, Chatzikosma와 Kleio(2011)의 연구결과에 의하면 부모로부터 문제행동에 대한 처벌이 없는 경우, 정당한 이유 없는 훈육을 하는 경우, 특히 부모가 학교생활에 대해 도움을 주지 않는 경우, 자녀가 학교폭력과 관련될 가능성이 높았다. 강압적인 부모의 태도 및 신체적 학대는 자녀들이 부모와 불안정 애착관계를 맺고 유대를 형성하지 못하는 요인이 되며, 이러한 결과는 자녀의 사회적 정보처리 장애 및 자기조절능력 발달에 부정적인 영향을 미쳐 반응적인 공격성을 키우게 될 뿐 아니라 자녀의 외현화 및 내현화 문제와 관련된다(Bloomquist et al., 2002). 이와는 반대로 부모의 통제 정도가 낮은 가정에서도 자녀의 비행이 더 많이 나타났다(김준호, 김순형, 1992).

　1900년부터 2004년까지의 학교폭력 관련 연구들을 분석(Berger, 2007)한 결과 가족요인으로 발견된 것은, 첫째 자녀를 거칠게, 그리고 무시하거나 거부적으로 키운 경우, 특히 어머니가 분노는 많으나 힘이 없는 경우에 자녀는 충동조절이 어려운 공격적인 피해자(aggressive victim)로 크는 경우가 많았다. 둘째, 가해자들은 보통 아이들보다 부모와 애착이 덜 형성되었고, 가족들은 냉담하고 폭력적이었다. 셋째, 남자 피해자들은 종종 그들의 아버지와는 거리가 있는 반면, 어머니와는 유달리 밀착되어 있었다. 그러나 여자 피해자들의 어머니는 과보호적이기보다는 오히려 적대적이었다. 한편, 연구자는 이러한 관련성이 역방향적으로 영향을 주었을 가능성에 대해서도 언급하고 있다. 예를 들어, 자녀가 공격적이기 때문에 부모가 거칠게 대하거나 자녀가 피해자이기 때문에 과보호를 했을 가능성도 있다는 것이다.

　이외에도 가족의 낮은 사회경제적 지위, 부부 불화 및 가정폭력, 이혼 및 별거, 잦은 이사 등 가정의 불안정 및 변화는 아동의 발달에 지장을 주는 또 다른 위험요인이 된다. 특히 가정폭력은 갈등 상황에서 폭력을 하나의 해결방법으로 학습하는 결과를 낳는다. 부모의 언어적·신체적 학대는 청소년의 폭력비행과 관계가 있었으며(김준호 외, 1992; 김준호, 박정선, 김은경, 1996), 양친 간의 신체적 폭력은 부모로부터의 학대를 통제한 경우에도 자녀들의 직접적인 학교폭력 가해 및 피해와 의미 있게 관련되었다(Baldry, 2003).

3) 학교 및 또래 요인

학교는 학생들이 지식과 기술을 습득할 뿐 아니라 규칙을 익히고, 또래 및 다양한 구성원들과 관계를 맺으면서 경쟁을 통해 상호발전하는 과정을 경험하는 장소다. 발달적으로 학창시절 대부분의 기간 동안 학생들은 학교에서 많은 시간을 보내며 가족보다 또래들에 대해 보다 높은 관심을 기울이기 때문에 또래들로부터 인정을 받는 것이 중요하며, 다양한 방면에서 또래들로부터 영향을 받는다. 따라서 또래들과의 관계에서 어려움이 있거나 또래들로부터 배척당하는 것은 무엇보다 큰 스트레스 요인이 된다. 공격적이거나 충동적이며, 힘이 강한 일부 학생들은 다양한 원인으로부터 발생하는 좌절감과 스트레스를 또래괴롭힘을 통해 해소하고자 하는데, 이때 힘이 약하거나 또래관계에서 불리한 조건에 있는 또래를 그 대상으로 삼을 가능성이 크다.

학교에서는 다양한 개성의 학생들이 정해진 공간에서 장시간 함께 생활하면서 상호영향을 주기 때문에 많은 관계적 역동이 일어나게 되는데, 이러한 관계 속에서 나타나는 부정적인 행동양식의 하나가 학교폭력인 것이다. 따라서 학교 관계자들은 모든 학생들이 동등하게 학습과 성장을 이루어 나갈 수 있도록 안전하고 편안한 분위기 조성에 힘써야 하는데, 학교의 물리적 환경, 학교규칙 적용의 일관성, 학교 관리자 및 교사의 폭력에 대한 인식 및 관여, 학교의 전반적인 분위기가 이와 관련된다.

우선 학교 규모가 크면 학생들의 긴장도가 높아지고 다양한 사건·사고들을 직·간접적으로 경험하게 되며, 학생들 자신의 익명성에 대한 높은 기대 등으로 학교폭력의 위험요소가 더 많을 것으로 가정된다. Walker와 Gresham(1997)은 학교 규모가 크면 위험요소가 있는 학생들이 교사와 의미 있는 관계를 맺기 어렵고, 훈육문제나 기물파손이 더 많이 일어나며, 교사는 다른 교사, 부모, 학생들, 그리고 그들이 보다 효율적으로 활동하도록 돕는 관리자의 지원으로부터 고립될 가능성이 크다고 지적하고 있다. 경험적 연구결과들에 의하면 학생이나 교사들은 학교가 클수록 안전감을 덜 느끼고 학교폭력의 심각성을 높게 지각하는 경향을 보였다(Bowen, Bowen, & Richman, 2000; Klein & Cornell, 2010).

그러나 학교 크기보다 학교폭력에 대한 관심과 규칙, 규칙의 일관된 적용 등이 더욱 중요한 것으로 보인다. 학교가 클수록 학생들은 학교폭력 문제가 많을 것으로 지각하는 경향을 보였으나, 실제 피해에 대한 학생들의 보고 및 학교 훈육지도 기록상의 폭력 문제 비율은 학교 크기와 관련이 없다는 연구결과가 있다(Klein & Cornell, 2010). 한편, 학생들이 지각하는 학교폭력의 심각성은 약물 남용, 싸움, 무기 소지, 우울과 같은 위험행동 비율과 관련이 높아서 학교의 안전성 등 학교환경에 대한 지각이 중요하다는 연구결과(Klien, Cornell, & Konold, 2012)도 있다. 이러한 심각성에 대한 지각은 학교환경 및 분위기와 관련된다. 학교의 구성원 모두가 인지하고 있는 학교폭력에 대한 규칙 및 문제처리 과정, 분명한 지침이 있고 이를 일관되고 공정하게 적용하는 것은 안전한 학교환경 구축에 도움이 된다. 학생들은 폭력사건이 발생한 경우 이를 보고하는 절차, 처리되는 과정 그리고 그 결과가 무엇인지 분명히 알고 있고, 이것이 잘 작동된다는 확신을 가질 때 학교를 보다 안전한 장소로 느낄 수 있다. Gregory 등(2010)은 미국 버지니아 주 290개 공립 고등학교 내 교사와 학생들을 대상으로 연구하여 공정하고 지속적인 규칙 및 교사의 보살핌과 지원이 높은 학교는 다른 학교보다 안전함을 입증하였다. 교내의 이러한 요소는 학교 크기, 소수민족 및 낮은 경제적 지위의 비율을 통제한 후에도 폭력 및 피해가 적은 것과 관계가 있었다. 이외에도 교사와 학생들이 학교의 학습환경 및 학교평가에서 긍정적으로 반응한 경우 학교폭력이 보다 적게 나타났다(Kyriakides & Creemers, 2012).

국내 연구결과(이상균, 1999)에서도 폭력에 대한 학교정책의 부재, 폭력에 대한 무관심은 학생들의 가해 및 피해경험과 관련되는 것으로 나타났다. 이상균(1999)의 연구에서는 학교폭력과 관련된 각 학생들의 개인적인 특성을 통제한 후에도 앞에서 열거한 부정적인 학교환경들이 폭력행동을 심화시키는 요인으로 작용하였다. 학교폭력에 대한 관심 및 정책의 부재는 폭력에 대해 허용하는 분위기로 연결되어 전반적으로 폭력 불감증적인 학교풍토를 낳을 수 있으며, 이는 교사들의 언어적 폭력이나 체벌, 학생들의 일상적인 폭력적 분위기, 폭력서클의 존재, 폭력을 목격하는 주변학생들의 간접적인 기여 등의 문제를 야기한다. 예를 들어, 교사로부터 체벌이나 언어적 폭력을 많이 경험한 학생일수록 폭력에 대한 허용도가 높고, 가해경험도 높았다(김준호, 박정선, 김은경, 1996). 또한 관련 선행연구를 분석한 결과 또래와 관련된 다양한 변인들(예: 또래관계, 친구가 벌 받은 횟수, 또래 폭력 허용도, 또래 동조성 및 또래 집단의 소속 여부, 친한 친구 수, 친구 피해경험 등등)이 학교폭력과 관련이 있는 것으로 나타났다(최운선, 2005).

폭력적인 또래와의 접촉은 폭력에 대한 정당화의 배경이 될 뿐 아니라 또래의 폭력행동을 모방할 가능성을 높인다. 또한 다른 사람을 괴롭힐 의도로 던지는 욕설이나 모욕적인 언사를 습관처럼 하는 또래집단은 이러한 행동의 심각성에 둔감하여 상대가 겪는 고통을 자각하지 못한 채 서로 상처를 주고받을 수 있다. 따라서 학교는 학교 내에서 관여할 수 있는 부분에 대해 학교규칙 및 지침을 세우고 이를 일관되고 공정하게 적용하며, 모든 구성원들이 이러한 규칙과 지침의 실재를 인지하고 준수하도록 감독과 지도를 지속해야 한다.

학교폭력 행동은 학교이탈과도 관련된다(Cornell, Gregory, Huang, & Fan, 2013). 연구자들은 미국 버지니아 공립 고등학교들의 학생들을 대상으로 학생들과 교사들이 지각한 괴롭힘에 대한 발생률을 조사하였고, 4년 후 학교이탈 비율을 조사하였다. 학교폭력 행동은 학교 크기, 학생들의 신체 조건, 소수집단 구성, 지역사회 범죄 비율 그리고 표준화된 학력고사 성적 등의 예언인자를 통제한 상태에서 4년 후 이들 집단의 학교이탈에 대한 유의미한 예언력을 나타내었다. 즉, 학교폭력 가해행동은 피해학생뿐 아니라 가해학생의 정상발달에도 위험요인임을 알 수 있다.

4) 사회적 요인

사회적 요인은 사회 전체의 폭력문화 및 학생이 속한 지역사회 환경요인을 들 수 있다. 우선 사회가 폭력에 대해 얼마나 허용적인 분위기인가를 생각해 볼 수 있다. 폭력에 대한 허용 수준은 개인들의 공격적인 상호작용뿐 아니라 다양한 매체에서 폭력적인 요소로 나타나고, 이는 구성원들이 폭력에 노출되는 빈도에 영향을 미친다. 폭력이 허용되는 사회에서는 폭력이 개인 간의 갈등을 해결하는 수단으로 인식되면서 가정폭력, 싸움을 통한 문제해결, 체벌 등의 빈도를 높이고 아동 및 청소년들이 이러한 행동을 학습할 기회를 높이게 된다. 경험적 연구들에 의하면 지역사회에서 이루어지는 싸움, 절도, 총기사건 등의 폭력사건에 대한 직·간접적인 경험빈도는 같은 지역사회 내 학교의 교실에서 이루어지는 공격행동 빈도와 상관이 있다(Bradshaw, Rodgers, Ghandour, & Garbarino, 2009; Lambert, Ialongo, Boyd, & Cooley, 2005).

또한 폭력을 상업화해서 제작되는 TV, 영화, 게임, 인터넷 등의 다양한 프로그램을 통한 간접적인 노출 역시 폭력행동을 학습하는 결과를 낳을 수 있다. 폭력매체를 통한 잠재학습 및 모방행동의 효과는 사회학습이론가인 Bandura의 연구를 통해 널리 알려진 사실이다(Bandura, Ross, & Ross, 1963). 학교폭력에서 비롯된 학생 살인사건에 관한 국내 연구(이규미, 이대식, 김영혜, 2003)에서도 가해학생이 영화의 폭력적인 장면을 모방해서 범죄를 저질렀다고 진술한 사례가 있다. 연구자들은 폭력적이고 잔인한 인터넷 사이트나 영화가 청소년의 자극 억제의 역치를 낮출 수 있는 것으로 보았다.

이외에도 유흥업소를 포함하는 유해환경, 높은 범죄율, 무질서한 환경 역시 폭력 비율과 관련이 있다. Kelling과 Wilson(1982)은 무질서한 환경은 비공식적 사회통제를 약화시켜 범죄 증가로 이어진다는 주장을 펼친 바 있다. 이들은 1969년 심리학자 Zimbardo가 유리창이 깨진 차를 방치하였더니 단 10분 만에 평범한 시민들에 의해 파손되었다는 실험 결과(Kelling et al., 1982에서 재인용)를 인용하여 깨어진 유리창을 사회적 무질서로 상징화하고, 이를 방치하면 나머지 유리창도 곧 깨진다는 것을 역설하였다(깨진 유리창 이론). 즉, 유리창을 수리하고 온전하게 유지하는 것은 비공식적이고 느슨한 지역사회 규범을 지키는 것과 같다. 이는 당장의 효과가 없는 듯 보일지라도 장기적으로는 범죄 예방 및 치안 유지에 긍정적인 영향을 미친다는 것이다. 즉, 지역사회 구성원들의 환경에 대한 질서감은 사람들이 바람직한 행동방식을 취하도록 영향을 준다는 것이다. 지역사회 내의 학교폭력 문제에 대한 관심과 감시, 시민단체의 활발한 캠페인 활동, 건전한 여가문화는 학교폭력 문제를 예방하고 해결하는 데 중요한 영향을 미친다. 이것은 가벼운 듯 보이지만 한 개인에게는 고통이 되는 놀림, 욕설 등의 행동부터 근절되어야 심각한 학교폭력 사건을 예방할 수 있다는 의미로 해석할 수 있다.

4. 학교폭력의 예방 및 대처를 위한 접근

학교폭력의 예방 및 대처를 위한 각종 접근방법에 대해서는 이후에 가해·피해학생별 접근, 법률 및 정책, 학교 및 학급 차원에서의 접근 등으로 다루게 될 것이다. 여기서는 학교폭력을 예방하고 대처하기 위한 접근을 크게 예방적 접근, 대응적 접근, 정책적 접근으로 나누어 간단히 소개하고자 한다. 각 접근에 대한 설명은 이후 접하게 될 다양한 학교폭력 예방 및 개입 프로그램들을 이해하는 데 도움이 될 것이다.

1) 학교폭력에 대한 예방적 접근

앞에서 제시한 개인, 가정, 학교, 사회 차원에서의 학교폭력의 원인 및 발생기제를 파악해서 이를 사전에 예방하는 것은 무엇보다 효율적인 방법이라고 할수 있다. 예방은 새로운 문제 사례가 발생하는 것을 줄일 뿐 아니라 새로운 사례의 기간이나 심각성을 단축시키는 것을 의미한다(Conyne, 2010). 이러한 예방활동은 가해학생, 피해학생, 주변학생, 학부모 등 '사람중심', 또는 국가, 지역사회, 학교 등 '체제중심'으로 이루어질 수 있으며, 양 차원의 활동이 동시에 통합적으로 이루어질 때 보다 효과적이다(Conyne, 2010).

이러한 예방을 위해서는 각 차원별 위험요인과 보호요인을 파악하여 위험요인을 줄이고, 보호요인을 강화해 나가는 접근을 시도해 나가는 동시에 각 개인에게 필요한 역량을 증진시키는 전략을 포함시킬 필요가 있다. 학교폭력 관련법과 제도의 구축, 안전한 학교환경을 위한 다양한 제도 및 프로그램, 지역사회내 감시활동 강화하기, 비폭력 캠페인 및 비폭력 문화활동 전개, 예방을 위한 학생지도 프로그램의 전개, 전문상담교사, 학교전담경찰관 등 전문 인력의 배치, 학교현장에서의 사건 징후의 발견 및 조속한 대처방법 구축, 학교폭력 관련 자료 수집을 통한 정확한 실태 파악 등등은 모두 예방적 접근의 예라고 할 수 있다. 학생을 직접 지도하고 문제를 조기 발견하여 지도할 수 있는 위치에 있는 교사들이 학교폭력에 대한 지식과 대처능력 등의 역량을 강화하는 것은 무엇보다 중요한 예방활동이 된다. 또한 학교폭력 사건이 발생했을 때 이를 쉽게 신고할수 있는 방법 및 신고창구를 마련하는 것 또한 중요한 예방활동이 될 수 있다.

2) 학교폭력에 대한 대응적 접근

대응적 접근이란 학교폭력 문제가 발생했을 때 직접 개입하여 해결해 나가는 방법을 의미한다. 학교폭력이 발생하는 현장에서의 개입, 사안 발생 후 학교 및 교육지원청에서 이루어지는 절차와 관계회복 프로그램, 화해 및 분쟁조정 등이 이에 속한다. 학교 차원에서 학교폭력 사안을 다룰 때는 단위학교 전담기구나 교육지원청의 학교폭력대책심의위원회(구 자치위원회)가 열릴 수 있지만, 대부분의 사건은 생활교육 및 지도 차원에서 교사에 의해 다루어진다. 일선 교사들은 학교폭력 장면과 가장 근접한 위치에서 사건을 발견, 목격하고 상황에 맞는 개입을 하여 사건이 심화되는 것을 막을 수 있는 위치에 있는 만큼, 교사들은 학교폭력 사건에 적절히 대처할 수 있는 역량을 갖추고 있어야 한다. 많은 학생이 폭력피해를 경험하거나 목격하고도 이를 신고하지 않는 이유는 신고가 도움이 되지 않을 것이라는 처리 과정이나 결과에 대한 불신에서 비롯된다. 교사는 목격자의 보고를 들었을 때나 피해학생의 보고를 접했을 때, 그리고 교사 자신이 직접 폭력을 목격한 경우, 관련 학생의 보호 등의 개입, 관계회복과 화해 및 중재가 요구되는 상황 등에 대해 적절하게 대응할 수 있는 방법을 준비하고 있어야 한다.

특히 2019년 법률 개정 이후 학교장자체해결제가 시행되었다. 이 제도는 경미한 학교폭력 사안은 학교폭력대책심의위원회에 넘기지 않고 학교장이 자체 해결 할 수 있도록 하면서 학교의 교육적 접근과 권한을 확대하고, 단위학교에서 진행하던 학교폭력대책자치위원회를 각 교육지원청 학교폭력대책심의위원회로 이관하여 사안 처리, 해결의 전문성 및 객관성을 확보하고자 하는 것이다. 또한 학교폭력 사안처리의 전 과정에서 양측 학생 간에 학교폭력이 다시 발생하지 않도록 하고 학생 및 그 보호자 간에 관계회복을 위해 노력해야 한다(동법 시행령 14조 3).

양측의 첨예한 갈등 및 분쟁상황이 벌어졌을 때 이에 대한 전문적 개입과 지원을 위한 화해조정 및 분쟁조정은 학교폭력 사건 처리 과정에서 효과적인 개입 방법이다. 이러한 작업은 교내 관련 기구에 의해서 이루어질 수도 있지만, 상황에 따라서는 외부전문가나 전문기관(예: 푸른나무재단 화해분쟁조정사업 등)이 개입할 수도 있다. 학교 내에서 학교폭력 문제를 다룰 때 무엇보다 중요한 것은 폭력행동에 대한 조치 및 관련 규칙과 이에 대한 시행, 학생들의 보호 및 선도이다. 즉, 폭력행동을 하면 각 행동별로 어떤 결과가 따를지 교내 구성원들이 모두 알 수 있는 규칙이 존재하고, 이러한 규칙을 일관되게 적용함으로써 제도와 집행에 대한 신뢰를 형성하는 것이 무엇보다 중요하다. 학급에서도 생활교육(지도) 차원에서 담임 및 학급생들이 학교폭력 예방 및 상호존중을 생활화하는 데 도움이 되는 규칙을 정하고 준수함으로써 자연스럽게 폭력 없는 교실을 만들 수 있다. 이러한 대응적 접근은 궁극적으로 발생한 사안에 대한 신속한 도움과 보호, 해결을 통해 학생들이 일상을 회복하고 학교생활로 안전하게 돌아올 수 있도록 하기 위한 것이다.

3) 학교폭력에 대한 정책적 접근

학교폭력에 대한 관련법을 제정하고 이에 따른 정책을 수립하여 시행하는 것은 국가 차원의 학교폭력 예방 및 대책의 근간이 된다. 우리나라는 2004년에 「학교폭력 예방 및 대책에 관한 법률」 및 동법 시행령을 제정하였고, 동법 제6조에 근거하여 2005년 '제1차 학교폭력의 예방 및 대책에 관한 기본계획(2005~2009년)', 2010년 '제2차 학교폭력의 예방 및 대책에 관한 기본계획(2010~2014년)'을 수립하여 시행하였다. 동법에서는 지방자치단체 차원에서도 학교폭력 예방 및 근절을 위해 조사, 연구, 교육, 계도 등에 필요한 법적·제도적 장치를 마련하고, 이를 위해 학교폭력대책지역위원회를 설치하도록 하고 있다. 시·도 교육감은 시·도 교육청에 전담부서를 설치·운영하고, 학교의 장으로 하여금 학교폭력 예방 및 대책에 관한 실시계획을 수립·시행하도록 한다. 이러한 법적 근거를 기초로 단위 학교장은 학교폭력 예방교육, 관련 교칙 제정 및 시행, 피해학생 보호 및 가해자 선도 등등의 프로그램을 추진할 수 있다. 이러한 정책적 접근은 학교폭력 예방 및 대책에 관한 인프라를 구축하고 제도적으로 접근하는 데 중요한 기초가 되었다. 각 교사는 우리나라의 관련 법 및 지역별, 단위 학교별 학교폭력 예방 및 대책에 관한 프로그램을 이해하고 소속 학교에서 추진하는 관련 프로그램이 원활하게 진행되도록 이끄는 주체로서 활동하게 하였다.

앞에서도 언급했던 2011년 12월 학교폭력피해 중학생의 자살사건은 학교폭력정책에 커다란 반향을 불러일으켰다. 즉, 이 사건 이후 학교폭력이 큰 사회적 문제로 부각되면서 2012년 2월, 정부는 국무총리 주재하에 학교폭력관계 장관회의를 열고 사소한 괴롭힘도 범죄라는 인식하에 피해자 보호를 최우선으로 하고 학교, 가정, 사회가 협력하는 인성교육의 실천을 강조하는 '학교폭력근절 종합대책'을 확정 발표하였다(국무총리실 관계부처 합동 보도자료, 2012. 2. 6.). 이 대책에서는 '학교장과 교사의 역할 및 책임강화'가 포함된 7대 실천정책 및 과제를 수립, 제시하고 있다. 이때(2012년)부터 교원의 양성, 임용, 연수단계에서 생활지도역량강화가 강조되었고 교사자격증을 받기 위해서는 '학교폭력 예방 및 대책' 과목을 반드시 이수하도록 하였으며 교사 신규채용 시 교직적성심층면접이 적용되었다. 또한 교사대상 각종 자격연수 및 직무연수에 학교폭력 예방관련 교과목을 대폭 반영하기 시작했다. 이어서 2013년 7월에는 당시 정부의 핵심 국정과제 중 하나인 4대악근절에 학교폭력을 포함하고 예방에 중점을 둔 '현장중심학교폭력대책'을 발표하였다(교육부 보도자료, 2013. 7. 23.).

　'제3차 학교폭력 예방 및 대책 기본계획(2015~2019년)'은 인성교육 중심 학교폭력 예방 강화, 학교폭력 대응 안전 인프라 확충, 공정한 사안처리 및 학교의 학교폭력 대응 역량 강화, 피해학생 보호 치유 및 가해학생 선도, 전 사회적 대응체제 구축 등 5대 영역, 16개 추진과제를 제시하여 시행하는 것을 목표로 하였다(국무조정실 국무총리비서실, 교육부 보도자료, 2014. 12. 22.). 그리고 2020년 발표되어 시행중인 '제4차 학교폭력 예방 및 대책 기본계획(2020~2024년)'은 2019년 개정된 학교폭력 예방 및 대책에 관한 법률에 근거하여, 학교장자체해결제의 활성화와 학교폭력에 대한 학교의 교육적 역할 강화, 피해학생 보호·치유 확대, 가해학생 교육 및 선도 조치의 내실화, 우범소년 송치제도, 촉법소년 연령 하향 등 중대 학교폭력에 대한 엄정대처 계획을 수립하여 시행하는 것을 골자로 하고 있다(교육부 보도자료, 2020. 1. 15.).

토론주제

1. 학창시절 경험한 학교폭력사례 중 교사가 적절하게 조치한 우수사례와 적절한 조치가 이루어지지 않아서 문제가 됐던 상황에 대해 토론해 봅시다.

2. 교사로서 학교현장에서 폭력피해를 경험하는 학생을 보다 빨리 발견할 수 있는 방안과, 그러한 학생을 발견한 이후 폭력을 예방하거나 피해로부터 벗어나는 데 도움을 줄 수 있는 학급프로그램을 토론해 봅시다.

3. 우리 사회에서 학교폭력에 영향을 미칠 수 있는 폭력적인 요소들을 발견하여 문제점이 무엇인지 분석해 봅시다.

참고문헌

국무총리실 관계부처 합동 보도자료(2012. 2. 6.). 학교폭력근절 종합대책. 대한민국 정책브리핑(https://www.korea.kr/archive/)에서 2021. 7. 14. 인출.

국무조정실 국무총리비서실, 교육부 보도자료(2014. 12. 22.). 3차 학교폭력 예방 및 대책 기본계획 확정.

교육과학기술부 보도자료(2012. 4. 19.). 2012년 제 1차 학교폭력실태 조사결과 교과부, 학교 홈페이지 공개.

교육부 보도자료(2012. 11. 16.). 2차 학교폭력실태조사 결과 공개.

교육부 보도자료 (2013. 7. 23.). 관계부처합동, 예방에 중점을 둔 '현장중심 학교폭력대책' 발표.

교육부 보도자료(2014. 7. 11.). 2014년 1차 학교폭력실태조사 분석결과 발표.

교육부 보도자료(2015. 3. 16.). 2015년 1차 학교폭력실태조사 실시.

교육부 보도자료(2016. 7. 17.). 2016년 1차 학교폭력실태조사 결과.

교육부 보도자료(2017. 7. 10.). 2017년 1차 학교폭력실태조사 결과.

교육부 보도자료(2017. 12 . 6.). 학교폭력 실태조사 개편으로 실태파악 및 맞춤형 학교폭력 정책 지원.

교육부 보도자료(2018. 8. 28.). 2018년 1차 학교폭력실태조사 결과.

교육부 보도자료(2019. 8. 27.). 2019년 1차 학교폭력실태조사 결과 발표.

교육부(2019). 학교내 성희롱·성폭력 대응 매뉴얼.

교육부 보도자료(2020. 1. 15.). 제4차 학교폭력 예방 및 대책 기본계획.

교육부 보도자료(2021. 1. 20.). 2020년 1차 학교폭력실태조사 결과 발표.

교육부 (2021. 1. 21.). 2020년 학교폭력실태조사 결과 발표.

경북도민일보(2021. 2. 21.). 신종학교폭력, SNS계정갈취에 대해 알고 계시나요? http://www.hidomin.com/news/article 에서 2021. 7. 7. 인출.

국민일보(2021. 5. 27.). 디지털 성범죄 초·중생 90% "무거운 범죄라 생각 안 해" http://news.kmib.co.kr/article/ 에서 2021. 7. 6. 인출.

김경은(2013). 가정폭력경험과 청소년의 사이버폭력 가해행동 관계에서 학교폭력의 매개효과. 한국가족복지학, 18(1), 5-30.

김순혜(2012). 초등학교 학교폭력 피해아동의 위험요인과 보호요인 분석. 아동교육, 21(3), 5-17.

김준호, 김선애(2003). 학교폭력 실태에 대한 종단적 연구(2001~2002년). 한국청소년연구, 14(2), 5-47.

김준호, 김순형(1992). 가정환경과 청소년비행. 서울: 한국형사정책연구원.

김준호, 박정선, 김은경(1996). 학교주변 폭력의 실태와 대책. 서울: 한국형사정책연구원.

김혜원(2013). 청소년 학교폭력: 이해·예방·개입을 위한 지침서. 서울: 학지사.

노컷뉴스(2021. 5. 13.). 불법합성영상물 제작·유포한 중학생들. https://www.nocutnews.co.kr/news/5552664 에서 2021. 7. 6. 인출.

미국보건후생부(2021). 학교폭력의 정의. http://www.stopbullying.gov/what-is-bullying에서 2021. 6. 10. 인출.

미국심리학회(2021). 학교폭력의 정의. http://www.apa.org/topics/bullying/ 에서 2021. 6. 10. 인출.

민병욱(2010). 왕따, 학교폭력의 시작. http://www.navercast.naver.com에서 2013. 8. 2. 인출.

박효정(2005). 학교폭력 실태의 이해와 진단. 교육개발, 33(3), 72-75.

박효정, 정미경, 박종효(2007). 학교폭력예방프로그램 개발연구. 서울: 한국교육개발원.

법제처 국민법령정보센터(2013). 성폭력 범죄의 처벌 등에 관한 특례법. 2013. 10. 13. 인출.

법제처 국민법령정보센터(2021). 학교폭력 예방 및 대책에 관한 법률. http://www.law.go.kr/ 에서 2021. 7. 3. 인출.

손강숙, 이규미(2015). 학교폭력의 방어자 역할경험에 대한 질적연구. 한국심리학회지: 학교. 12(3), 317-348.

이규미, 이대식, 김영혜(2003). 심각한 폭력(살인) 가해학생에 대한 사례분석: 폭력유발요인과 예방안. 한국심리학회지: 상담 및 심리치료, 15(2), 367-382.

이덕기(2011. 12. 23.). '학교폭력' 대구중학생 자살사건 파문확산, 연합뉴스. https://www.yna.co.kr/ 에서 2021. 07. 03. 인출.

이상균(1998). 학교에서의 또래폭력에 영향을 미치는 요인. 서울대학교 대학원 박사학위논문.

이종화(2013). 중학생 집단따돌림 피해자의 경험분석. 부산대학교 대학원 박사학위논문.

이혜영(1999). 학생의 집단따돌림에 대한 대책연구. 서울: 한국교육개발원.

장덕희(2007). 청소년 학교폭력의 중복특성과 요인에 관한 연구. 청소년학연구, 14(6), 69-97.

중앙일보(2017. 7. 10.). 학교폭력 줄어드는데 심의건수는 늘어… 교육부, 표본조사 도입 검토, https://news.joins.com/article/21743739 에서 2021. 6. 28. 인출.

(재)청소년폭력예방재단(2012). 2011년 전국 학교폭력 실태조사 발표 및 경향. http://www.mjikim.net에서 2013. 8. 24. 인출.

(재)청소년폭력예방재단(2013). 2012년 전국 학교폭력 실태조사 주요내용. http:// www.mjikim.net에서 2013. 8. 24. 인출.

(재)푸른나무 청예단(2013). 전국학교폭력실태조사 주요내용

(재)푸른나무청예단(2014). (재)푸른나무 청예단 전국학교폭력 실태조사연구.

(재)푸른나무청예단(2015). 전국학교폭력 실태조사 연구개요.

(재)푸른나무청예단(2016). 전국학교폭력 실태조사 주요결과.

(재)푸른나무청예단(2017). 학교폭력실태조사 연구 요약본.

전종익, 정상우(2013). 학교폭력 예방 및 대책에 관한 법률 개선방안 연구: 교육과 예방 및 회복 기능을 중심으로. 교육법학연구, 25(1), 205-229.

조영일(2013). 학교폭력 가해자와 피해자 특성연구. 한국심리학회지: 발달, 26(2), 67-85.

최운선(2005). 학교폭력 관련변인에 관한 메타분석. 한국가족복지학, 10(2), 95-111.

푸른나무재단(2018). 전국학교폭력 실태조사 연구개요.

푸른나무재단(2019). 전국학교폭력 실태조사 연구.

푸른나무재단(2021). 전국 학교폭력 · 사이버폭력 실태조사 연구결과 보고서.

Baldry, A. C. (2003). Bullying in school and exposure to domestic violence. *Child Abuse & Neglect, 27,* 713-732.

Bandura, A., Ross, D., & Ross, S. (1963). Imitation of film-mediated aggressive models. *The Journal of Abnormal and Social Psychology, 66*(1), 3-11.

Bean, A. L. (1999). 괴롭힘 없는 교실 만들기 1(이규미, 지승희 역, 2008). 서울: 시그마프레스.

Berger, K. S. (2007). Update on bullying at school: Science forgotten? *Developmental Review, 27,* 90-126.

Bloomquist, M. L., & Schnell, S. V. (2002). *Helping children with aggression and conduct problems: Best practices for intervention.* NY: Guilford Press.

Boulter, L. (2004). Family-school connection and school violence prevention. *School Violence Prevention, 55*(1), 27-40.

Bowen, G. L., Bowen, N. K., & Richman, J. M. (2000). School size and middle school students' perceptions of the school environment. *Social Work In Education, 22*(2), 69-82.

Bradshaw, C. P., & Garbarino, J. (2004). Social cognition as a mediator of the influence of family and community violence on adolescent development: Implications for intervention. *Annals of the New York Academy of Science, 1036*, 85-105.

Bradshaw, C. P., Rodgers, C. R. R., Ghandour, L. A., & Garbarino, J. (2009). Social-cognitive medeators of the association between community violence exposure and aggressive behavior. *School Psychology Quarterly, 24*(3), 199-210.

Bufkin, J. L., & Luttrell, V. R. (2005). Neuroimaging studies of aggressive and violent behavior: Current findings and implications for criminology and criminal justice. *Trauma, Violence, & Abuse, 6*(2), 176-191.

Carrera, M. V., DePalma, R., & Lameiras, M. (2011). Toward a more comprehensive understanding of bullying in school settings. *Educational Psychology Review, 23*(4), 479-499.

Clemson University (2003). Olweus bullying prevention program: Brief Information about Dan Olweus. http://www.clemson.edu/olweus/history.htm에서 2013. 8. 2. 인출.

Conyne, R. (2004). 예방상담학(이규미, 지승희 역, 2010). 서울: 시그마프레스.

Cornell, D., Gregory, A., Huang, F., & Fan, X. (2013). Perceived prevalence of teasing and bullying predicts high school dropout rates. *Journal of Educational Psychology, 105*(1), 138-149.

Craig, W. M., & Pepler, D. J. (1995). Peer processes in bullying and victimization: An observational study. *Exceptionality Education Canada, 5*, 81-95.

Crick, N. R., & Dodge, K. A. (1994). A review and reformulation of social information-processing mechanisms in children's social adjustment. *Psychological Bulletin, 115*, 74-101.

Crik, N. R., & Bigbee, M. A. (1998). Relational and over forms of peer victimization: A multi-informant approach. *Journal of Clinical and Consulting Psychology, 66*, 337-347.

Dodge, K. A., & Pettit, G. S. (2003). A biopsychosocial model of the development of chronic conduct problems in adolescence. *Developmental Psychology, 39*(2), 349-371.

Dukes, R. L., Stein, J. A., & Zane, J. I. (2010). Gender differences in the relative impact of physical and relational bullying on adolescent injury and weapon carrying. *Journal of School Psychology, 48*(6), 511-532.

Farrington D. P. (1993). Understanding and preventing bullying. In M. Tonry & N. Morris (Eds.), *Crime and Justice: An Annual Review of Research, 17*, 381-458. Chicago: University of Chicago Press.

Field, E. M. (2007). 괴롭힘으로부터 내 아이 지키기(이규미, 주영아, 방기연 역, 2009). 서울: 시그마프레스.

Gregory, A., Cornell, D., Fan, X., Sheras, P., Shih, T., & Huang, F. (2010). Authoritative school discipline: High school practices associated with lower bullying and victimization. *Journal of Educational Psychology, 102*(2), 483-496.

Hawkins, D. L., Pepler, D. J., & Craig, W. M. (2001). Naturalistic observations of peer interventions in bullying. *Social Development, 10*(4), 512-527.

Hazler, R. J. (1996). Bystanders: An overlooked factor in peer on peer abuse. *The Journal for the Professional Counselor, 11*, 11-21.

Kelling, G. & Wilson, J. (1982). Broken windows: the police and neighborhood safety. *Atlantic Monthly, 249*(3), 29-38.

Kim, Y. S., Koh, Y-J., & Leventhal, B. (2005). School Bullying and Suicidal Risk in Korean Middle School Students. *Pediatrics, 115*(2), 357-363.

Klein, J. & Cornell, D. (2010). Is the link between large high school and student victimization an illusion? *Journal of Eduction Psychology, 102*(4), 933-946.

Klien, J., Cornell, D., & Konold, T. (2012). Relationships between bullying, school climate, and student risk behaviors. *School Psychology Quarterly, 27*(3), 154-169.

Kochenderfer, B. J., & Ladd, G. W. (1996). Peer victimization: Cause or consequence of school maladjustment in kindergarten. *Journal of School Psychology, 34*(3), 267-283.

Kokko, K., & Pulkkinen, L. (2000). Aggression in childhood and long-term unemployment in adulthood: A cycle of maladaptation and some protective factors. *Prevention and Treatment, 3*(1), 12, Dec 2000, DOI: 10.1037/1522-3736.3.1.332a.

Kyriakides, L. & Creemers, B. P. M. (2012). Characteristics of effective schools in facing and reducing bullying. *School Psychology International, 34*(3), 346-368.

Lambert, S. F., Ialongo, N. S., Boyd, R. C., & Cooley, M. R. (2005). Risk factors for community violence exposure in adolescence. *American Journal of Community Psychology, 36*, 29-48.

Ledwell, M. & King, V. (2013). Bullying and internalizing problems: Gender differences and the buffering role of parental communication. *Journal of Family Issues, 17*, June 2013, DOI: 10.1177/0192513X13491410.

Ma, X., Stewin, L. L., & Mah, D. (2001). Bullying in school: Nature, effects and remedies. *Research Papers in Education, 6*(3), 247-270.

McCabe, K. A., & Martin, G. M. (2005). *School violence, the media, and criminal justice responses.* NY: Peter Lang.

Moffitt, T. E. (1993). Adolescence-limited and life-course-persistent antisocial behavior: A developmental taxonomy. *Psychological Review, 100*(4), 674-701.

Olweus, D. (1993). *Bullying at school: What we know and what we can do.* Oxford, UK: Blackwell Publishers.

Papanikolaou, M., Chatzikosma, T., & Kleio, K. (2011). Bullying at School: The role of family. *Procedia-Social and Behavioral Science, 29*, 433-442.

Pepler, D. J., & Craig, W. M. (1995). A peek behind the fence: Naturalistic observations of aggressive children with remote audiovisual recording. *Developmental Psychology, 31*, 548-553.

Polan, J. C., Sieving, R. E., & McMorris, B. J. (2013). Are young adolescents' social and emotional skills protective against involvement in violence and bullying? *Health Promotion Practice, 14*(4), 599-606.

Raine, A. (1995). Psychopathy, and violence: Arousal, temperament, birth complications, maternal rejection, and prefrontal dysfunction. *Behavioral and Brain Science, 18*(3), 571-573.

Sainio, M., Veenstra, R., Huitsing, G., & Salmivalli, C. (2011). Victim and their defenders: A dyadic approach. *International Journal of Behavioral Development, 35*(2), 144-151.

Salmivalli, C., Lagerspetz, K., Bjorkqvist, K., Osterman, K., & Kaukiainen, A. (1996). Bullying as a group process: Participant roles and their relations to social status within the group. *Aggressive behavior, 22*(1), 1-15.

Smith, P. K., Talamelli, L., Cowie, H., Naylor, P., Chauhan, P. (2004). Profiles of non-victims, escaped victims, continuing victims and new victims of school bullying. *British Journal of Educational Psychology, 74*, 565-581.

Swearer, S. M., Espelage, D. L. Napolitano, S. A. (2009). *Bullying prevention and intervention: Realistic strategies for schools.* NY: The Guilford Press.

Tattum, D. (1997). A whole-school response: From crisis management to prevention. *The Irish Journal of Psychology, 18*(2), 221-232.

Walker, H. M., & Gresham, F. M. (1997). Making schools safer and violence free.

Intervention in School and Clinic, 32(4), 199-204.

Wang, J., Iannotti, R., J., & Nansel, T. R. (2009). School bullying among adolescents in the United States: Physical, verbal, relational, and cyber. *Journal of Adolescent Health, 45*(4), 368-375.

제2장

학교폭력의 구조와 기제

이 장에서는 학교폭력의 구조, 즉 학교폭력에서 청소년들의 역할유형과 학급 내의 서열 및 지위에 대해 살펴보고, 이러한 구조가 어떻게 형성되고 유지되는지 학교폭력의 심리사회적 기제를 살펴볼 것이다. 또한 학교폭력이 가해학생과 피해학생 개인만의 문제라기보다 주변인을 포함한 집단현상이며 청소년과 또래, 가정, 학교, 나아가 지역사회와 문화를 포함하는 생태학적인 측면에서 포괄적으로 이해하고 개입해야 할 문제임을 개관할 것이다.

1. 학교폭력의 구조

학교폭력은 주로 가해학생과 피해학생이라는 이자 관계로 이해되고 개입 역시 가해학생과 피해학생에 대한 조치로 이어진다. 그러나 학교폭력은 가해학생과 피해학생만이 아니라 많은 경우 다른 학생들이 보는 앞에서 일어나는 집단현상으로, 또래와 학교, 또래와 환경 간의 관계 등 체계 내에서 이루어지는 현상이다. 이 절에서는 학교폭력에서 청소년들이 관여하게 되는 역할 유형에 따른 구조, 학급 내의 서열과 지위라는 면에서 학교폭력의 구조를 살펴보고자 한다.

1) 학교폭력의 역할 유형

Padgett와 Notar(2013)의 괴롭힘 정의에 의하면, 괴롭힘은 허용적인 환경에서 대개 피해자보다 힘을 가진 사람에 의해 반복적으로 해를 주려는 의도를 가지고 행해지는 고의적인 공격적 행동이다. 괴롭힘에는 가해자와 피해자뿐만 아니라 가해·피해자와 주변인이 포함된다. 피해자는 대개 자신과 타인에 대한 부정적인 태도와 믿음, 낮은 사회적 유능감, 부적절한 사회적 문제해결 기술, 낮은 학업성취를 보이며, 또래에게 거부당하고 고립될 뿐만 아니라 상호작용하는 또래들에게 부정적인 영향을 받으며, 가해·피해자는 공격행동에 관여하면서 동시에 공격의 피해자가 된다.

연구들에 의하면 가해자는 자기주장이 강하고 공격적·적대적이며 규칙을 무시하는 성격에(Beaty & Alexeyev, 2008), 잔인하고 가학적이며 남을 전혀 돌보지 않는 유형(Duncan, 1999)이지만, 반면에 학생들 사이에 인기가 많고 자신만만하거나 여러 면에서 괜찮은 아이들(Nudo, 2004)도 가해자가 되는 것으로 보고되고 있다(엄명용, 송민경, 2011).

초기의 학교폭력 개입 프로그램들은 주로 가해자와 피해자의 개인적인 특성들을 다루었다. 그러나 괴롭힘 예방 프로그램 44개를 메타분석한 Ttofi와 Farrington(2011)의 연구에 의하면, 가해자나 피해자만을 다루는 접근은 괴롭힘 감소에 전혀 효과가 없는 것으로 밝혀졌다. 괴롭힘 예방에 가장 효과적인 요소는 학급관리, 훈육방법, 교실 내에서의 규칙, 부모훈련, 학교 전체의 또래 괴롭힘 정책 같은 환경에 대한 예방적 접근으로 나타났다. Crothers 등(2006)도 중학생들이 가장 선호하는 괴롭힘 예방전략은 교사에 의한 철저한 학급관리였다고 보고하고 있다(이승연, 2013). 이런 연구결과들은 학교폭력이 가해자나 피해자의 개인의 특성이나 2자 관계 모델에서 벗어나 주변인을 포함한 사회적 맥락, 즉 학급, 학교, 사회를 포함한 체계 안에서 이해되고 개입되어야 한다는 것을 시사한다.

💬 가해자, 피해자, 주변인

픽! 그 순간 하균의 주먹이 녀석의 왼쪽 뺨을 정통으로 가격했다. 그러고도 분이 풀리지 않는지 바닥에 쓰러진 윤석에게 무참히 발길질을 해 댔다. 여자아이들이 비명을 지르고 반 아이들 몇몇이 하균을 노려보았지만 그뿐이었다. 친구의 카드로 자신의 학원비를 내고 제가 받은 현금은 몰래 써버리는 녀석을 경멸하면서도 정작 그 앞에선 누구도 입을 열지 못했다.

– (중략) –

"야, 일어나."

"으 ……." 윤석은 배를 움켜잡고 힘겹게 일어섰다.

"수업 시간에 조용히 엎어져 있어. 고개 들었다간 내 손에 죽는다."

윤석은 비척대며 일어나더니 자기 자리로 가 엎드렸다.

– (중략) –

하균이 다시 손을 들어올렸다. 겁을 먹은 듯 잔뜩 웅크린 윤석의 모습은 차마 눈 뜨고 볼 수 없을 정도로 비참해 보였다. 그때였다.

"김하균, 그만 좀 해!"

보다 못한 이자영이 김하균의 앞을 가로막았다. 이자영이 김하균을 막아선 것은 조금 의외였다.

"넌 또 뭐야?"

"이제 윤석이한테 이딴 일 시키지 마."

"어딜 끼어들어? 죽고 싶냐?"

"너 진짜 해도 너무하는 거 아냐?"

"야, 네가 뭔데? 네가 저 찐따 새끼 엄마라도 돼?"

"그동안 참았는데 더는 못 봐주겠다. 너 진짜 쓰레기 같아. 5반 진호 같은 일진 밑에선 발발 기면서 만만한 윤석이한테 일진 흉내 내는 거 웃기지 않아?"

"뭐? 보자보자 하니까 이게 오늘 뚜껑 열리게 만드네."

"이제 좀 그만 하란 말이야." "그래, 김하균!"

자영의 옆에 있던 여자애들도 팔을 걷어붙이고 하균을 몰아세웠다.

출처: 추정경(2013), pp. 16-18.

2) 가해자

앞의 예는 소설 속의 한 부분이다. 학급 아이들이 지켜보는 가운데 윤석에게 분풀이를 하고 있는 하균은 가해자다. 주변 아이들은 친구의 카드를 뺏어서 내 것처럼 쓰는 그를 경멸하면서도 그의 힘에 위축되어 지켜볼 뿐이다. 주변 아이들의 지켜보기만 하는 행동은 하균을 더 기세등등하게 한다. 속으로는 분노하나 겉으로는 참고 있는 아이들…. 드디어 누군가 나섰다. "김하균, 그만 좀 해!" 뜻밖의 인물이 나서자 지켜만 보던 여자애들 몇몇이 "그래." 하며 힘을 보탠다. 가해자와 피해자, 그리고 방관자와 방어자의 역할이 분명하게 드러나는 장면이다.

하균과 윤석이 반의 아이들처럼 많은 청소년들이 친구를 괴롭히는 것에 대해 부정적이면서도 직간접적으로 폭력에 참여하는 이유는 무엇일까? 이는 청소년들이 인기와 집단의 규준, 그리고 사회적 맥락 등의 영향을 받는 것과 관련이 있다(이승연, 2013). 청소년기에는 또래의 인정과 소속감이 중요하다. 그런데 청소년들에게는 불순종이나 비행, 공격성 등을 보이는 또래가 오히려 인기가 있을 수 있다(Sweaer, Espelage, & Napolitano, 2009). 공격적인 가해자들은 또래로부터 거부되면서도 동시에 사회적인 지배력을 갖게 되는 것이다(Jonkmann, Trautwein, & Lüdkte, 2009). 사회적 지위에 대한 욕구가 증가하는 청소년기에는 공격적 행동을 전략적으로 사용하는 기술도 발달하기 때문에 공격성은 나이가 들수록 더 매력적으로 지각되는 경향이 있다(Caravita & Cillessen, 2012: 이승연, 2013에서 재인용). 이렇게 폭력을 목격하는 주변 또래들이 가해자에게 인정과 인기 등의 사회적 보상을 제공함으로써, 가해자는 자신을 긍정적으로 지각할 뿐만 아니라(Villancourt, Hymel & McDougall, 2003) 특권의식이 증가하고, 피해자가 괴롭힘을 당할 만하다는 도덕적 이탈과 약자에 대한 폭력행동을 더욱 촉진시키게 된다(안소현, 이승연, 이솔, 안지현, 안제원, 2012: 이승연, 2013에서 재인용). 이러한 연구결과들은 청소년들 사이에 주먹이 자신을 표현하는 수단으로 사용되며, 주먹 서열이 엄연히 존재하는 것에 대한 이유를 설명해 준다.

🗨 주먹은 자신을 표현하는 방법이다?

"만약에 사람들이 모두 65% 쪽으로 선다면 이 사회는 망하게 될 것이다. 서로 책임을 지지 않아도 된다며 비인간적인 행동도 서슴지 않을 것이니까. 종훈아, 사람은 어떤 상황에서도 자기가 하는 행동을 스스로 선택할 수 있어. 불합리한 힘에 굴복하지 말고 스스로 판단하고 행동을 해라."

종훈은 일진과의 관계를 완전히 끊을 것을 결심했다. 그러나 주먹 서열이 아닌 다른 어떤 것으로 자신을 표현할지 두려웠다.

출처: 이남석(2011), p. 238.

집단의 규준을 무엇이라고 지각하는지도 가해자에게 영향을 준다. 소속감과 인정, 사회적 지위 확립에 대한 욕구가 강한 청소년들은 개인적인 가치나 태도와 상관없이 공격적인 행동을 할 수 있다(이승연, 2013). 인기 있는 청소년들이 괴롭힘에 더 많이 관여하는 학급일수록 개인의 괴롭힘 행동에 대한 거부가 덜하고(Dijkstra, Lindenberg, & Veenstra, 2008), 지각된 인기도가 높은 학생의 괴롭힘 행동이 사회적 지위를 확보하거나 유지하는 데 효과적인 도구로 간주되면서 지위가 낮은 또래들에게 모방되거나 묵인되는 현상을 보인다고 한다(Salmivalli & Voeten, 2004). 학급의 규준이 친가해적이라고 지각하는 경우, 개인적으로는 또래 괴롭힘에 반대하고 피해자에게 동정을 느끼면서도, 가해행동은 할 수 있지만(Scholte, Sentse, & Granic, 2010) 방어적인 행동은 할 수 없게 된다. 한편, 학생 개인의 친사회적 태도는 방어행동과 상관이 없는 반면(Sandstrom & Bartini, 2010), 친사회적 행동을 또래들이 기대한다고 지각하는 것은 친사회적 행동을 증가시켰다고 한다(Wentzel, Filsetti & Looney, 2007). 이는 청소년들이 개인의 신념이나 가치, 태도보다는 또래집단의 기대나 규준에 따라 행동한다는 것을 보여 주는 것이다.

3) 주변인

주변인은 피해자도 아니고 가해자도 아니다. 그들은 학교폭력을 수용하거나, 참여하거나 또는 가해자를 멈추게 하고 피해자의 편을 들어주려고 한다. 이런 점에서 주변인은 괴롭힘의 해로운 영향력을 저지하는 데 아주 중요한 사람들이다(Padgett & Notar, 2013). Jeffrey(2004)의 연구에 의하면, 괴롭힘 사건의 85%가 또래가 있는 곳에서 일어났지만 또래가 개입한 경우는 10%에 불과했다고 한다. 주변인은 괴롭힘에 개입하여 중지시킬 수 있는 힘을 가지고 있지만(Karna, Voeten, Poskiparta, & Salmivalli, 2010), 실제로 행동하는 사람은 거의 없다는 것이다(Siegel, 2009). 오히려 괴롭힘 현장을 피하는 주변인은 자기도 모르게 괴롭힘을 격려하고, 가해자가 다른 사람을 희생시켜 얻는 자유를 즐기도록 허용하며, 더 큰 갈등의 원인을 만드는 역할을 하게 된다.

주변인들이 폭력을 말리지 않고 지켜보는 이유는 무엇일까? Coloroso(2005)는 주변인들이 다칠까 봐 두려워서, 괴롭힘의 새로운 대상이 될까 봐 두려워서, 상황을 더 나쁘게 만들까 봐서, 그리고 어떻게 해야 할지 몰라서 등의 이유로 저항하지 못한다고 하였다.

💬 가해자가 인정받는 이상한 학교 구조

3주에 한 번 오전 10시부터 오후 6시까지 하루 평균 100여 명의 아이들이 법의 심판을 받는 소년법정. 대기실을 가득 메운 아이들 중에는 빨강이나 노란색으로 머리를 염색하기도 했고, 소매 끝으로 슬쩍 문신 자국도 보였다. 몸이 불편한 할머니나 허름한 작업복을 입은 아버지 손에 이끌려 온 아이들도 있었지만 말끔하게 교복을 다려 입고 사립학교 입학설명회에서나 만날 법한 번듯한 정장 차림의 부모와 함께 온 아이들도 있었다. 그리고 학교폭력 가해학생은 십중팔구 교복을 입은 번듯한 부모의 아이들이었다. 남학생들은 하나같이 키가 훤칠하거나 표정이 다부진 호남형이었고, 여학생들 중에는 부끄러움에 고개를 푹 숙인 와중에도 눈길이 갈 만큼 예쁘장한 아이들도 많았다.

– (중략) –

부모들은 하나같이 "경찰의 조사를 받기 직전까지도 우리 아이가 이런 일을 저지르고 다니리라고 꿈에도 생각 못했다."고 한탄하거나 아예 "우리 애는 절대 일진이 아니다."라고 끝까지 우기기도 했다. 착한 아이가 나쁜 친구들에게 휩쓸려 저지른 실수라는 것이다. 이번 시험에서 전교 9등을 했다고 자랑스럽게 성적을 밝힌 여중생의 어머니는 아이가 친구들의 돈을 빼앗은 이유가 "그게 잘못인 줄 몰라서."라고 말했다.

출처: SBS스페셜 제작팀(2013), pp. 29-30.

4) 학급 피라미드

학교폭력을 이해하려면 학생들의 불평등한 권력관계와 폭력이 발생할 때 그들이 어떤 태도를 취하는지를 알아야 한다. 학생들 간의 불평등한 권력관계는 피라미드 형태로 나타날 수 있다(박종철, 2013, p. 37). 학생들 간에는 학교가 일진부터 왕따까지 정교하게 줄 세워진 서열 세계 또는 계급 사회로 인식되고 있다. 게다가 이전에는 중·고등학교에서 벌어졌던 일진이나 빵셔틀 같은 '서열 문화'를 경험하는 나이도 점점 어려져 이제는 초등학교 고학년이면 이미 고착화된다고 한다(전솜이, 2013. 10. 1.).

엄명용과 송민경(2011)은 이렇게 학교 내 학생들 사이에 권력관계 유형이 존재하고, 이 유형들 간의 역동이 학교폭력에 영향을 준다는 전제하에 학교폭력 상황에서 어떤 권력관계 유형의 청소년들이 어떤 역할을 하는지를 규명하고자 수도권의 초·중·고 7개 학교 1,822개 사례를 분석하였다. 학교폭력 상황에서의 권력관계 유형은 지배자, 은둔자, 추종자, 실력자의 네 가지 유형으로 분류하였다. 지배자는 힘이 세거나 친구들과 잘 어울리는 등, 반에서 권력을 가질 수 있는 자원이 많고 힘을 갖기 위해 노력하는 학생으로 흔히 '노는 아이'다. 은둔자 유형은 권력을 가질 능력도 없고 힘을 추구하지도 않는 학생들이다. 권력을 가질 능력이 있지만 힘을 추구하지 않는 학생들은 실력자 유형, 권력을 가질 능력이 없으면서 힘을 추구하는 학생들은 추종자 유형이다. 조사 결과, 추종자가 반 정도로 가장 많았고(50.8%), 다음은 지배자(27.2%), 실력자(19%), 은둔자(2.9%)의 순으로 나타났다. 학교폭력 상황에서 지배자 유형의 학생들은 주로 가해자, 조력자, 강화자 역할을 하는 것으로 나타났고, 추종자 유형의 학생들은 힘을 얻기 위해 지배자의 비위를 맞추며 '권력의 언저리'에서 학교폭력의 피해자가 되거나 이를 묵인하는 방관자 역할을 할 가능성이 높았다. 은둔자 유형은 주로 피해자 역할을 하는 것으로 나타났다. 연구자들은 권력 장악 가능성은 많지만 권력 장악 욕구는 상대적으로 적은 실력자 유형이 학교폭력 현장에서 방어자의 역할을 할 것이라고 가정하였지만, 연구 결과 뚜렷하게 방어자 역할을 하는 유형은 드러나지 않았다. 연구자들은 이러한 결과가 학교폭력 상황에서 폭력을 중단시키는 주변인의 역할을 하기가 어렵다는 것을 의미하며, 그렇기 때문에 이러한 주변학생들을 폭력에 동조하고 유지시키는 방관자에서 폭력을 저지하는 방어자로 전환시킬 수 있는 방안 모색과 실천이 필요하다고 하였다.

2. 학교폭력의 기제

앞 절에서 학교폭력의 구조, 즉 사회적 맥락 안에서의 가해자와 주변인의 특징과 역할, 학급 피라미드에 대해 살펴보았다. 그렇다면 이러한 구조는 어떻게 형성되고 유지되는 것일까? 이 절에서는 일본의 사회학자 나이토 아사오의 저서 『이지메의 구조(2013)』를 중심으로 학교폭력의 기제를 살펴보고자 한다. 이지메는 학교폭력으로 바꾸어 기술하였다.

1) 학교폭력의 심리사회적 기제

나이토 아사오(2013)는 학교폭력의 심리사회적 기제를 '불완전에 대한 전능 모형'으로 설명하였다. 앞서 학급 피라미드에서 보았듯이 청소년 집단 안에는 자기들 나름의 질서에 기초한 신분과 역할이 있다.

판사: 너희들 보니까 일진이네. 부모님, 어떻게 생각하십니까?
부모: 제가 볼 때 우리 아이는 일진과는 전혀 관계없는 걸로 보고 있거든요.
판사: 솔직히 이야기해 봐, 아버님한테. 네가 일진인지 아닌지.
아이: 일진 아닙니다.
판사: 그럼 왜 피해자들이 그렇게 순순히 너희에게 돈을 주나?
아이: 나이 차이가 좀 나니깐 무서워했던 점도 있었어요.
판사: 일진입니까? 아닙니까?

부모: 아닙니다. 절대 그런 쪽으로 빠질 애가 아니거든요.

판사: 빠진 애가 아니고요. 이 아이들이 그렇게 논다니까요. 자기들끼리 무리 지은 게
　　　일진 아닙니까!

– (중략) –

부모님 앞에선 착한 아이죠? 하지만 저 아이들이 무리를 지으면 두려움이 되는 겁니다.
그게 바로 일진입니다.

출처: SBS스페셜 제작팀(2013), pp. 34-35.

아이들은 개별적으로 만나면 피해학생이든 가해학생이든 모두 온순하고 착하다. 그러니 부모의 입장에서 자신의 아이가 일진이라는 것은 상상도 할 수 없는 일이다. 혼자 있을 때는 아니지만 무리를 지으면 일진이 된다? 왜 무리를 지으면 쉽게 폭력을 행사할 수 있는 것일까? 나이토 아사오는 이를 아이들의 분노로 설명하였다. 아이들은 화가 나 있다. 무엇엔가 억압되어 있어 화가 나고 답답하다. 뚜렷한 대상을 찾을 수도 있겠지만 실은 이들이 폭력을 가하는 그 대상에게 화가 난 것은 아니다. 그는 이를 존재 자체가 불안하고 세상이 잘못되었다는 생각에서 오는 막연한 불안감과 초조감, 즉 '존재론적 불완전감'이라고 부

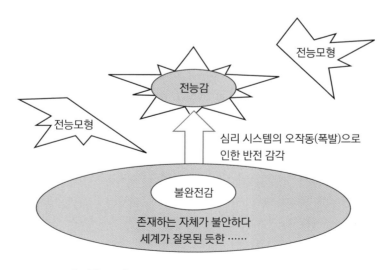

[그림 2-1] 불완전감에서 전능감이 발생하는 구조

출처: 나이토 아사오(2013), p. 69.

른다. 화가 나도 혼자 있을 때는 답답하기만 하지만 친구들과 함께 무리 안에 있으면 무엇이든 할 수 있을 것 같다. 아이들은 무리를 지어 막연하게 쌓여 있던 분노를 자기보다 약한 대상을 향해 표출한다. 집단폭력을 통해 존재론적 불안감에서 발생하는 불완전감을 상쇄시키고 무엇이든 할 수 있다는 전능감을 경험한다.

이 전능감은 집단을 통해서만 얻을 수 있다. 집단에서 떨어진 개인은 약하다. 그렇기 때문에 전능감을 얻는 매개로서의 무리 또는 집단은 부모나 학교 그 어떤 것보다도 중요해진다. 폭력을 휘두르는 데서 끝나는 것이 아니고, 집단 안에서 폭력을 휘두른 것을 떠벌리고 서로서로 추켜세우고 승인하며 아이들은 한층 더 결속한다. 이것이 '전능모형'이다.

2) 학교폭력 전능모형의 유형

학교폭력의 전능모형에는 '파괴신과 무너져 내리는 희생물' '주인과 노비' '장난치는 신과 장난감'이라는 세 가지 유형이 있다. 첫째, '파괴신과 무너져 내리는 희생물' 유형은 피해자를 파괴하는 힘을 즐기는 형태다. 가해자가 폭발적인 힘을 행사하면 피해자는 그 기세에 무너져 내린다. 둘째, '주인과 노비' 유형은 명령-복종의 형태다. 노비는 주인에게 육체적·정신적으로 소모된다. 전능모형을 달성하기 위한 '도구'로서의 노비는 존재 그 자체가 주인의 것이 되어 몸도 마음도 주인의 행동에 즉시 반응하도록 조종당하고 있다. 그리고 그렇다는 것을 증명하기 위해 늘 흠칫거리며 눈치를 살펴야 한다. 셋째, '장난치는 신과 장난감' 유형은 가해자가 낄낄대며 세계를 파괴하고 창조하며 전능감을 느끼는 형태다. 이들은 죽은 벌레를 우유에 넣어 마시게 하거나 변기 안에 얼굴을 처박는 등, 어떻게 이런 생각까지 할 수 있을까라고 놀랄 정도의 폭력행동으로 고통스러워하는 피해자를 보면서 쾌감을 느낀다(나이토 아사오, 2013, pp. 84-88).

다음의 예는 실제로 아이들이 보고하는 '장난치는 신과 장난감' 유형의 예라고 할 수 있다. 가해학생은 피해자의 고통에 대한 공감이 전혀 없이 고통스러워하는 반응을 보는 것이 재미있었다고 한다. 심지어 피해를 당하는 아이도 즐겼다고 말하고 있다.

💬 재미있잖아요

피디: 너희가 사람들이 말하는 그 일진이야?

상민: 일진이 어디 있어요? 그런 거 아니에요.

피디: 그럼 그 친구를 왜 괴롭혔던 것 같아?

상민: 저희끼리 놀다보니까 뭔가 재미가 없는 거예요. 그래서 그 친구를 그냥 때렸는데 재밌는 거예요. 그 친구의 반응이 재밌었어요. 그게 제일 컸던 것 같아요. 때릴 때의 반응.

피디: 아파하고 그런 것?

상민: 아파하고 그런 것보다 이상한 반응이 있었어요. 뭐라고 해야 되지. 웃으면서 "아!" 이러니까 그런 아픈 표정을 봐야 되겠다 하는…….

피디: 그냥 때리기만 했어?

상민: 배드민턴 경기에서 지면 얼마씩 내기를 해서 돈을 뺏기도 하고. 그때 한창 드라마 〈추노〉가 유행이었거든요. 그래서 저희가 그 애더러 도망가라 하면서 잡히면 죽는다 경고하고 막 뛰라 그랬죠, 무조건. 그래서 걔 혼자 막 뛰게 놔두고 저희는 교실에서 잤죠. 그러다 잡히면 때리고. 재밌어요, 그거.

피디: 그 친구가 많이 괴로워했을 것 같은데?

상민: 걔도 즐겼어요. 막 웃으면서 도망가다 저희가 안 오면 창문으로 몰래 보면서 도망가고. 저희에게 잡히면 진짜 때려 주고.

피디: 그 친구가 왜 웃었던 거 같아?

상민: 그냥 막 자연스럽게 넘기려고 일부러. '왜 그래' 이러면서…….

피디: 더 맞을까 봐?

상민: 모르겠어요. 왜 웃냐고 때리면 웃어서 미안하다고 하던데…….

출처: SBS스페셜 제작팀(2013), pp. 83-84.

이렇게 학교폭력의 피해자는 가해자의 전능모형을 구현하는 '도구'로 이용된다. 가해자들은 불완전한 자신을 보완하기 위해 자신의 연장선으로서의 타인이 필요하다. 이런 점에서 자신과 타인, 즉 가해자와 피해자는 극도로 상호의존적이다. 피해자가 가해자의 힘에 의해 무너져 내리고, 복종하고, 비굴하게 눈치를 보지 않으면 가해자 자신의 불완전감이 드러난다. 피해자가 뜻대로 당해 주지 않아 이 불완전감이 노출되면 가해자는 오히려 피해의식을 느끼고 격분한다. 어찌 보면 적반하장인 이러한 분노와 피해의식을 나이토 아사오(2013)는 전능모형을 구현하려던 자의 '전능에서 벗어난 분노'라고 부른다.

3) 투사적 동일시

학교폭력의 가해자와 피해자를 나누기는 쉽지 않다. 피해자였던 학생이 가해자가 되기도 하고, 가해자이면서 피해자인 경우도 있기 때문이다.

🗨 피해자였던 아이가 가해자로 법정에 서다

전교 5등이라는 우수한 성적에 전교 부회장, 그럼에도 불구하고 집단폭행에 가담해 일진 아닌 일진 노릇을 한 것까지는 그동안 소년법정에서 수없이 보아 왔던 다른 아이들과 다를 바 없었다.

뒤통수를 친 것은 국선보조인이 털어놓은 정원이의 과거였다. 정원이가 중학교 때 심각한 학교폭력의 피해자였다는 것이다. 여러 명의 또래 여학생들에게 수차례 끌려가 집단폭행을 당했는데, 한 번 맞으면 귀에서 핏덩어리가 나올 정도였다니 그 신체적 고통은 물론이요, 마음속 상처 역시 말할 수 없이 컸을 것이다. 하지만 정원이 부모님은 가해학생들을 불러 각서와 진술서, 부모님 연락처만 받는 선에서 사건을 수습하고 오히려 정원이를 다른 지역으로 전학시켰다고 한다. 학교폭력 가해자에 대한 엄중처벌이 공론화되지 않았던 몇 년 전에는 흔히 있었던 일이다. 정원이는 새로 전학 간 학교에서 또 다시 피해자가 되고 싶지 않았다. 그래서 소위 잘 나가는 친구들과 어울리기 시작했고, 그 무리에 끼기 위해 폭력도 서슴지 않았다. 자신이 당했던 그대로, 아니 더 대담하게. 그 아이가 잘못이 없는 건 알았지만 스스로를 지키기 위해 어쩔 수 없는 선택이라고 생각했다. 피해학생의 부모에게 고개 숙이고 용서를 비는 엄마, 아빠의 모습을 보고 나서야 자신이 잘못된 선택을 했다는 사실을 깨달았다며 눈물을 흘리는 아이. 그런데 학교폭력의 피해자에서 어느새 가해자로 변해버린 현실이 믿기 힘들어 철창 안에서 뜬눈으로 밤을 새는 것은 단지 정원이만의 특별한 사연은 아니었다.

출처: SBS스페셜 제작팀(2013), pp. 42-43.

어떻게 피해를 당한 아이가 가해자가 되는가? 오랫동안 폭력에 시달리다가 어설프게 한 번 공격하거나 욱한 것으로 가해자가 되어 버린 억울한 경우도 종종 있다. 앞의 예에서처럼 피해자가 되지 않기 위해 무리에 끼어 폭력을 행사하는 경우도 있다. 그런데 자신이 그렇게 고통스러운 경험을 하고서도 더 심한 가해행동을 하는 심리적 기제는 무엇일까? 학교폭력의 피해자였던 학생이 가해자가 되는 현상을 나이토 아사오(2013)는 '투사적 동일시/용기-내용물'의 개념

으로 설명한다. 투사적 동일시는 영국의 정신분석가 Klein의 개념으로, 이는 분리된 자기의 일부가 타인에게 투사되어 그 타인이 자기의 일부에 의해 통제되고 동일시된다는 것이다. Bion은 투사적 동일시에 '용기(container)'와 '내용물(contained)'이라는 개념을 더해 자기 힘으로 견디기 어려운 경험(내용물)을 타인(용기)에게 투사하여 한층 쾌적한 것으로 가공하는 방법이라고 설명하였다. 이를 피해자가 가해자가 되는 현상에 적용하면, 피해자였던 가해자는 피해자를 '용기'로 한 투사적 동일시를 통해 자신의 과거 상처와 고통(내용물)을 좀 더 쾌적한 것으로 가공하는 일종의 '치유'작업을 하는 셈이라는 것이다(나이토 아사오, 2013, pp. 106-107).

[그림 2-2]의 화살표는 두 종류의 투사적 동일시를 나타낸다. 하나는 '가해자로서의 타인(Ⅱ)'에서 '가해자로서의 자신(Ⅲ)'으로의 투사적 동일시다(Ⅱ→Ⅲ). 가해자는 과거에 자신을 괴롭혔던 가해자와 자신을 동일시하여 과거에 자신이 당한 대로 상대방을 괴롭힌다. 다른 하나는 '비참한 약자로서의 자신(Ⅰ)'에서 '비참한 약자로서의 타인(Ⅳ)'으로의 투사적 동일시다. 억압되어 있던 과거의 비참한 기억이 피해를 당하는 상대를 통해 구체적으로 나타나 체험된다.

가해자는 괴롭히면서도 과거의 자신이 투사된 피해자에게 공연히 짜증이 난다. 실컷 괴롭히고 나서야 비로소 피해자가 아니라 가해자인 자신을 확인하고,

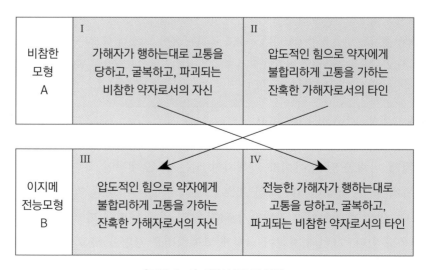

[그림 2-2] 자아상과 타인상

출처: 나이토 아사오(2013), p. 109.

과거의 자신에게서 조금 탈피한 듯한 기분을 느낀다는 것이다(나이토 아사오, 2013, p. 111).

지금까지 나이토 아사오(2013)의 '학교폭력의 전능모형'을 통해 청소년들이 집단 안에서 자기보다 힘이 약한 타인에게 폭력을 행사함으로써 '전능감'을 얻고 유지하는 사회심리적 기제와 학교폭력의 피해자가 가해자가 되어 타인을 괴롭히는 심리적 기제에 대해 살펴보았다. 폭력행동을 청소년기의 힘과 인정, 소속에 대한 욕구를 충족시키고자 하는 왜곡된 방법으로 이해한다면, 다음 단계는 어디서, 어떻게 개입해야 하는가의 문제가 될 것이다. 이는 이제까지의 개인적 접근, 즉 폭력 사건이 일어난 후에 가해자와 피해자에 대해 개입하는 수준을 넘어서서 주변인을 포함한 보다 넓은 체계를 포괄하는 접근이 되어야 할 것이다.

3. 학교폭력의 체계와 부모 · 교사 · 학교의 역할

1) 학교폭력의 체계적 이해

학교폭력은 학생 개인 또는 그들 집단만의 문제가 아니다. Bronfenbrenner(1977)의 사회생태학적 이론에 의하면, 개인과 환경은 서로 상호작용하며 영향을 주고받는다. 개인을 둘러싸고 있는 환경은 미시체계, 중간체계, 외체계, 거시체계 등 네 가지의 상호관련 체계를 포함한다. 청소년을 중심으로 한 생태계에는 개인이 직접 접촉하고 있는 부모, 형제, 또래와 학교를 포함한 미시체계, 청소년의 가족과 또래 등과 같이 미시체계들 간의 상호 연계로 이루어진 중간체계, 부모의 학교 참여 등과 같이 다른 체계들로부터의 영향을 나타내는 외체계 그리고 청소년에게 영향을 미치는 사회 및 문화적 영향력을 포함하는 거시체계가 포함된다(Swearer, Espelage, & Napolitano, 2011, p. 37).

학교 내 괴롭힘 사건은 대개 미시체계 단계의 또래 맥락에서 일어나지만, 좀 더 넓게는 학교 풍토, 더 나아가 가정과 학교가 속한 사회 및 문화라는 맥락의 영향을 받는다는 점에서 사회생태학적 이론은 학교폭력 현상을 이해하는 데 도움이 된다(Losey, 2013). 다음 사례에서처럼 폭력이 허용되거나 심지어 추앙되는 문화, 조직폭력배와 학교 안 일진의 연결이 묵인되는 사회 분위기는 학생들을 피해자, 가해자 또는 방관자로 만들 수 있다. 이런 점을 가정과 학교, 지역사회가 인식하고 의식과 행동의 변화를 가져올 수 있도록 포괄적인 이해와 체계적인 개입이 필요하다.

💬 폭력이 필요할 때도 있다?

상담선생님: 혹시 아버님께서 아이한테 간혹 남자는 싸우면서 크는 거라든지, 주먹을 쓸 때도 있는 거라고 말씀하실 때가 있으세요?

삼촌: 제가 그랬는데?

상담선생님: 삼촌은 그렇게 생각하세요?

삼촌: 초등학교 때 자꾸 맞고 다니길래 만날 맞지 말고 함 붙어 봐라 그랬죠. 그래서 그랬는지 몰라도 그때부터는 안 맞고 다녔는가 보네요.

아버지: 한 번씩 싸울 때 싸워 줘야 된다고 생각해요. 솔직히 내가 살아온 바로는 그래요. 범죄에 빠지지 않도록 조심만 해라. 이 정도 말할 뿐이죠. 내가 살아온 세상은 그렇더라 이거예요. 그렇다고 내가 폭력을 휘두르거나 하는 일은 전혀 없습니다. 하지만 착하게 살고 남 기분 맞춰 주고 살다 보니까 남이 나를 이용하더라는 거죠. 자꾸 휘어 잡으려고 한다는 얘기지.

상담선생님: 그런데 그 한 번이 무서운 거거든요. 한 번의 주먹질로 인생이 나락에 빠질 수도 있는 거고, 한 번 할 수 있는 일은 한 달 뒤에도 또 할 수 있고, 며칠 뒤에도 또 할 수 있어요. 그래서 어떤 경우에도 폭력은 절대 안 된다고 말씀을 해 주셔야 돼요. 지난번에도 이런 일로 소년법정까지 갔었잖아요.

아버지: 네, 이제 그러면 안 되죠.

출처: SBS스페셜 제작팀(2013), p. 239.

2) 부모와 교사의 역할

부모와 교사는 중간체계의 중요한 개입 대상이다. 문재현 등(2012)은 학교에서 일진회를 만들고 강화시키는 것은 어른들이라고까지 강하게 지적한다. 부모와 교사 모두 자기 아이들이 일진인 것을 모르고 관심도 없을 뿐만 아니라, 부모의 경우 자녀가 일진이라는 것이 밝혀졌을 때도 사실을 부인하며 오히려 문제를 해결하려는 교사나 피해자를 공격한다는 것이다.

일진을 두려워하는 아이들이 부모나 교사에게 도움을 요청한다면, 이는 두려움을 무릅쓴 용기 있는 행동일 것이다. 이때 혹시라도 학교나 교사, 부모가 오랫동안 혼자 견뎌 왔을 아이의 고통을 헤아리고 해결해 주기보다 사건을 확대하지 않고 덮기에만 급급하다면 어떻게 될까? 문재현 등(2012)은 많은 가해학생의 부모들이 '애들이 크면서 그럴 수도 있다.'는 논리로 가해학생들의 폭력을 정당화하는 태도를 보이고 있으며, 이렇게 어른들에 의해서 학교폭력의 현실이 부정되면 아이들은 점점 더 어른들을 믿지 못하고 일진 아이들의 논리 속으로 더 깊이 빠져들 것이라고 하였다. 아이들의 부정적인 현실을 보고 싶지 않은 어른들의 회피가 학교폭력을 정당화하고 유지시키는 요인이 될 수 있음을 시사하는 것이다.

학교폭력을 예방하기 위해 교사는 무엇을 할 수 있을까? 첫째, 교사는 괴롭힘이 매우 미묘해서 항상 확인할 수 있는 것은 아니라 하더라도 교실에서 괴롭힘이 많이 발생한다는 것을 인정해야 한다. 둘째, 교사는 누가 괴롭힘의 역동에 연루되었는지를 잘 찾아내지 못할 수 있다는 것을 인정해야 한다. 실제로 많은 교사가 피해학생을 정확하게 식별해 내지 못하고 가해 · 피해학생을 잘 구분하지 못하였다고 한다. 셋째, 교사는 이러한 문제에 대해 방어적이 되지 않도록 노력하며, 대부분의 교실과 학교에서 괴롭힘이 발생한다는 것을 인정해야 한다.

예를 들어, 교사는 학생들과 협력하여 서로를 존중하는 태도와 행동, 무례한 태도와 행동 등에 관한 학급지침을 만들 수 있다. 또한 학급회의를 활용하여 지침을 검토하고, 적응적인 문제해결 전략을 모델링하며, 적절한 예방 프로그램을 선정하고 학생들의 지위와 학급 분위기를 파악하여 학생들 간의 다양한 상호작용을 촉진시키는 활동을 구성할 수 있다(Swearer, Espelage, & Napolitane, 2011, pp. 215-216).

3) 학교의 역할

Thompson과 Grace, Cohen(2012)은 학교는 경쟁력보다 아이들의 사회적 경험을 중시해야 한다고 강조한다. 학교는 아이들의 기본적인 안전을 보장하고, 획일화된 시험에서 좋은 점수를 얻을 수 있는 사람이 아니라, 리더십, 타인에 대한 배려와 공감, 책임감이 있는 시민을 길러 내야 한다는 것이다. 적극적 부모훈련(Active Parenting: AP) 프로그램의 개발자인 Popkin(2007)도 경쟁심은 매우 중요한 가치로 인식되고 있지만, 정작 개인과 사회를 위대하게 만드는 것은 경쟁심이 아니라 협동심이라고 하였다.

지나친 경쟁과 이로 인한 분노가 청소년들에게 학교폭력이라는 왜곡된 방식으로 힘과 지위, 소속감을 추구하게 한 것이라면, 개인과 가정을 넘어 학교와 사회, 제도의 변화가 필수적이라 하겠다.

🗨 학교폭력 예방을 위한 기본원칙

① 도덕적인 학교 만들기
② 모든 사람을 대화에 참여시키기
③ 예방 조치 세우기
④ 윤리적 기준 불어넣기
⑤ 시민의식 키우기
⑥ 사안별이 아닌 체계적 접근
⑦ 교사의 능력 활용하기
⑧ 작지만 배려하는 학교 만들기

출처: Thompson et al. (2012), pp. 383-414.

토론주제

1. 주변에서 또는 자신의 학교생활을 돌아보고, 학교폭력의 역할 유형의 사례를 찾아보고 토론해 봅시다.

2. 나이토 아사오의 전능모형은 소년들의 이지메를 설명하는 모형입니다. 소년이 아닌 소녀 또는 초·중·고등의 학교 급별에 따라 차이가 있을지 의견을 나누어 봅시다.

3. '가해자가 인정받는 이상한 학교 구조'의 사례를 읽고 느낀 점을 나누어 봅시다.

참고문헌

나이토 아사오(2013). 이지메의 구조(고지연 역). 서울: 한얼미디어. (원전은 2009년 출판).

문재현, 김명신, 김미자, 김백주, 서영자, 이명순, 김현숙, 임오규, 정은경, 최진숙, 한인경, 김수동, 문한민(2012). 학교폭력 어떻게 만들어지는가. 서울: 살림터.

박종철(2013). 교실평화프로젝트. 서울: 양철북.

안소현, 이승연, 이솔, 안지현, 안제원(2012). 중학생의 지각된 인기도와 또래 괴롭힘 행동 간의 관계: 부적응적 자기애, 도덕적 이탈의 역할. 아시아교육연구, 13(4), 225-246.

엄명용, 송민경(2011). 학교 내 청소년들의 권력관계 유형과 학교폭력 참여 역할 유형. 한국사회복지학, 63(1), 241-266.

이남석(2011). 주먹을 꼭 써야 할까? 경기: 사계절.

이승연(2013). 또래 괴롭힘: 주변인 개입과 사회적 맥락 변화의 필요성. 한국심리학회지: 학교, 10(1), 59-82.

추정경(2013). 벙커. 경기: 놀.

SBS스페셜 제작팀(2013). 학교의 눈물. 경기: 프롬북스.

Beaty, L. A., & Alexeyev, E. B. (2008). The problem of school bullies: What the research tells us. *Adolescence, 43*(169), 1-11.

Bronfenbrenner, U. (1977). Toward an experimental ecology of human development. *American Psychologist, 32*, 513-531.

Caravita, S. C. S., & Gillessen, A. H. N. (2012). Agentic or communal? Associations between interpersonal goals, popularity, and bullying in middle childhood and early adolescence. *Social Development, 21*(2), 376-395.

Coloroso, B. (2005). A bully's bystanders are never innocent. *Educataion Digest: Essential Readings Condensed for Quick Review, 70*(8), 49-51.

Crothers, L. M., Kolbert, J. B., & Barker, W. F. (2006). Middle school students' preference for anti-bullying interventions. *School Psychology International, 27*(4), 475-487.

Dijkstra, J. K., Lindenberg, S., & Veenstra, R. (2008). Beyond the class norm: Bullying behavior of popular adolescents and its relation to peer acceptance and rejection. *Journal of Abnormal Child Psychology, 36*, 1289-1299.

Duncan, R. (1999). Maltreatment by parents and peers: The relationship between child abuse, bully, victimization, and psychological distress. *Child Maltreatment, 19*, 45-56.

Jeffrey, R. (2004). Bullying bystanders. *Prevention Researcher, 1*(3), 7-8.

Jonkmann, K., Trautwein, U., & Lüdtke, O. (2009). Social dominance in adolescence: The moderating role of the classroom context and behavioral heterogeneity. *Child Development, 80*, 338-355.

Karna, A., Voeten, M., Poskiparta, E., & Salmivalli, C. (2010). Vulnerable children in varying classroom context: Bystanders' behavior moderate the effects of risk factors on victimization. *Merrill-Palmer Quarterly, 56*(3), 261-282.

Losey, B. (2013). 학교폭력의 평가와 개입(이혜선, 육성필, 김경아 역). 서울: 학지사. (원전은 2011년 출판).

Nudo, L. (2004). Fighting the real bullies. *Prevention, 56*(11), 123-124.

Padgett, S., & Notar, C. E. (2013). Bystanders are the key to stopping bullying. *Universal Journal of Educational Reearch 1*(2), 33-41. DOI: 10.13189/ujer.2013.010201.

Popkin, M. (2007). 부모코칭 프로그램: 적극적 부모역할 Now!(최태산 역). 서울: 학지사. (원전은 2002년 출판).

Salmivalli, C., & Voeten, M. (2004). Connections between attitudes, group norms, and behavior in bullying situations. *Internaional Journal of Behavioral Development, 28*(3), 246-258.

Salmivalli, C., Laterspetz, K., Björkqvist, K., Österman, K., & Kaukiainen, A. (1996). Bullying as a group process: Participant roles and their relations to social status within the group. *Aggressive Behavior, 22*, 1-15.

Sandstrom, M. J., & Bartini, M. (2010). Do perceptions of discrepancy between self and group norms contribute to peer harassment at school? *Basic and Applied Social Psychology, 32*, 217-225.

Scholte, R., Sentse, M., & Granic, I. (2010). Do actions speak louder than words? Classroom attitudes and behavior in relation to bullying in early adolescence. *Journal of Clinical Child & Adolescent Psychology, 39*(6), 789-799.

Siegel, N. M. (2009). Kids helping kids: The influence of situational factors on peer intervention in middle school bullying. *Dissertation Abstracts International Section A: Humanities and Social Sciences, 69*(7-A). 2608.

Swearer, S. M., Espelage, D. L., & Napolitano, S. A. (2011). 괴롭힘의 예방과 개입(이동형, 이승연, 신현숙 역). 서울: 학지사. (원전은 2009년 출판).

Thompson, M., Grace, O, C., & Cohen, L. J. (2012). 어른들은 잘 모르는 아이들의 숨겨진 삶(김경숙 역). 서울: 양철북. (원전은 2001년 출판).

Ttofi, M. M., & Farrington, D. P. (2011). Effectiveness of school-based programs to reduce bullying: A systematic and meta-analytic review. *Journal of Experimental Criminology, 7*, 27-56.

Villancourt, T., Hymel, S., & McDougall, P. (2003). Bullying is power: Implications for school-based intervention strategies. *Journal of Applied School Psychology, 19*(2), 157-176.

Wentzel, K. R., Filisetti, L., & Looney, L. (2007). Adolescent prosocial behavior: The role of self-processes and contextual cues. Child Development, 78(3), 895-910.

CBS 노컷뉴스(2013. 10. 1). 학교는 '계급사회' …… 촉법소년은 '영웅' 취급.

제3장

학교폭력 주변학생의
이해 및 개입

이 장에서는 학교폭력 해결의 열쇠를 쥐고 있는 것으로 여겨지는 주변학생에 대한 심층적 이해를 돕기 위하여 학교폭력의 역동에서 이들이 지니는 중요성을 살펴볼 것이다. 이를 바탕으로 주변학생이 어떠한 점에서 학교폭력을 해결하는 데 결정적인 역할을 할 수 있는지 살펴보고, 주변학생의 다양한 역할에 대해 고찰할 것이다. 주변학생의 행동에 영향을 미치는 요인을 개인적 · 상황적 · 심리적 요인으로 구분하여 분석하고, 효과적인 학교폭력 예방 프로그램 중에서 주변학생에 초점을 둔 효과적인 개입 프로그램을 소개할 것이다.

1. 주변학생의 이해

1) 주변인의 개념

주변인(bystander)에 대한 정의는 다양한 상황에서 연구되어 왔다. 초기 연구는 홀로코스트가 진행되는 동안 대학살을 목격한 수많은 사람에 초점을 맞추었다. 그 후 방관자 효과로 잘 알려진 Kitty Genovese 살해 사건에 의해 주변인은 새롭게 주목을 받았다. 이 사건을 통해 위급상황에 대한 주변인들의 반응에 대한 사회심리적인 양상에 대한 연구가 활발하게 진행되었다(Darley & Latané, 1968). 반면, 최근에는 학교폭력을 목격한 주변인에 대한 관심이 증가하고 있다. 또한 가정폭력을 목격한 자녀들의 심리적 충격에 관한 연구도 일부 진행되었다. 학교폭력 연구에서 폭력을 목격한 주변인의 특징을 조사한 대부분의 연구들은 괴롭힘과 관련된 주변인의 심리적 · 행동적 반응에 초점을 두고 있다. 이처럼 주변인에 대한 많은 연구는 응급상황, 가정폭력, 집단학살과 같은 다양한 맥락에서 연구되었는데, 이번 장에서는 학교폭력의 맥락에서 폭력을 목격하는 주변학생으로 주변인의 범위를 한정하고자 한다.

주변인에 대한 사전적 의미는 '참여하지 않은 사건에 있었던 사람'이다 (Webster's Encyclopedic Unabridged Dictionary of English Language, 1996). 이 정의는 주변인이 개입하는 행동 없이 단지 관찰하고, 목격하고, 서 있는 역할로 한정한다. 다시 말해, 상황을 단순히 목격한 수동적인 역할을 강조한 정의라고 볼 수 있다. 반면, Barnett(1999)는 주변인을 보다 역동적인 존재로 간주하고, 이들의 반응행동에 대한 다양성에 초점을 두었다. 그래서 Barnett는 주변인의 범위를 확장시켜 개입하지 않는 주변인뿐만 아니라, 직접 개입하는 주변인까지도 그 개념에 포함시켰다. 또한 Twemlow 등(2004)은 학교폭력의 사회적 구조에서 수동적인 목격자가 아닌 활동적인 주변인의 역할에 주목하였다. 이들의 정의에는 주변인의 다양한 역할을 강조하여 지지, 반대, 가해자에 대한 무관심과 같은 다양한 역할을 포함하고 있다. 필자는 주변인의 행동에 대한 Barnett의 확장된 견해를 채택하여 학교폭력의 주변인을 "학교폭력 상황에서 폭력행동을 목격한 후 다양한 행동반응을 보이는 학생"으로 정의하고, 이들이 보이는 행동반응은 피해자를 지지하기, 개입하지 않고 방관하기, 가해자의 괴롭힘을 지지하는 등, 다양한 행동으로 나타난다고 가정하였다.

대부분의 학교폭력 상황에서는 이를 지켜보는 주변인이 존재한다. 왜냐하면 가해학생은 피해학생을 괴롭히며 자신의 힘을 과시하고 이를 주변학생이 목격하게 함으로써 자신의 폭력행동에 대한 강화를 얻기 때문이다. 학교폭력의 주변인이 되기 위해서는 몇 가지 조건을 충족해야 하는데, 첫째, 주변인이 학교폭력 상황 속에 존재해야 한다. 따라서 주변인은 폭력 상황 속의 분위기와 역동을 느끼게 된다. 둘째, 주변인은 학교폭력 상황을 직접 목격해야 한다. 이러한 목격은 주변인에게 다양한 감정과 생각을 유발시킨다. 따라서 주변인은 유발된 감정과 생각에 기초하여 다양한 행동반응을 보이게 되고, 이들의 행동은 폭력을 줄이는 데 결정적인 역할을 하는 것으로 알려져 있다(오인수, 2010; Hazler, 1996; Oh & Hazler, 2009; Salmivalli et al., 1996). 실제로 학교폭력을 목격한 주변학생의 대부분은 못 본 척하거나 아무런 개입을 하지 않는 방관적 태도를 보이게 되는데, 이러한 주변학생의 태도를 가해학생은 자신의 폭력행동에 대한 암묵적 승인이라고 해석한다. 따라서 가해학생의 폭력행동에 대한 주변학생의 반응은 매우 중요한 역할을 한다.

이러한 주변인은 경우에 따라 방관자 혹은 참여자로 불리기도 한다. 필자는 이와 같은 용어보다 주변인 혹은 주변학생이란 용어를 본 장에서 사용하였다. 왜냐하면 방관자는 학교폭력을 목격한 후 아무런 행동을 하지 않거나 그 상황에서 벗어나려는 주변인의 하위 유형의 성격을 지니기 때문이다. 방관자가 주변인과 혼용되는 이유로는 방관자 효과(bystander effect)를 지칭할 때 'bystander'가 방관자로 번역되었기 때문인 것으로 보인다. 'bystander'를 방관자로 번역하게 되면 주변인의 하위 유형인 'outsider(방관자)'와 혼돈을 일으킬 가능성이 있다. 반면, 최근 연구에서는 참여자(participant)라는 용어가 사용되기도 하는데, 이는 주변인의 행동을 측정하기 위해서 사용하는 참여자 역할 척도(Participant Role Questionnaire)와 관련이 있는 것으로 보인다(Salmivalli, Lagerspetz, Björkqvist, Österman, & Kaukiainen, 1996). Salmivalli가 개발한 참여자 역할 척도의 경우 괴롭힘의 참여자는 주변인뿐만 아니라 가해학생과 피해학생을 모두 포함하는 개념이기 때문에 이를 목격하는 주변인의 범위보다 넓은 개념이라고 볼 수 있다.

다음의 그림은 이상에서 설명한 주변인 관련 용어들의 관계를 보여 준다.

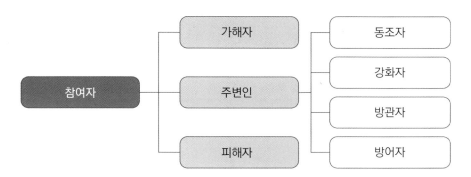

[그림 3-1] 참여자, 주변인 및 방관자의 관계

💬 방관자 효과

폭력성에 노출된 주변인의 행동에 대한 연구는 1964년 제노비스 사건에서 유래한다 (Laner, Benin, & Ventrone, 2001). Kitty Genovese는 새벽녘에 일을 마치고 집으로 가고 있었는데 자신의 아파트 근처에서 순간 어떤 남자가 칼을 들고 그녀를 덮쳤다. 놀란 그녀는 도와달라고 소리를 지르며 도망쳤다. 강도가 뒤쫓아 가 그녀를 잡아서 칼로 찌르자 그녀는 비명을 질렀다. 이때 몇몇의 아파트 창문에 불이 켜지고 사람들이 창문 뒤에 숨어서 이 광경을 엿보고 있었다. 그러자 강도는 약간 주춤하여 물러섰으나 다시 달려들어 피를 흘리고 있는 그녀를 칼로 찔렀고, 끝내 살해되고 말았다. Kitty가 강도로부터 피습을 받기 시작해서 살해될 때까지의 시간은 무려 45분이나 걸렸고, 또 나중에 알려진 바에 의하면 최소한 38명의 이웃들이 도와 달라는 그녀의 비명소리를 들었지만, 아무도 그녀를 도와주려고 나오지 않았다. 뿐만 아니라 전화로 경찰에 신고한 사람조차도 없었다. 이 살해사건을 유래로 주위에 사람이 많을수록 책임감이 분산돼 어려움에 처한 사람을 도와주는 걸 주저하게 되는 것을 이른바 '제노비스 신드롬(Genovese syndrome)' 또는 '방관자 효과(Bystander Effect)'로 불리우게 되었다. 이후 이 심리학적 현상으로써 주변인의 영향을 연구하는 시도로 주목받게 되었다. 여기서 중요한 문제는 사람들이 어떤 때는 다른 사람들을 잘 도와주면서, 또한 어떤 때는 전혀 개입하려 들지 않는다는 점이다. 응급상황에서는 여러 가지 상황적 변수가 있는데, 그 상황에서의 모호성 같은 상황적 변수가 주변인의 행동에 영향을 주며, 또한 주변인과 희생자의 성별 같은 개인적인 변수도 중요한 요소로 작용한다.

참고자료: 지식채널e 심리편 '38명의 목격자'는 방관자 효과를 인상적으로 설명해 준다.

2) 주변학생의 유형

주변학생은 [그림 3-1]에서 제시한 바와 같이 네 가지 하위 집단으로 구성되며, 각 집단의 특징을 정리하면 〈표 3-1〉과 같다.

〈표 3-1〉 주변학생 집단의 유형 및 특징

주변학생의 유형	주변학생의 집단 유형별 특징	도움정도
동조집단	가해학생을 직접 돕거나 지지하는 집단	1
강화집단	가해학생의 괴롭힘 행동을 부추기는 집단	2
방관집단	상황에 개입하지 않고 쳐다보기만 하는 집단	3
방어집단	피해학생을 보호하고 도움행동을 하는 집단	4

동조집단(assistant)은 괴롭힘이 발생하면 가해자로 돌변하여 가해행동에 직접 참여하는 집단인 반면, 강화집단(reinforcer)은 간접적인 행동으로 가해자의 행동을 부추기는 집단이다. 방관집단(outsider)은 상황에 개입하는 것에 대한 두려움으로 쳐다보기만 하는 학생들인 반면, 방어집단(defender)은 적극적으로 피해학생을 보호하기 위한 방어행동을 취하는 집단이다. 피해학생에게 도움을 많이 주는 순서별로 배열하면 방어집단, 방관집단, 강화집단, 동조집단의 순서가 된다. 이러한 하위 집단의 특징을 구체적으로 살펴보면 다음과 같다.

(1) 동조자

이 집단의 학생들은 가해학생을 직접적으로 돕는 가해 동조자다. 동조자는 겉으로는 가해자처럼 보일 수도 있다. 왜냐하면 그들의 행위가 가해자의 행동(싸움에 가담하거나 상대에게 피해를 주는 등)과 비슷하기 때문이다. 그러나 동조자는 항상 힘에서 가해자보다 약한 특징을 보이며, 가해자는 동조자가 힘이 세지는 것을 허용하지 않기 때문에 가해자와 구별되기도 한다. 동조자가 전형적으로 보이는 행동은 다음과 같다.

- 괴롭힘 행동을 목격한 후 가해행동에 동참한다.
- 괴롭히는 가해학생을 직접 돕는다.

● 가해학생이 괴롭힐 때 피해학생을 잡는다.

(2) 강화자

강화자는 다양한 행동(낄낄대며 웃거나 환호성을 지르기도 하고, 다른 사람들을 불러 모으기도 함)으로써 가해자를 선동해 부추길 수 있다. 이들은 직접적으로 가해행동에 가담하지 않는다는 측면에서 동조자와는 다르다. 오히려 그들은 청중으로서 피드백을 제공하여 가해자의 행동을 강화시킨다. 이들은 시작할 때는 불안하거나 주저함을 느낄지 모르나 가해에 간접적으로 참여하는 과정에서 스릴을 느끼거나 신이 날 수 있다. 가해자와 비교하여 자신감이 부족한 것처럼 보이며, 주도적으로 가해행동을 하지는 않는 경향이 있다. 강화자가 전형적으로 보이는 행동은 다음과 같다.

● 괴롭힘을 보며 주변에서 낄낄대며 웃는다.
● 괴롭힘을 목격한 후 주변 사람들을 불러 모은다.
● 가해학생을 향해 더 괴롭히라고 소리친다.

(3) 방관자

방관자는 괴롭힘을 목격한 후 눈에 띄는 행동을 하지 않는다. 이들은 또한 상황에서 벗어나고 싶어 하며, 어느 누구의 편도 들지 않는다. 괴롭힘 상황에서 주변인의 대부분이 방관자라는 사실은 매우 중요하다. 방관자는 동조자나 강화자에 비해 교육을 통해 행동을 변화시킬 수 있는 가능성이 높기 때문이다. 방관자는 자신의 방관적 행동이 중립적이라고 생각할 수 있지만, 이를 지켜보는 가해자는 오히려 방관적 행동이 자신의 행동을 암묵적으로 승인하는 것으로 오해할 가능성이 높다. 따라서 방관자의 가만히 있는 행동, 무감정, 비밀을 유지하는 행동은 가해자 문화를 유지시킨다. 연구자들은 동조자와 강화자의 행동을 변화시키는 것이 쉽지 않기 때문에 상대적으로 변화가 쉬울 것으로 보이는 방관자에 더욱 주목하고 있다. 주변인 중에서 방관자가 가장 큰 비율을 차지하는 점 등을 고려할 때 방관자의 행동을 변화시키는 개입은 매우 필요하다고 볼 수 있다. 방관자가 전형적으로 보이는 행동은 다음과 같다.

- 괴롭힘 상황을 보고 모른 체한다.
- 괴롭힘을 목격한 후 괴롭힘 상황에서 벗어난다.
- 괴롭힘을 보아도 평소처럼 자신의 할 일을 한다.

(4) 방어자

이들은 다양한 행동으로 가해 상황에 개입하는 학생들이다. 예를 들어, 피해자에게 말을 걸면서 피해자를 지지하고 안정시킨다(예: 그들에 대해서 신경 쓰지 마!). 그리고 가해자나 동조자에게 그만하라고 말하거나 소리친다. 또한 그 상황에 관하여 어른에게 말하거나 쉬는 시간 동안 피해자와 함께 있어 준다. 이들은 가해자에게 복수하거나 가해자 집단을 공격함으로써 가해집단에 도전하기도 한다. 가해집단을 직접 공격하는 방어행동은 또 다른 폭력을 일으킬 수 있는 위험성이 존재한다. 괴롭힘 상황에서 방어자가 절대 다수를 차지하게 되면 폭력 행동은 줄어들게 된다. 그러나 주변인 중에서 방어자가 차지하는 비율은 방관자에 비해 일반적으로 낮은 편이다. 주변인 개입의 핵심은 방어자를 제외한 나머지 학생들을 어떻게 방어자로 전환시키느냐 하는 점이다. 따라서 방어자가 주변인의 하위 유형과 비교하여 어떠한 특징을 보이는지를 파악하여 이를 나머지 집단에게 교육하는 것이 매우 효과적인 접근이 될 수 있다. 방어자가 전형적으로 보이는 행동은 다음과 같다.

- 괴롭힘 당하는 아이에게 힘과 용기를 준다.
- 괴롭힘 당하는 아이를 돕기 위해 상황을 선생님께 말씀드린다.
- 괴롭히는 아이에게 그만하라고 말한다.

이상에서 살펴본 주변인의 네 가지 하위 집단의 비율은 〈표 3-2〉와 같이 연구에 따라 다소 차이를 보이기도 한다.

〈표 3-2〉 주변인의 하위 유형별 비율 비교

연구자 / 유형	Salmivalli et al. (1996)	서미정(2008)	최지영, 허유성(2008)	문미영, 오인수(2018)	이현진, 오인수, 송지연(2019)
가해자	8.2	12.6	0.6	–	–
피해자	11.7	14.2	2.3	–	–
가해·피해자	–	–	–	–	–
동조자	6.8	18.3	7.3	28.6	23.8
강화자	19.5		27.9		
방관자	23.7	21.1	23.1	26.1	29.5
방어자	17.3	24.2	17.7	36.4	36.2
역할없음	12.7	9.6	21.1	8.9	10.3

3) 학교폭력 집단의 역동 속에서 주변학생의 중요성

최근까지 학교폭력에 관한 주요 문헌과 연구들은 주로 학교폭력의 가해자 혹은 피해자에 중심을 두었다(윤성우, 이영호, 2007; Hazler, 1996). 그러나 최근에는 학교폭력 상황에서 대다수를 차지하고 있는 주변학생에 관심이 모아지고 있다. 왜냐하면 최근의 연구들은 이러한 주변학생이 학교폭력 해결의 열쇠를 가지고 있는 것으로 보기 때문이다. 학교폭력은 집단의 역동에 의해 발생하며, 가해학생과 피해학생 사이에 힘의 불균형이 지속되기 때문에 근절되지 않는 경향이 있다. 그런데 폭력 상황에서 주변학생은 대다수를 차지하고 있기 때문에 이러한 힘의 역동에 변화를 줄 수 있는 잠재적 집단으로 인식되고 있다.

대개의 경우, 주변인이 괴롭힘 상황에 참여하는 다수라는 점을 감안할 때, 주변인이 학교 괴롭힘의 고리를 끊을 수 있는 가능성은 매우 크다. 주변인은 중재를 통해서 중요한 역할을 수행하고, 학교 괴롭힘을 중단시킬 수 있다. 그러나 실제로 주변인은 학교폭력을 목격했을 때, 피해학생을 잘 돕지 않는다. 대다수의 주변인들은 괴롭힘을 중단시키거나 감소시키려 하기보다 괴롭힘에 동조하거나, 지지하거나, 괴롭힘을 유지하는 경향이 있다. 이러한 경향은 학생들이 기본적으로 폭력을 반대하는 입장을 취함에도 불구하고 나타난다(O'Connell, Pepler, & Craig, 1999; Salmivalli, 1999; Whitney & Smith, 1993).

괴롭힘을 가해학생과 피해학생뿐만 아니라, 주변인까지 포함하는 역동적인 과정(dynamic process)으로 이해하는 것은 매우 중요하다. 불행하게도 대부분의 주변인들, 가령 방관자와 같은 주변인은 괴롭힘을 중재하거나 피해학생을 변호하지 않는데, 그 이유로는 복수에 대한 두려움과 중재의 불확실성에 연루되길 꺼려하는 데 있다. Hazler(1996)는 주변인이 중재를 주저하는 이유를 몇 가지로 요약했는데 주변인은 중재를 위해 자신이 무엇을 해야 할지 모르거나, 가해학생의 주 공격대상이 될까 두려워하거나, 자신이 더 많은 문제를 야기하는 잘못된 행동을 하게 될까 염려한다. 다음에 제시된 목록은 주변인이 방관하는 이유를 정리한 것이다(Cappadocia, Pepler, Cummings, & Craig, 2012).

🗨 주변인이 방관하는 이유

- 나는 학교폭력에 연루되기 싫었다.
- 나도 학교폭력을 당할까 봐 두려웠다.
- 그 상황에서 어떻게 행동해야 할지 몰랐다.
- 목격한 학교폭력이 그렇게 심각하지 않다고 생각했다.
- 학교폭력을 당하는 것은 나와는 상관없는 일이라고 생각했다.
- 학교폭력을 당하는 아이는 그럴 만한 이유가 있다.
- 학교폭력 문제를 다른 사람에게 알려 문제를 더 키우고 싶지 않았다.
- 폭력을 당하는 아이를 돕는다 해도 별반 달라지지 않을 것이라고 생각했다.
- 내가 누군가에게 폭력을 말한다 해도 아무도 돕지 않았을 것이다.

이런 이유들로 인해 주변인은 직접적으로 괴롭힘 상황에 개입되기를 꺼려하게 되고, 자신의 힘과 자존감을 낮게 평가하는 결과를 야기한다. 게다가 학생이 한 번 괴롭힘 상황에서 특정 역할을 맡게 되면 이 역할을 바꾸기가 쉽지 않다. 따라서 주변인의 행동에 영향을 미치는 개인적 · 상황적 · 심리적 측면의 변수들을 이해할 필요가 있다. 주변인의 역할에 영향을 주는 다양한 변수의 이해는 효과적인 중재와 괴롭힘을 줄이기 위한 예방 프로그램의 실마리를 제공할 수 있다.

4) 주변학생의 심리적 특성

주변인의 심리적 특징과 관련하여 몇몇 연구자는 주변인의 경험과 피해자의 경험을 비교하였다. 이러한 연구결과에 따르면 주변인은 피해자와 유사한 경험을 하는데, 예를 들어 수면의 어려움과 신체적으로 과도한 각성을 보인다(Davidson & Baum, 1990; Hosch & Bothwell, 1990). Hazler(1996)는 또한 주변인과 피해자가 고립감, 비효율성(ineffectiveness), 절망, 민감성의 부족, 자기 존중의 상실과 같은 감정을 피해자와 공유한다고 하였다. 이러한 결과들은 주변인이 즉각적이고 장기적인 부정적 결과들을 야기할 수 있는 심각한 심리적 충격을 경험한다는 것을 보여 준다.

몇몇 연구들은 주변인의 관점으로 괴롭힘을 연구하였는데, 연구결과들은 주변인이 괴롭힘을 목격했다는 것 때문에 심각한 심리적 스트레스를 경험한다는 것을 보여 준다. 몇몇 연구들은 주변인의 심리적 반응과 피해자의 경험을 비교하였는데(Janson & Hazler, 2004; Janson, Hazler, Carney, & Oh, 2009), 또래의 학대를 포함한 반복적인 학대를 목격하는 것에 대한 주변인의 심리적인 반응은 피해자의 직접적인 경험과 유사하다는 것을 보여 준다. 이처럼 주변인이 경험하는 심리적인 스트레스는 자연재해를 목격한 사람 또는 생명을 위협받는 응급상황에 있는 사람의 점수와 유사하거나 더 높은 것으로 나타났다. 이와 같은 일련의 연구들은 주변인과 피해자가 유사한 심리적 반응을 경험할 수 있다고 주장한다. 괴롭힘과 피해학생의 부정적인 심리사회적 적응 사이의 상관관계에 대한 최근 십 년간의 많은 연구는 주변인의 심리적 반응 연구가 중요함을 보여 준다(Storch, Masia-Warner, Crisp, & Klein, 2005).

외국 연구 중에서 현재까지 진행된 괴롭힘의 주변인에 관한 몇몇 연구들은 몇 가지 중요한 시사점들을 제시한다. 첫째, 피해자가 아닌 주변인으로서 괴롭힘을 목격하여도 피해자 못지않은 심리적 스트레스를 경험한다는 사실이다(Janson & Hazler, 2004). 둘째, 이러한 심리적 스트레스는 주변인들이 피해자를 돕는 데 많은 두려움을 주어 대다수의 주변인들이 피해자를 돕기보다는 가해자의 행동을 부추기거나 무관심한 행동을 함으로써 괴롭힘을 지속시키는 효과를 일으킨다는 사실이다(Craig, 1998). 셋째, 주변인 중에서 소수의 학생들은 피해자를 보호하며 옹호하는 행동을 하는데, 이러한 방어자의 수가 늘어날수록 괴롭힘이 줄어들 가능성이 높다는 점이다(Salmivalli, 1999).

5) 주변학생의 행동에 영향을 미치는 요인

주변학생의 행동에 영향을 미치는 요인을 파악하는 것은 효과적인 개입을 위한 중요한 단서를 제공해 준다. 주변학생의 행동에 영향을 미치는 요인을 개인적 요인, 상황적 요인 및 심리적 요인으로 구분하여 종합적으로 제시하고자 한다.

(1) 개인적 요인

① 성별

일반적으로 남학생에 비해 여학생이 괴롭힘을 목격하였을 때, 피해학생을 더 많이 도와주는 것으로 확인되었지만 연구에 따라 차이를 보인다. O'Connell 등(1999)은 학교 운동장에서 괴롭힘 현상이 일어나는 동안 또래들의 행동과정을 관찰하여 분석하였다. 그들은 고학년의 여자아이들이 남자아이들보다 피해학생을 돕는 것에 보다 적극적인 것을 확인하였다. 이 연구결과는 Salmivalli 등의 연구결과와 일치한다(Salmivalli et al., 1996). 그들은 주변인들의 역할에서 성별 차이가 중요한 요소임을 확인하였다. 남자아이들은 괴롭힘을 촉진하는 동조자나 강화자의 역할 빈도가 큰 반면, 여자아이들은 괴롭힘 대상에 대해 방어자나 방관자로서의 역할 빈도가 높다는 것을 확인하였다. 이와 같은 결과는 최근의 연구에서도 확인되었다(Gini, Pozzoli, Borghi, & Franzoni, 2008; Rock & Baird, 2012). 국내에서도 심희옥(2008)은 초등학교 6학년 215명을 대상으로 또래 괴롭힘 참여자 역할에 있어서 남녀 차이를 확인하였는데, 그 결과 남아가 여아보다 친가해자가 많고, 여아는 방관자가 많았으며, 방어자와 피해자 역할은 남녀 비슷하게 나타난 것으로 확인되었다. 오인수(2010a)의 연구에서도 남학생 주변인들은 동조자와 강화자의 비율이 높은 반면, 여학생 주변인들은 방어자의 비율이 높은 것을 확인하였다. 이러한 일련의 연구들은 주변인의 경우 여학생이 남학생에 비해 긍정적인 행동반응을 보인다는 것을 일관되게 보여 준다. 이후의 연구에서도 남학생은 동조자 역할을 많이 하는 반면(유계숙, 2013), 여학생은 방어자 역할을 많이하는 것으로 확인되었다(이종원 외, 2014).

2 연령 혹은 학년

고학년 주변학생들은 일반적으로 학교에서 약한 아이를 놀리는 상황에 별로 반응하지 않는 것으로 보인다. 초등학생의 경우 고학년으로 올라갈수록 피해학생을 돕는 경향은 줄어드는 것으로 확인되었다(오인수, 2010). 후속 연구에서도 초등학생의 경우 방어자 비율이 높은 반면, 중고등학생의 경우 방관자 비율이 높다는 점이 확인되었다(권유란, 김성희, 2012; 남미애, 홍봉선, 2015). 이러한 경향성은 학생들이 초등학교에서 중학생으로 진학하는 과정에서 피해학생을 돕는 경향성이 없어진다는 연구와 맥을 같이한다(Menesini et al., 1997). 이런 발견들은 Rigby와 Slee(1992)의 발견과도 일치하는데, 이들의 결과에 따르면 아이들이 나이가 들수록 피해학생을 도와주는 것이 현저히 줄어든다는 것이다. O'Connell 등(1999)은 또한 괴롭히는 상황에서 주변인의 시간 사용에 대해 학년의 영향이 어떠한지를 관찰하였다. 그들은 나이 든 소년들일수록 어린 소년들보다 확실히 가해학생들과 더 많이 어울리는 것을 발견했다. Gini 등(2008)의 연구에서도 저학년 학생들은 괴롭힘 상황에서 피해학생에 대해 보다 긍정적인 태도를 보인다는 점을 확인하였다. 이러한 일련의 결과들은 연령이 증가할수록 또는 학년이 높아질수록 주변인의 행동이 부정적이 된다는 점을 보여 준다. 그리고 이러한 점은 주변인의 경우 조기개입의 필요성을 증가시킨다.

3 사회적 지위

학교폭력에 대한 주변인의 반응에 있어서 사회적 지위의 중요성은 여러 연구결과에서 확연히 나타나고 있다. Salmivalli 등(1996)은 방관자들의 사회적 상황이 그들의 역할과 관련이 있음을 발견하였다. 이들은 주변인들의 사회적인 지위(인기 있는, 거부되는, 무시되는, 논쟁적인, 평균의)를 또래 평정을 통해 평가한 후 이렇게 확인된 인기도와 주변인의 행동 사이의 관계를 조사하였다. 연구결과에 따르면 대다수의 방어자들은 인기 있는 집단에 속해 있었다. 또한 높은 사회적인 지위를 가진 학생일수록 피해자를 돕기 위해 중재에 나서는 경향이 있음을 보여 주었다. O'Connell 등(1999)은 또한 높은 사회적 지위를 차지한 어린이들은 상대적으로 폭력자의 지배력을 유지하게 해 주는 또래 압력으로부터 영향을 잘 받지 않기 때문에 높은 서열의 학생들은 피해자를 성공적으로 도와줄 충분한 힘을 가지고 있을 것이라고 주장하였다. 이런 일련의 명백한 연구들은 사회적으로 인기 있는 주변인들은 피해자들을 도와줄 가능성이 더 많음을 확인시켜 준다. 유사한 연구로서 학급의 지지를 많이 받는 학생들이 방관적 태도를 보일 경향성이 낮다는 점이 확인되기도 하였다(Choi & Cho, 2013). 다음 절에서 설명하겠지만 핀란드의 키바 코울루(KiVa Koulu) 프로그램의 경우 피해학생을 돕기 위하여 학급에서 인기 있는 학생 2~4명을 지명하고 이들을 또래 도우미로 활용하는 프로그램은 이처럼 주변인의 사회적 지위를 개입에 활용하는 예라고 볼 수 있다.

(2) 상황적 요인

주변인 관련 기존 연구의 대부분은 주변인의 개인 내적 · 심리적 특성에 초점을 맞추었는데 최근에는 괴롭힘 상황의 역동을 고려하여 주변인의 방어성향에 영향을 미치는 상황적 변인을 사회맥락적 관점에서 접근하는 연구가 필요하다는 중요성이 제기되고 있다.

① 괴롭힘의 종류

Tapper와 Boulton(2005)은 주변인이 목격한 폭력의 종류에 따라 그들의 반응이 다른지에 대해 연구하였다. 다양한 폭력에 대한 주변인의 반응을 기록하기 위해 무선 마이크와 몰래 카메라를 사용하였다. 그들은 폭력의 종류가 다름에 따라 또래집단의 반응이 다양함을 발견하였다. 주변인들이 관계적 공격과 간접적인 언어 공격을 목격했을 때 가해학생에게 동조하는 성향이 높았다(30~39%). 반면 직접적인 신체공격과 직접적인 언어공격을 목격했을 경우에는 가해학생에게 동조하는 성향이 상당히 감소하였다(12~17%). 이 결과는 주변인의 반응이 공격성 종류에 따라 다르다는 것을 나타낸다. Rock과 Baird(2012) 역시 관계적 괴롭힘인 따돌림을 목격했을 때 주변학생이 주로 피해학생을 위로하는 전략을 사용하는 반면, 신체적 괴롭힘을 목격했을 때는 교사에게 보고하는 빈도가 높다는 점을 확인하였다. Oh와 Hazler(2009)도 괴롭힘의 종류와 주변인의 행동반응의 관계를 분석하였는데, 이들의 결과에서는 괴롭힘의 종류에 따른 차이보다는 여러 괴롭힘을 동시에 목격하는 경우, 즉 복합적인 괴롭힘을 목격하는 경우에 피해자를 돕는 성향이 감소하는 것을 확인하였다. 최근 연구는 괴롭힘의 종류를 사이버 괴롭힘으로 확장하여 그 차이를 분석하기도 하였는데 전통적 괴롭힘과 사이버 괴롭힘 상황에서 주변인 행동 의도의 차이가 크지 않은 것으로 나타났다(김영은, 오인수, 송지연, 2019). 이러한 결과는 괴롭힘이 온라인에서 발생하건, 오프라인에서 발생하건 피해학생을 돕는 것에 영향을 미치는 요인은 크게 다르지 않을 수 있음을 시사한다.

② 참여자와의 관계

참여자와의 관계를 조사한 연구들은 괴롭힘에 대한 학생들의 반응이 특정한 또래집단의 관계에 의해 영향을 받는 것을 확인하였다. Tisak과 Tisak(1996)은 괴롭힘을 목격했을 때 가해학생이 친한 친구인 경우에는 모르는 아이인 경우에 비해 주변인이 보다 적극적으로 개입하는 것을 확인하였다. 선생님이나 다른 성인에게 보고하면 문제가 더 커지고 친구와의 우정을 잃을 수 있기 때문에 가해자가 친한 친구인 경우에는 개입하여 문제를 해결하려는 경향성이 있다고 해석하였다. Chaux(2005) 역시 갈등 상황에서 주변인의 행동이 가해자와 피해자와의 관계와 관련이 있는지를 조사하였다. 그 결과 가해자 혹은 피해자 중에서 어느 한쪽과 친한 경우 친한 쪽 편을 들어준다는 것을 확인하였다. Levine, Cassidy와 Brazier(2002)도 이와 유사한 결과를 밝혀냈다. 그들의 결과는 주변인이 목격한 가해자 혹은 피해자와 같은 동료의식(membership)을 지닌 경우에는 지지하는 반면, 자신과 관련이 없는 경우에는 지지하지 않는다는 것을 확인하였다. 이러한 일련의 연구결과는 주변인과 가해자 혹은 피해자와의 관계가 주변인의 반응에 결정적인 역할을 한다는 점을 입증해 준다.

③ 다른 주변인의 존재

주변인의 개입에 대한 이전의 연구에서는 다른 사람의 존재에 대한 주변인의 인식이 그들의 도움행동을 감소시킨다는 점이 확인되었다(방관자 효과). Latané과 Darley(1970)는 긴급 상황에서 주변인의 도움행동을 방해하는 요인 세 가지를 제안했다.

- 사회적 요인
- 평가 불안
- 책임감의 분산

사회적 요인이란 주변인이 다른 주변인의 무반응에 근거하여 긴급성이 부족한 것으로 상황을 이해하게 되면 도움행동이 억제되는 경우에 해당된다. 평가불안은 주변인이 다른 주변인에 의해 관찰되는 경우 자신의 행동이 부정적으로 평가되는 것에 대한 불안을 느껴 도움행동을 억제하는 경우다. 책임감의 분산은 만약 다른 주변인이 존재하는 경우 다른 사람이 도와줄 것이라는 기대와 동시에 돕지 못해도 책임을 나누게 된다는 생각 때문에 도움행동이 줄어드는 경우에 해당된다. 그러나 이러한 방관자 효과는 폭력이나 괴롭힘 상황이 아닌 응급상황(emergency)에서 발생하는 방관자의 행동에 관한 연구에 기반을 두고 있는 반면, 폭력이나 괴롭힘 상황에서 방관자 효과가 적용되는지에 관한 연구는 드물다. 이와 관련하여 Pozzoli와 Gini(2013)는 개인적 책임감이 대처전략을 통해 괴롭힘의 방어행동에 간접적으로 영향을 미친다는 점을 확인하였다. 이 연구에서는 괴롭힘을 줄이는 것이 자신의 책임이라고 느끼는 경우, 보다 적극적인 괴롭힘 대응전략을 사용하였으며, 이러한 경우 피해학생을 방어하는 행동의 가능성이 높았다. 실제로 Song과 Oh(2017)는 이른바 응급상황에서 유효한 것으로 알려진 방관자 효과(bystander effect)가 괴롭힘 상황에서도 적용되는지 확인한 결과 괴롭힘 상황에서 유효하지 않은 것을 확인하였다. 반면 괴롭힘을 목격한 또 다른 방관자들의 있는 경우와 없는 경우 주변인의 행동에 미치는 요인이 다르다는 점을 확인하였다. 이러한 결과는 괴롭힘 상황에서 방관자 효과는 응급 상황과는 다르게 작용됨을 시사한다고 볼 수 있다.

(3) 심리적 요인

학교폭력 주변인에 관한 연구는 주로 이들의 행동에 영향을 미치는 다양한 심리적 변인을 확인하는 것에 초점을 맞춰 왔다.

① 공감

공감은 괴롭힘 연구에서 다양하게 연구되었다. 공격성이 높은 경우 공감의 수준이 낮은 것으로 알려져 있으며, 공감은 공격성을 억제하며 친사회적 행동을 강화하는 것으로 확인되었다(Eisenberg, Zhou, & Koller, 2001; Guozhen, Li, & Shengnan, 2004; Jolliffe & Farrington, 2006; McMahon, Wernsman, & Parnes, 2006; Zhou et al., 2002). 반면 학교폭력 상황에서의 주변인과 공감 사이의 관련성을 다룬 연구는 상대적으로 적은 편이다. 오인수(2010a)는 주변인 행동에 공감이 영향을 미친다는 것을 확인하였는데, 인지적 공감보다는 정의적 공감이 더 큰 영향력을 미친다는 점에 주목하였다. 즉, 다른 사람의 입장에서 생각하는 인지적 공감보다 실제로 다른 사람의 감정을 체휼하는 정의적 공감이 높을수록 피해학생을 도울 가능성이 높다는 점을 제시하였다. 송지연과 오인수(2016)의 연구에서 방어자 역할을 한 학생의 공감(평균 35.7)이 동조자(평균 31.4) 또는 강화자(평균 30.8)의 공감보다 높다는 점을 확인하였다. 이러한 결과는 정의적 공감이 인지적 공감에 비해 괴롭힘 행동과 더욱 관련이 높다는 선행연구와 일치한다(Endresen & Olweus, 2002; Jolliffe & Farrington, 2006; Warden & Mackinnon, 2003). Choi와 Cho(2013) 역시 공감의 수준이 높은 경우 주변인으로서 방어행동을 할 가능성이 높다는 점을 확인하였고, 이러한 공감이 사이버 괴롭힘의 상황에서도 주변인의 행동에 영향을 미친다는 점이 확인되었다(Barlinska, Szuster, & Winiewski, 2013).

② 도덕성

도덕성 중에서 도덕적 이탈(moral disengagement)은 주로 일탈행동과의 관련성이 연구되었으며, 최근에는 이러한 도덕적 이탈이 또래의 괴롭힘과도 관련이 있다는 것이 확인되었다(송경희, 이승연, 2010). 도덕적 이탈이란 자신의 행동을 도덕적 표준 및 상황에 비추어 판단할 때 일어나는 인지적 왜곡과정이다. 최근에는 이러한 도덕적 이탈이 주변인의 행동에도 영향을 미치는 것으로 확인되었다. Thornberg와 Jungert(2013)는 도덕적 이탈이 높을수록 주변인의 역할에서 가해학생을 더 많이 돕는 것을 확인하였다. 이 연구에서는 도덕적 이탈 이외에 도덕적 민감성(moral sensitivity)이 높을수록 주변인이 피해학생을 돕는다는 것을 확인하였다. 도덕적 민감성이란 상황을 도덕적 관점에서 받아들이고 인식할 수 있는 능력을 의미한다. Obermann(2011) 역시 방관자를 무관심한 방관자와 죄의식을 느끼는 방관자로 구분하여 분석한 결과, 무관심한 방관자의 경우 도덕적 이탈의 정도가 다른 괴롭힘 참여집단에 비해 높은 것을 확인하였다. 송지연과 오인수(2016)의 연구에서도 동조자의 도덕적 이탈의 정도(평균 89.9)가 방어자(평균 68.7)나 방관자(평균 73.5)보다 높다는 것을 확인하였다.

이상에서 살펴본 공감과 도덕성 이외에도 다양한 심리변인과 주변인 행동과의 상관성이 연구되었는데, 괴롭힘에 대해 부정적인 태도를 지닐수록 방어자의 역할을 하는 것으로 확인되었다(Pozzoli & Gini, 2013). Pöyhönen, Juvonen 및 Salmivalli(2012)은 주변인의 행동에 영향을 미치는 요인으로 자기효능감, 결과기대(outcome expectations) 및 결과가치(outcome values)의 영향력을 조사하였다. 방어자들은 방어행동의 결과로서 피해학생이 도움을 받을 것이라고 기대하였고, 그러한 변화는 가치 있는 것이라고 인식하였다. 반면, 강화자들은 괴롭힘의 결과에 대해 부정적으로 생각하였고 긍정적인 결과에 관심이 없었다. 기대와 가치가 충돌을 일으키는 경우 방관적인 태도를 보이는 경향을 보였다. 국내연구에서도 이러한 자기효능감과 방관적 태도와의 관련성이 연구되었는데, 이지연과 조아미(2012)는 학교폭력의 방관적 태도를 보인 학생들은 일반적 자기효능감과 사회적 자기효능감의 정도가 낮다는 점을 확인하였다. 또한 방관적 태도 중에서 자기방어는 대인관계 중 의사소통에 부적 영향을 미치는 것으로 나타났다. 따라서 방관적 태도가 높을수록 자기효능감과 의사소통 수준이 낮다는 것을 확인하였다. 이와 같은 인식이 주변인의 행동에 미치는 영향은 국가 간 연구에서도 확인이 되었는데, Pozzoli, Ang 및 Gini(2012)는 이탈리아와 싱가포르의 문화적 차이가 주변인의 행동에 어떻게 영향을 미치는지 확인하였다. 이탈리아 학생의 경우 개인적인 태도가 주변인 행동에 큰 영향을 미친 반면, 싱가포르 학생의 경우에는 인식된 또래 기대(perceived peer expectations)가 주변인의 행동에 가장 큰 영향을 미치는 것으로 확인되었다.

2. 주변학생을 위한 개입

1) 주변학생을 위한 프로그램

학교폭력을 예방하기 위하여 주변인에 초점을 맞춘 프로그램이 많지는 않다. 이번 절에서는 주변인에 초점을 둔 개입과 효과적인 개입을 위한 방법을 살펴보고자 한다. 먼저 주변인에 초점을 둔 개입 중에서 효과성을 입증한 연구들이 있다. 오해영과 김호영(2005)은 집단상담 또는 학급 단위의 심리교육을 통해 따돌림에 대한 개념을 새롭게 정립하고, 인식의 개선을 도우며, 평화적인 학급 분위기 조성이 이루어졌다는 개입 프로그램의 효과성을 검증하였다. 이를 통해 참여자의 방관적 태도와 자아존중감 및 학교생활 만족도에서 개선이 있었던 것으로 확인되었다. 윤성우와 이영호(2007)도 또래지지를 활용한 집단상담 형식의 개입을 통해 주변인의 집단따돌림에 대한 인식을 변화시키고 공감을 향상시키는 개입의 효과성을 입증하였다. 서기연, 유형근, 권순영(2011) 역시 학급 단위의 개입을 통해 주변인의 또래지지를 향상시키는 개입의 효과성을 입증하였다. 그러나 이러한 개입은 프로그램 전체가 주변인에 초점을 맞추기보다는 프로그램의 일부에 주변인 내용이 포함되어 있는 방식이었다.

반면, 프로그램 전체가 주변인에 초점을 둔 프로그램으로는 행복나무 프로그램(정제영 외, 2013), 헬핑(HELP-ing: Help Encouurage yourself as a Leader of Peace-ing!) 프로그램(곽금주, 김대유, 김현수, 구효진, 2005)과 시우보우(視友保友) 프로그램(곽금주, 2008에서 재인용)이 있다. 헬핑 프로그램은 학교 구성원의 가장 다수이면서 동시에 문제해결의 핵심인 방관자 집단을 중심으로 하고 있다. 이 프로그램은 한국의 교육 여건을 반영하여 비교적 단기간에 일반학생을 대상으로 교실에서 실시될 수 있도록 하였으며, 초등용(40분)과 중등용(45분)으로 구성하여 학교현장에 따라 선택하여 사용할 수 있게 하였다. 반면, 시우보우 프로그램은 "친구를 보면서(視友) 친구를 보호하자(保友)"는 뜻으로, 학생들의 인지·정서·행동 발달 수준에 맞추어 제작되었다. 이 프로그램은 학교폭력의 예방적 차원에서 또래관계, 의사소통, 문화, 이타행동 등 기본 교육을 강조하고 있다. 또한 학교폭력에 노출될 수 있는 학생들에게 실질적인 도움이 되기 위해 사례별 대처 요령을 구체적으로 제시하고 있다. 이 프로그램은 초·중·고등학교별로 한 장의 CD로 제작되었고, 교사가 간단하게 소지한 뒤 교실에서 시연할 수 있다. 시연하는 교사가 별도의 준비나 교육이 없이도 다양하게 활용할 수 있다. 짧은 시간 (매회 10분 이내의 동영상)의 시연을 학생들이 감상하는 것으로도 학생들은 핵심적인 내용을 전달받을 수 있도록 제작되었으며, 교사는 이에 덧붙여서 다양한 활동(감상 쓰기, 토의, 토론하기)을 전개할 수도 있다.

이 책에서는 필자가 연구진으로 참여한 행복나무 프로그램에 대한 보다 자세한 정보를 제공하여 실제로 주변인의 역할 변화를 이끌 수 있도록 프로그램의 내용을 소개하고자 한다. 또한 주변인에 초점을 둔 효과적인 프로그램으로 알려진 핀란드의 키바 코울루(KiVa Koulu) 프로그램을 살펴보고자 한다.

(1) 행복나무 프로그램

행복나무 프로그램은 법무부(2012)에서 학교폭력의 주변인을 건강한 또래 중재자로 이끌기 위해 개발한 프로그램으로, 학교폭력에 대한 스스로의 다짐 및 학급 규칙을 함께 만들어 가는 프로그램이다. 학교폭력이 발생하는 열 가지 상황별 역할극을 수행하도록 한 뒤, 충분한 토의를 거쳐 10개의 학급 규칙을 정하고, 행복나무의 가지 아래에 나의 마음이나 행동에 대한 다짐을 쓴 나뭇잎을 붙여 학급의 행복나무를 만들고, 프로그램 종료 후 만들어진 학급의 행복나무의 약속들을 지킴으로써 행복나무를 지속적으로 가꾸어 나가는 방식을 취한다.

이 행복나무 프로그램은 초등학생용으로 개발되었고, 이후 중학생을 대상으로도 개발될 예정이다. 회기별 내용은 '설명(5분)—역할극(10분)—토론(15분)—정리(10분)'의 4단계로 구성되며, 각 회기는 초등학교 수업 시간인 40분으로 구성되었다. 각 회기별 프로그램의 내용은 다음의 〈표 3-3〉과 같다.

18개 초등학교에 재학 중인 학생 474명을 대상으로 실시된 프로그램의 효과성 검증에서 프로그램에 참여한 집단이 참여하지 않은 집단에 비해 주변인 척도 중에서 '방어자 행동', 공감 및 태도 영역에서 '괴롭힘에 반대하는 태도', 대

〈표 3-3〉 행복나무 프로그램 구성요소

회기		주제	배경 장소	괴롭힘 유형
기초 과정	1	툭툭 치지 말아요	교실	외현적 공격성-신체
	2	모두 함께 놀아요	운동장	관계적 공격성
	3	미운 말은 아파요	교실	외현적 공격성-언어
	4	이제 그만, 휴대폰 욕설	교실(사이버)	사이버 공격성
기본 과정	5	나는 미키마우스가 아니에요	수돗가	관계적 공격성
	6	모두가 행복한 점심 시간	교실	외현적 공격성
	7	심부름은 싫어요	복도	관계적 공격성
심화 과정	8	험담 쪽지는 이제 그만	학원	관계적 공격성
	9	내 친구를 도와줘요	외진 곳	외현적 공격성-신체
	10	돈은 그만 빌려요	하굣길	외현적 공격성-도구

행복나무 옆에서 역할극을 지켜보는 학생　　　　역할극을 진행 중인 학생(6회기)

[그림 3-2] 행복나무 프로그램 예시(초등학교 4학년)

처행동영역에서 '스스로 괴롭힘을 해결하려는 노력'이 유의미하게 상승된 것으로 확인되었다. 즉, 행복나무 프로그램을 경험한 학생들은 그렇지 않은 학생들에 비하여 괴롭힘 상황을 해결하기 위하여 스스로 무엇인가를 하려는 성향과 능력이 강해졌으며, 괴롭힘을 당하는 다른 친구를 방어하고자 하는 성향과 능력이 높아졌을 뿐만 아니라 괴롭힘에 대해서 옳지 않다고 생각하는 경향이 더 커졌다는 것이 확인되었다(정제영, 이승연, 오인수, 강태훈, 류성창, 2013).

(2) 키바 코울루 프로그램

키바 코울루(KiVa Koulu) 프로그램은 괴롭힘을 예방하기 위한 핀란드의 프로그램이다. 키바(KiVa)라는 단어는 '괴롭힘에 맞서다(Kiussamista Vastaan)'라는 앞 글자를 딴 것인데, KiVa라는 말 자체가 핀란드어로 '좋은'이라는 의미를 지니기도 한다. 반면, 코울루(Koulu)는 핀란드어로 '학교'를 뜻한다. 이 프로그램은 학교폭력 해결의 핵심 주체를 주변인으로 보고 또래집단의 '협력'을 이끌어냄으로써 문제를 해결하는 방식을 취한다는 것이다. 이 프로그램은 예방을 위한 일반적 프로그램(general actions)과 문제가 발생한 이후 해결을 위한 문제 중심 프로그램(indicated actions)으로 구성되어 있다. 학생들의 발달단계에 따라 1~3학년용, 4~6학년용, 7~9학년용으로 구분되어 있다.

일반적인 프로그램의 경우 매회 2시간씩 10회에 걸쳐 총 20시간 동안 담임교사에 의해 프로그램이 진행된다. 토론, 협동과제 수행, 역할극, 괴롭힘에 관한 영상 등 다양한 내용으로 구성되며 학급 규칙을 만드는 과정이 포함된다. 이 프로그램의 특징 중 하나는 괴롭힘 예방을 위해 컴퓨터 게임을 활용하는 것이다. 이 게임을 통해 괴롭힘에 관한 정보를 습득하고, 괴롭힘 상황에서 적절한 방식으로 대응하는 기술을 배우며, 실제 괴롭힘 장면에서 지식과 기술을 활용할 수 있도록 격려받는 내용으로 구성된다. 뿐만 아니라 프로그램을 운영하는 동안에는 쉬는 시간에 감독자들이 밝은 색 조끼를 입어 가시적으로 학생들의 괴롭힘 행동을 모니터링하는 체제를 취한다. 이를 통해 아이들은 왕따가 자신과 친구들에게 어떤 영향을 미치는지 자각하고, 왕따에 대한 자신의 인식과 대응태도의 불일치를 극복할 자신감을 갖게 되며, 괴롭힘에 직면했을 때의 대처방식을 친구들과 머리를 맞대고 스스로 하나씩 만들어 내는 과정을 밟는다. 프로그램을 실행하기 전에 모든 교사는 키바 전문가와 2일 동안 교육을 받으며, 최소 3개 학교가 네트워크를 만들어서 키바 전문가 1인과 정기적인 협력모임을 지속해야 한다.

반면, 문제 중심 프로그램은 학교폭력 문제가 발생한 경우 가해학생과 피해학생에 초점을 둔다. 학교폭력이 발생하면 키바 학교 팀과 관련된 학생들 사이의 개별 및 집단 토의를 하게 되고, 피해학생을 돕기 위한 동료 학생들의 적극적인 참여를 이끌기 위한 전략을 고안한다. 이 과정에서 담임교사들은 2~4명 정도의 사회성이 높고 영향력을 지닌 학급의 또래들을 활용하여 피해학생을 적극적으로 도와 줄 수 있는 방법을 고안하여 실시한다.

키바 프로그램의 효과성 검증은 다양한 장면에서 이루어졌다. 2009년 핀란드에서 시범적으로 실시된 이후 실시된 평가에서 참여한 학생들의 사회성이 신장

키바 온라인 프로그램 화면   키바 조끼를 입고 운동장을 감독하는 모습

[그림 3-3] 키바 코울루 프로그램 예시

되었을 뿐만 아니라 학교 만족도, 학습동기도 향상되었고, 괴롭힘 현상도 줄어들었다. 2011년 기준으로 핀란드 전체 학교의 약 90%가 이 프로그램에 참여하고 있으며, 2009년부터 프로그램을 시행한 약 1,000여 개의 학교에서 괴롭힘이 상당히 의미 있게 줄어든 것으로 보고되었다(Kärnä et al., 2011).

김병찬(2012)은 키바 프로그램이 기존의 학교폭력 프로그램과 세 가지 점에서 차이를 지닌다고 요약하였다. 첫째, 학생, 교사, 학부모를 위한 광범위하고 포괄적이며 전문적으로 준비된 자료를 제공하는 총체적인 행동 패키지라는 점이다. 둘째, 인터넷 및 가상 학습환경 등 강력한 학습 미디어를 활용한다는 점이다. 셋째, 괴롭힘의 목격자에 초점을 맞추되 단순히 역할을 강조하는 수준을 넘어 피해자에게 공감, 자기효능감 및 노력 등을 구체적으로 촉진할 수 있는 기술을 신장시켜 준다는 점이다.

2) 주변인을 활용한 전학교 접근

주변인을 포함하는 학교폭력 예방 프로그램들은 전학교 접근(whole-school approach)으로 알려져 있다. 전학교 접근은 가해학생과 피해학생 중심의 제한점을 극복하기 위하여 개인상담, 집단상담, 학급활동 및 학교정책을 유기적으로 연결하여 종합적으로 접근하는 개입으로, 학교폭력과 관련하여 가장 효과적인 개입으로 소개되고 있다(Heinrich, 2003; Whitted & Dupper, 2005). 오인수(2010b)는 이러한 전학교 접근을 네 가지의 관점에서 요약하였는데, 첫째, 개입의 수준을 개인과 학급 및 학교 수준에서 동시에 실시하는 다층 수준의 접근을 취한다는 것이다. 둘째, 따돌림의 가해자와 피해자뿐만 아니라 주변인을 포함한 모든 학생을 개입의 대상으로 삼는다는 것이다. 셋째, 문제가 발생한 후 개입하는 반응적 접근(reactive approach)보다는 문제 발생 이전에 예방적으로 개입하는 선제적 접근(proactive approach)을 중요시한다는 점이다. 넷째, 상담 프로그램과 교과교육과정을 통합한 학제적 교육과정(interdisciplinary curriculum)을 구성하고, 이를 실시하여 궁극적으로 학교의 체제와 문화를 바꾸는 접근방법이라는 점이다.

이러한 전학교 접근에서는 학교폭력 및 예방을 위해 주변인의 역할이 강조된다. 전학교 접근은 개인 차원을 넘어 학급과 학교 차원의 개입을 실시하기 때문에 괴롭힘 상황에서 다수를 차지하는 주변인은 학급과 학교 차원의 개입에 핵심적 역할을 하게 된다. 특히 문제가 발생하기 이전에 예방적으로 개입하는 전학교 접근은 이러한 대다수의 주변인의 역량을 신장시킴으로써 안전하고 평화로운 학급 분위기 형성에 주변인을 활용한다. 그리고 행복나무 프로그램처럼 구조화된 주변인의 역량강화 프로그램을 학교교육과정에 통합시킴으로써 궁극적으로 학교의 체제와 문화를 바꾸는 것에도 주변인의 역할이 매우 중요하다.

 이상에서 살펴본 바와 같이 학교폭력에서 주변인은 폭력의 예방 및 대처에 있어서 결정적인 역할을 한다. 학교폭력이 참여자 사이의 집단역동에 의해 발생하고 유지되는 성향을 감안할 때, 주변인의 다수를 차지하는 방관자의 행동을 변화시키는 개입은 매우 중요하다. 이 장에서 살펴본 바와 같이 주변인의 행동에 영향을 미치는 개인적·상황적·심리적 요인을 고려하여 방관자를 방어자로 전환시키는 개입을 실시할 때 학교폭력은 효과적으로 줄어들 수 있을 것이다. 특히 행복나무 프로그램처럼 주변인의 역량을 강화시키는 프로그램을 실시하는 것이 필요하며, 키바 코울루 프로그램처럼 주변인에 초점을 두되 가해학생과 피해학생을 모두 포함하는 전학교 접근을 실시할 때 학교폭력의 문제는 효과적으로 개선될 것으로 보인다.

토론주제

1. 학교폭력의 예방 및 대책에 있어 주변인의 역할이 어떤 점에서 중요성을 지니는지 토론해 봅시다.

2. 이 장에서 제시한 주변인의 행동에 영향을 미치는 요인들 이외에 어떠한 요인들이 영향을 미치는지 토론해 봅시다.

3. 주변인의 역량을 강화시키는 프로그램(예: 행복나무 프로그램)을 개발하고자 할 때, 적절한 프로그램의 구성요소는 무엇일지 토론해 봅시다.

참고문헌

곽금주, 김대유, 김현수, 구효진(2005). 학교폭력 예방 프로그램 개발에 관한 연구. KT&G 복지재단 연구보고서.

곽금주(2008). 한국의 왕따와 예방 프로그램. 한국심리학회지: 사회문제, 14, 255-272.

권유란, 김성회(2012). 특성화고등학생용 집단따돌림 방관태도 척도 개발. 상담학연구, 13(6), 2715-2732.

김병찬(2012). 핀란드의 키바 코울루(KiVa Koulu) 프로그램 및 한국교육에 주는 시사점. 교육정책네트워크 세계교육정책 인포페이션, 8. 서울: 한국교육개발원.

김영은, 오인수, 송지연 (2019). 전통적 괴롭힘과 사이버 괴롭힘 상황에서 주변인의 방어 행동 의향을 미치는 요인 비교. 교육과학연구, 50(4), 31-55.

남미애, 홍봉선. (2015). 학교폭력 주변인 역할에 영향을 미치는 요인. 한국아동복지학, (50), 109-144.

문미영, 오인수 (2018). 중학생의 지각된 부모 양육태도와 또래괴롭힘 주변인 행동의 관계에서 성격강점의 매개효과. 교육과학연구, 49(3), 1-29.

서기연, 유형근, 권순영(2011). 초등학교 고학년을 위한 또래지지 중심 집단따돌림 예방 프로그램 개발. 아동교육, 20(2), 131-146.

서미정(2008). 방관자의 집단 특성에 따른 또래 괴롭힘 참여 역할행동. 아동학회지, 29(5), 79-96.

송경희, 이승연(2010). 청소년의 마음읽기 능력과 또래 괴롭힘의 관계: 도덕적 이탈·도덕적 정서의 매개효과를 중심으로. 한국심리학회지: 발달, 23(3), 105-124.

송지연, 오인수 (2016). 또래 괴롭힘 상황에서 주변인의 방어성향에 영향을 미치는 경험적, 심리적, 상황적 요인. 청소년학연구, 23(5), 457-478.

심희옥(2008). 또래 괴롭힘 참여자의 사회적 지위 및 사회적 정서에 관한 연구: 성별을 중심으로. 아동학회지, 29(3), 191-205.

오인수(2010a). 괴롭힘을 목격한 주변인의 행동에 영향을 미치는 심리적 요인: 공감과 공격성을 중심으로. 초등교육연구, 23(1), 45-63.

오인수(2010b). 집단따돌림 해결을 위한 전문상담교사의 전학교 접근. 상담학연구, 11(1), 303-316.

오해영, 김호영(2005). 중학생 집단따돌림 예방 프로그램의 효과에 관한 연구. 미래청소년학회지, 2(1), 47-59.

유계숙, 이승출, 이혜미(2013). 집단따돌림 참여자 역할에 영향을 미치는 개인·가족·학교 관련변인. 한국가족관계학회지, 18(3), 63-89.

윤성우, 이영호(2007). 집단따돌림 방관자에 대한 또래지지프로그램의 효과. 한국심리학회지: 임상, 26(2), 271-292.

이종원, 윤상연, 김혜진, 허태균(2014). 권위주의 성격과 인기도에 따른 학교 괴롭힘의 참여 역할. 한국심리학회지: 학교, 11(1), 109-135.

이지연, 조아미(2012). 학교폭력에 대한 청소년의 방관적 태도가 자기효능감과 대인관계에 미치는 영향. 청소년복지연구, 14, 337-357.

이현진, 오인수, 송지연 (2019). 또래괴롭힘 주변인 역할과 성격강점의 관계에서 지각된 학급규준의 매개효과. 한국교육학연구. 25(1), 79-101.

정제영, 이승연, 오인수, 강태훈, 류성창(2013). 주변인 대상 학교폭력 예방교육 프로그램 개발 연구. 교육과학연구, 44(2), 119-143.

최지영, 허유성(2008). 괴롭힘 상황에서의 참여자 역할 및 관계적 공격행동 지각유형에 따른 도덕판단력과 사회적 상호의존성. 청소년학연구, 15, 171-196.

Barlinska, J., Szuster, A., & Winiewski, M. (2013). Cyberbullying among adolescent bystanders: Role of the communication medium, form of violence, and empathy. *Journal of Community & Applied Social Psychology, 23*, 37-51.

Barnett, V. J. (1999). Bystanders: *Conscience and complicity during the Holocaust.* Westport, CT: Green Wood Press.

Chaux, E. (2005). Role of third parties in conflicts among Colombian children and early adolescents. *Aggressive Behavior, 31*, 40-55.

Choi S., & Cho, Y. I. (2013). Influence of psychological and social factors on bystanders' roles in school bullying among Korean-American students in the United States. *School Psychology International, 34*(1), 67-81.

Craig, W. M. (1998). The relationship among bullying, victimization, depression, anxiety, and aggression in elementary school children. *Personality and Individual Differences, 24*, 123-130.

Darley, J. M., & Latané, B. (1968). Bystander intervention in emergencies: Diffusion of responsibility. *Journal of Personality and Social Psychology, 8*, 377-383.

Davidson, L., M., & Baum, A. (1990). Posttraumatic stress in children following natural and human-made trauma. In M. Lewis & S. M. Miller (Eds.), *Handbook of developmental psychopathology. Perspectives in developmental psychology* (pp. 251-259). NewYork, NY: PlenumPress.

Eisenberg, N., Zhou, Q., & Koller, S. (2001). Brazillian adolescents' prosocial moral judgment and behavior: Relations to sympathy, perspective taking, gender-role orientation, and demographic characteristics. *Child Development, 72*, 518-535.

Endresen, I. M., & Olweus, D. (2002). Self-reported empathy in Norwegian adolescents: Sex differences, age trends, and relationship to bullying. In A. C. Bohart & D. J. Stipek (Eds.), *Constructive and destructive behavior:*

Implications for family, school, and society (pp. 147-165). Washington, DC: American Psychological Association.

Gini, G., Pozzoli, T., Borghi, F., & Franzoni, L. (2008). The role of bystnaders in students' perception of bullying and sense of safety. *Journal of School Psychology, 46*, 17-638.

Guozhen, C., Li, W., & Shengnan, L. (2004). A research on moral empathy, trend of helping behavior and their reactions among children aged 6 to 12 in China. *Psychological Science, 27*, 781-785.

Hazler, R. J. (1996). Bystanders: An overlooked variable in peer abuse. *The Journal for the Professional Counselor, 11*, 11-21.

Hazler, R. J., & Oh, I. (2007). The psychological trauma, anxiety, and biological reactions of bystanders to school bullying. *American Counseling Association Annual Convention & Exposition*. Detroit, MI.

Heinrich, R. R. (2003). A whole-school approach to bullying: Speical considerations for children with exceptionalities. *Intervention in School and Clinic, 38*(4), 195-204.

Hosch, H. M., & Bothwell, R. K. (1990). Arousal, description and identification accuracy of victims and bystanders. *Journal of Social Behavior and Personality, 5*, 481-488.

Janson, G. R., & Hazler, R. J. (2004). Trauma reactions of bystanders and victims to repetitive abuse experiences. *Violence and Victims, 19*, 239-255.

Janson, G. R., Hazler, R. J., Carney, J. V., & Oh, I. (2009). Bystanders' reactions to witnessing repetitive experiences. *Journal of Counseling and Development, 87*, 319-326.

Jolliffe, D., & Farrington, D. P. (2006). Examining the relationship between low empathy and bullying. *Aggressive Behavior, 32*, 540-550.

Kärnä, A., Voeten, M., Little, T. D., Poskiparta, E., Alanen, E., & Salmivalli, C. (2011). Going to scale: a nonrandomized nationwide trial of the KiVa antibullying program for Grades 1-9. *Journal of Consulting and Clinical Psychology, 79*, 796-805.

Laner, M. R., Benin, M. H., & Ventrone, N. A.(2001). Bystander attitudes toward victims of violence: who'sworthhelping? Deviant Behavior. *An Interdisciplinary Journal, 22*, 23-42.

Latané, B., & Darley, J. M. (1970). *The unresponsive bystander: Why doesn't he help?* NewYork: Appleton-Century-Crofts.

Levine, M., Cassidy, C., & Brazier, G. (2002). Self-categorization and bystander nonintervention: two experimental studies. *Journal of Applied Social Psychology, 32*, 1452-1463.

McMahon, S. D., Wernsman, J., & Parnes, A. L. (2006). Understanding prosocial behavior: The impact of empathy and gender among African American Adolescents. *Journal of Adolescent Health, 39*, 135-137.

Menesini, E., Eslea, M., Smith, P. K., Grenta, M. L., Giannetti, E., Fonzi, A., & Costabile, A. (1997). Cross-national comparison of children's attitudes toward bully/victim problems in schools. *Aggressive Behavior, 23*, 245-257.

Obermann, M. L. (2011). Moral disengagement among bystanders to school bullying. *Journal of School Violence, 10*(3), 239-257.

O'Connell, P., Pepler, D., & Craig, W. (1999). Peer involvement in bullying: Insights and challenges for intervention. *Journal of Adolescence, 22*, 437-452.

Oh, I., & Hazler, J. R. (2009). Contributions of personal and situational factors to bystanders' reactions to school bullying. *School Psychology International, 30*, 291-310.

Pozzoli, T., Ang, R. P., & Gini, G. (2012). Bystanders' reactions to bullying: a cross-cultural analysis of personal correlates among Italian and Singaporean students. *Social Development, 21*(4), 686-703.

Pozzoli, T., & Gini, G. (2013). Why do bystanders of bullying help or not? a multidimensional model. *Journal of Early Adolescence, 33*(3), 315-340.

Pöyhönen, V., Juvonen, J., & Salmivalli, C. (2012). Standing up for the victim, siding with the bully or standing by? bystander responses in bullying situations. *Social Development, 21*(4), 722-741.

Rigby, K., & Slee, P. (1992). Bullying among Australian school children: reported behavior and attitudes toward victims. *The Journal of School Psychology, 131*, 615-627.

Rock, P. F., & Baird, J. A. (2012). Tell the teacher or tell the bully off: children's strategy production for bystanders to bullying. *Social Development, 21*(2), 414-424.

Salmivalli, C. (1999). Participant role approach to school bullying: Implications for interventions. *Journal of Adolescence, 22*, 453-459.

Salmivalli, C., Lagerspetz, K., Björkqvist, K., Österman, K., & Kaukiainen, A. (1996). Bullying as a group process: Participant roles and their reactions to social status within the group. *Aggressive Behavior, 22*, 1-15.

Song, J. & Oh, I. (2017). Investigation of the bystander effect in school bullying: Comparison of experiential, psychological, and situational factors. *School*

Psychology International, 38(3), 319–336.

Storch, E. A., Masia–Warner, C., Crisp, H., & Klein, R. G. (2005). Peer victimization and social anxiety in adolescence: A prospective study. *Aggressive Behavior, 31*, 437–452.

Tapper, K., & Boulton, M. J. (2005). Victim and peer group responses to different forms of aggression among primary school children. *Aggressive Behavior, 31*, 238–253.

Thornberg, R., & Jungert, T. (2013). Bystander behavior in bullying situations: Basic moral sensitivity, moral disengagement, and defender self-efficacy. *Journal of Adolescence, 36*, 475–483.

Tisak, M. S., & Tisak, J. (1996). Expectations and judgments regarding bystanders' and victim's responses to peer aggression among early adolescents. *Journal of Adolescence, 19*, 383–392.

Twemlow, S. W., Fonagy, P., & Sacco, F. C. (2004). The role of the bystander in the social architecture of bullying and violence in schools and communities. *Annals of the New York Academy Science, 1036*, 215–232.

Warden, D., & Mackinnon, S. (2003). Prosocial children, bullies, and victims: An investigation of their sociometric status, empathy and problem–solving strategies. *British Journal of Developmental psychology, 21*, 367–385.

Webster's Encyclopedic Unabridged Dictionary of English Language (1996). NY: Gramercy.

Whitted, K. S., & Dupper, D. R. (2005). Best practices for preventing or reducing bullying in schools. *Children and Schools, 27*(3), 167–175.

Whitney, I., & Smith, P. K. (1993). A survey of the nature and extent of bullying in junior/middle and secondary schools. *Education Research, 35*, 3–25.

Zhou, Q., Eisenberg, N., Losoya, S. H., Fabes, R., Reiser, M., Guthrie, I. K., & Shepard, S. A. (2002). The relations of parental warmth and positive expressiveness to children's empathy–related responding and social functioning: A longitudinal study. *Child Development, 73*, 893–915.

제4장

학교폭력 가해학생의 이해 및 개입

　학교폭력의 가해학생과 피해학생 모두가 폭력에 노출되어 있다는 점에서는 동등하다. 또한 학교폭력 상담사례의 복잡한 특성 때문에 모든 사례에 적용할 수 있는 상담개입방법은 있을 수 없다. 따라서 이분법적인 시각에서 벗어나 가해학생에게도 가해자와 피해자로서의 상담을 동시에 진행할 필요가 있을 것이다.

　이 장에서는 학교폭력 가해학생에 대한 이해와 이들에 대한 상담과 지도과정을 다룰 것이다. 학교폭력의 가해행동을 유발시키는 원인을 개인적 특성과 환경적 특성으로 구분하여 보고, 상담의 초기, 중기, 종결의 단계별로 폭력사건과 관련된 가해학생에서 나타나는 현상과 심리적 반응에 따라 상담의 개입전략과 주의점 등을 살펴볼 것이다.

1. 학교폭력 가해학생의 이해

학교폭력에는 피해자와 가해자가 존재한다. 많은 사람이 가해학생의 경우엔 '왜 폭력적인 행동을 하였는지', 그리고 피해학생의 경우엔 '왜 그러한 폭력의 대상이 되었는지'를 궁금해 한다. 그러나 최근 학교폭력의 발생 경향을 살펴보면 그 구분이 불분명한 경우가 훨씬 많다. 즉, 피해학생이 어느 순간 가해자가, 가해학생이 어느 순간 피해자가 되기도 하기 때문에 전형적인 피해학생과 가해학생의 구분이 반드시 적절한 것은 아닐 수 있다(강윤형 외, 2010; 김가은, 2019).

이러한 구분이 불분명해지고, 학교폭력의 원인이 복합적인 경향으로 변함에 따라 가해학생의 특성과 피해학생의 특성을 구분하는 것이 어려워지긴 했으나, 이 장에서는 학교폭력 가해행동을 하는 학생의 특성을 중심으로 기술하고자 한다.

푸른나무재단(2019)의 '2018년 전국 학교폭력 실태조사'에서, 가해 행동을 한 이유를 질문한 결과, '장난으로(32.3%)'가 1위를 차지했다. '상대방이 잘못해서'가 18.5%로 2위, '오해와 갈등이 있어서'는 16.9%로 3위로 나타났는데, 이는 타인에 대한 배려와 공감능력의 부족, 폭력의 위험성과 죄책감에 대한 인식이 없음을 나타내는 것이라 보인다. 그 외, 많은 수의 가해학생들이 자신의 행동에 대해 '보복하기 위해서' '특별한 이유 없이' '화풀이하려고' 등으로 응답하고 있는 것은 우리에게 많은 시사점을 던져주고 있다.

학교폭력의 가해행동을 유발시키는 원인을 심리적 특성과 환경적 특성으로 구분하여 살펴보고자 한다.

1) 심리적 특성

가해학생의 심리적 특성은 학자에 따라 다르게 정의되는데, 그 중 공통적으로 언급되는 것은 공격성, 충동성, 피해자에 대한 낮은 공감능력, 분노 등이다(이현림, 김말선, 박춘자, 2012; Espelage & Holt, 2001: 이동형, 이승연, 신현숙, 2011에서 재인용; 김원영, 2017). 개인적 특성은 우선 아동·청소년의 기질 혹은 생물학

적 요인을 들 수 있다. 가해학생의 특성 중에 공격성과 관련한 전두엽의 실행기
능 저하는 가장 자주 논의되는 것으로 특히 생물학적 관점에 따르면 폭력성향
이란 인간이 유전적으로 가지고 태어난 것으로, 호르몬, 각성수준, 신경심리적
결함 등도 원인이 될 수 있다고 한다. 따라서 폭력적인 사람들은 유전적 폭력성
향을 통제해야 하는 뇌신경체제의 장애로 인해 학교폭력과 같은 공격행위를 보
인다고 설명하고 있다(정종진, 2013; Roew, 2002). 심리학과 정신의학 관련 학자
들은 일반적으로 공격적이고 난폭한 행동을 하는 사람들의 잠재의식 속에 불안
정한 의식이 존재해 있다고 하였다. 이현림 등(2012)은 이러한 폭력적 행동은
권력과 지배에 대한 강한 욕구가 남을 지배하고 굴복시키는 것을 즐기는 형태로
드러나며, 이런 폭력행동에는 이익요소가 따른다고 하였다. 이처럼 공격성은
학교 폭력에 영향을 주는 중요한 변인으로 공격성향이 강한 가해학생은 규범과
질서를 무시하며 자기중심적인 특성과 낮은 공감능력과 지배 욕구를 보이는 경
향이 있다(Olweus, 1993; 김주희, 2005). 이와 관련한 정신병리적 질환으로 파
괴적, 충동조절 및 품행장애가 있다.

또한 불안 및 우울과의 연관성에 대해서는 일반적으로 피해학생에 비해 가해
학생의 불안 및 우울수준이 높지 않다고 알려져 있지만 꼭 그런 것은 아니다(강
윤형 외, 2010; Kaltiala-Heino et al., 2000). 공격성과 같은 문제행동을 보이는
청소년들은 우울과 불안이라는 내재화된 문제를 지니고 있지만, 자신의 우울을
잘 지각하지 못하며 우울이라는 심리를 공격적 행동을 통해 표출하기 때문이다
(Wolf, & Ollendic, 2006; Estevez, Murgui, & Musitu, 2009)

가해학생들이 모두 병리적 증상을 가지고 있는 것은 아니지만 병리적인 부분
을 보이는 경우도 흔하고 이러한 특성들이 학교폭력을 일으킬 수 있는 위험요인
으로 작용될 수 있다. 따라서 정서 및 행동에 대한 자기조절 문제와 관련이 있는
파괴적, 충동조절 및 품행장애와 우울장애의 특성을 살펴보는 것은 가해학생을
이해하는 데 도움이 될 것이다.

(1) 파괴적, 충동조절 및 품행장애
품행장애는 주로 타인의 권리를 침해하거나 주요 사회적 규범의 위반과 같은
잘 통제되지 않는 행동이 특징적으로 나타나며 공격성과 같은 행동은 분노와 같
은 정서조절의 어려움으로 나타날 수 있다. 또 정서 조절의 어려움과 주로 관련

되는 간헐적 폭발장애, 분노와 과민성의 통제가 어려운 적대적 반항장애 등도 동일하게 문제가 된다(APA, 2015)

일반 아동들은 도덕적 관점, 옳고 그른 것에 대한 감각, 법과 규준에 따라 행동할 수 있는 능력을 가지고 있거나 발달시킬 수 있지만 품행장애 아동과 청소년들은 자신의 행동이 도덕규범에 어긋난다거나 타인에게 피해와 상처를 주는 행동이라고 생각하지 않는 경우가 더 많다. 거기에 더하여 이러한 반사회적 행동을 흥미진진하고 보상적이라 여기며 반사회적 행동을 통해 '자기개념'을 형성하고자 할 수도 있다(Ryall, 1974: 이동훈 2013 재인용). 이러한 심리적 요인이 학교 내 폭력의 가해행동으로 표현되는 것이다.

많은 수의 적대적 반항장애 아동과 청소년들은 가족 내에서 훈육의 부재, 부모의 불화 등을 경험하고 있다. 또한 학령기 동안에는 자존감이 낮고 기분의 변동이 심하며 좌절에 견디는 힘이 약하고, 술, 담배 등을 조기에 사용하기도 한다. 거부적이고 도전적으로 보이는 행동은 지속적인 고집, 친구와의 타협, 양보, 협상을 하지 않는 태도로 나타나며 반항은 명령을 무시하고 실수에 대한 비난을 받아들이지 못한다(이동훈, 2013). 이러한 특성들이 학교폭력을 일으킬 수 있는 위험요인으로 작용되는 것이다.

(2) 우울장애

DSM-5(2015)에 따르면 우울장애 범주에 파괴적 기분조절부전장애 및 주요 우울장애, 지속성 우울장애 등이 포함된다. 우울장애의 가장 기본적인 증상은 우울한 기분, 흥미나 즐거움의 상실이다. 우울함은 기본적으로 실패나 상실에 대한 심리적 반응으로 이러한 실패와 상실은 살아가면서 누구나 경험하게 되며 일시적으로 우울한 기분을 갖게 하다가 시간이 지나면 정상적인 삶을 회복하게 된다. 그러나 오랜 기간 이 우울함이 지속되거나 우울한 기분의 강도가 훨씬 강하고 다양한 우울증상이 나타날 경우 문제가 된다(송미경, 최윤희, 2013). 청소년기 우울은 가면성 우울증이라 하여, 성인과 달리 짜증이 심하다. 또한 희망이 없다는 생각에 '될 대로 되라'는 식으로 대응하다 보면 폭력행동이 일어날 수 있다. 또한 만성적인 고도의 과민성을 보이는 파괴적 기분조절부전장애의 수준이 아니더라도 지속적으로 과민하며 분노를 보이는 학생들은 빈번하게 감정의 폭발이 일어날 수 있으며 이로 인해 행동문제의 위험이 더 높을 수 있다는 것을 기억해야 한다.

2) 환경적 특성

개인적 특성 외에, 학교폭력의 가해행동에 영향을 주는 요인으로는 환경적 특성을 들 수 있다. 가정, 학교, 사회문화적 요인과 같은 가해학생을 이해하기 위하여 그들이 속해 있는 가정과 학교, 지역사회와 그 시대의 문화 요인과 학교폭력을 바라보는 이론적 관점을 함께 살펴보겠다.

폭력행동의 원인을 주로 개인 외부환경에 귀인시키고, 폭력행동을 상황적 조건과 함께 고려하여 분석하는 사회통제적 관점에 따르면 Hirschi(1969)는 사회 유대가 약하면 비행성향을 통제할 수가 없어서 비행으로 이어진다고 본다. 이와 같은 사회통제적 관점에서는 아동이 가정, 학교, 사회와의 유대가 없고, 그 통제력이 약화되어 아동에게 어떤 영향력도 미치지 못하며, 아동도 부모나 교사 등 의미 있는 사람들과 유대와 결속이 없으면 학교폭력과 같은 폭력행위는 더욱 자유롭게 이루어질 수 있다는 것이다(정종진, 2012; 2013). 또한 사회인지이론에 따르면 아동·청소년의 폭력행동은 TV, 영상매체 등을 통해 학습될 수도 있고, 부모나 기성세대의 폭력행위를 모방함으로써 발생할 수도 있다. 다른 사람의 폭력행동에 자신도 모르게 노출됨으로써 폭력을 관찰하고 모방함으로 문제 해결을 위한 방법으로 새로운 폭력행동 기술을 습득하기도 한다. 여기서 더 나아가 폭력에의 노출은 스스로의 감정 조절이나 상황판단력, 폭력행동에 대한 억제력을 둔화시키게 되어 죄책감이나 문제의식 없이 폭력행동을 모방할 수 있게 한다.

가정이란 사회의 최소 단위로 개인과 사회를 연결시키는 기능을 하는 곳이다. 다시 말해 가정은 아동·청소년들의 사회화를 촉진시키는 매우 중요한 장소로, 비단 발달심리학자들이 이야기하는 애착의 중요성뿐만이 아니라 동일시와 인성의 형성 등에 직접적인 영향을 미칠 수 있는, 그래서 독이 될 수도 있는 중요한 자원인 것이다. 가정적 요인은 크게 가정의 구조적 특성과 기능적 특성으로 나누어 볼 수 있다. 가정의 구조적 특성이라 함은 크게 가족의 형태를 의미하는 것으로, 현대의 핵가족, 한부모 가정, 빈곤 가정 등의 특성을 들 수 있다. 이 중 학교폭력과 관련이 높은 요인으로는 빈곤을 꼽을 수 있다. 가정의 기능적 특성은 부모의 양육태도, 부모-자녀관계 등을 들 수 있는데, 가정 내의 규칙, 가족 간의 상호작용, 의사소통 수준 및 방식 등과 연관된다.

여러 연구에 의하면 가해학생 가정의 가족 응집력은 낮고, 가족 갈등이 있으며, 가족 간 애정이 불충분하며, 부모의 지지가 덜하다고 묘사되고 있다(Olweus, 1993; Stevens, DeBourdeaudhuji, & Van Oast, 2002; Demaray & Malecki, 2003: 이동형, 이승연, 신현숙, 2011에서 재인용). 또한 그들의 부모는 독재적인 양육방식을 가지고 벌을 많이 사용한다고 보고되고 있다(Baldry & Winkel, 2003).

특히 부부 간의 갈등이 심하거나, 부모 역할을 제대로 하지 못하여 부모-자녀 간의 갈등이 심하게 되어 발생하게 되는 가정 내의 애정결핍 또는 정서적 불만이 학교폭력의 큰 원인이 될 수 있다. 이러한 가정의 자녀들은 자신이나 타인의 정서를 읽는 것에 민감하지 못하고, 자신의 정서를 조절하는 능력을 발달시키지 못한 채 분노를 표출하는 것을 당연시 여기고, 공격적인 행위에 둔감해질 수 있다.

이에 더하여 과거와 달리 현 시대 부모들의 또 다른 특성이 있다. 바로 자신의 자녀만이 중요하다는 사고인데, 배려와 협동보다는 과잉보호와 자기중심적인 행동을 조장하는 태도가 만연해 있다. 또래끼리의 다툼뿐만이 아니라 조그마한 일이 벌어지더라도 학교로 달려와 부모가 문제를 대신 해결해 주는 모습 등을 흔히 볼 수 있다. 이러한 잘못된 부모의 애정이 가해학생의 폭력적인 행동을 유발하는데 많은 기여를 할 수 있는 것이다.

요약해 보면 부모의 무관심과 언어적 · 신체적 폭력과 같은 학대, 비일관적인 양육 태도, 갈등적인 부모-자녀관계, 일방적인 의사소통 방식, 모델링이 될 만한 부모의 역할 부재, 부모의 잘못된 애정 등이 학교폭력을 유발하는 데 기여하는 가정적 요인이라 할 수 있겠다.

학교폭력과 관련된 학교요인으로는 학교 풍토, 교사의 태도, 또래관계, 학업수행과 학교생활 등을 들 수 있는데, 대부분의 청소년들은 하루 중 학교에서 보내는 시간이 가장 많다고 볼 수 있다. 입시로 인한 경쟁으로 스트레스가 매우 심한 우리나라 청소년들은 학교생활에 대한 만족감과 주관적인 안녕감이 낮은 편에 속한다. 학생들은 일찍부터 학원으로 내몰리고, 성적 경쟁 속에서 학업성취가 좋지 못한 청소년들은 열등감과 절망감을, 학업성취가 좋은 학생들은 이를 유지해야 한다는 불안감에 시달리기 때문이다. 이러한 불안감과 절망감을 해소하고 자신의 가치를 회복하려는 잘못된 욕구의 출구로서 나타나는 것이 학교폭력, 집단 따돌림이다. 이렇게 갈수록 심화되고 있는 무한 경쟁 속에서 학생들은 서로를 경계해야 할 경쟁자로 여기게 되면서 열등감을 느끼게 되는데, 이러한 열등감을 보상하기 위한 행위로 폭력행위가 유발되기도 한다. 특히 충동적이며 공격성이 강한 학생들은 폭력의 가해자로 성장하게 된다.

마지막으로, 사회문화적 요인을 살펴보면 실제 가해학생이 속한 각 가정과 학교 주변에 산재해 있는 유해환경은 청소년 비행과 학교폭력의 온상으로 작용할 수 있는데, 그 이유는 이러한 환경을 통해 학생들은 부도덕한 모습을 자주 목격하게 되고, 정서적으로 순화되거나 안정되지 못하고 때로는 이러한 곳에서 전개되는 폭력에 직접 가담하게 되기도 하기 때문이다. 또한 학교폭력 가해학생에 대한 인터넷의 영향은 매우 큰 것으로 알려져 있다.

특히 우리 사회의 폭력에 대한 지나친 온정주의적 태도는 학교폭력을 부추기는 결과를 초래한다. 학생들끼리의 폭력을 '그럴 수 있는 일' '친구끼리 생긴 문제' 등으로 간주하고, 가벼운 처벌이나 서로를 이해하는 것으로 수습하려고 하는 모습은 우리 사회의 음주에 대한 태도와도 유사하다. 즉, 가해학생이 속한 사회문화적 환경 내 사람들 간의 상호작용을 통해 폭력에 대한 허용적 가치와 태도를 학습하게 되고, 자신의 행동에 대해 반성하고 책임감을 배울 기회를 상실하게 만들어 폭력의 악순환을 지속시키는 결과를 가져온다. 그러나 이와 반대로 가해학생이 폭력행동을 할 때, 부모나 교사로부터 처벌을 받게 된다면 폭력행동이 용납될 수 없다는 것을 학습하게 될 것이다.

2. 학교폭력 가해학생을 위한 개입

학교폭력 가해학생의 비자발성과 비협조성, 폭력에 대한 외부 귀인 등의 특성으로 인해 상담의 어려움을 호소하는 상담자들도 많고(이주영, 이아라, 2015) 이들의 행동에 대해 응보적 처벌이 주어져야 한다는 주장도 틀린 것은 아니지만 학교폭력의 피해자와 가해자 모두 폭력에 노출되어 있다는 점에서는 동등하다. 따라서 학교폭력 가해학생들에게 상담을 제공하는 것은 매우 중요하다. 그러나 앞서 살펴본 바와 같이 학교폭력 가해학생들의 개인적 · 심리적 특성이 다

2. 학교폭력 가해학생을 위한 개입

다르고, 그들이 속해 있는 가정과 학교, 사회가 다 다르고, 이로 인해 폭력행동의 원인이 다를 수 있다는 학교폭력 상담 사례의 복잡한 특성 때문에 모든 사례에 공통적으로 적용할 수 있는 정해진 상담 개입방법은 있을 수 없다. 따라서 발생한 폭력 사례에 따라 상담의 기본 원리를 수정·보완하여 적용하는 것이 중요하다.

특히 최근에는 회복적 정의이론을 학교폭력 가해자 상담에 적용하고자 하는 시도들이 많이 보인다. 회복적 정의는 공동체 구성원 간 서로 포용하고 협력하는 방식을 강조하고 가해자의 반성하는 마음과 피해자의 상처를 이해하고 상호 간 신뢰를 회복하기 위한 책임감을 증진시켜 가해학생으로 하여금 문제해결을 위한 구체적인 행동을 하게끔 하는 효과가 있다(유영하, 임현선, 정주리, 2019).

은혁기(2013)는 학교폭력을 상담할 때 기본적인 원리를 다음과 같이 제시하였다.

● 학교폭력 상담은 '인간의 기본적인 가치와 존엄성을 인정받아야 한다'는 기본적인 가정에서 출발해야 한다.
● 학교폭력 상담의 목표는 사건 처리가 아닌 근본적인 해결방안 혹은 피해자와 가해자 등, 관련된 사람 간의 관계회복과 발전을 모색하는 것이다.
● 학교폭력이 발생한 후 이루어지는 상담도 문제의 확대 혹은 재발을 방지하기 위한 예방적인 측면의 상담이 동시에 이루어져야 한다.
● 학교폭력 상담은 그 원인, 종류와 특성, 상황적 조건 등 여러 가지 요소를 고려하여 종합적으로 파악하고, 개별적인 상담이 이루어져야 한다.
● 아무리 사소한 폭력도 단기적 혹은 장기적인 상담이 필요하다.
● 유치원, 초·중등학교 등 학교급 간 연계하여 상담을 하여야 한다.

이 원리를 기초로 학교폭력 가해학생의 상담의 목표를 살펴보도록 하자.

1) 학교폭력 가해학생 상담의 목표

비록 가해학생이 폭력을 사용하여 피해자의 인권을 짓밟고, 영웅 심리에 젖어있거나, 자신의 폭력행동 자체에 대한 반성이 없다 할지라도, 상담자는 가해학생의 기본적인 가치와 존엄성을 인정하고 보호해야 한다는 것을 잊어서는 안 된다. 또한 당장 눈에 보이는 문제의 해결에 급급할 것이 아니라, 가해학생의 보호요인과 위험요인을 파악, 재발을 방지하는 것이 목표가 되어야 할 것이다.

폭력행동이 있은 후 일정 시간이 경과하면 자신의 행위가 잘못되었다는 막연한 인식과 피해학생에 대한 미안함, '큰 사고'로 이어질지도 모른다는 염려, 처벌에 대한 두려움을 느끼는 가해학생들도 많다. 이 시기에 가해학생들을 위한 적절한 개별적인 상담이 제공되어 심리적인 안정감을 제공하고, 자신의 삶에 대한 통찰을 통해 책임감과 배려 등을 알게 하지 않는다면 성인이 되었을 때 더 큰 문제를 일으킬 수도 있다.

따라서 가해학생의 심리적인 안정감과 공감능력 향상, 문제해결능력 향상, 대인관계능력 및 자기표현능력 향상 등도 상담의 목표가 될 수 있다. 이러한 상담목표는 이 학생들이 성인이 되었을 때 사회에서 적응하고, 관계 속에서 문제를 예방하고 해결하는 데 많은 도움이 될 수 있을 것이다.

2) 학교폭력 가해학생 상담과 개입과정

대부분의 가해학생은 가해 사실을 피해학생이 생각하는 만큼으로 인정하지 않으며, 이를 합리화하려고 하거나 최소화하고자 한다. 학부모의 경우에도 마찬가지로 자녀의 폭력을 인정하지 않으려 한다. 이는 폭력에 대한 인식 부족, 자신의 행동에 대한 성찰 부족의 이유도 있지만, 상황에 대한 두려움 때문이기도 하다. 따라서 가해학생이 자신의 잘못을 인정할 수 있게 하는 것이 매우 중요하다. 또한 이들에게 사소한 폭력도 폭력행위라는 것을 알게 하여 자신의 행위에 대해 책임을 느낄 수 있도록 상담을 진행해야 한다. 특히, 자신으로 인해 피해학생이 당한 심리적·신체적 피해상황과 트라우마를 이해하도록 하고, 앞으로 받게 될 처벌에 대하여도 드러내 놓고 이야기해야 할 것이다.

앞에서도 언급했듯이, 학교폭력의 가해자와 피해자의 구분은 점점 어려워지고 있다. 많은 수의 청소년들이 가해자와 피해자 경험을 동시에 가지고 있다. 따라서 이들에게는 가해자와 피해자라는 이분법적인 상담을 진행하기보다 가해자와 피해자로서의 상담을 동시에 진행할 필요도 있다. 은혁기(2013)는 가해학생들이 자신을 가해자로 상담할 경우에 자신도 피해자라고 하면서 억울해하고 상담을 받지 않으려고 할 수도 있다고 하였다.

상담의 초기, 중기, 종결의 단계별로 폭력사건과 관련된 가해학생에게서 나타나는 현상과 심리적 반응에 따라 상담의 개입전략과 주의점 등을 살펴보겠다.

(1) 상담의 초기

모든 상담이 그렇듯이, 상담 초기에는 정서적 지지를 통해 가해학생이 안정감을 느끼도록 도와 상담자와의 신뢰감을 형성하는 것에 주안점을 두어야 한다. 상담자는 폭력행동을 탓하기 이전에, 폭력행동을 한 이유에 대해 자세히 경청하고 가해학생의 입장에서 이해하려는 노력을 보여야 할 것이다. 왜냐하면 폭력행동이 있은 후, 가해학생들은 자신의 행동이 다른 학생에게 일종의 '힘'을 보여 주었다거나 자신의 행동을 '멋진 행동'으로 인식하기도 하지만, 자신이 저지른 행동을 인식하고 두려움과 미안함을 느낄 수도 있기 때문이다(조정실, 차명호, 2010). 그 이후에 기본적인 인적사항과 사건에 대한 정보, 유사 사건의 유무, 생활력 및 학교력 등을 구체적으로 파악하고, 학교폭력 발생의 정확한 사실을 조사하기 위해 노력해야 한다.

주변에 알려질 것에 대한 두려움이나 처벌의 두려움이 있다 하더라도 가해학생이 자신의 폭력행동을 인정하고 자신의 행동을 되돌아보게 하는 것은 상담의 초기단계에서 매우 중요한 과제다. 이를 위해서는 '폭력은 용납되지 않는다는 것'을 가해학생에게 분명하게 전달해야 한다.

(2) 상담의 중기

상담의 중기에는 학교폭력 상황을 해결하고, 자신을 성찰할 수 있도록 하는 것이 상담의 목표가 되어야 한다. 피해학생의 현 상태를 이해하고, 자신의 행동을 반성할 수 있도록 가해학생에 대한 심리교육을 실시하는 것과 직접적인 사과를 포함, 가해학생의 특성과 상황에 맞는 해결방안을 상담자가 함께 찾아나가야 할 것이다.

가해학생 중에는 피해학생이 가해학생으로 변한 경우도 있고, 가정 내에서 부모에게서 폭력을 당한 경험이 있기도 하다. 가해학생은 공격성과 분노뿐 아니라 불안과 우울 같은 심리적인 증상으로 인해 문제행동을 보일 수도 있고, 학교폭력을 유발하는 적대적 귀인양식을 지니고 있을 수도 있다. 이러한 정서 상태를 파악하고 심리치료와 교육을 병행할 때 가해행동은 줄어들 수 있기 때문에 가해학생의 심리적 변화를 촉진시키기 위한 개별상담은 반드시 필요하다. 심리치유를 위한 개별상담과 함께 심리교육, 집단상담, 부모상담도 상담의 중기에 활용하는 것이 효과적이다.

먼저, 가해학생의 심리교육은 다양하게 실시할 수 있다. 예를 들어, '진심으로 피해학생의 입장에서 생각해 보기' '자신의 잘못을 인정하고 수용하기' '사과하며 용서 구하기' '폭력 외의 다른 방법으로 문제해결을 할 수 있는 방법 찾기' 등의 내용으로 이루어질 수 있다. 가해학생들은 이러한 교육과정을 거치면서 어떠한 이유에서든 자신이 타인을 괴롭히는 상황을 즐기고, 자신의 스트레스를 폭력으로 풀었다는 사실을 인정할 수 있어야 한다.

상담자는 어떠한 폭력도 정당화될 수 없음을 알리는 동시에, 장난으로 한 일이 상대에게는 큰 상처가 될 수 있음을 인식시킨다. 또한 가해학생이 피해학생에게 용서를 구하는 것과 자신의 행동에 대한 처벌을 수용할 수 있는 용기를 가질 수 있도록 북돋아 주어야 할 것이다. 이후 자신의 분노를 조절하고, 갈등상황에서 문제를 해결할 수 있는 방법을 함께 찾아간다. 구체적으로는 가해학생의 심리적 특성 및 환경적 변인을 고려하여 공감훈련, 분노조절훈련, 역할극, 부정적 신념 바꾸기 등을 사용할 수 있다.

심리교육적 집단상담을 활용하는 것 또한 학교폭력 가해학생에게 효과적일 수 있다. 아동 · 청소년 중에는 자신이 느끼고 생각하는 것을 항상 분명하게 표현할 수 있는 인지적 발달단계에 이르지 못한 학생들도 있기 때문에 다양한 정서를 식별하고 명명하는 훈련을 받을 필요가 있다. 분노조절훈련에서 중점을 두어야 하는 것은 '분노'는 정상적인 우리의 정서이며 화를 내는 것이 문제가 아님을 알려야 한다. 문제가 되는 것은 분노를 폭력이나 괴롭힘 등으로 표현하는 것이다. 분노를 말로 표현하고, 관리하여 상항에 대해 생각하고 느끼는 방식이 행동하는 방식과 관련된다는 것을 이해하도록 도와야 한다.

마지막으로, 가해학생도 심리치유가 필요하다. 가해학생 중에는 피해학생이 가해학생으로 변한 경우도 있고, 가정 내에서 부모에게서 폭력을 당한 경험이 있기도 하다. 가해학생은 공격성과 분노뿐 아니라 불안과 우울 같은 심리적인 증상으로 인해 문제행동을 보일 수도 있고, 학교폭력을 유발하는 적대적 귀인양식을 지니고 있을 수도 있다. 이러한 정서상태를 파악하고 심리치료와 교육을 병행할 때 가해행동은 줄어들 수 있기 때문에 가해학생의 심리적 변화를 촉진시키기 위한 개별상담은 반드시 필요하다.

　이와 함께, 부모 역할의 중요성을 고려하여 부모도 상담과 교육에 참여하게 유도하는 것이 가해학생의 치료에 더 많은 도움이 될 것이다(조정실, 차명호, 2010). 가해학생의 부모는 자신의 자녀가 덜 공격적이고 적절한 반응양식과 문제해결방식을 습득하도록 도울 수 있어야 하는데, 이를 위해 부모로서 폭력문제를 심각하게 취급하고, 앞으로는 어떠한 폭력행동도 용납하지 않을 것이라는 것을 자녀에게 분명히 일러두도록 교육시켜야 한다.

(3) 상담의 종결

　상담의 종결단계에서는 중재를 마무리하고 추수상담을 계획하여야 한다. 가해학생들이 심리교육과 개인상담을 성장 기회로 삼아 타인에 대한 공감과 배려, 문제해결방식을 습득할 것을 기대하지만 모든 학생들이 단기간에 눈에 띄는 변화를 보이진 않을 수 있다. 그러나 이러한 상담 경험은 학교폭력 재발의 방지뿐 아니라 이후에는 가해학생이 아닌 학교폭력의 중재자의 역할을 할 수 있도록 전환하는 계기가 될 것이다. 상담의 종결기에 가해학생들은 지금까지의 자신의 노력을 평가해 보는 시간을 갖게 하는 것이 좋다. 이는 학교폭력은 자신이 폭력적인 행동에 참여하지 않기로 선택할 때 멈출 수 있다는 것을 알게 하는 것과 동시에 학교폭력과 관련된 자신의 보호요인과 위험요인을 다시 한번 생각하고 정리하는 시간이 될 수 있을 것이다.

토론주제

1. 학교폭력 상담의 기본 원리를 설명해 봅시다.

2. 가해학생 상담에 효과적일 수 있는 방법을 제안해 봅시다.

3. 가해학생 상담의 과정을 정리하여 설명해 봅시다.

참고문헌

강윤형, 고복자, 곽영숙, 김붕년, 김영덕, 김재원, 김태숙, 민혜영, 서동수, 안동현, 이소
　　영, 이영식(2010). 학교위기개입. 서울: 학지사.
김가은(2019). 청소년의 학교폭력 가해-피해 중첩성에 대한 경로분석. 동국대학교 대학
　　원 박사학위논문.
김원영(2017). 학교폭력 가해행동 관련변인에 대한 메타분석. 경북대학교 대학원 박사학
　　위논문.
김주희(2005). 학교폭력 가해, 피해, 가피해 유형과 정서 행동문제 및 사회능력의 관계.
　　석사학위논문. 숙명여자대학교.
송미경, 최윤희(2013). 특수아상담 개정판. 서울: 시그마프레스.
유영하, 임현선, 정주리(2019). 회복적 정의 이론에 기반한 학교폭력 가해청소년을 위한
　　개인상담모형 개발. 청소년상담연구 27(2), 1-22.
은혁기(2013). 학교폭력상담전략. 송재홍, 김광수, 박성희, 안이환, 오익수, 은혁기, 정종
　　진, 조붕환, 홍종관, 황매향 공저, 학교폭력의 예방 및 대책(pp. 232-259). 서울: 학
　　지사.
이동형, 이승연, 신현숙(2011). 괴롭힘의 예방과 개입. 서울: 학지사.
이동훈(2013). 주의력결핍 과잉행동장애, 반항장애, 품행장애와 상담. 이동훈, 고영건, 권
　　해수, 김동일, 김명권, 김명식, 김진영, 박상규, 서영석, 송미경, 양난미, 양명숙, 유
　　영달, 이동혁, 이수진, 조옥경, 최수미, 최의헌, 최태산 공저. 정신건강과 상담(pp.
　　355-408). 서울: 학지사.
이승연(2013). 또래괴롭힘: 주변인 개입과 사회적 맥락 변화의 필요성. 한국심리학회지: 학
　　교, 10(1), 59-81.
이주영, 이아라 (2015). 학교폭력 가해자 대상 상담에서의 상담자 경험과 인식에 대한 질
　　적 연구. 한국심리학회지: 상담 및 심리치료, 27(4), 849-880.
이현림, 김말선, 박춘자(2012). 학교폭력상담의 이론과 실제. 서울: 한국학술정보(주).
정종진(2012). 학교폭력 상담 05: 이론과 실제 편. 서울: 학지사.
정종진(2013). 학교폭력의 개념. 송재홍, 김광수, 박성희, 안이환, 오익수, 은혁기, 정종진,
　　조붕환, 홍종관, 황매향 공저, 학교폭력의 예방 및 대책(pp. 51-86). 서울: 학지사.
조정실, 차명호(2010). 폭력없는 평화로운 학교 만들기. 서울: 학지사.
푸른나무재단(2019). 2018년 전국 학교폭력 실태조사 연구. 서울: 푸른나무재단.

American Psychiatry Association(2015). 정신질환의 진단 및 통계편람(제5판). (권준수, 김재
　　진, 남궁기, 박원명, 신민섭, 유범희, 윤진상, 이상익, 이승환, 이영식, 이헌정, 임효
　　덕 공역). 서울 : 학지사 (원전은 2013년에 출판).

Atkinson, M., & Hornby, G. (2002). *Mental Health Handbook for Schools (Bullying).* New York: Routledge Falmer.

Estevez, E., Murgui, S., & Musitu, G. (2009). Psychological adjustment in bullies and victims of school violence. *European Journal of Psychology of Education, 24*(4), 473-484.

Kaltiala-Heino, R., Rmpela, M., Rantane, P., & Rimpela. A. (2000). Bullying at School: An indicator of adolescents at risk for mental disorders. *Journal of Adolescence, 23,* 661-674.

Olweus, D. (1993). *Bullying at school: What we know and what we can do.* Cambridge, MA: Blackwell.

Rowe, D. C. (2002). *Biology and Crime.* Los Angeles: Roxbury.

Wolff, J. C., & Ollendick, T. H. (2006). The comorbidity of conduct problems and depression in childhood and adolescent. *Clinical Childand Family Psychology Review, 9,* 201-220.

제5장

학교폭력 피해학생의 이해 및 개입

　이 장에서는 학교폭력 피해학생들이 어떤 행동·성격 특성, 가정의 특성 그리고 증상의 특성을 보이는지 알아보고, 이들에 대하여 어떻게 개입해야 하는지에 대해 살펴볼 것이다. 피해학생에 대한 이해 부분에서는 특히 장기적인 대인관계 손상으로 나타나는 증상들이 어떤 것인지 살펴볼 것이다. 상담개입 부분에서는 피해학생들이 당면한 현재의 위기에 상담자가 어떻게 개입해야 하는지, 그리고 취약한 성격적 특성에 대해서는 어떻게 개입해야 할지를 살펴볼 것이다.

1. 학교폭력 피해학생의 이해

학교 내에서의 사소한 폭력은 과거에도 있었다. 1970~1980년 당시 학교폭력은 일부 일탈한 비행청소년들이 자기보다 어린 학생의 금품을 갈취하거나 폭행하는 것, 혹은 동급생끼리 사소한 문제로 교실 내에서 말다툼이나 몸싸움을 하는 등, 성장하면서 일회적으로 나타날 수 있는 문제였다. 그러던 것이 1990년 후반 이른바 '왕따' 문제가 시작되었는데, 이때도 집단따돌림은 일부 비행학생들이 약하고 사회성이 부족한 학생을 괴롭히는 행동으로, 즉 그들의 특이한 성격적 결함 때문에 생기는 것이라 생각했다.

하지만 지금의 조사결과들을 보면 학교폭력은 정상적인 인격의 학생, 공부를 잘하는 학생 등 누구든 당할 수 있는 일이다. 교육부의 학교폭력실태조사(2019)에 따르면 피해를 경험한 적이 있는 학생은 응답자의 1.6%이며, 푸른나무재단의 조사(2019)에 따르면 '최근 1년간' 학교폭력을 당한 학생은 응답자의 11.2%였다. 이러한 수치는 우리나라 전체 교실에 학교폭력이 만연되어 있음을 보여 주는 것으로, 비로소 사람들은 일부의 문제가 아니라 학교 전체의 문제이며 우리 교육현장과 우리 사회에 큰 문제가 있음을 알아차리기 시작했다.

학교폭력은 우리 사회가 당면한 문제, 즉 무한경쟁 사회, 입시 위주의 교육, 인격교육의 부재, 물질만능주의가 낳은 결과물이다. 더불어 가족의 와해, 부모-자녀의 무대화(無對話), 관심 부족, 방치와 학대가 빚어낸 가족 파괴의 산물이다. 이러한 사회, 학교, 가정에서 성장한 학생들은 공부에서 밀려날 경우 폭력으로 비틀린 우월감을 증명하며, 누군가에게서 받은 모멸감을 약자에게 화풀이한다. 피해를 당하는 사람은 속수무책으로 어디서도 도움을 받지 못하고, 이로 인해 신체적·정신적 상처는 깊어진다.

1) 개인적 특성

학교폭력 피해는 누구나 당할 수 있는 일이지만, 특히 폭력 피해를 당하기 쉬운 취약한 학생들이 있다. 첫째, 그들은 가해자가 공격해 올 때 효과적으로 자기를 주장하거나 방어하지 못한다. 그들은 키가 작거나, 신체적인 장애가 있거나, 힘이 약하다. 또는 지능이 낮아 자기주장이나 대처를 잘 못한다. 가해자가 조금만 공격해도 쉽게 울고 불안해하여 가해자 입장에서는 만만하게 보인다. 그리고 가해학생의 요구에 쉽게 복종해 버린다.

둘째, 그들은 사회성이나 대인관계 기술이 부족하다. 공존질환 가운데서는 특히 주의력결핍 과잉행동장애나 아스퍼거 장애가 있다. 이들은 공통적으로 또래로부터 특이하다거나 이상하다는 평을 듣는데, 선천적으로 충동을 조절하는 능력이 약하고 사회성이 부족하다. 정신과적 질병이 없는 경우에는 또래관계에서 '정직하지 못하다' '너무 따진다' '갑자기 버럭 화를 낸다'는 등의 부정적 평가를 받는데, 이러한 행동들이 곧잘 따돌림이나 폭력의 빌미가 된다.

셋째, 그들은 가해자가 공격해 올 때 가끔씩 맞받아치며 대항하지만 쉽게 진다. 이 경우 화가 난 가해학생들에게 더 심하고 잔인하게 보복을 당할 수 있다. 마지막으로 그들은 도와줄 우군이 없다. 그들은 친구의 수가 적고, 또래로부터 이미 배척받고 있어 피해를 무릅쓰고 도와주려는 사람이 없는 경우가 많다. 이렇게 되면 가해학생은 더 마음 놓고 공격을 하게 된다.

한편, 문용린, 최지영, 백수현, 김영주(2007)는 학교폭력 피해에 대한 사이버상담사례 473건을 남녀별로 분석하였는데, 남학생의 경우 신체적으로 '약한' 학생이 대상이 되기 쉽고, 학교폭력은 장난으로 툭툭 치거나 듣기 싫은 별명을 부르면서 시작되며, '맞짱 뜨기'를 통해 신체폭력으로 이어지는 경우가 많다. 반면, 여학생의 경우에는 잘난 체 하거나 행동이나 옷 입는 것이 '튀는' 학생이 대상이 되는데, 특히 친했던 친구와 사이가 틀어져 고립이 된 경우 여러 명의 친구들이 한 명을 '찍어' 나쁜 소문을 퍼뜨리는 등 따돌림을 많이 당한다.

물론 피해학생들이 이런 특징이 있다고 해서 괴롭힘이나 폭력이 정당화되는 것은 결코 아니다. 상담자나 교사는 교실 내의 폭력과 괴롭힘에 대해서 엄격한 기준을 가질 필요가 있다. 가해학생들은 '장난이었다' '짜증나게 해서 그랬다'고 핑계를 대고 자기를 정당화한다. 하지만 학교폭력은 괴롭힘이 반복(repetition)되고, 상대방에게 해를 끼치며(harm), 힘에 있어서 불평등한(unequal power) 상태에서 일어나는 것(Berger, 2007)으로 장난이나 일회적인 싸움과는 다르다. 더구나 그런 행동에는 '서로가 다른 것에 대한 존중'과 '서로에 대한 배려'가 전혀 없다.

🗨 학교폭력 피해를 당하기 쉬운 개인의 특성

1. Hodges와 Perry(1999)
- 내현화 문제(internalizing problem)
  - 쉽게 운다.
  - 확실히 불안해 보인다.
  - 사람들로부터 동떨어져 있다.
  - 가해자의 요구에 쉽게 복종한다.
  신체적 취약성: 신체적으로 작고 약하거나, 다른 사람과 다르다.
- 외현화 문제(externalizing problem)
  - 한번 화를 낼 때는 파괴적이다.
  - 비효과적으로 공격적(공격을 하지만 진다)이다.
  - 정직하지 않다.
  - 논쟁적이다.
- 친구가 없다.
  - 친구의 수가 매우 적다.
  - 또래들이 이미 배척하는 경향이 있다.

✳ 백영석과 김재현(2009)
- 공존질환
  - 주의력결핍 과잉행동장애: 32.6%
  - 인터넷 게임 중독: 19.6%
- 정상 지능보다 낮은 경우: 75%
  - 정신지체: 51.2%
  - 경계선 지능: 23.3%

✳ 문용린, 최지영, 백수현, 김영주(2007)

	남학생	여학생
취약한 학생	• '약한' 학생	• '튀는' 학생
발단이 되는 사건	• 장난으로 툭툭 치기 • 듣기 싫은 별명 부르기	• 친했던 친구와 우정이 깨어짐
학교폭력의 주요 유형	• '맞짱 뜨기'를 통한 신체폭력	• '찍어서' 나쁜 소문 퍼뜨리기

2) 환경적 특성

(1) 학교폭력 피해학생의 가정적 특성

학교폭력 피해학생을 상담하다 보면 자기주장을 하는 것, 주변으로부터 도움을 청하는 것이 몸에 배어 있지 않다는 것을 발견한다. 그리고 이러한 특징들이 어디서부터 왔는지 과거 역사를 살피다 보면 대개가 부모·형제와의 관계에서 이런 성격이 형성되었다는 것을 알게 된다. 경험적 연구에서도 이와 유사한 결과가 나타나고 있는데, Macklem(2003)에 따르면 피해학생의 부모는 과잉-보호적이거나 불안정된 양육을 보이는 경우가 많다고 하였다.

정당한 주장과 자기존중 그리고 도움을 요청하는 행동과 성품은 부모와의 좋은 관계에서만 가능한데, 피해학생의 부모는 자녀를 과잉-보호하여 나약하게 키웠거나 배척했거나, 불안정하게 양육하여 자녀가 타인을 불신하도록 만든 것이다. 그런 환경에서 커 온 학생은 부모·형제에게 가졌던 유사한 태도와 감정으로 친구를 대하게 된다. 그들은 친구들로부터 '배척받는' 느낌을 받기 쉽고(실제로 배척을 받는 것이 아니라 그런 느낌이 드는 것이다), '사람들이 나를 싫어한다' '나를 도와주지 않을 것이다'라고 미리 짐작하는 경향이 있다. 좋지 않은 가족과의 관계가 또래관계로 전이되는 순간이다. 이러한 생각이나 감정으로 인해 피해학생들은 폭력의 위기상황에서 무기력하고, 철수된 행동(혼자 당하면서 주변에 도움을 구하지 않기, 혼자 숨고 피하기)을 해서 주변으로부터 적절한 지원을 이끌어내지 못한다.

한편, 가정에서 느낀 몰이해, 배척, 괴로움이 학교까지 이어지기도 한다. 다음의 예를 보자.

초등학교 3학년인 경실이는 최근 다른 동네에서 전학을 왔다. 경실이는 전 동네에서 7년 동안 살아 학교와 동네에 친한 친구들이 많았고, 선생님도 다 좋으신 분이셨다. 하지만 아버지의 직장 문제로 경실이는 이사할 수밖에 없었는데, 이사 가기 싫다는 말을 식구들에게 했지만 아무도 경실이의 말에 귀를 기울이지 않았다. 전학 첫날, 반 아이들이 경실이에게 말을 걸었지만 강제로 전학을 온 경실이는 짜증만 나고 대꾸하기가 싫었다. 저번 학교에서의 좋은 친구들만 생각이 났다. 한 남자아이가 장난삼아 경실이를 놀렸는데, 화가 난 경실이는 그 아이에게 책을 집어던지면서 무섭게 화를 냈다. 그 소문은 삽시간에 학교에 퍼졌고, 경실이는 이후 '이상한 애'로 낙인 찍히는 바람에 따돌림을 당하기 시작했다.

경실이는 자기 심정을 몰라 주는 부모에게 화가 났고, 무의식적으로 친구에게 화풀이했다. 그러면서 자기가 배척받는 이유를 '잘 모르겠다. 이유도 없이 친구들이 날 괴롭힌다.'라며 억울해 했다. 하지만 상담자가 당시 상황을 잘 살펴보니, 집에서의 감정이 학교에서도 계속되어 친구의 호의를 왜곡하고 화를 낸 것이었다.

또한 피해학생들은 평소 싫어하던 형제나 부모의 성향을 친구들한테서 발견하는데(예를 들어, '이 애도 엄마처럼 내 말을 무시하네.' '이 아이는 형처럼 나를 때리려 하네.'), 이에 과민하게 반응하고 이것이 따돌림이나 공격의 빌미가 된다.

결론적으로 말하면 가정에서 편안함과 만족감을 느끼는 학생은 학교에서도 친구들과 좋은 관계를 맺는다. 반면, 가정에서 소통되지 않고, 좌절되고, 비난받고, 방치되는 아이는 이러한 대우에 과민하여 친구들에게 화풀이하거나, 혹은 친구들이 이런 방식으로 자기를 대할 것이라 추측하여 미리 접촉을 피하기, 속마음을 비추지 않기, 거짓으로 말하기, 집요하게 자기주장하기, 도와주지 않을 것이라 미리 예견하기 등의 행동을 하게 되는 것이다. 그래서 근본적으로는 좋은 부모-자녀관계가 선행되어야 하는데, 만약 그렇지 못할 경우에는 이해심 많은 친구 혹은 좋은 선생님을 만나야 이러한 악순환에서 벗어날 수 있다.

(2) 학교 및 사회적 특성

현대 산업사회에 들어와 인류는 물질적으로는 더 풍족해졌지만 정신적으로 더 황폐화되고 있는 것 같다. 교육현장 또한 입시 위주의 주입식 교육, 무한경쟁, 학업만이 평가의 전부인 풍조가 만연해졌다.

학교폭력의 현 상태를 우려하는 윤리학과 철학계는 한 목소리로 '교육이 붕괴되고 있다.'고 개탄한다.[1] 또한 학교에서 당연히 이루어져야 할 바른 인간됨

---

[1] 학교는 학생들이 '인류의 위대한 지적·상상적·도덕적·정서적 유산에 입문 또는 이를 상속받는 곳이며, 살아 있는 유산인 교사와 학습자 간에 인격적 접촉이 이루어지는 곳'이다(Oakeshott, 1972). 그런데 학교에 폭력이 만연한다는 것은 이러한 교육의 본래적 의미가 실현되지 못한다는 것, 다시 말해서 학생들이 인간다운 삶에 입문하지 못한다는 것을 의미한다(유재봉, 2012).

의 교육, 인격에 대한 교육, 도덕에 대한 교육이 실제로 이루어지지 않는다고 말한다(김상돈, 2012; 정혜정, 2012). 사실 학교가 이렇게 위기를 맞게 된 것은 우리 사회에 우선적 책임이 있다. 학교는 단지 사회를 반영하는 거울일 뿐이다. 가족 모두가 제 살기에 바쁜 가정에서는 인격에 대한 심도 있는 교육이 이루어질 수 없고, 경쟁적인 사회에서는 타인에 대한 배려보다 자기 생존이 더 급하다.

이러한 사회 환경에서 살고 있는 학생, 부모, 교사는 배려와 존중보다는 이기적인 마음이 앞설 수밖에 없다. 상담자는 '우리 아이는 절대로 그럴 리가 없다.'며 책임을 회피하는 가해학생의 부모, '우리 학교에서는 학교폭력이 한 건도 없다.'며 사건을 덮기에 급급한 학교, '학교폭력 문제로 내가 귀찮아지는 것이 싫다.'고 생각하는 교사를 만나야 한다. 모두 부담스러워 피하고 싶고, 책임지고 싶지 않은 태도다. 사회병리에 의해 모두가 영향을 받고 있는 것이다.

상담자는 이 가운데서 피해학생의 피해 사실과 고통에 우선적으로 초점을 두어야 한다. 억울하게 고통을 당한 피해자를 위해 책임을 물어야 할 곳(학교, 교사, 가해자와 부모, 경우에 따라서는 피해자의 부모)에 책임을 묻고 촉구해야 할 때가 있다. 하지만 상담자는 이러한 당사자들도 또한 피해자임을 알고 있어야 한다. 가해자는 가정에서 폭력 피해자였거나 학업이 전부인 세상에서 완전히 밀려난 사람이고, 학교는 학교폭력 외에도 온갖 것들로 비난을 받고 있고, 교사는 예의 없는 무례한 학생과 과도한 업무에 지친 사람이다.

교육적으로 바람직하고 정신건강에 도움이 되는 학교폭력 해결방식은 가해자와 피해자 쌍방 간에 책임질 것은 책임을 지고, 사과하고, 서로를 이해하는 것일 것이다. 모두가 자기 행동에 책임을 지고 역지사지(易地思之)와 배려하는 마음을 갖는다면 학교폭력은 점차 줄어들 것이다. 따라서 상담자는 사회와 폭력 관련자들의 병리적 요소를 이해하고 있으면서도 모두의 정신건강을 위한다는 자세로 상담에 임하는 것이 필요하다. 이러한 자세를 굳건히 할 때 피해자뿐 아니라 가해자에도 적절히 개입하고 교육할 수 있고, 상대적으로 약한 피해학생을 온전히 보호하고 교실에서 잘 생활할 수 있도록 조력할 수 있다.

(3) 학교폭력 피해의 후유증

1 외상후 스트레스 장애와 급성 스트레스 장애

학교폭력은 다양한 신체적·정신적 후유증을 남긴다. 학교폭력 후유증은 피해의 기간과 심각성, 피해학생이 갖고 있는 정신과적 장애의 유무, 부모의 조력 유무에 따라 치료의 기간과 예후가 달라진다. 우선 다음의 예를 살펴보자.

중학교 3학년 여학생(16세)인 A는 10년 동안 알고 지냈던 친구 B, 그리고 그의 친구와 선배 등, 10여 명으로부터 집단폭행을 당했다. A는 이미 이전에도 B의 파마 비용을 대기 위해 어머니의 신용카드를 훔쳤고, 교통카드를 헌납하는 등, 갈취를 당했었으며, B가 배고프다고 해서 집에 있는 밥을 가져다주기도 하고, 옷가지도 빨아 주는 등 속칭 '셔틀' 역할을 해 왔다. 이번에 집단폭행을 당하게 된 계기는 'A가 B를 욕하고 다녔다'는 것이다. A는 또래와 선배 10여 명으로부터 2시간 동안 집단폭행을 당해 양쪽 눈과 코뼈가 주저앉았다. 이후 A는 겨우 도망쳐 4시간에 걸친 수술을 받아야 했다.

고적답사 겸 졸업여행을 갔던 중학교 3학년 남학생인 C는 숙소에서 쉬던 중 친구 3명으로부터 집단폭행을 당했다. 가해자들은 평소 힘이 약한 C를 자주 괴롭혔고, 이번에는 술을 사오라는 심부름을 C에게 시켰는데 C가 거절하자 온몸을 마구 때렸다. C는 가해자의 주먹에 왼쪽 눈을 맞았는데, 이 사건으로 한쪽 눈을 실명하게 되었다. 이 사실을 알게 된 C의 부모가 격노하여 가해자를 경찰에 고발하였다. 하지만 C는 실명한 채로 살아가야 했다.

앞의 두 사례는 학교폭력으로 신체에 심각한 손상을 입은 예다. 이 신체적 손상은 상당히 오랫동안 남아 피해학생의 일상생활에 장해를 줄 것이며, 더불어 자존감에 큰 영향을 미치게 된다.

학교폭력은 이러한 신체적 손상뿐만 아니라, 우울, 불안, 분노 폭발 등 심리적인 측면에도 강한 후유증을 남긴다. 푸른나무재단의 조사(2019)에 따르면 학교폭력의 피해자 중 약 30.2%는 하루에 1번 이상 '자살을 생각해 본 적이 있다'고 했고, '가해학생에게 복수 충동을 느낀다(40.6%), 등교하기 싫었다(30.2%)'로 나타났고, 얼마나 고통스러웠는지에 대해서는 5점 만점에 3.67점으로 나타나 그 정신적 피해가 매우 크다.

한편, 신체폭력, 정신적 따돌림 정도가 심각한 경우에는 외상후 스트레스 장애 또는 급성 스트레스 장애와 같은 심한 정신과 질환을 남길 수 있다. 외상후 스트레스 장애(Post Traumatic Stress Disorder: PTSD)와 급성 스트레스 장애(acute stress disorder)란 인간의 생명 혹은 신체적 통합성에 위협을 줄만한 외상(예: 전쟁, 강간, 폭력, 지진 등)을 당한 후 발생하는 정신과적 장애다. 우선 DSM-5(APA, 2013)의 외상후 스트레스 장애 진단기준을 살펴보자.

외상후 스트레스 장애의 특징을 살펴보면, 첫째, 피해자는 반복해서 그 사건을 재경험한다. 이러한 재경험은 반복되고 침습적으로(intrusive) 사건을 회상하는 것, 반복적으로 악몽을 꾸는 것, 사건을 암시하는 단서들에 의해 당시에 경험한 고통을 다시 느끼는 것, 당시에 경험한 생리적 반응을 다시 보이는 것 등이 있다.

둘째, 피해자는 이러한 외상과 관련된 자극을 회피한다. 피해자는 외상과 관련된 사고, 느낌, 대화를 피하고, 외상과 관련된 장소, 사람, 활동을 피한다.

셋째, 외상 이후의 기분과 인지기능에서의 현격한 변화가 있다. 피해자는 외상의 중요 부분을 기억하지 못하거나 자신과 타인 혹은 세상에 대해 부정적으로 생각한다. 또한 외상의 원인과 결과에 대해 자신이나 타인을 비난한다. 정서적으로도 분노, 공포, 죄책감이 심해지는 반면 행복감이나 만족을 느끼지 못한다.

넷째, 각성이 증가되었을 때 나타나는 증상들이 지속된다. 짜증을 내거나, 분노가 폭발하거나, 집중을 못하고 과도하게 경계하며 잘 놀란다.

다섯째, 지속 기간이 1개월 이상이다.

🗨 외상후 스트레스 장애의 DSM-V 진단기준

A. 실제적 죽음 혹은 죽음의 위협, 심각한 부상 또는 성폭행에 노출되었을 때 다음 방식들 중 하나를 경험함

① 외상을 직접 경험

② 타인에게 그 사건이 일어나는 것을 개인적으로 목격

③ 외상이 가까운 가족 또는 친구에게 일어났다는 것을 알게 됨. 가족 또는 친구가 실제 죽거나 혹은 죽음의 위협을 당한 경우, 그 사건은 폭력적이거나 돌발적인 것이어야 한다.

④ 외상의 혐오적인 세부사항들에 대해 반복적 또는 극단적인 노출을 경험(예: 인간
의 유해를 수집하는 긴급구조원, 아동학대의 세부사항들에 반복적으로 노출되는
경찰관)

B. 외상과 연관된 다음의 침습 증상들 중 하나(이상)가 있으며, 이것은 외상이 발생한
이후에 시작된 것임
① 반복적, 불수의적 그리고 침습적인 외상에 대한 괴로운 기억
② 반복적인 괴로운 꿈, 이것의 내용과 정서는 외상과 연관되어 있다
③ 해리성 반응(예: flashback)을 경험하는데, 그 개인이 마치 외상이 재발하는 것처
럼 느끼거나 행동함(이 반응들은 하나의 연속선상에서 나타날 수 있는데, 가장
극단적으로는 현재 주변의 일을 전혀 자각하지 못하는 것으로 표현될 수도 있다)
④ 외상의 어떤 측면을 상징하거나 유사한 내적 혹은 외적 단서들에 노출될 때 겪는
집중적 또는 지속적인 심리적 고통
⑤ 외상의 어떤 측면을 상징하거나 유사한 내적 또는 외적 단서들에 노출될 때 겪는
현격한 생리적 반응성

C. 다음 중 하나 혹은 두 가지 증상으로 나타나는, 외상과 관련된 자극에 대한 지속적
회피.
① 외상과 밀접하게 연관된 기억, 사고, 느낌을 회피하거나 피하려고 노력
② 외상과 밀접하게 연관된 괴로운 기억, 사고, 혹은 느낌을 상기시키는 외부자극
(사람, 장소, 대화, 활동, 대상, 상황)을 회피하거나 피하려고 노력

D. 외상과 연관된 인지와 기분에서의 부정적 변화, 이것은 외상 발생 후 시작하거나 악
화되며, 다음 중 둘(이상)로 나타난다.
① 외상의 중요한 측면을 회상할 수 없음(전형적으로는 해리성 기억상실에 기인하
며, 뇌손상, 알코올, 혹은 약물과 같은 요소에 기인한 것이 아니다)
② 자신, 타인, 혹은 세상에 대한 부정적 믿음, 혹은 기대가 지속되고 과장됨(예: '나
는 악하다' '아무도 믿을 수 없다' '세상은 정말로 위험하다' '내 신경계는 완전히
엉망이 되었다')
③ 외상의 원인 혹은 결과에 대한 지속적이고 왜곡된 인지, 이로 인해 그 개인은 스
스로 또는 타인을 비난한다
④ 지속적인 부정적 정서상태(예: 공포, 분노, 죄책감 혹은 수치심)
⑤ 중요한 활동에 대한 흥미 또는 참여의 뚜렷한 감소

⑥ 다른 사람에게서 격리되거나 동떨어진 느낌

⑦ 긍정적인 감정을 경험할 수 없음(예: 행복감, 만족 혹은 사랑의 느낌을 경험할 수 없음)

E. 외상과 연관된 각성과 반응성에서의 뚜렷한 변화, 이것은 외상 후에 시작되거나 악화되며 다음 중 두 가지(이상)에서 나타난다.

① (촉발요인이 없는 상황에서) 자극과민성과 분노의 폭발, 전형적으로 사람 혹은 대상에 대해 언어적 · 물리적 공격을 한다

② 무모한 혹은 자기-파괴적인 행동

③ 과도한 경계심

④ 과도한 놀람 반응

⑤ 집중의 곤란

⑥ 수면의 장해(예: 수면에 들거나 유지하는 것의 곤란 혹은 제대로 숨을 쉬지 못하는 수면)

F. 장해의 기간(준거 B, C, D, E)이 1개월 이상이다.

G. 장해로 인해 임상적으로 심각한 고통 또는 사회적 · 직업적 또는 기타 중요한 기능 영역에서의 저해가 초래된다.

H. 장해는 약물(예: 약품, 알코올) 혹은 다른 의학적 상태의 생리적 효과에 기인한 것이 아니다.

중학교 3학년 여학생인 A는 최근에 친구 B와 선배 10명에 둘러싸여 2시간 동안 집단폭행을 당하였고, 양쪽 눈과 코뼈가 주저앉는 신체적인 상해를 입었다. 이후 신체 손상은 점차 회복되고 폭력 가해자들은 모두 형사처벌을 받거나 다른 학교로 전학을 갔지만, A의 정신적 고통은 여전히 지속되고 있다. A는 학교 친구들과 대화하기를 꺼리며, 조그만 장난에도 깜짝 놀라거나 식은땀을 흘린다. 폭력을 당했던 상가건물을 지날 때면 폭행 당일의 일들이 떠올라 멀리 돌아가며, 꿈에서도 싸우는 꿈, 죽는 꿈, 죽이는 꿈을 반복해서 꾼다. 무엇보다 과거에 좋아하던 TV 드라마나 음악 감상에도 흥미가 없고, 잠들기도 어렵고 자

주 깬다. 학교에서는 집중도 잘되지 않아 성적은 계속 떨어지고, 확연하게 친구들을 경계하는 듯이 보인다.

앞의 사례는 학교폭력으로 인해 외상후 스트레스 장애 증상을 보이는 전형적인 사례다. A는 심한 학교폭력을 당한 이후에 이 사건이 자주 회상되면서 불안과 과도한 각성이 핵심인 다양한 증상을 보이고 있다.

한편, 학교폭력 피해를 장기적으로 당한 경우에는 복합 외상후 스트레스 장애 증상을 보이기도 한다(정지선, 안현의, 2008). 복합 외상후 스트레스 장애(complex PTSD)란 외상후 스트레스 장애의 전형적인 불안 증세뿐만 아니라, 자기조절기능과 성격의 문제를 함께 보이는 것이다. 예를 들어, 자해와 같은 자기파괴행동, 충동성, 위험행동, 자살행동 같은 자기조절기능의 문제 또는 심한 죄책감, 수치심, 무능력감, 절망감, 병리적 해리 등의 성격상의 문제가 그 예다. 이렇듯 복합 외상후 스트레스 장애 증상을 보이는 것은 학교폭력이 자연재해 등과 같은 우발적인 사고가 아니라 사람들 간에 일어난 지속적 폭력사건이고, 일회적인 사건이 아니라 의도적이고 반복적인 사건이어서 그 후유증으로 자아의 통합에 치명적인 손상을 입었기 때문이다.

급성 스트레스 장애는 외상후 스트레스 장애에서와 유사한 사건을 경험했지만, 증상이 외상후 스트레스 장애의 진단기준을 충족할 만큼 심각하지 않거나 증상이 1개월 미만인 경우에 내려질 수 있다. 만약 사건이나 스트레스 정도가 가벼운 경우에는 적응장애(adjustment disorder)의 진단이 고려된다.

② 학교폭력 피해 이후의 학교 적응(자존감의 상실, 또래관계, 교사와의 관계)

집단 괴롭힘이나 따돌림을 당한 이후 피해학생 대부분은 자존감이 낮아진다. 친구들이 보는 앞에서 가해학생에게 굴복하고 굴욕적인 모습을 보인 것, 혼자 당하고 있는데 친구들이 방관하고 있는 장면은 마치 모든 사람에 둘러싸여 심판받는 죄인과도 같다. 상담에서 피해학생들은 가해자에게 분노하지만, 속으로는 이러한 피해를 피하지 못한 것이 마치 자기 책임인 양 느낀다. 자기는 보잘 것 없고 아무도 구해 주지 않을 만큼 존재 가치가 없는 사람, 친구들이 싫어하는 사람, 이상하게 생긴 사람이라 스스로를 낙인찍는다.

뿐만 아니라 또래, 교사와도 좋은 관계를 맺지 못한다. 양계민과 정현의(1999)

에 따르면 학교폭력 피해자는 일반학생에 비해 교우관계와 학교 교사와의 관계에 대한 스트레스가 높았다. 이것은 학교폭력 피해로 인해 또래와의 정상적인 우정이 힘들고, 피해에 무심했던 교사와의 관계에서 스트레스를 많이 받고 있다는 것을 보여 준다. 사실 폭력피해가 또래관계에 미치는 영향은 상당하다. 놀랍게도 한 번의 집단따돌림과 괴롭힘에도 또래관계는 상당히 오랫동안 회복되지 못한다. 내담자들을 상담해 보면 초등학교 저학년 때 딱 한 번 집단구타를 당했던 학생은 이후 유사한 피해가 없었는데도 중학교 3학년까지 친구들이 혹 자신을 헐뜯는 것은 아닌지 의심하고 있었다. 어떤 대학생은 초등학교 때 집단따돌림을 당한 이후 한 번도 친구다운 친구를 사귀어 보지 못했다고 했다. 그들의 공통적인 답변은 학교폭력 이후 친구들을 믿지 못하겠고, 뒤에서 자기 욕을 할 것 같은 느낌이 든다는 것이었다. 그리고 이러한 불신 때문에 피해학생은 자기 속마음을 친구에게 이야기할 수도 없고, 친구들의 요구를 거절하기도 어려워했다. 결국 친밀감을 느끼지 못하고 혼자인 느낌, 소외감을 갖고 살게 되는 것이다.

교사와의 관계도 피상적으로 되기 쉽다. 특히 도와주길 기대했지만 그런 기대가 좌절된 경우 피해학생은 교사를 믿지 않게 된다. 평소 학생이 교사와 좋은 관계를 맺고 있다면 이것은 학교폭력의 예방에도 도움이 된다. Yablon(2010)에 따르면 학생들이 교사와의 관계가 좋을수록 학교폭력 상황에서 교사에게 도움을 청하는 행동이 증가하였는데, 무엇보다 학생들은 그 교사가 그 문제를 해결할 수 있는 능력이 있다고 지각하였다.

하지만 교사들은 일반적으로 부모나 학생에 비해 학교폭력을 덜 심각하게 인식하며, 학교폭력의 발생비율도 낮게 인식한다(박효정, 정미경, 박종효, 2006). 특히 평소 학생들의 싸움이나 폭력을 '싸우면서 크는 것'이라 대수롭지 않게 느끼는 교사라면, 혹은 요즘 같은 세상에 교사가 학생지도를 하기 어렵다고 무기력하게 느끼는 교사라면 그 학급에서 폭력은 보다 자주 일어나게 될 것이다.

이렇듯 학교폭력이 벌어지는 상황에서 교사의 도움을 받지 못한 학생들은 교실에서 조력자 하나를 잃고 사는 사람이 된다. 도움을 주지 않았으니 교사의 말에 반감이 생기고, 이것은 학습에 흥미를 잃는 것으로 이어질 수도 있다.

2. 학교폭력 피해학생을 위한 개입

1) 학교폭력 피해학생 상담의 목표

학교폭력을 당한 피해학생과 부모는 대개 어찌할 바를 모르면서 상담실을 찾게 된다. 상담자는 무엇보다 피해학생과 부모의 괴로움을 공감하면서 조기에 치료계획을 수립하고 학교폭력의 해결책을 찾아나서야 한다. 상담과정에서 가장 중요한 것은 피해학생의 현재 심리적 상태와 학교폭력 피해의 정도를 파악하고, 피해학생에게 학교폭력에 취약한 정신병리, 행동, 감정 등은 없었는지 발견하여 이를 개선하기 위해 개입하여야 한다.

우선 학교폭력 피해자 상담에서의 일반적인 목표를 살펴보면 다음과 같다.

(1) 피해학생이 현재에도 심각한 학교폭력을 당하고 있다면 이를 멈추기

무엇보다 현재 피해학생이 당하고 있는 학교폭력은 멈추어져야 하며, 이를 위해서 상담자는 부모, 교사와 협력하여야 한다. 학교폭력의 심각성은 사례마다 매우 다르다. 심각한 신체폭력이 현재에도 자행되고 있는가하면 과거에 당했던 따돌림 때문에 단지 피해에 예민해져 있는 경우도 있고 또는 대인관계 기술이 부족하여 아이들의 장난에 잘 대처하지 못하는 경우도 있다. 따라서 상담자는 우선 현재 괴롭힘의 상황과 정도를 잘 파악하여야 하며, 만약 심각한 피해를 당하고 있다면 우선적으로 그것을 멈추게 하는 데 초점을 두어야 한다. 경우에 따라서는 경찰에 신고하는 것, 교사나 학교에 알리는 것도 적극 검토해야 한다.

(2) 가해학생에 대한 감정, 생각을 표현하고 정화하기

피해학생은 학교폭력을 당하면서 생긴 분노와 외로움을 표현하지 못하는 경우가 많다. 이러한 부정적인 감정은 현재 피해학생의 정서에 악영향을 미칠 뿐만 아니라 건강한 대인관계를 하는 데도 악영향을 미친다. 따라서 상담자는 피해학생의 정서상태를 잘 살펴야 하고, 만약 가해학생에 대한 분노와 화의 감정을 발산한다면 자연스럽게 이를 공감하고, 이것이 억압되어 있다면 왜 억압되었는지 원인을 파악하여 자연스런 화의 감정들이 발산될 수 있도록 조력한다.

(3) 또래와 좋은 관계를 맺기

비록 상담 초기에 피해학생이 또래에 대한 미움과 반감으로 가득 차 있다 하더라도 장기적으로는 또래와 좋은 관계를 맺게 하여야 한다. 그래서 초반에는 내담자가 더 이상 학교폭력 피해를 받지 않도록 하는 것에 초점을 두어야 하지만, 괴롭힘이 그쳐졌다면 내담자의 대인관계 기술이 좋아져서 또래와 좋은 관계를 잘 맺을 수 있도록 도와야 한다. 방관적이었던 또래들은 약하고 보복당하는 것이 두려워 그랬던 것이고, 자기를 괴롭혔던 아이도 사실은 인생의 피해자임을 이해시킬 수 있다면 더욱 좋다.

(4) 학교폭력의 계기가 되었던 피해학생의 취약한 부분을 개선하기

폭력을 당하기 이전에 피해학생이 건강한 성격이었다면 괴롭힘이 그치는 것과 동시에 학교에서의 적응상태도 좋아진다. 하지만 피해를 당하기 이전부터 취약한 성격이나 행동이 있었다면 이것이 개선되도록 상담자는 도와야 하며, 만약 환경이 괴롭힘을 당하기 쉬운 곳이라면 환경의 변화를 모색해 보는 것도 필요하다. 예를 들어, 정신지체 장애우가 일반 학교에서 생활하는 경우 특수학급이나 특수학교를 고려해 볼 수 있다.

한편, 뚜렷한 학교폭력의 외상, 지속적인 집단따돌림의 피해에 대해 도움이될 상담지침을 Meeks와 Bernet(2001), 백영석(2013) 그리고 저자의 견해를 모아정리하면 다음과 같다.

첫째, 상담자는 학교폭력 사건을 피해학생이 극복할 수 있도록 다양한 방법들을 고안하고 개발하도록 힘써야 한다. 가능하다면 학교폭력 사건을 통해 피해학생이 삶의 어려움을 극복하는 법과 과정을 스스로 통합할 수 있도록 하여야한다. 예를 들어, 가해학생에게 편지를 써서 자기 감정을 알리기, 재판에서 피해자 증언을 통해 자기의 피해사실과 심정을 알리는 것도 좋은 방법이 될 수 있다. 혹은 태권도와 같은 호신술을 익혀 스스로를 보호하는 법을 터득하는 것도 좋을것이다.

둘째, 상담자는 피해학생의 부모와 적극적으로 협력하여야 한다. 부모는 피해학생의 법적인 보호자이면서 강력한 정서적 지원자다. 상담자는 학교폭력 사건에서 보호자가 일정한 역할을 하도록 조력하는 것이 필요하며, 이 경우 피해학생과 부모 간의 관계가 이전보다 더 돈독해질 수 있다. 무엇보다 중요한 것은 보호자인 부모가 피해학생을 공감하고 이해하는 태도를 가질 수 있도록 상담자가 조력해야 한다. 백영석(2013)은 학교폭력 처리의 예에서 부모가 직접 경찰과 동행하여 가해학생을 찾아가 확실히 겁을 주는 것, 부모가 가해학생의 부모를 만나서 사실을 설명하고 사과를 받는 것, 법에 고소하여 가해학생의 부모로부터 간절한 사죄를 받고 고소를 취하하는 것 등의 좋은 예를 보고하기도 하였다. 만약 피해학생이 가해학생으로부터 충분한 사과를 받는다면 그 마음에 응어리진 것도 쉽게 풀릴 수 있다. 하지만 가족이 어설프게 가해학생을 보복ㆍ공격하게 해서는 안 된다. 어떤 경우 가족이 학교에 쳐들어가 많은 사람이 보는 앞에서 가해학생을 구타하였는데, 이 경우 가해학생의 반발을 사서 보복을 당하거나 혹은 이를 목격한 또래들로부터 피해학생이 따돌림을 당할 수 있다.

　셋째, 약이 필요하면 꼭 약을 처방받고 복용하여야 한다. 경우에 따라서는 정신과의 약을 처방받고 복용하는 것이 도움이 된다. 예를 들어, 주의력결핍 과잉행동장애의 경우 약은 증상의 호전에 상당한 도움이 된다. 집중력과 충동성이 호전된 아동은 또래들과 이전보다 훨씬 잘 어울릴 수 있다. 또한 우울, 불안, 외상후 스트레스 장애와 같은 합병증이 생긴 경우 약은 생활의 안정을 위해 꼭 필요하다. 피해학생과 부모는 일반적으로 정신과 약의 복용을 두려워하고 기피하는 데 대개 약물 복용에 대한 오해에서 비롯된 경우가 많다. 따라서 상담자는 정신과 약을 먹는다고 꼭 장기적인 복용을 의미하는 것은 아니며, 의사와 상의하여 용량과 사용 기간을 조절할 수 있다는 것을 알려 주는 것이 도움이 된다.

　넷째, 상담자는 지지그룹을 활용하는 것이 필요하다. 피해학생은 혼자서 폭력을 감당하는 경우가 많고, 자신의 감정을 쉽게 토로하지 못한다. 하지만 유사한 경험을 했던 또래들이 있다면 이러한 감정을 쉽게 토로할 수 있다. 그러므로 상담자는 '학교폭력 피해자 집단상담'과 같은 지지그룹을 활용하는 것이 좋다. 피해학생은 집단과정을 통해 자기와 처지가 유사한 사람이 많다는 것을 알게 되고, 당시의 두려움과 강렬한 감정을 또래 앞에서 표현할 수 있게 된다.

2) 학교폭력 피해학생 상담과 개입과정

일반적으로 상담과정은 초기, 중기, 종결기로 나뉘며, 각 단계마다 상담자의 독특한 과업이 있다. 여기서는 지면에 제한이 있어 전체 상담과정을 세부적으로 기술하는 대신, 학교폭력 피해학생 상담에서 중요한 사항들을 상담 초기와 중기로 구분하여 설명하겠다.

(1) 상담의 초기

1 학교폭력에 대한 확인

상담자는 피해학생이 언제부터, 어떤 장소에서, 누구로부터 학교폭력을 당했는지를 확인한다. 그런데 피해학생이 자진해서 상담실을 찾아온 경우는 이러한 확인 과정이 수월하지만, 교사나 부모에 의해 의뢰된 경우에는 내담자가 매우 소극적으로 대답하거나 이를 기피할 가능성이 많다. 그들이 이렇게 소극적으로 응답을 기피하는 이유는 무엇보다 상담자, 동석한 부모 또는 교사가 정말로 자신을 도울 수 있는지 확신을 하지 못하기 때문이다. 푸른나무재단의 조사(2019)에 의하면 학교폭력 피해 후 도움 요청 및 보호를 부모에게 받은 경우는 31.6%, 선생님에게 받은 경우는 24.6%였지만, 아무에게도 도움과 보호를 받지 못한 피해학생도 17.6%로 나타났다. 이렇게 제대로 도움을 받지 못한 경우가 있다면, 피해학생은 성인인 상담자를 믿지 못하고 도움이 될지를 의심하게 될 것이다.

피해학생의 대답이 소극적인 경우에는 질문지를 주어서 피해학생이 경험한 학교폭력을 기술하도록 하는 것이 도움이 된다. 질문지라는 틀에 맞추어 찬찬히 응답하다 보면 자신의 경험을 객관적으로 기술할 수 있고, 도움을 받고자 하는 의지가 생긴다. 다음은 학교폭력 상황에 대해 탐색할 수 있는 질문지다. 이 질문지는 피해학생이 학교폭력 사건의 상황, 피해 사건의 발단이 되었던 계기, 이후의 결과에 대해 기술하도록 고안된 것이다. 또한 폭력피해를 당했을 때 느꼈던 감정을 확인하고, 이를 피해학생이 어떻게 처리했는지도 알 수 있다.

학교폭력 사건 보고서

1. 사건 날짜: _____
　대략적인 시간: _____
　장소: _____

2. 네가 누군가로부터 언어적 · 신체적 공격, 위협 혹은 따돌림을 당한 일에 대해 말해 줄 수 있니?

_____
_____
_____
_____

3. 네가 그런 피해를 당하기 전에 어떤 계기(사건)가 있었니?

_____
_____
_____
_____

4. 이 일이 일어나고 하루 동안 느꼈던 너의 기분과 행동을 말해 줄 수 있니?
　(해당 사항에 체크해 주세요)

_____ 분노　　　　　_____ 실망

_____ 짜증　　　　　_____ 무기력

_____ 좌절　　　　　_____ 긴장/불안

_____ 외로움　　　　_____ 걱정

_____ 거부당한 느낌　_____ 두려움

_____ 우울감　　　　_____ 죄책감/부끄러움

_____ 조용하고 회피　_____ 당황스러운

_____ 기타

5. 그 일로 너도 누군가를 위협하고 폭력적이게 된 적이 있니?

_____
_____

6. 너의 행동의 결과는 무엇이라고 생각하니?

7. 네가 피해를 당할 때 다른 친구들의 반응은 어땠니?

8. 선생님, 교직원 분들은 이 일을 알고 있니? 그리고 어떻게 반응하셨니?

9. 부모님은 이 일을 아시니? 그리고 뭐라고 하셨니?

10. 다시 그 일을 겪는다면 너는 어떻게 할 거니?

② 보복에 대한 불안과 비밀보장 다루기

피해학생은 상담에서 학교폭력을 보고하고 싶은 욕구와 동시에 가해학생들로부터 보복을 당하지는 않을지 그리고 이 일로 또래들로부터 따돌림을 당하지 않을지 두려워한다. 피해학생들의 보고에 의하면 교사에게 피해사실을 알렸는데도 아무 조치가 없거나 가해학생들이 약간의 훈계만 받는 것으로 그치는 경우가 많다. 이 경우 가해학생들은 더 기세등등해져 피해학생을 협박·폭력하며, 피해학생은 더 이상 도움을 요청할 곳이 없다고 생각한다.

이렇게 피해학생의 예상과 달리 교사가 가해학생을 강력히 경고하지 않는 것에는 몇 가지 이유가 있는 것 같다. 우선, 교사가 피해학생도 가해학생과 유사하게 문제가 많다고 지각하는 경우가 있다. 방기연(2011)에 따르면 학교폭력 사건을 담당했던 교사들은 피해학생도 가해학생과 비슷한 특성을 가지고 있다고 인식했고, 호감을 느끼지 않았다. 이렇게 피해학생들이 호감을 느끼기 어려운 특징을 가지고 있다고 생각할 경우 폭력사건은 정당화되고, 주변인 모두는 폭력사건에 대한 책임을 벗게 된다(이성식, 전신현, 2000: 방기연, 2011에서 재인용). 또 다른 이유로는 가해학생들이 교사에게는 더 친사회적으로 비춰질 수 있다. 다시 말해서 가해학생들이 교묘하게 교사를 속일 수 있다. 가해학생들이 문제아가 아닐까 추측하는 경우라도 만일 교사의 수업시간에 가해학생이 위트가 있고, 자지도 않고, 수업을 방해하지 않는다면 교사는 일반적으로 그 학생을 나쁘게 생각하지 않는다. 반면, 피해학생들은 대개 교사에게 기가 죽어 있고, 위축되어 있고, 또래들과 못 어울리는 외톨이로 비춰지기 쉽다. 이러한 선입견이 작용하게 되면 교사는 가해학생의 행위를 덜 대수로운 것으로 생각하게 된다.

따라서 상담자는 피해학생이 가해학생의 보복을 두려워할 가능성이 있다는 것을 항상 염두에 두어야 한다. 피해학생이 이를 두려워할 경우 소극적으로 상담을 받을 수밖에 없다. 그래서 상담자는 피해학생이 보복을 두려워하는지, 만약 그렇다면 얼마나 두려워하는지 살펴보아야 한다. 더불어 이러한 두려움을 공감하면서도 보복을 당하지 않을 방법, 더 나아가 폭력피해를 종식시킬 방법을 함께 강구해 나가자고 말하는 것이 좋다. 이렇게 상담의 목표를 함께 공유한다면 내담자는 더욱더 상담에 전념할 수 있고, 상담자에게 더 편하게 자신을 드러내 보일 것이다. 즉, 작업동맹(working alliance)이 증진될 것이다.

한편, 학교폭력 상담에서 '비밀보장'을 어떻게 관리하는가도 중요한 문제다.

일반적으로 상담자는 내담자가 상담에서 언급한 내용들을 철저히 비밀로 보장한다. 하지만 학교폭력의 경우 피해사실을 부모와 담당교사에게 알려야 하는 입장에서는 완벽한 비밀보장을 약속할 수 없다. 그래서 상담 초기에 상담자가 학교폭력에 관해서는 비밀보장을 약속할 수 없다는 것을 알리되, 이것이 내담자를 위해 그리고 부모, 교사와 함께 협력하기 위한 것이라고 알리고 내담자의 반응을 살핀다. 가끔은 내담자가 부모나 교사에게 피해사실을 알리지 말라고 강력히 부탁하는 경우가 있는데, 이때 어떤 걱정이 떠오르는지, 왜 그런 걱정을 하는지를 잘 살피는 것이 필요하겠다. 어떤 내담자는 이전에 학교폭력을 부모에게 알렸는데도 '네가 못나서 그런 일을 당한다. 네가 친구들과 잘 지내면 된다.'고 오히려 면박만 당했다. 이런 경우는 이미 부모와 학생 간의 관계가 잘못되어 있는 것이므로 추후 부모를 대할 때 참고해야 할 사항이다. 하지만 아무리 피해학생이 부모에게 알리는 것을 원치 않더라도 학생의 보호자인 부모는 알 권리가 있고, 또한 수습할 책임도 부모에게 있다.

학교폭력의 객관적인 피해사실을 제외하고는 상담에서 논의되는 내용에 대해 일체 비밀을 보장하여야 한다. 특히 피해자가 느낀 감정과 관련된 사항들은 철저히 비밀보장이 되어야 하며, 객관적 피해사실의 경우에도 미리 내담자와 상의하고 동의를 받아서 교사나 부모에게 알리는 것이 좋다.

다음의 예는 상담 초기 학교폭력 피해자와의 상담과정이다.

학교폭력 피해자인 D는 중학교 2학년 남학생이다. D는 부모에 의해 상담에 의뢰되었는데, 호소 문제는 오래 전부터 친구들이 자신을 괴롭힌다는 것이다. 그는 초등학교 1학년 때부터 뚱뚱하다는 등, 주로 신체적인 이유로 친구들로부터 놀림을 받았는데, 당시에는 일회성의 장난이라 생각했었다. 하지만 학년이 바뀌어도 놀림은 계속되었고 6학년 때는 너무 괴로워 다른 학교로 전학도 갔지만, 그곳에서도 적응을 못해 다시 예전 학교로 되돌아왔다. 중학생이 되었지만 같은 초등학교 출신의 친구들이 계속 괴롭히고 있었다. 친구들은 D의 의자에 본드를 붙여 놓거나 재수 없게 생겼다며 때리기도 하였다. 어떤 때는 하루에 10여 차례를 맞기도 하였다. 그는 주로 집에 혼자 있는 시간이 많았고, 인터넷 게임에 빠져 있는 상태다.

　D는 상담에 왔을 때 눈에 초점이 없었고, 자신을 놀리고 비웃는 친구들에 대해 이야기할 때는 격하게 몸을 떨었다. 그는 피해사실을 말했지만 도움을 주지 않았던 교사에 대해 욕을 하면서 분노했다. 그리고 주변 친구들을 '머저리' '병신 같은 놈'이라고 싸잡아 욕을 했다. 이후 실시한 심리검사에서 지능은 평균 '하' 수준이고, 불안과 자살생각이 높으며, 피해의식과 분노가 많았다.

　상담자: 널 놀린 아이들에게 화가 많이 나 있구나.

　　　D: (고개를 숙이고 흔들며) 다들 찢어 죽이고 싶어요.

　상담자: 다 죽이고 싶고…… 누구에게 제일 화가 나니?

　　　D: (갑자기 고개를 들더니 놀라는 얼굴로) 혹시 이 사실을 선생님에게 알릴 거예요?

　상담자: 네가 이렇게 힘들어 하는데 우리가 같이 힘을 모으면 이 일을 중지시킬 수 있지 않을까?

　　　D: 모르시고 하시는 말씀이에요. 초등학교 때 선생님한테 한 번 알렸지만 아무 소용이 없었어요. 도리어 고자질했다고 애들이 날 더 괴롭혔어요. 저는 이대로 견딜 수 있어요. 한두 번 당하는 것도 아닌데요 뭐.

　상담자: 차라리 그냥 참고 지내고 싶구나. 그게 덜 괴롭힘당할 것 같고. (침묵) 뭐가 가장 두렵니?

　　　D: 괜찮아요. 나름 대처방법도 있어요. (눈이 떨리고 고개를 돌린다) 조금씩 요구를 들어주면 덜 괴롭히고, 어떤 때는 그냥 넘어간 날도 있어요.

　상담자: 무섭구나. 그들에게 또 당할 것을 생각하니…….

　　　D: (톤이 높아지며) ○○이(주동자)가 칼을 들고 다녀요. (손으로 칼을 휘두르는 시늉을 한다) 내가 그런 아이와 어떻게 맞짱을 뜨겠어요!

　상담자: 그런 상상을 했구나. 너무 흥분되고 무서웠겠다. (침묵) 그렇지, 그런 아이를 혼자 상대할 수는 없겠지. 하지만 만약 내가 함께하고, 부모님과 선생님이 함께한다면 어떨까? ○○이도 약점이 있겠지. 숫자도 우리가 많고…….

　　　D: 정말 상담자 선생님이 그렇게 할 수 있어요?

　상담자는 무엇보다 D를 학교폭력으로부터 구하는 것이 급선무였다. 이후 상담자는 어머니와 면담하고, 부모가 학교 담임교사에게 이 사실을 알리도록 하였다. 교사는 처음에는 반신반의했지만 주변 학생들을 면담한 후 이것이 사실이라는 것을 확인하였다. 부모는 교사와 학교에 적절한 조치를 취해 줄 것을 강력하게 요구하였고, 만약 그렇게 되지 않으면 경찰에 가해학생을 고소할 수밖에 없다고 하였다. 상담자도 담임교사에 전화를 걸어 D에 대해 논의하였으며, 평소에 D가 이상하게 행동한 것은 오랜 따돌림의 후유증이라는 것도 알렸다. 이후 학교에서는 징계위원회가 소집되어 해당 학생들에게 적절한 조치가 내려졌고, 다행히 D에 대한 학교폭력은 사라졌다.

(2) 상담의 중기

① 자기주장하기

자기주장훈련은 학교폭력을 당하고 있는 피해학생에게 유용하다. 자기주장훈련을 통해 피해학생은 자신감을 가질 수 있고, 적절한 자기방어 방법을 익힐 수 있다. 만약 피해학생이 정기적으로 용돈과 물건을 뺏기고 있다면 이것이 유일한 방법이 되기도 한다. 피해학생이 가해학생의 약취행동에 계속 순응하면 가해학생은 피해학생을 '저항하지 못하는 아이'로 낙인 찍고 그 행동을 계속하게 될 것이다. 보통 이 경우 내담자는 보복에 대한 공포를 느낀다. 상담자는 역할 놀이(role play)를 통해 피해학생이 가해학생을 똑바로 보면서, 하지만 도발적이지 않게 "미안해. 하지만 난 너에게 돈을 못 주겠어."라고 말하게 한다. 그리고 시간이 날 때마다 거울을 보면서 연습하도록 한다. 물론 이것을 실행에 옮기려면 대단한 용기가 필요하다. 하지만 피해학생들은 이러한 행동이 필요할 때 용기를 낼 필요가 있다. 물론 얻어맞을 수도 있고, 다시 돈을 빼앗기기도 한다. 그러나 자신이 비겁하지 않았다는 느낌, 당당히 대항했다는 느낌은 이후의 대응에 영향을 주며, 가해학생도 피해학생을 겁내어 빼앗는 행동을 그친다.

초등학생이거나 중학교 저학년인 나이 어린 피해학생이 아이들로부터 신체적 괴롭힘을 당할 때도 자기주장훈련은 유용하다. 중학교 1학년이었던 한 남자 내담자는 반 아이들로부터 지속적으로 따돌림을 당했는데, 반의 과반수가 여기에 동조하여 내담자 옆을 지나칠 때면 내담자의 머리를 툭툭 치고 다녔다. 내담자는 오랜 괴롭힘에 반항도 하지 못하고 무기력하게 맞고만 있었다. 이를 상담하던 상담자는 내담자에게 한 가지 방법을 제안하였다. 가능하다면 선생님이 주변에 있을 때 또는 선생님이 없더라도 맞았을 때 소리를 치라는 것이었다. 처음에는 작은 소리로 '하지 마!', 다음에는 더 큰 소리로 '하지 마!!', 그 다음에는 더 큰 소리로 책상을 치면서 가해자를 보며 '하지 마!!!'. 내담자는 이를 집에서 여러 차례 연습하였다. 다음 날 내담자는 용기를 내었다. 쉬는 시간, 아이들의 괴롭힘이 시작되자 내담자를 이를 결행하였다. 아이들은 모두 놀랐고, 교실을 지나던 한 선생님이 놀라 뛰어와 이 장면을 목격했다. 비로소 선생님은 지속적인 괴롭힘이 교실에서 자행되고 있다는 것을 알게 된 것이다.

② 사회기술훈련과 대처기술 익히기

학교폭력을 줄이기 위해서는 가해학생의 괴롭힘 행동을 금지시켜야 하고, 그런 행동이 피해학생을 고통스럽게 한다는 것을 가해학생이 알도록 해야 한다. 하지만 경우에 따라서는 피해학생의 반응 또한 상담자가 주목하고 개선시켜야 한다. 특히 피해학생이 가해학생의 도식이나 예상대로 반응하는 경우, 즉 가해학생이 조정하는 대로 피해학생이 반응하는 경우 가해학생은 이것을 재미있어 하여 괴롭힘 행동을 계속하게 된다. 가장 전형적인 예는 어린 아동에게 듣기 싫어하는 별명을 부르며 놀렸을 때 바로 울거나 화를 내면서 쫓아오는 것이다. 이러한 반응은 가해자가 원했던 바로 그 반응이다.

물론 이 경우에도 일차적인 책임은 가해학생에게 있지만, 이러한 꼬임에 말려들어가 가해학생이 원하는 방식으로 반응하는 것은 수정되어야 한다. 상담자는 피해학생의 이러한 효과적이지 못한 상호작용 패턴을 읽어내고, 피해학생이 이를 자각할 수 있도록 돕는다. Lines(2006)는 어린 아동이 언어적 놀림을 받는 경우의 개입방법으로 '상상의 대치와 이야기 채택(image replacement and narrative adoption)'이라는 방법을 제안하였다. '상상의 대치'는 괴롭힘을 당하고 있는 현재 상태를 피해학생이 더 통제가 쉬운 방식의 상상으로 변경해 보는 것을 말한다. 예를 들어, 놀림과 괴롭힘을 당하는 상황을 '즐거운 게임 혹은 쇼'의 시작(상상 속에서 피해학생은 사람들에게 웃음과 즐거움을 주는 사람이 되어 가해학생에게 비공격적으로 도전한다)이라 상상해 본다. 이렇게 웃음을 주는 상황으로 상상을 하게 되면 피해학생은 보다 통제력이 있다는 느낌을 가지며, 가해학생에게도 덜 보복하는 방식으로 대하게 된다.

초등학교 2학년 남자아이인 경철이는 짓궂은 반 친구들로부터 자주 놀림을 당했다. 경철이는 1학년 때 강원도에서 서울로 전학을 왔는데, 반 아이들은 경철이의 말투를 흉내 내며 '촌놈'이라고 놀렸다. 수줍음이 많은 경철이는 아이들이 놀릴 때마다 미움을 받는다는 생각이 들어 사투리를 감추려 했는데, 그러다 보니 이상하게 어색하고 말도 제대로 할 수 없었다. 이렇게 경철이가 당황하는 모습을 아이들은 더 재미있어 하며 계속 놀렸다.

상담자는 경철이에게 이러한 상황을 재미있는 게임이라고 바꾸어 상상하도록 하였다. 상상 속에서 경철이는 강원도 말투를 사용하여 친구들을 웃기는 것이다. 가장 재미있고 웃기는 사투리로. 경철이는 하루 한 번씩 거울을 보며 이것을 연습하였다. 아이들이 다시 촌놈이라 놀렸을 때 경철이는 과장된 사투리로 웃으면서 되받아쳤다. 아이들은 재미있어 깔깔대고, 경철이도 배시시 웃었다. 아이들은 자신들의 사투리 억양이 맞는지 경철이에게 묻고 따라하였다.

초등학교 3학년 남학생인 수철은 내성적이고 말투와 걸음걸이가 여성스러웠다. 그런데 반 아이들은 이런 수철이를 '계집애' '게이'라고 놀렸다. 수철은 너무 약이 올라 따지고 화를 냈지만 그런 모습을 아이들은 더 재미있어 하였다. 수철이의 어머니는 수철이에게 이것을 재미있는 게임이라 상상해 보라고 하면서 행동을 더 과장되게 해 보라고 하였다. 얼마 후 아이들이 다시 놀렸을 때 수철은 약올라하지 않고 야릇한 걸음걸이를 하며 아이들에게 윙크를 날렸다.

'이야기 채택'은 내담자가 현재 진행되고 있는 상황을 반전시키는 방법으로, 지금과는 다른 이야기 하나를 채택하는 것이다. 즉, 괴롭히는 아이가 만든 이야기 대신 내담자가 다른 이야기를 채택해 보도록 하는 것이다. 이것은 근본적으로 정신적으로 상황을 조절하는 것으로, 상상력을 가질 수 있는 초등학교 고학년 이상이 적절하다.

초등학교 4학년인 만수는 친구들이 '영감'이라고 자주 놀렸다. 그때마다 그는 친구들에게 과하게 화를 냈다. 만수에게 영감이란 말은 힘 없고, 냄새나고, 늙은 사람을 뜻하는 것이었기 때문이다. 상담자는 만수에게 영감에 대해 다른 것을 한번 떠올려 보라고 제안하였다. 그때 만수는 할아버지 탤런트가 하는 CF '니

들이 게 맛을 알아?'를 떠올렸다. 그 할아버지는 재미있고, 늘 웃는 분이며, 지혜
도 많은 사람이라 했다. 상담자는 아이들이 만수의 별명을 부를 때마다 그 사람
과 그 장면을 떠올려 보길 제안하였다. 이후 아이들이 만수를 영감이라 놀릴 때
만수는 전과 다르게 씩 웃어 보였다. 속으로 '니들이 게 맛을 알아?' 하면서. 아
이들은 놀라고 혼란스러워했다. 이것은 예상치 못했던 반응이었던 것이다.

③ 부모-자녀관계를 변화시키기

앞서 언급하였던 바와 같이 부모-자녀관계가 건강하지 않으면 또래관계에서
도 문제가 생기기 마련이다. 그들은 또래의 장난, 괴롭힘에 잘 대응하지 못하고,
싸워야 할 때 싸울 힘이 없거나 싸울 필요가 없을 때 싸우려 든다. 이런 경우에
는 부모를 상담에 오게 하는 것이 도움이 되며, 부모-자녀관계가 개선되면 괴롭
힘에도 잘 대응하고 친구들을 잘 사귀게 된다. 부모와 면담할 때는 여러 유의사
항들이 있지만 지면상 요약해서 말하면 다음과 같다.

우선 상담자는 부모가 상담에 온 동기, 즉 자녀의 양육에 도움을 받고 싶고 자
녀가 괴롭힘 당하는 것을 멈추게 하고 싶은 동기에 늘 초점을 주어야 한다. 그리
고 부모-자녀관계를 살피면서 피해학생이 성장과정에서 어떤 상호작용이 잘못
되어 현재의 성격이나 취약점을 가지게 되었는지를 탐색한다. 그것이 명확해지
면 부모가 이러한 잘못된 상호작용을 알도록 조력하며, 이것을 바로잡으면 피해
학생의 마음이 풀리고 학교생활이 수월해진다는 것을 이해시킨다. 물론 피해학
생의 굳어진 습관이나 잘못된 감정을 해소하는 것은 상담자의 또 다른 과제다.
다음의 상담 예를 살펴보자.

중학교 3학년 여학생인 경미는 우울감이 심하고, 자살생각이 많아 상담실에
왔다. 그녀는 초등학교 4학년부터 6학년까지 내내 아이들로부터 따돌림을 당
했는데, 중학교에 들어와서는 확실하게 따돌림당한 적은 없지만 친구가 하
나도 없고, 아이들이 뒤에서 욕하지 않을까 걱정되고, 조금만 자기를 비난해도
화가 나 속으로 아이들을 저주하였다. 물론 겉으로는 화를 내지 않았다. 그는
상담에서 친구들이 왜 자기를 욕하는지 모르겠다고 하였는데, 상담과정 중 밝
혀지기로는 자기가 옷을 멋있게 입는 편이며 친구들 말로는 자기 행동이 좀 튀
는 편이라고 하였다.

경미의 어머니는 비교적 상담에 협조적이었는데, 어머니와의 면담을 통해 경미의 성장과정을 더 잘 이해할 수 있었다. 어머니에 따르면 내담자는 어릴 적부터 예쁜 옷과 예쁜 물건을 좋아하고, 고집이 세며 자기 맘대로 하려고 해서 부모가 늘 반대하고 금지하는 편이었다. 아버지는 평소 온순한 편이지만 내담자의 고집을 꺾으려고 크게 혼낸 적이 있었고, 내담자는 아직도 이것이 상처라고 생각한다. 이러한 부모-자녀관계에서 내담자는 아무도 자기를 이해해 주지 않는다는 감정, 부모에게 지고 싶지 않은 감정이 지속되었는데, 초등학교에서도 또래에게 지지 않으려 하고 잘난 척하는 아이가 되었다. 즉, 부모와의 상호작용이 학교에서 재현되었고, 결국 친구들로부터도 이해받지 못하고 배척받게 된 것이다.

해결의 실마리는 어머니와의 면담에서 시작되었다. 내담자의 어머니는 친정에서 별 탈 없이 착한 아이로 성장했는데, 단 한 가지 어려움은 바로 위의 언니가 이기적이고 자기 마음대로 하는 성격이라 상처를 많이 받았다고 한다. 어머니는 그 언니가 미웠지만 집안에 분란을 일으키기 싫어서 싸우지는 않았고 화를 눌렀다고 한다. 이 말을 하고 나서야 비로소 어머니는 왜 딸 키우기가 그렇게 힘들었는지 이해하기 시작하였다. 언니에게 화가 났던 마음이 딸에게 드러난 것이었다. 어린 딸의 입장에서는 자기를 자랑하고 싶고 마음대로 하고 싶은 것이 정상이고 당연한 것이었는데, 어머니는 이를 알아 주지 못하고 구박을 한 것이었다. 어머니가 이것을 알아차린 후 모녀관계는 극적으로 변화되었다. 어머니는 난생 처음 경미를 안아 주며 어릴 적의 일을 사과했고, 친구관계에 대해서도 "너 하고 싶은 대로 하라."고 지지하였다. 마음이 편해진 경미는 이전보다 친구들을 더 편하게 대하기 시작했다. 한번은 남자 친구가 많은 경미를 친구가 질투하며 "꼬리치고 다닌다."고 소문을 냈는데, 경미는 그 친구와 말다툼을 하면서 "너는 그럴 재주라도 있냐?"라며 한 방을 날렸다. 그동안 친구에게 한 번도 대항하지 못했던 경미가 드디어 자신감을 가지기 시작했고, 이런 일들로 마음이 풀린 경미는 상담 중에 '그렇죠, 사실은 내가 마음에서 그 애들을 따돌렸죠. 못생겼다, 어리석다면서'라고 하면서 자신의 문제를 자각하게 되었다.

토론주제

1. 학교폭력 피해를 입기 쉬운 피해학생의 성격적 특성으로는 어떤 것이 있는지 토론해 봅시다.

2. 학교폭력 피해학생 상담의 목표를 살펴봅시다.

3. 학교폭력 피해학생이 자기 주장적이 되도록 돕는 방법으로 어떤 것이 있는지 토론해 봅시다.

참고문헌

교육부 보도자료(2020. 1. 20.) 2020년 1차 학교폭력실태조사 결과 발표.

김상돈(2012). 학교폭력: 도대체 무엇이 잘못되었는가? - 도덕과 교육(도덕 및 도덕교육)의 존재 망각. 윤리연구, 85, 235-262.

김혜원(2013). 청소년 학교폭력: 이해 · 예방 · 개입을 위한 지침서. 서울: 학지사.

문용린, 최지영, 백수현, 김영주(2007). 학교폭력의 발생과정에 대한 남녀 차이 분석: 피해자 상담사례분석을 중심으로. 교육심리연구, 21(3), 703-722.

박효정, 정미경, 박종효(2006). 학교폭력 실태조사. 서울: 한국교육개발원.

방기연(2011). 학교폭력 사건에 대한 교사의 인식과 경험에 대한 질적연구. 상담학연구, 12(5), 1753-1778.

백영석(2013). 학교폭력의 임상적 고찰. 2013년도 제2차 학술연찬회 자료집: 학교폭력의 정신치료적 접근. 서울: 한국정신치료학회.

백영석, 김재현(2009). 집단괴롭힘 피해아동에 대한 임상연구. 한국정신치료학회지, 23(1), 65-72.

양계민, 정현의(1999). 학교폭력이 청소년의 심리적 적응에 미치는 영향: 가해자, 피해자, 일반학생의 비교를 중심으로. 한국심리학회지: 사회문제, 5(2), 91-104.

유재봉(2012). 학교폭력의 현상과 그 대책에 대한 철학적 검토. 교육철학연구, 34(3), 87-106.

이성식, 전신현(2000). 학교에서의 집단괴롭힘의 상황요인과 집단 역학 과정. 형사정책,

12(1), 155-183.

정지선, 안현의(2008). 청소년 학교폭력의 복합 외상적 접근. 한국심리학회지: 상담 및 심리치료, 20(1), 145-160.

정혜정(2012). 학교폭력의 이해와 예방을 위한 마음인문학적 접근: 마음탐구 프로그램 개발을 중심으로. 교육철학, 48, 59-88.

푸른나무재단(2019). 전국학교폭력 실태조사 연구.

American Psychiatric Association. (2013). *Diagnostic and statistical manual of mental disorders* (5th ed.). Washington, DC: Author.

Berger, K. S. (2007). Update on bullying at school: Science forgotten? *Developmental Review, 27,* 90-126.

Hodges, E. V., & Perry, D. G. (1999). Personal and interpersonal antecedents and consequences of victimization by peers. *Journal of Personality and Social Psychology, 76*(4), 677-685.

Lines, D. (2006). *Brief counselling in school: Working with young people from 11 to 18* (2nd ed.). London: SAGE.

Macklem, G. L. (2003). *Bullying and teasing: Social power in children's groups.* New York: Kluwer Academic Pub.

Meeks, J. E., & Bernet, W. (2001). *The fragile alliance: An orientation to psychotherapy of the adolescent* (5th ed.). New York: Krieger Publishing Company.

Oakeshott, M. (1972). Education: The engagement and its frustration. In T. Fuller (Ed.), *The voice of liberal learning.* New Haven and London: Yale University Press.

Yablon, Y. B. (2010). Student-teacher relationships and students, willingness to seek help for school violence. *Journal of Social and Personal Relationships, 27*(8), 1110-1123.

제6장

학교폭력 관련 법령 및 정책

이 장에서는 학교폭력 예방과 근절을 위한 법령 체계와 정책에 대해 살펴볼 것이다. 「학교폭력 예방 및 대책에 관한 법률」과 시행령에서는 학교폭력과 관련한 정의, 정책적 대응체제, 피해학생과 가해학생에 대한 보호와 조치 등에 대해 종합적으로 규정하고 있다. 학교폭력 예방을 위한 정책에 관하여 우리나라의 정책적 대응의 변화 흐름에 대해 살펴보고, 미국, 일본, 노르웨이 등 해외 사례를 통해 우리나라 정책의 방향에 대해 살펴볼 것이다.

1. 학교폭력 관련 법령

1) 학교폭력 관련 법령의 제정과 개정 과정

우리나라에서 학교폭력 문제는 1990년대 중반부터 사회적 이슈가 되었고, 이를 해결하기 위한 정부의 노력은 꾸준히 이루어져 왔다(문용린, 이승수, 2010). 1990년대 중반에는 민간단체를 중심으로 학교폭력 예방을 위한 노력이 진행되었고, 2000년대 중반부터는 정부가 학교폭력 관련 정책을 추진하고 있다. 2004년에는 학교폭력의 문제에 대해 제도에 기반한 체계적인 대응을 위해 「학교폭력 예방 및 대책에 관한 법률」(이하 「학교폭력예방법」 또는 '법')과 이에 따른 시행령을 제정하였다(조균석, 정제영, 장원경, 박주형, 2012).

「학교폭력예방법」은 2004년 국회의원 발의를 통해 제정된 이후로 11차례에 걸친 개정과정을 거쳤다.[1] 타법개정에 따른 다섯 번의 경우를 제외하면 여섯 번의 실질적인 개정이 이루어진 것이다. 이 장에서는 법령의 개정 과정을 국회 교육위원회 회의록을 중심으로 살펴보고, 법령 제·개정 사유를 살펴보겠다. 2004년의 「학교폭력예방법」 제정은 1990년대 중반부터 시민사회 및 민간단체로부터 진행되던 학교폭력대처운동을 법제화하기 위해 2001년에 구성된 학교폭력 대책에 관한 입법 시민연대를 통해 의원입법을 추진한 것에 큰 영향을 받았다(문용린, 2011).

2003년 6월 23일 현승일 의원으로부터 대표 발의된 「학교폭력예방법」은 4월 22일 공청회를 통해 이해관계자들의 의견을 청취하였으며, 국회 교육위원회와 본회의의 의결을 거쳤다. 이 법안은 2001년 임종석 의원이 발의하고, 교육위원회에 계류 중이었던 학교폭력중재위원회의 설치 및 교육·치료에 관한 특별법안이 학교폭력중재위원회에 대해서만 관심이 집중되어 있고, 학교폭력 예방에

---

1) 「학교폭력예방법」은 2004년 1월 29일에 제정된 이래, 2005. 3. 24.(타법개정), 2005. 12. 29.(타법개정), 2006. 2. 21.(타법개정), 2008. 2. 29.(타법개정), 2008. 3. 14.(전부개정), 2009. 5. 8.(일부개정), 2010. 1. 18(타법개정), 2011. 5. 19.(일부개정), 2012. 1. 26.(일부개정), 2012. 3. 21.(일부개정), 2013. 7. 30.(일부개정)을 거쳤다.

관한 규정이 없다는 점을 고려하여 이러한 한계점을 보완한 것이다. 논의과정
에서 법령의 제명이 학교폭력인지, 학생폭력인지에 대한 논의와 학교폭력 관련
기관들이나 조직들이 현실에서 실질적으로 기능을 발휘할 수 있는 방안들이 논
의되었다. 특히, 학교에 학교폭력대책자치위원회(이하 '자치위원회')를 만들고 이
기관이 학교의 여건에 맞게 학교폭력 사안을 처리하도록 하고, 학교폭력을 담
당할 인력으로 전문상담교사 및 책임교사의 배치 의무화를 논의하였다. 하지
만 교원정원이 제한되어 있는 상황에서 전문상담교사를 배치할 수 있을지에 대
한 비판이 제기되었다. 또한 발의된 법이 분쟁조정의 기능을 강조하고 있지만
분쟁조정 결정의 효과를 구체화하지 않았으며, 학교폭력 신고의무를 규정했지
만 이를 어겼을 때의 벌칙규정이 없다는 문제점을 제기하였다(국가법령정보센터,
http://www.law.go.kr).

　법의 제정 이유는 "심각한 사회문제로 대두하고 있는 학교폭력 문제에 효과
적으로 대처하기 위한 전담기구의 설치, 정기적인 학교폭력 예방교육의 실시,
학교폭력 피해자의 보호와 가해자에 대한 선도·교육 등 학교폭력의 예방 및 대
책을 위한 제도적 틀을 마련하려는 것"이었다(국가법령정보센터, http://www.law.
go.kr). 이 법은 기존에 학교폭력이 심한 경우 가해학생은 소년법에 의해 처리되
었으나 이는 징계벌적인 요소가 강조되고 있다는 판단 아래 학교 내에서 교육적
선도를 통한 가해학생의 행동 개선과 피해학생에 대한 적극적 보호를 위해 제정
되었다(오경식, 2009).

　2005년 3월 이주호 의원이 대표 발의한 전부 개정법률안, 2005년 6월과
2005년 11월 안명옥 의원의 일부개정안 등 3건의 개정안이 발의되었다. 법안
심사소위원회는 제269회 국회(정기회) 제3차 위원회(2007. 9.)에서 법률안들이
유사한 부분이 많다고 판단하여 이를 통합하는 대안을 마련하기로 결정하였
다. 논의과정에서 쟁점이 된 것은 성폭력을 학교폭력의 개념에 포함시켜 학교
폭력의 범위를 확장할 것인지 여부와 학교폭력을 학생 간에 발생한 폭력이 아
닌 학생을 대상으로 한 폭력으로 개념을 확대할 것인지 여부, 자치위원회에 학
생대표를 포함시킴으로써 학생의 참여를 넓힐 것인지 여부였다. 학교 내에 학
교폭력 전담기구를 구성하고 피해학생 치료에 대한 구상권 청구 그리고 가해
학생 보호자에게 특별교육을 실시할 수 있도록 하는 등의 조치는 지지를 얻었
다(국가법령정보센터, http://www.law.go.kr). 2008년에 개정된 「학교폭력예방

법」에서는 성폭력을 학교폭력에 포함시키되 타법에 특별한 규정이 있는 경우 이 법을 적용하지 않도록 함으로써 학교폭력 개념을 넓히는 동시에 성폭력 피해학생에 대한 사생활을 보호하도록 하였다. 하지만 '학생을 대상으로 하는 폭력'으로 학교폭력의 개념을 확대하는 것에 대해서는 부정적 견해가 많아서 기존과 동일하게 학생 간에 발생한 폭력만을 학교폭력으로 규정하였다. 이외에 대다수의 공감을 얻었던 피해학생 치료비용에 대한 구상권 신설, 가해학생 보호자가 특별교육을 받을 수 있게 하는 등, 피해학생 보호와 가해학생 보호 교육의 효과성을 높이기 위한 조치는 개정법에 포함되었다. 또한 학교폭력을 처리하기 위해 학교장에게 전담기구를 구성하고 이에 대한 지원을 할 수 있도록 권한을 부여하였다(국가법령정보센터, http://www.law.go.kr).

2009년에는 배은희, 안홍준, 한선교 의원이 각각 발의한 세 건의 「학교폭력예방법」 개정안이 검토되어 법률 개정이 이루어졌다. 배은희 의원은 자치위원회 구성 규정을 법률로 규정해야 한다고 했으며, 안홍준 의원은 학교폭력이 가정의 문제로부터 시작되었음을 고려할 때 가해학생 학부모에 대한 특별교육을 의무화해야 한다는 점을 제안했으며, 한선교 의원은 장애학생에 대한 학교폭력의 위험성을 강조하기 위해 장애학생에 대한 특별한 보호 방안을 제안하였다. 논의 과정에서 중요하게 고려된 사항은 현실적으로 이와 같은 사항을 실제적으로 시행할 수 있는가의 여부였다. 가해학생 부모에 대한 특별교육을 의무화했을 때 이를 얼마나 시행할 수 있을지에 대한 것이었다. 부모들이 생계적인 이유로 교육에 참여할 수 없을 가능성이 높고 타 기관(법원의 소년범 학부모 교육)에서도 이러한 제도가 운영되지만 학부모의 참석이 매우 힘든 상황임을 고려할 때 법에 규정하는 것이 부당하다는 의견도 제기되었다. 또한 일회적인 혹은 단기간의 특별교육으로 학부모가 얼마나 바뀔 수 있을지에 대한 비판도 존재하였다(국가법령정보센터, http://www.law.go.kr). 결국 2009년 개정은 학교폭력에 대한 대처를 강화하기 위해 긴급전화의 설치, 피해학생의 보복 금지, 장애학생에 대한 보호규정 신설 등이 이루어졌다.

2011년 일부개정은 배은희 의원이 대표 발의한 안건을 중심으로 개정이 진행되었다. 배은희 의원은 자치위원회의 과반수를 학부모 위원으로 구성하고, 자치위원회의 회의록을 관련 당사자들이 요구할 때 공개하도록 하며, 학교폭력 예방교육을 강화하는 내용을 제안하였다. 이에 대해 당시 교육과학기술부는 학교폭력 예방교육 강화에 대한 의견에는 동의하였지만 자치위원회의 전문성과 가해 · 피해학생들에 대한 정보 보호를 위해 배은희 의원의 발의안 중에서 일부 내용에 대해 부정적인 견해를 보였다(국가법령정보센터, http://www.law.go.kr). 이러한 논의 결과 2011년 개정된 「학교폭력예방법」에서 자치위원회 구성은 학부모 전체 회의에서 직접 선출한 학부모 대표가 과반수를 이루도록 하고, 자치위원회 운영 요건을 구체화하였다. 또한 자치위원회의 회의록 작성과 피해학생, 가해학생 또는 그 보호자의 신청이 있을 때 공개하도록 규정하였다(http://www.law.go.kr).

「학교폭력예방법」은 2011년에 일어난 학교폭력 피해학생의 자살사건을 계기로 2012년에 두 번에 걸친 법 개정이 이루어졌는데, 이전과는 비교할 수 없을 만큼 큰 폭으로 이루어졌다. 2012년의 첫 번째 일부개정은 7건의 「학교폭력예방법」에 대한 개정안들을 종합하여 이루어졌다. 따돌림을 학교폭력에 포함하고, 시 · 도 교육청의 학교폭력 예방 및 대책을 평가하기로 했으며, 자치위원회 소집 요건의 완화와 필요시 두 개 이상의 학교가 공동으로 자치위원회를 열 수 있도록 하는 방안이 마련되었다(http://www.law.go.kr). 2012년에 두 번째로 이루어진 개정은 조경태 의원의 발의 등 10건의 개정안을 통합하여 이루어졌다. 개정안이 통합된 대안의 경우 다수의 의원들이 발의에 참여하였고, 본회의에서 투표 의원 156명 중에서 152명의 찬성으로 개정되었다(http://www.law.go.kr).

2012년 1월과 3월에 개정되고, 2012년 5월부터 시행된 「학교폭력예방법」은 학생, 학부모, 교원들로 하여금 따돌림과 강제적 심부름의 심각성을 인식시키고자 이들을 학교폭력의 개념에 포함시켰고, 피해학생의 보호를 위해 전학을 보낸 가해학생이 다시 원래 학교로 전학을 오는 것을 금지시켰다. 가해학생과 피해학생에 대한 자치위원회의 결정에 대해 재심 절차를 도입함으로써 학생들의 기본권을 침해할 수 있는 조치에 대한 재논의 가능성을 열어 놓았다. 특히 피해학생이 가해학생의 조치에 불만이 있는 경우에 이의를 제기할 수 있게 함으로써 피해학생의 인권이 중요한 법적 고려 대상이 되게 하였다. 〈표 6-1〉은 2012년에 개정된 「학교폭력예방법」의 주요 내용을 요약한 것이다.

이후 2013년 7월 30일에 법 일부개정을 하였는데, 법률상 학생보호인력의 자격요건 등에 관한 규정이 없어 학생을 보호하기에 적합하지 않은 사람이 학생보호인력으로 채용될 우려가 있어서 학생보호인력의 자격요건을 정하고, 학생보호인력을 희망하는 사람에 대한 범죄경력 조회가 가능하도록 개정하였고,

2014년 1월 1일부터 시행되었다.

2) 2012년「학교폭력예방법」주요 개정 사항

「학교폭력예방법」은 학교폭력에 대한 개념부터 시작하여 학교폭력을 예방하고 대처하기 위한 시스템 및 학교폭력 가해·피해학생에 대한 조치 등을 포함하는 일반법이다.「학교폭력예방법」은 시행령과 각종 규칙을 포함하여 법령체계를 이룬다.「학교폭력예방법」은 법의 목적과 학교폭력의 정의, 국가 및 지방자치단체의 책무 등에 관한 일반적 논의를 포함한다. 이와 더불어 학교폭력을 대처하기 위한 조직 구성 및 계획 수립에 관한 사항을 규정하고, 학교가 학교폭력을 예방하고 학교폭력 발생 시 어떻게 가해학생을 선도하고, 피해학생을 보호하는지에 대한 규정들을 포함하고 있다.

「학교폭력예방법」은 학교폭력의 예방과 대책에 필요한 사항을 규정함으로써 피해학생의 보호, 가해학생의 선도·교육 및 피해학생과 가해학생 간의 분쟁조정을 통하여 학생의 인권을 보호하고 학생을 건전한 사회구성원으로 육성함을 목적으로 한다(제1조). 또한 법은 학교폭력의 정의(제2조)를 포함하고 있으며, 학교폭력의 예방 및 근절이 학교만의 노력이 아니라 국가 및 지방자치단체와 학부모 및 지역사회의 역할이 필요함을 규정하고 있다. 학교폭력에 대처하기 위한 국가 및 지방자치단체의 역할을 강조하고(제4조), 장기적인 관점에서 학교폭력을 예방하고 근절하기 위한 계획의 수립 및 시행을 요구하고(제6조) 있다.

법은 정책 추진을 위해 필요한 조직 등(국무총리 소속의 학교폭력대책위원회 제7조와 제8조, 시·도의 학교폭력대책지역위원회 제9조와 제10조, 학교폭력대책지역협의회 제10조의2)을 포함하고 있다. 이와 더불어 지방 교육의 담당자인 교육감에게 직접적으로 학교폭력의 예방과 대책을 시행할 의무를 부과하고 있다(제11조). 교육감은 전담부서 설치, 관내 학교장의 관리의무를 부과하고, 학교폭력으로 인한 학생조치에 대한 실행, 실태조사, 학교폭력의 상담 및 치유 프로그램 운영을 위한 전문기관 설치 등의 역할을 부여받고 있다.

법 제12조부터 학교폭력을 다루기 위한 조직 구성을 기술하고 있는데, 단위학교의 학교폭력자치위원회 설치·기능(제12조, 제18조) 및 구성·운영(제13조), 전문상담교사 배치 및 전담기구 구성(제14조)에 대해 상세히 기술하고 있다. 또

〈표 6-1〉 2012년에 개정된 「학교폭력예방법」의 주요 내용

구분	기존 조항 및 현실적 문제	개정 조항
학교폭력 개념(제2조)	• 학생 간에 발생하는 폭력	• 학생을 대상으로 발생하는 폭력(개념 확대) • '사이버 따돌림'도 학교폭력으로 추가
교육감 역할 확대 (제11조, 11조의2)	• 체계적인 학교폭력 실태조사 부재 • 학교폭력 전문기관 부재 • 학교폭력 사안에 대한 전문적 조사 기능 미흡	• 교육감이 학교폭력 실태조사 연 2회 • 조사·상담·치유 프로그램 운영을 위한 전문기관 설치 근거 마련 • 학교폭력 예방 및 사후 조치를 위한 조사·상담 인력 지정
자치위원회 (제12·13조)	• 자치위원회 운영 미흡 ※ 1교당 0.7회('11년 기준)	• 분기별 1회 이상 자치위원회를 개최하여 위원회 운영 활성화
학교장 책임강화 (제14조, (제20조의5)	• 학내 전담기구에 교감 미포함 • 학교폭력 인지 시 적극적 대응 강제 규정 부재 • 배움터 지킴이, 청원경찰 등 근거 부재	• 학내 전담기구에 교감 포함 및 역할 강화 • 학교폭력을 인지한 경우 지체 없이 전담기구 또는 교원으로 하여금 사실 여부를 확인 • 학생보호인력 배치 근거 마련
교원징계 및 인센티브 (제11조)	• 교원에 대한 징계 및 인센티브 근거 규정 부재	• 학교폭력 은폐, 축소 교원 징계 • 학교폭력 예방에 기여한 교원 가산점 부여 및 포상
예방교육 (제15조)	• 매 학기 학생, 교직원 대상 실시	• 매 학기 학생, 교직원, 학부모 대상 실시
피해학생 보호조치 (제16조, 제17조의2)	• 피해학생이 전학 가는 상황 발생 • 자치위원회의 피해학생 보호조치 시 의견진술 기회 부재 • 가해학생에게 내린 조치에 대해 피해학생·학부모의 이의제기 곤란	• 피해학생 '전학 권고' 규정 삭제 • 피해학생 및 보호자 의견진술 기회 부여 • 가해학생에 대한 조치에 이의가 있는 경우 피해학생과 학부모는 지역위원회에 재심청구 가능
가해학생 조치 (제17조, 제22조)	• 협박 또는 보복행위에 대한 가중조치 규정 부재 • 학교장의 조치에 대해 가해학생이 거부하거나 기피하는 경우 제재수단 부재 • 자치위원회 요청 시 학교장은 30일 이내에 조치 시행 • 가해학생 학부모 특별교육 권고 • 가해학생 학부모 특별교육 강제규정 부재	• 협박 또는 보복행위에 대한 병과 및 가중 조치 • 가해학생이 해당 조치 거부 및 기피하는 경우 추가 조치 가능 • 자치위원회 요청 시 학교장은 14일 이내에 조치 시행 • 가해학생 학부모 특별교육 의무화 • 가해학생 학부모가 특별교육을 미이수하는 경우 300만 원 과태료 부과

출처: 교육과학기술부(2012b).

한 이러한 기관들이 학교폭력을 예방하고 학교폭력 사안이 발생하였을 때 대처법에 대해 규정하고 있다. 학교의 장은 학교폭력 예방교육을 실시(제15조)해야 하며, 학교폭력 피해학생의 보호(제16조, 제16조의2)와 가해학생에 대한 조치(제17조)를 어떤 절차와 기준에 의해 시행해야 하는지를 제시하고 있다. 또한 자치위원회의 결정에 대한 재심청구(제17조의2) 등의 절차도 포함한다.

법 제19조부터 제22조까지는 학교폭력이 발생했을 때의 신고 의무를 학교장과 일반 사람들에게 부과(제19조, 제20조)하고 있으며, 이를 위해 긴급전화의 설치(제20조의2)나 정보통신망의 이용(제20조의4)을 규정하고 있다. 또한 학교보호를 위해 인력의 배치(제20조의5) 및 영상정보처리기기(제20조의6) 사용에 대한 법적 근거를 마련해 주고 있으며, 학교폭력 사안에 대한 비밀엄수를 위해 비밀누설금지(제21조)와 이를 어길 시의 벌칙(제22조)을 포함하고 있다.

3) 2019년 「학교폭력예방법」 주요 개정 사항

2019년 8월 2일 국회를 통과하여 8월 20일에 공포된 법률의 개정 이유는 다음과 같이 제시되어 있다. 학교폭력대책자치위원회 심의 건수의 증가로 담당교원 및 학교의 업무 부담이 증가하고 있고, 학교폭력대책자치위원회 전체위원의 과반수를 학부모대표로 위촉하도록 하고 있어 학교폭력 처리에 전문성이 부족하다는 의견이 제기되고 있다. 또한, 경미한 수준의 학교폭력 사안인 경우에도 학교폭력대책자치위원회의 심의대상이 되어 담당 교원 및 학교장의 적절한 생활지도를 통한 교육적 해결이 곤란한 상황이다. 이에 현재 학교에 두고 있는 학교폭력대책자치위원회를 교육지원청으로 상향 이관하여 학교폭력대책심의위원회를 두고 전체위원의 3분의 1 이상을 학부모로 구성하도록 하고, 2주 이상의 신체적·정신적 치료를 요하는 진단서를 발급받지 않은 경우 등 경미한 학교폭력의 경우 학교의 장이 자체적으로 해결할 수 있도록 한다. 한편, 현재 학교폭력대책지역위원회와 시·도학생징계조정위원회로 이원화되어 있는 피해학생과 가해학생에 대한 재심기구를 행정심판위원회로 일원화하는 등 현행 제도의 운영상 나타난 일부 미비점을 개선·보완하려는 것이다.

2019년 개정된 「학교폭력예방법」의 주요내용은 네 가지로 요약할 수 있다. 첫째, 학교폭력의 예방 및 대책에 관련된 사항을 심의하기 위하여 학교에 두던 학교폭력대책자치위원회를 폐지하고, 교육지원청에 학교폭력대책심의위원회(이하 '심의위원회')를 두도록 하였다(제12조 제1항). 둘째, 학교폭력대책심의위원회는 10명 이상 50명 이내의 위원으로 구성하되, 전체위원의 3분의 1 이상을 해당 교육지원청 관할 구역 내 학교에 소속된 학생의 학부모로 위촉하도록 한다(제13조 제1항). 셋째, 피해학생 및 그 보호자가 심의위원회의 개최를 원하지 아니하는 경미한 학교폭력의 경우 학교의 장은 학교폭력 사건을 자체적으로 해결할 수 있도록 하되, 그 결과를 심의위원회에 보고하도록 한다(제13조의2 신설). 넷째, 학교의 장은 학교폭력 사태를 인지한 경우 지체 없이 전담기구 또는 소속 교원으로 하여금 가해 및 피해 사실 여부를 확인하도록 하고, 전담기구로 하여금 학교의 장의 자체해결 부의 여부를 심의하도록 한다(제14조 제4항 신설).

2019년 개정된 「학교폭력예방법」은 학교폭력에 대한 '엄격한 대응과 처벌 중심의 행정 패러다임'이 '화해와 교우관계 회복 중심의 교육 패러다임'으로 전환되는 의미를 갖는다. 특히 학교폭력에 대한 엄정한 대응을 중심으로 하던 기조에서 엄정한 대응을 유지하되 경미한 학교폭력의 경우에는 처벌보다는 화해와 교우관계 회복에 더 초점을 맞춘다는 정책 의지가 담긴 것이다. 우리나라에서 학교폭력의 수준에 대해 법에 명시되어 있지 않았으나 2019년에 개정된 법에서 제시한 4가지 조건은 경미한 학교폭력을 명시적으로 규정함으로써 그동안 제기되었던 문제를 해결한 것으로 볼 수 있다. 경미한 학교폭력의 법정 조건은 4가지로 제시되었는데, 첫째, 2주 이상의 신체적·정신적 치료를 요하는 진단서를 발급받지 않은 경우, 둘째, 재산상 피해가 없거나 즉각 복구된 경우, 셋째, 학교폭력이 지속적이지 않은 경우, 넷째, 학교폭력에 대한 신고, 진술, 자료제공 등에 대한 보복행위가 아닌 경우라고 할 수 있다. 경미한 학교폭력에 대해서는 학교에서 교육력을 발휘하여 교우관계 회복을 이끌어 낼 수 있을 것으로 기대된다.

2. 학교폭력 관련 정책

1) 중앙정부의 학교폭력 대응 정책의 변동

우리나라에서 학교폭력은 오래 지속되어 왔지만 소수의 관련 학생들만의 문제로 여겨서 학교교육의 중요한 정책 문제로 대응이 이루어지지는 않았다. 정부가 학교폭력의 문제를 정책의 의제로 채택하여 관리하게 된 것은 1990년대라고 할 수 있다. 하지만 이 시기에도 학교폭력 대책은 여전히 소수의 학생들이 관련된 심각한 문제에만 적용되는 것으로 인식되었다. 전환점이 된 2011년의 자살 사건으로 인해 2012년 2월부터는 모든 학생들이 정책의 대상이 되는 변화가 이루어졌다. 2019년 8월에 법령이 개정되면서 새로운 변화의 계기가 마련되었다고 할 수 있다. 학교폭력과 관련된 정책을 3개의 시기로 나누어 살펴보고자 한다(정제영, 2019).

(1) 강력한 폭력에 대한 학교폭력 대응기: 1991~2011년

학교폭력은 오래전부터 지속적으로 발생해 왔다. 학교폭력 이슈에 대응하여 1995년에 김영삼 대통령의 학교폭력 근절 지시로 교육부, 검찰청, 경찰청 등 범정부 차원에서 '학교폭력 예방 및 근절 종합대책'을 발표하였다(고성혜, 이완수, 정진희, 2012). 1997년에는 국무총리 주관 아래 관계부처 합동으로 '학교폭력 예방·근절 종합대책'을 발표하여 추진하였다(박효정, 정미경, 박종효, 한세리, 2006). 교육부는 학교폭력 예방근절대책본부(교육부), 학교폭력 예방근절대책반(교육청), 학교폭력추방위원회(학교)를 구축하는 등 학교폭력 추방 추진체제를 마련하였으며, 행정자치부는 학교 주변의 업소에 대한 인·허가 절차 및 지도를 강화하거나, 대검찰청에서는 '자녀 안심하고 학교보내기운동본부'를 운영하는 등 관계부처들이 각각 학교폭력을 해결하기 위한 대책들을 마련하여 시행하였다. 1999년에는 학생생활지도 업무를 교육청 수준에서 시·도 교육청으로 이양하여 지역 실정에 맞는 세부 추진계획을 수립하고 추진할 수 있도록 하는 한편, 교육부에서는 기본계획을 수립하고 시·도 교육청의 추진상황을 점검하고 평가하는 방식으로 협력체제를 구축하였다.

2000년대 이후 정부는 2004년에 「학교폭력예방법」 및 동법 시행령을 제정하여 시행하는 등 제도적 노력을 하였다. 이러한 노력에도 불구하고 2005년 학교폭력 가해 집단인 '일진회'의 실상이 언론에 노출되면서 사회적으로 주목받는 이슈가 되었고, 학교폭력의 심각성은 여전함이 밝혀졌다. 이에 당시 교육인적자원부에서는 민관 합동으로 '학교폭력 실태조사 기획위원회'를 구성하여 초등학교 4학년부터 고등학교 3학년 13,000명을 대상으로 학교폭력에 대한 설문조사를 실시하였다(박효정 외, 2006). 또한 생활지도 담당교사 800명과 불량서클 등 학교폭력 경험 학생 800명을 대상으로 심층 면담조사를 실시하였으며, 학교 내 CCTV 설치를 통해 학교폭력을 예방하려는 노력을 기울였다.

2005년에는 '제1차 학교폭력의 예방 및 대책에 관한 기본계획(2005~2009년)' 을 수립하여 시행하였다(교육인적자원부, 2005). '제1차 기본계획'의 정책과제는 '첫째, 학교폭력 예방·근절 지원 추진체 운영의 활성화, 둘째, 학교폭력 예방· 근절을 위한 교육 및 지원 강화, 셋째, 교원의 학생 생활지도 전문능력 제고, 넷째, 피해자 보호 및 가해자 선도 강화, 다섯째, 범정부 차원의 사회적 분위기 조성'으로 설정하였다. 제1차 기본계획은 5개의 정책과제에 따라 49개의 세부사업으로 설정하고 추진하였다.

하지만 2007년 초에 중학생들이 연루된 성폭행 사건과 심각한 학교폭력 사건이 연속적으로 발생하였다.[2] 정부는 이에 대한 대응으로 '학교폭력 SOS 지원단'을 구성하고, 전문연구단을 운영하였다(고성혜, 이완수, 정진희, 2012). 학교폭력이 자주 일어나는 학교를 중심으로 주변 지역에 있는 3~5개 학교를 하나로 묶어 학교폭력 전담 경찰관을 배치하는 대책도 이때 마련되었다.

2010년 초에는 중학교를 중심으로 소위 '졸업식 뒤풀이'가 사회적인 이슈로 대두되어 다시 학교폭력에 대한 관심이 높아지는 계기가 되었다.[3] 이에 따라 정부는 「학교폭력예방법」을 개정하였고, '제2차 학교폭력의 예방 및 대책 5개년 기본계획(2010~2014년)'의 시행과 더불어 '배움터 지킴이' 확대 등의 대책을 발표하였다(교육과학기술부, 2010). '제2차 기본계획'은 정책과제를 기존 5개에서 6개로 확대하고, 세부사업은 49개에서 78개로 확대하였다.[4] 제2차 기본계획의 핵

[2] 2007년 3월 15일 중학교 남학생 6명의 성폭행 사건으로, 3월 21일 다른 중학교 남학생 6명이 한 여학생을 여섯 차례에 걸쳐 성폭행하고, 다른 여학생을 상대로 다시 성폭행한 사건이 보도되었다. 3월 30일에는 여중생 5명이 같은 학교 친구가 어울리지 않는다는 이유로 집단폭력을 휘두른 사건이 발생하였고, 중학생이 낀 10대들이 역시 중학생을 야산으로 끌고 가 폭행한 뒤 구덩이에 머리만 내놓게 한 채 파묻는 비행을 저질렀다.

[3] 졸업식 뒤풀이 사건은 2010년 2월에 집중적으로 발생하였는데, 경기도에서 발생한 사건을 예로 들면 한 중학교 출신 고교생 20명이 이 학교 졸업생 15명을 학교 근처 아파트 뒤로 불러내 밀가루를 뿌리고 옷을 모두 벗도록 해 인간 피라미드를 쌓는 졸업 뒤풀이를 강요하였고, 이 장면을 담은 사진 40여 장이 인터넷을 통해 급속히 확산되어 사회적인 문제가 되었다. 또한 하반기에는 초등학교 학생을 대상으로 하는 성폭행 사건이 연이어 발생하면서 장애학생에 대한 특별한 보호가 강조되었다.

[4] 6개의 정책과제를 살펴보면, 첫째, 학교폭력 안전인프라 확충, 둘째, 맞춤형 예방교육 강화, 셋째,

2. 학교폭력 관련 정책

심전략은 맞춤형 예방대책을 강화하고, 학교폭력 무관용 원칙의 적용, 가해 · 피해학생을 위한 전문 진단 · 상담시스템 마련, 단위학교 책무성 강화, 지역사회와 함께하는 학교폭력 안전망을 구축하는 것으로 설정하고 있다.

그동안 학교폭력 관련 정책이 추진된 과정을 살펴보면 사회적으로 커다란 이슈가 된 사건이나 사고가 발생한 이후에 새로운 정책과 제도가 발표되고, 시행되는 과정을 반복해 왔다는 것을 확인할 수 있다(이희숙, 정제영, 2012; Kingdon, 2011). 즉, 심각한 사건의 발생 등으로 학교폭력 문제가 사회적 관심을 받게 되면 정책적 노력이 이루어져 새로운 정책들이 발표되고 집행되지만 점차 정책적 관심이 줄어들면서 일상적인 정책 관리의 문제로 바뀌게 되는 상황이 반복되어 왔다(정제영, 2012b; Sabatier, 1991).

(2) 무관용 원칙의 학교폭력 대응기: 2012~2018년

2011년 말을 기점으로 2012년 이후에는 학교폭력에 대해 범정부적으로 정책적인 노력을 기울였다고 할 수 있다. 2011년 7월에 시작된 학생의 자살은 2011년 12월과 2012년 초에 연속적으로 발생하여 사회적으로 가장 주목을 받는 이슈가 되었다. 2011년 7월 대구지역 중학교 2학년 여학생이 같은 반에 왕따가 있다는 사실을 담임에게 알렸다가 반 친구들에게 추궁당한 후 자살을 한 사건이 발생하였고, 11월에 서울에서 여중생이 학교폭력에 시달리다가 투신자살을 한 사건이 발생하였다. 2011년 12월 이후에도 자살사건이 계속 발생하였는데, 12월 2일에 대전의 여고생, 12월 20일에 대구의 남중생, 12월 25일에는 제주의 여고생, 12월 29일에는 광주의 남중생이 자살을 하였고, 1월 4일에 전북, 1월 16일에 대전에서 학교폭력으로 인한 자살 사건이 연이어 발생하였다.

2011년 말부터 시작된 학교폭력 문제는 정책적으로 큰 영향을 미치게 되었다. 기존 제2차 기본계획의 일정대로라면 2014년까지 시행되어야 한다. 하지만 2011년 말과 2012년 초의 문제 상황에서 정부는 새로운 정책적 대응을 하게 되었다. 2012년 2월 6일 국무총리 주재 학교폭력 관계 장관 회의를 열고 범정부적인 '2 · 6 대책'을 최종 확정하여 발표하였다(관계부처합동, 2012). 3월 14일에는 전국의 초등학교 4학년 학생부터 고등학교 3학년까지의 학생 558만 명 전원을

단위학교의 대응능력 및 책무성 제고, 넷째, 가해자 선도 · 피해자 치유 시스템 질 제고, 다섯째, 존중과 배려의 학교문화 조성, 여섯째, 지역사회와 함께하는 학교안전망 구축 등이다.

대상으로 실시한 '학교폭력 실태 전수조사' 결과를 발표하였고(교육과학기술부, 2012b), 3월 21일에는 「학교폭력예방법」을 개정하였다. 2012년에 발표된 '2·6 대책'은 '학교폭력 없는 행복한 학교'라는 정책 목표를 설정하고, 4개의 직접대책과 3개의 근본대책으로 구성되었다(관계부처합동, 2012).

2013년 7월 23일에 국가 주도의 학교폭력 정책이 보다 현장 중심으로 이루어져야 함을 강조하면서 '현장중심 학교폭력 대책'을 발표하였다. 2014년 12월에는 '제3차 학교폭력 예방 및 대책에 관한 기본계획(2015~2019)'을 발표하면서 5년 단위의 기본계획과 매년 관리되는 시행계획의 체계로 전환되는 계기를 마련하였다. 하지만 시행 첫해인 2015년에는 초등학교에서 여러 가지 유형의 학교폭력이 발생하면서 '초등학교 맞춤형 학교폭력 예방 대책'을 발표하였다. 2017년 여름에 초등학교에서 발생한 사안에 대해 은폐의혹이 발생하면서 이에 대한 조사와 관련 교사에 대한 징계가 이루어지면서 초등학교를 중심으로 경미한 학교폭력에 대해서도 반드시 자치위원회를 개최해야 한다는 인식이 확산되면서 전국적으로 자치위원회 개최 건수가 급증하게 되었다. 2017년 9월에는 부산 여중생 폭행사건이 동영상을 통해 전국적으로 확산되면서 강력한 폭력에 대해 더욱 엄중한 조치가 필요하고, 학교밖 청소년에 대한 폭력 예방이 중요하다는 국민적 공감대가 형성되는 계기가 되었다. 이로 인해 2017년 12월에 '학교안팎 청소년 폭력 예방 대책'을 발표하였고, 2018년 8월에는 '학교안팎 청소년 폭력 예방 보완 대책'을 발표하게 되었다.

2017년 12월 22일에 발표된 '학교안팎 청소년 폭력 예방 대책'은 학교폭력 근절을 위한 예방 노력으로 예방교육 내실화, 위기학생 관리 강화, 학교전담 경찰관 업무정예화, 피해학생 지원, 가해학생 교육, 사안처리 제도 개선을 내세웠다. 다만, 구체적인 방안을 제시하기보다는 중장기적인 방향을 설정하고 이를 실천하기 위한 계획은 추후에 수립하기로 했다. '학교안팎 청소년 폭력 예방 대책'에서는 특히 폭력의 수준에 따라 차별화된 대응이 필요하다는 점을 강조하였다. 특히 「학교폭력예방법」이 다분히 사안에 대해 처벌 조치 중심으로 이루어져 있어서 학교의 교육적 기능을 훼손시키고 학교를 갈등의 장으로 만들어 가고 있다는 점을 문제로 지적하였다. 또한 학교폭력 사안처리 제도가 보다 전문화되고 효율화될 수 있도록 개선하여 학교구성원들의 신뢰를 얻을 수 있는 개선이 필요하다는 점을 강조하였다.

(3) 화해와 교우 관계회복 중심의 정책 전환기: 2019년~

2017년 12월 22일에 발표된 '학교안팎 청소년 폭력 예방 대책'에서 제시하고 있는 「학교폭력예방법」에 대한 문제점들은 학교안팎 청소년 폭력 대책에서 구체적인 방안으로 제시된 것은 단순·경미한 학교폭력에 대한 학교의 재량권 확대, 학생부 기재 방식의 개선, 자치위원회의 전문성 신장 방안, 재심청구의 이원화로 인한 문제의 개선으로 요약해 볼 수 있다. 2012년에 발표되었던 '2·6 대책'의 패러다임을 완전히 바꾸겠다는 것으로 정부의 학교폭력 정책 관련 입장 중에서 매우 중요한 부분의 변경을 예고한 것으로 볼 수 있다.

20대 국회에서 오랫동안 계류해 있던 「학교폭력예방법」 개정안이 마침내 2019년 8월에 개정되었다. 개정된 법의 주요 내용은 학교폭력에 관한 학교의 업무 부담을 줄이고, 공정성을 높이면서 학교의 자체해결 권한을 높이는 것이다. 법 개정으로 2019년 9월 1일부터 학교의 교육적 기능을 회복하기 위한 '학교장 자체해결 제도'가 시행되었다. 행정적 준비가 필요한 3가지 제도적 변화는 2020년 3월 1일부터 시행되는 것으로 하였다. 첫째, 학교의 자치위원회 심의 기능을 교육지원청으로 이관하고, 둘째, 가해학생 및 피해학생이 조치에 불복할 경우 행정심판을 청구할 수 있도록 재심절차를 일원화하고, 셋째, 교육지원청의 심의위원회에서는 학부모 위원을 3분의 1로 하향 조정하여 전문가의 참여를 확대하는 것이다. 이와 함께 법 시행령의 개정을 통해 경미한 학교폭력의 경우 가해학생에 대한 조치를 1회에 한하여 기재하지 않는 방안도 시행되는 것으로 추진되었다.

2) 지방자치단체와 민간단체의 학교폭력 지원

학교폭력대책지역위원회(이하 '지역위원회')는 지역사회 내에서의 학교폭력 예방대책 수립, 상담·치료 및 교육을 담당할 상담·치료·교육기관을 지정할 뿐만 아니라, 학교폭력 예방 대책의 수립과 기관별 협력을 통한 대책 협의를 주도하는 기구다. 따라서 지역위원회는 현재 17개 시·도(광역 단위)에 설치되어 분기별로 1회 이상 회의를 개최하고, 기관별 상호협력·지원방안, 기관별 추진상황 평가 등을 실시하며, 시·도 부지사(부시장) 회의에서 우수 사례 공유 및 운영현황을 점검하는 역할을 하고 있다. 시·군·구 단위(기초 단위)에서는 학교폭력

대책지역협의회(이하 '지역협의회')를 신설하여 운영하고 있다. 지역협의회는 자치단체, 교육지원청, 경찰서, 자율방범대, 자원봉사단체, 녹색어머니회 등 기타 시민단체 등이 참여하는 협의체를 구성하여 지역 밀착형 대책을 수립한다.

시·도 교육감은 학교폭력 예방과 대책을 위한 전담부서를 설치·운영하고, 학교의 장으로 하여금 학교폭력의 예방 및 대책에 관한 실시계획을 수립·시행하도록 할 책임이 있다. 또한 학교폭력이 발생한 때는 해당 학교장 및 관련 학교장에게 그 경과 및 결과의 보고를 요구할 수 있으며, 학교폭력의 실태를 파악하고 학교폭력에 대한 효율적인 예방대책을 수립하기 위하여 학교폭력 실태조사를 연 2회 이상 실시하여야 한다.

시·도 교육청 차원에서 이루어지는 학교폭력 지원 시스템의 핵심은 학교안전통합시스템인 Wee프로젝트라고 할 수 있다. Wee프로젝트는 2008년 12월 17일에 교육과학기술부에서 발표한 '2008~2012 이명박 정부 교육복지 대책'의 추진 과제 중 하나로, 지나친 입시 위주의 학교교육으로부터 소외되고, 가정적·개인적 위기 상황에 있는 학생들을 조기에 발견하여 위기상황으로 인한 청소년 범죄, 학교폭력과 같은 문제를 예방, 해결하고자 '진단-상담-치유'라는 전문적인 원스톱 서비스를 제공하기 위해 설립되었다(정제영, 정성수, 주현준, 이주연, 박주형, 2013; 최상근 외, 2011).

시·도 교육청 수준에서도 독자적인 노력을 통해 다양한 학교폭력 예방 프로그램을 개발하여 학교현장에서 시행하고 있다. 서울특별시의 경우 학교폭력 신고체제인 ONE-STOP 지원센터 운영을 위해 경찰청(117신고센터), 교육청(Wee센터), 서울정신보건센터, 학교폭력피해자가족협의회 등과 협력하고 있다. 또한 학교 내 대안교실 운영(부산시교육청), 학교폭력 예방 교육 연극 '선인장 꽃 피다' 지원 및 확산(대구시교육청), 집단따돌림 피해학생을 위한 '숲 치유 캠프' 운영(인천시교육청), 민주 시민성 함양 교육 강화(광주시교육청), 실천 중심 인성교육 실시(대전시 교육청), 학교폭력 예방교육으로 '수업머리 인성교육' 프로그램(울산시교육청), 언어폭력 예방교육 프로그램으로 '친한 친구 교실 운영'(경기도교육청) 등 다양한 학교폭력 예방 및 근절 프로그램이 지역적 특색에 맞게 운영되고 있다(교육과학기술부, 2012a).

연구기관이나 민간단체에서도 다양한 프로그램을 개발하여 보급하고 있다. 대표적인 학교폭력 예방 프로그램으로 2012년부터 교육과학기술부가 개발하여 보급한 '어울림 프로그램'과 법무부의 지원으로 이화여대 학교폭력예방연구소에서 개발한 '행복나무 프로그램' '다함께 친한친구' '마음모아 톡톡' 등이 있다. 기존에 개발된 프로그램으로는 시우보우 프로그램(서울대학교 발달심리 연구실), 무지개 프로그램(청소년 보호위원회), 내가 바로 지킴이((재)청소년폭력예방재단), 헬핑 프로그램(서울대학교 발달심리 연구실), 작은 힘으로 시작해 봐!(사회정신건강연구소), KEDI 학교폭력 예방 프로그램(한국교육개발원) 등이 있다(정미경, 박효정, 진미경, 김효원, 박동춘, 2008). 또한 민간기업인 다음커뮤니케이션은 '상다미쌤' 상담 프로그램 개발 등 온라인 형태로 학교폭력 문제를 해결하기 위한 노력을 하고 있다(교육과학기술부, 2012a).

3. 해외의 학교폭력 관련 정책

학교폭력 문제는 비단 우리나라에서만 독특하게 일어나고 있는 사회적 문제가 아니라 전 세계가 겪고 있는 심각한 교육문제다. 학교폭력에 관련된 논의들은 1960~1970년대 스칸디나비아 지역(주로 스웨덴과 노르웨이를 포함)에서 시작되어 이후 영국, 일본, 호주와 미국으로 논의가 확장되기 시작했다(Plischewski & Kirsti, 2008).

이렇듯 학교폭력은 미국과 일본 이외의 유럽 국가에서도 광범위한 사회 문제로 인식되고 있으며, 우리나라에서보다 이전 시기에 학교폭력을 예방하기 위한 다양한 정책이나 프로그램이 활용되고 있다. 이 장에서는 선진국 중 미국, 일본, 노르웨이의 학교폭력 예방 시스템을 분석함으로써 우리나라의 학교폭력 예방 및 근절을 위한 정책적 시사점을 도출하고자 한다.

1) 미국의 정책[5)]

미국은 우리나라와 이질적인 사회, 문화, 역사 등을 지니고 있음에도 불구하고 비교연구에서 가장 빈번히 나타나는 국가다. 이는 우리나라 교육이 지향해

---

5) 이하는 박주형, 정제영(2012)의 「한국과 미국의 학교폭력 예방 및 근절관련 법령 및 정책 비교 연구」를 주로 참고하여 정리한 것이다.

야 할 많은 장점을 갖고 있을 뿐만 아니라 우리나라 교육이 겪고 있는 다양한 문제점들을 이미 경험했으며, 이를 극복하기 위한 노력을 오랫동안 지속해 왔기 때문이다. 특히, 50개 주가 각각 교육에 대한 책임을 지고 있으며 약 15,000개의 학교구(school district)가 지방교육자치를 실행하고 있기 때문에 교육문제에 대처하는 다양한 방법의 효과를 분석할 수 있다.

미국에서 학교폭력 문제가 사회적으로 공론화된 과정은 우리나라의 경우와 매우 유사하다. 우리나라에서는 2011년 말 집단따돌림으로 괴롭힘을 당하던 중학생의 자살사건이 학교폭력 문제를 정책 의제화하는 데 큰 영향을 미친 것처럼 미국에서도 1999년에 발생한 콜럼바인(Columbine) 고등학교의 총기살인 사건이 미국 전역을 학교폭력 문제로 고민하게 만들었는데, 특히 학생 간 집단따돌림과 대중매체의 학교폭력에 대한 영향을 생각하게끔 만들었다(Kupchik, 2010). 또한 우리나라와 미국 모두 학교폭력 문제에 대해 적극적으로 대처하고 이를 법으로 규율하고 있다. 하지만 두 국가 간에서의 학교폭력을 예방하고 근절하기 위한 정책적 방안에서는 차이를 보이고 있다.

미국의 학교폭력 실태와 관련한 자료를 살펴보면 2007년도의 전국 대상 학교폭력 조사에서 전체 응답자의 32%가 괴롭힘(bullying)을 당한 경험이 있으며, 4%의 학생은 사이버 괴롭힘을 당했다고 응답하였다(DeVoe & Bauer, 2010). 그리고 2008년 7월부터 2009년 6월의 학교폭력 경험을 보여 주는 조사에 따르면 12~18세 학생들 중 약 12%의 학생이 신체적 폭행, 20%의 학생이 따돌림 피해를 입었다고 보고되었다(고성혜 외, 2012).

미국에서는 학교폭력 대처의 가장 기본적인 단위로 학교를 강조한다. 학교폭력의 개념이 따돌림이나 폭력을 넘어 총기사건이나 살인사건까지 포괄하고 있다는 점에서 학교는 학교폭력에 대처하기 위한 유일한 기관은 아니다. 하지만 '안전한 학교'[6)의 경우 외부 기관과의 연계와 외부 인사들의 전문성을 바탕으로 학교폭력에 대처하고 예방할 수 있는 능력을 가질 수 있다. 안전한 학교는 위기 상태가 심각한 소수 학생을 위한 집중 개입뿐만 아니라, 일부 학생을 위한 조기 개입과 전체 학생을 위한 학교 차원의 기반 조성 능력을 가진다(고성혜 외, 2012).

---

6) 학교폭력 예방 및 개입에 관한 전반적인 계획을 가지고 있고 이를 잘 시행할 수 있으며, 주기적인 평가를 통해 계획을 지속적으로 개선할 수 있는 역량을 가진 학교를 의미한다.

  미국의 경우 교육은 주정부와 지역 학교구 및 단위학교의 책임하에 이루어지기 때문에 연방정부가 교육에 대해 세밀하게 관여하는 경우가 드물다. 그러나 역사적으로 주정부와 연방정부는 법령과 재정 지원을 통해 학교가 학생들의 학습을 위한 안전한 공동체가 되도록 노력해 왔다(Sacco, Silbaugh, Corredor, Casey, & Poherty, 2012). 1990년대 후반부터 학교폭력 근절은 미국교육의 중요한 과제로 인식되었다. 1989년의 '전미교육목표(The National Education Goals)'에서뿐만 아니라 1994년의 개정 「초 · 중등교육법(The Improving America'Schools Acts of 1994)」에도 학교폭력을 줄이기 위한 규정이 포함되어 있다.

  이 법의 일부인 「안전한 학교법(Safe and Drug-Free Schools And Communities Act)」에서는 학교폭력을 높일 수 있는 요인인 마약과 술, 담배 등의 유해물질을 규제하고 있으며, 교사에 대한 교육과 안전한 학교 만들기를 위한 프로젝트 지원 등을 담고 있다. 「안전한 학교법」에 따르면 학교를 질서정연하고 약물 없는 배움의 공간으로 만들기 위한 요건으로 ① 부모 및 시민 참여, ② 학교 단위의 학교폭력근절팀, ③ 학교안전계획, ④ 학교환경의 점검, ⑤ 학생의 적극적 참여, ⑥ 추진 상황의 모니터링 등을 강조하고 있다(고성혜 외, 2012).

  이와 더불어 「학생낙오방지법(No Child Left Behind)」의 4장인 21세기 학교(21st Century Schools)에는 1965년 「초 · 중등교육법」이 담고 있었던 위험한 학교 선택권 즉, 학교폭력이 만연한 학교에 다니는 학생에게 전학의 기회를 부여하고 있다. 또한 연방정부는 학교폭력 예방을 위한 학교단위 프로그램의 개발 및 시행을 위해 다음과 같은 재정적 지원을 하고 있다. ① 건강, 정신건강, 환경건강, 체육 프로그램, ② 약물 및 학교폭력 예방을 위한 주 정부의 프로그램, ③ 약물 및 학교폭력 예방을 위한 연방 프로그램, ④ 인격 및 시민교육 프로그램, ⑤ 정책 및 융합 프로그램 등에 대해 지원을 하고 있다.

  이러한 학교폭력에 관한 법령과 재정적 지원을 바탕으로 주 정부, 학교구 및 단위학교에서 학교폭력을 근절하기 위한 정책을 시행하고 있다. 미국에서도 우리나라와 같이 학교폭력에 대해 무관용 원칙을 적용하고 있다. 학교폭력이 대규모 폭력사건이나 살해사건으로 심화될 수 있기 때문에 아주 낮은 수준의 학교폭력과 학교폭력을 유발할 수 있는 요인들을 사전에 제거하기 위한 정책적 방안이다. 비록 학교폭력 무관용 정책이 학교폭력 현상을 실제로 줄이고 있는지의 여부, 학교폭력 무관용 정책이 학교에서 일관되게 적용되는지의 여부에 대한 논

란은 계속되고 있지만 학교폭력의 심각성을 고려하여 정책적 기조는 유지되고
있다.

2) 일본의 정책

일본은 우리나라가 현재 겪고 있는 학교폭력 문제를 이미 30여 년 전인 1980
년대부터 겪고 있었다. '이지메'로 표현되는 집단따돌림 문제가 심각하게 대두
되었던 것이다. 1986년에 이지메로 인해 중학생이 자살하는 사건이 발생하였
고, 그 학생이 괴롭힘당했던 상황들에 대한 상세한 기록이 공개됨으로써 일본
사회에 큰 충격을 안겨 주었다(Naito & Gielen, 2005). 1980년대 중반에 시작되
어 1990년대 후반까지 이지메로 인해 많은 학생이 자살하면서 학교폭력 문제는
정부의 적극적인 개입이 필요한 사회적인 이슈로 발전하였다(Akiba, LeTendre,
Baker, & Goesling, 2002).

일본에서 특정한 사건이 발생함으로써 학교폭력이 사회문제화된 것은 앞서
논의한 미국이나 우리나라의 경우와 유사하다. 학교폭력의 문제가 특정한 시기
에만 발생하는 것이 아니라 오래전부터 존재해 왔던 문제이지만, 그 문제에 대
한 사회적 인식이 특별한 사건을 계기로 강화되는 과정을 겪었다는 것을 의미한
다. 이와 더불어 일본에서의 학교폭력은 미국에서처럼 총이나 칼 등의 무기 등
에 이루어지는 신체적 폭력으로 인식되기보다는 언어적 폭력이나 관계적 폭력
등으로 인식되고 있다. 약자에 대한 정신적 폭력이나 위협 등이 가장 빈번한 형
태의 학교폭력으로 정의된다. 이로 인해 남학생뿐만 아니라 여학생들이 가해 ·
피해학생이 되는 경우가 많다(Naito & Gielen, 2005).

학교폭력이 집단따돌림, 즉 이지메 현상으로 대표되고 있다는 사실은 일본에
서의 학교폭력이 신체적 폭력을 중심으로 부각되기보다는 정신적 가해행위로
서 집단에 의한 개인의 괴롭힘으로 인식됨을 보여 준다. 일본 문화의 특수성 중
하나인 집단주의에 대한 존중은 피해학생이 특정 집단에서 배제되거나 집단에
의해 괴롭힘을 당할 때 가장 큰 정신적인 고통을 당한다는 것을 보여 준다.

일본에서 학교폭력과 이지메 문제는 어떤 학생이 다른 학생으로부터 심리
적 · 신체적 피해를 입는 것뿐만 아니라 폭력행위, 무단결석, 자살까지도 포괄하
고 있다. 특히, 학생이 교사에게 폭력행위를 하는 것도 학교폭력의 범주에 포함

시키고 있다(정재준, 2012). 일본의 경우 학교폭력 실태조사는 1996년까지는 공립 중·고등학교만을 대상으로 하였으나 1997년부터 공립 초등학교를 포함하였고, 2006년에는 사립학교들도 포함하여 조사하였다(정재준, 2012). 학교폭력 발생 건수를 살펴보는 조사의 기준이 여러 번 변경되었기 때문에 시계열적으로 분석하는 데는 한계를 갖는다.

2006년 이후의 자료를 중심으로 살펴보면 교내폭력은 2009년까지 꾸준히 증가하다가 2010년에 약간 감소한 반면, 이지메의 경우 2006년 이후에는 지속적으로 감소세를 보이고 있다. 문부과학성(文部科學省)(2011)에 따르면 교내폭력의 중요한 특징 중 하나는 중학생이 교내폭력의 절대 다수(71.5%)를 차지하는 반면, 이지메의 경우 초등학생이 전체의 50%를 차지하는 경향이 나타났다(정재준, 2012에서 재인용).

일본에서 이지메 문제가 최초로 사회적 이슈가 된 1980년대 중반에는 이지메를 당한 학생들에 대한 보호가 적절히 이루어지지 않는 상황이었다. 1980년대 중반 이지메로 인해 자살한 중학생의 경우, 자살 이전에 학생의 보호자가 학교와 경찰, 가해학생 학부모에게 문제제기를 하였음에도 불구하고 아무런 보호조치가 이루어지지 않았고, 피해학생이 학교를 떠나야 한다는 강요를 받았다. 많은 피해학생은 교사로부터 버림받았다고 느낄 뿐만 아니라 교사로부터 이지메를 견뎌야 한다는 강요를 받았다. 또한 교사와 교장들 역시 학교와 그들을 보호하기 위해 이지메를 무시하였으며, 학교의 명성을 위해 피해학생을 숨기기에 급급했다. 이러한 학교문화는 이지메의 문제가 개인의 문제가 아니라 학교의 문화 속에서 존재하도록 만들었다(Naito & Gielen, 2005).

일본에서도 우리나라와 유사하게 정부 주도형 학교폭력 예방 및 근절 대책이 시행되고 있다. 중앙정부인 문부과학성의 책임하에 지방 교육위원회의 협력으로 정책을 시행하고 있다(정재준, 2012). 1996년 일본에서는 전문가들이 모여 '학교폭력 문제와 관련된 종합적인 조치들(the Notice of July 1996 on Comprehensive Measures Related to Bullying Problems)'이라는 제목으로 선언문을 채택하였다. 이 선언문에서는 다음 네 가지를 주요 내용으로 포함하고 있다. 첫째, 약한 자를 괴롭히는 행위는 용납될 수 없으며 가해자는 항상 잘못된 것임, 둘째, 가해행위를 그대로 두는 것은 받아들여질 수 없음, 셋째, 학교폭력을 예방하기 위해 모든 교사는 괴롭힘의 문제가 교사의 학생들에 대한 인식과 교사의 생활지도 문제와 관련이 있다는 것을 알아야 함, 넷째, 학교폭력은 가정교육과 밀접하게 관련되어 있으므로 가족은 학생에게 애정과 정신적 지원을 하며 믿음에 근거한 훈육을 시행해야 함을 주요 내용으로 한다(Plischewski & Kirsti, 2008).

최근 일본에서 학교폭력 방지 대책으로 법률을 통해 학교폭력을 예방하기 위한 노력을 명시하고, 학교폭력 발생 시 강력하게 대응하는 방안과 학교의 자체적인 생활지도 노력을 강화시키는 양방향으로 진행되고 있다. 법령 개정과 관련해서는 2000년에 개정된 「아동학대 방지에 관한 법률」의 시행, 「소년법」의 2001년 개정 및 「학교교육법」의 2001년 개정 등이 대표적이다. 「아동학대 방지에 관한 법률」은 학교에 학교폭력에 대한 관찰 의무를 부과하였고, 개정된 「소년법」은 형사법원으로의 역송 가능 연령을 기존의 만 16세 이상에서 만 14세 이상으로 낮추고, 흉악범죄를 행한 청소년과 보호자의 처분을 강화함으로써 학교폭력을 일으키는 학생에 대하여 강력한 처벌을 할 수 있게 하였다.

또한 2003년에 개정된 「학교교육법」은 근본적인 관점에서 학생의 사회성과 인성교육을 위한 다양한 교육적 방법을 활용하여 문제행동에 대응할 것을 요구하였다(김미란, 2008). 2003년의 「학교교육법」 개정은 학교의 질서를 확립하고 다른 학생들의 교육을 위해 다음의 경우 필요에 따라 가해학생에 대한 출석정지를 하도록 허가하였다. 첫째, 학생이 타 학생을 괴롭혀 심리적·육체적 상처를 주거나 재산상의 손실을 입힌 경우, 둘째, 학교 교직원에게 심리적·육체적 피해를 입힌 경우, 셋째, 학교시설을 훼손시킨 경우, 넷째, 수업분위기를 해치거나 수업활동을 방해한 경우 가해학생에 대한 출석정지를 할 수 있다(Plischewski & Kirsti, 2008).

이러한 법률의 정비를 통한 학교폭력 근절 노력과 더불어 일본에서는 학교폭력 문제해결을 위해서 학교가 교장의 리더십 아래 학생들의 활기찬 활동을 위해 올바른 학생지도체제를 확립하는 것을 중요하게 생각한다. 정재준(2012)에 따르면 일본에서의 학교폭력 방지대책의 특징 중 하나는 학생의 문제행동 대책으로 생활지도체제를 개선하는 것을 강조하는 것이다. 이는 일본의 경우 학교폭력의 주된 원인을 가해학생 자신의 생활태도의 문제로 인식하고, 이를 개선함으로써 학교폭력이 해결될 수 있다는 가정에서 출발한다. 제멋대로인 생활을 하고 자기 중심적이고 인내심이 떨어지는 학생, 학습의욕이 부족하고 태만하며 수업 방해를 하는 학생, 어울려 다니는 학생 등이 학교폭력을 행사할 가능성이 높다고 판단하고 있다.

문부과학성(2006)은 학생의 문제행동의 대응을 학교폭력 방지대책으로 삼았다. 학생지도 기준을 명확히 하고 방침에 근거해 학생을 지도하며 학생들의 자율적인 규범의식을 양성하는 방침을 세웠다. 또한 징계처분 및 회복조치를 시행하고 상황에 따라 출석정지제도를 시행함으로써 학교폭력을 줄이려고 하였다(정재준, 2012에서 재인용: pp. 87-88). 학교가 즐거운 곳이 되기 위해서 수업이 쉬워져야 하며 활동을 중시하고 학생 간의 마음을 열고 서로 이해할 수 있는 교육의 실현을 위해 노력하였다. 이와 더불어 학교 차원에서는 교원의 학생지도 능력 향상을 위하여 연수를 실시하였으며, 교육상담가의 배치를 통해 학생의 문제행동의 예방과 조기 대처 체제를 추진하였다(김미란, 2008).

문부과학성은 2012년 9월에 이지메와 학교안전을 위한 종합대책을 발표하였다. 일본 정부에서는 이지메 발생 건수가 지속적으로 감소하고 있지만 최근 놀림, 조롱, 야유 등 사소한 괴롭힘이 지속적으로 반복하는데, 성인들이 발견하기 어려운 새로운 유형으로 음습화(陰濕化)되고 있는 특징을 나타내고 있다고 판단하고 있다. 이에 따라 2012년 대책에서는 네 가지 측면에서 정책을 제시하였는데, 첫째, 학교와 가정, 지역이 하나가 되어 아이들의 생명 보호(자살 예방), 둘째, 학교와 교육위원회의 역할 강화, 셋째, 이지메의 조기 발견과 적절한 대응, 넷째, 학교와 관계기관의 연대 강화 등이다(정제영, 2012a).

3) 노르웨이의 정책

스칸디나비아 지역의 국가에서는 1960년대부터 학교폭력의 심각성을 인식하여 국가적 수준에서 학교폭력을 근절하기 위한 대책을 수립 · 시행하고 있다. 노르웨이를 비롯하여 핀란드, 스웨덴에서는 학교폭력 예방 프로그램이 오래전부터 개발되어 운영되어 왔으며, 그 효과가 입증되어 전 세계적으로 프로그램이 확산되고 있다. 노르웨이의 경우 Olweus의 학교폭력 예방 프로그램(School Bullying Prevention Program)이 대표적이며, 핀란드의 경우 키바 코울루(KiVa Koulu) 프로그램이 국가 전역에 걸쳐 운영되고 있다.

노르웨이는 북유럽 국가로서 종합적인 사회보장제도를 기반으로 사회가 안정적으로 운영되고 있는 국가다. 하지만 노르웨이에서도 1980년대 초반에 따돌림으로 인한 학생의 자살로 학교폭력 문제가 사회적인 이슈로 대두되었다. 이에 대처하기 위해 정부에서는 국가 수준의 캠페인과 국가 차원의 조사 및 프로그램 개발 등을 시행하였으며, 유럽의 주변 국가와의 협력을 통해 학교폭력 문제를 해결하고자 노력하였다(고성혜, 최병갑, 이완수, 2005).

노르웨이의 체계적인 학교폭력에 대한 대처는 기본적으로 학교폭력이 이슈화되기 이전에 진행되어 오던 학교폭력의 실태와 대책에 대한 연구가 있었기 때문에 가능하였다. 베르겐 대학의 교수인 Olweus의 주도로 학교폭력 연구가 진행되어 왔으며, 1982년에 학교폭력 사안이 이슈화된 이후에 진행된 실태 조사 역시 Olweus에 의해 진행되었다. 이와 더불어 베르겐 대학에서는 교사에 대한 학교폭력 대처 연수 프로그램을 시행함으로써 교사들이 학생들을 지도하는 능력을 키워 주고 있다(박효정, 2012).

1983년의 실태조사에서 학교폭력의 가해 경험 학생의 비율이 약 50% 정도였으며, 지속적인 피해경험이 있는 학생 역시 약 15% 정도였다. 2001년의 조사에서는 학교폭력을 주 1~2회 이상 경험한 학생이 10세의 경우 12.5%, 11세의 경우 11%였으며, 13세는 약 10%로 나타나서 학교폭력 문제가 상당히 해결되고 있는 것으로 조사되었다.

노르웨이는 교육법에 교육기관의 직원이나 학생들 모두가 폭력에 노출되거나 폭력적 언어로 위협받지 않을 권리를 부여하고 있다. 2002년부터 시행된 메니페스토 운동의 영향으로 교육법에 안전한 학교환경에서 교육받을 학습자의 권리를 보장하고 이를 실현하기 위한 학교와 교사의 법적 책임이 규정되었다. 모든 학생이 학교폭력, 괴롭힘 및 인종적 차별을 겪지 않도록 해야 하며, 이러한 상황이 발생하였을 경우 학교 교직원들은 해당 문제의 해결을 위해 학교장과 함께 노력해야 함을 분명히 하였다(박효정, 2012).

기본적인 학교폭력 예방 의지를 공고히 하기 위해 노르웨이는 1983년부터 전국적인 학교폭력 추방 노력을 실시하고 있다. 또한 1999년 학교 단위 갈등 중재 활동과 괴롭힘 예방 프로그램의 시행 등을 기초로 한 학교폭력 프로그램을 시행하고 있다(고성혜 외, 2005). 또한 노르웨이에서는 학령기 이전부터 학교폭력 예방교육을 시행하고, 초등학교 저학년 때 집중적으로 학교폭력을 방어할 수 있는 다양한 능력들을 배양하기 위한 교육을 받기 시작한다.

노르웨이에서 학교폭력의 예방은 교육과정 전반에 걸쳐 다뤄지고 있다. 학교폭력 예방을 위한 특별 프로그램이 진행될 뿐만 아니라 학생들에게 스포츠, 문화, 예술 활동 등의 다양한 프로그램을 경험하게 함으로써 학교폭력을 예방할 수 있는 학생들과의 소통이나 협동 능력을 배양하는 데 관심을 기울이고 있다. 또한 초등학교 저학년 때부터 기본적인 인성교육을 실시함으로써 상호존중이나 인간존중 정신을 키우고 있다. 예컨대, 2002년부터 진행된 '학교의 가치들(Values in Schools)'운동을 통해 학교에서의 가치의 문제를 논의하고 실천할 수 있는 기회를 제공하고 있다(박효정, 2012).

이와 더불어 노르웨이에서 학교폭력은 학생과 학교의 문제뿐만 아니라 학부모와 사회의 책임이라는 인식이 받아들여지고 있다. 이러한 관점에서 가정교육이 중요시되고 있으며, 사회 역시 학교폭력의 해결을 위해 국민적 공감대 형성과 미디어의 활용 및 정부 최고위층의 관심 등의 형태로 학교폭력을 해결하기 위한 노력을 기울이고 있다.

하지만 이러한 노력에도 불구하고 최근까지도 노르웨이에서 학교폭력은 근절되고 있지 않다. 학교폭력이 점차 은밀한 형태로 진행되고 있으며, 심리적이고 음성적인 형태로 따돌림이 시행되고 있다고 보고되었다(박효정, 2012). 이러한 문제의식에 기초해 정부는 학교폭력을 근절하기 위한 새로운 노력을 기울였다. 2000년 교육연구부(Department of Education and Research)와 아동가족부(Department of Children and Family Affairs)에서는 Olweus의 학교폭력 예방 프로그램을 수년간에 걸쳐 초등학교와 중학교에서 시행하기로 하였다. 또한 2003년부터는 스타방에르(Stavanger) 대학의 행동연구센터에서 개발된 제로(Zero) 프로그램이 전국 단위로 실시되었다(Munthe, Solli, Ytre-Arne, & Roland, 2004). 이 프로그램들은 학령기 이전의 교육기관에서 학교폭력 교육이 강조되어야 하며 학교뿐만 아니라 학부모, 지역사회 등의 다양한 노력이 필요하다는 것을 다시금 일깨워 주었다.

4. 학교폭력 대응 정책 추진 방향

학교폭력의 문제는 우리나라뿐만 아니라 전 세계적인 문제이며, 단순히 현재의 문제가 아니라 공교육 체제가 확립되고 초·중등교육이 의무 교육화되면서 발생하기 시작한 문제이다. 미국, 일본, 노르웨이의 학교폭력 근절 노력을 살펴보면 우리나라에서 시행하고 있는 학교폭력 예방 정책과 매우 유사한 노력들임을 알 수 있다. 특히, 일본의 경우에는 국가 중심적으로 법률에 근거한 다양한 정책들이 시도되고 있다는 점에서 우리나라의 상황과 매우 유사하다.

해외의 사례들은 학교폭력 예방과 근절을 위한 새로운 시사점을 제시해 주기보다는 현재 우리나라에서 시도되고 있는 다양한 노력들이 일관적이고 강력하게 시행되어야 한다는 점을 보여 준다. 해외 사례를 통해 우리나라의 학교폭력 근절 노력에 주는 시사점을 도출하면 다음과 같다.

첫째, 학교폭력 문제는 사전적인 예방을 통해 미연에 방지되어야 한다. 학교폭력이 발생한 후에 적절한 절차를 통해 피해학생 보호나 가해학생에 대한 강력한 처벌과 효과적인 선도는 필요한 것이지만, 피해행위가 발생한 후에 교우관계를 회복하는 것은 매우 어려운 일이라는 점에서 학교폭력에 대한 가장 큰 정책적 우선순위는 예방에 두어야 한다.

둘째, 학교폭력은 개인뿐만 아니라 가정, 학교와 사회의 종합적인 노력을 통해 예방되고 근절되어야 할 문제이다. 학교폭력의 대부분은 학교를 중심으로 발생하고, 학교에서의 관계에 의해 시작되기 때문에 학교의 역할은 매우 중요하다. 또한 학교는 학생들이 초기 성장단계에서부터 청소년 성장단계에서 가정과 함께 가장 많은 시간을 보내는 장소다. 가정의 기능이 약화되고 사회성이나 인성 등의 발달에 있어서 학교의 역할이 중요하다는 점을 고려할 때, 학교가 학교폭력을 예방하고 근절하기 위한 가장 핵심적인 역할을 해야 한다. 하지만 해외 사례와 현재 우리나라의 학교폭력 근절 대책에도 반영되어 있듯이 학교만의 힘으로는 학교폭력 예방이 매우 어려운 상황이다. 지역사회와의 다양한 연계, 가정과의 연계 등을 통해 학교폭력 예방활동이 적극적으로 이루어져야 한다.

셋째, 학교폭력을 근절하기 위해서는 장기적 관점에서 접근해야 한다. 학교폭력의 문제는 단순히 학교폭력의 현황을 분석하고 학교폭력의 예방 및 위험요인을 분석함으로써 해결될 수 있는 것이 아니라, 학교폭력을 발생시킬 수 있는 개인적 · 집단적 · 사회적 요인들을 종합적으로 분석해야 한다. 또한 종합적이고 철저한 연구를 기반으로 한 학교폭력 예방 프로그램을 개발해야 할 필요성이 있다. 노르웨이의 사례처럼 30년 이상 학교폭력에 대한 연구가 축적되어 있는 연구기관을 통해 예방 프로그램이 개발되고, 오랜 기간의 평가를 통해 실질적으로 학교폭력을 줄일 수 있다고 효과성이 검증된 프로그램이 학교현장에서 제대로 시행될 때 학교폭력 예방의 효과가 발휘될 수 있을 것이다.

학교폭력 예방 정책이 효과를 거두기 위해서는 학교현장을 중심으로 한 끊임없는 노력이 필요하다. 아무리 훌륭한 제도가 있어도 학교에서 활용되지 않으면 긍정적인 효과를 기대하기 어렵다. 학교폭력의 원인은 매우 다양하기 때문에 이에 대한 처방과 대책도 다양할 수밖에 없다. 따라서 개별적인 사안에 대한 처방과 조치는 학교현장에서 전문적 관점으로 이뤄져야 한다.

학교폭력 예방이 잘되고 있는 학교들의 특징을 보여 주는 핵심 키워드는 '학생이 주체가 되고, 학교 내 활동이 중심이 되며, 일회성이 아닌 지속적인 학교폭력 예방활동이 이루어지고, 인성교육 중심의 학교문화를 만들어 내는 것'이라고 할 수 있다. 이를 위해서는 학교 공동체 구성원들의 소통과 협력이 가장 중요한 요인이라 할 수 있다. 학교폭력 문제해결의 기본 원칙은 '학생의 교육적 회복과 성장적 접근'이 되어야 한다. 학교는 학교폭력 예방을 위해 적극적으로 관심을 기울이고, 사안이 발생했을 때는 피해학생에 대한 보호조치를 우선적으로 시행하며, 가해학생에게도 교육적 회복의 기회를 최대한 제공해야 한다.

학교폭력 예방을 위해서는 교육지원청과 시 · 도 교육청, 교육부 등 관계 기관과 지역사회의 전문 기관들의 적극적 지원도 필수적이다. 학교폭력을 예방하고, 학생 모두가 안전한 학교를 만들기 위해 학교를 중심으로 정부와 민간단체, 학계 등 사회 각계의 힘을 결집해야 한다.

토론주제

1. 우리나라의 학교폭력 관련 정책에서 학교폭력 가해학생에 대한 조치를 학교생활
   기록부에 기재하는 것은 중요한 이슈가 되고 있다. 이에 대해 다양한 설문조사가
   실시된 바 있고, 찬반 토론이 이루어졌는데, 이에 대해 조사해 보고 본인의 의견
   을 제시해 봅시다.

2. 미국, 일본, 노르웨이의 학교폭력 예방 정책을 살펴보았는데, 인터넷 등을 통해
   서 다른 나라의 사례도 찾아보고 유사점과 차이점에 대해 토론해 봅시다.

3. 현재 추진 중인 학교폭력 예방 정책을 살펴보고, 현장에서 더 효과적으로 활용될
   수 있도록 개선될 필요가 있는 부분에 대해 토론해 봅시다.

참고문헌

고성혜, 이완수, 정진희(2012). 국내 · 외 학교폭력 관련 정책 연구. 서울: 교육과학기술부.

고성혜, 최병갑, 이완수(2005). 학교폭력 피해자 치료 · 재활 및 가해자 선도의 효율성 방안 연
　　구. 서울: 교육인적자원부.

관계부처합동(2012). 학교폭력근절 종합대책.

관계부처합동(2013). 현장중심 학교폭력 대책.

교육과학기술부(2010). 제2차 학교폭력의 예방 및 대책 5개년 수정 기본계획(2010~2014년).

교육과학기술부(2012a). 학교폭력 관련 시 · 도 교육청 정책 추진 상황. 내부자료.

교육과학기술부(2012b). 학교폭력예방 및 대책에 관한 법률 및 시행령. 내부자료.

교육인적자원부(2005). 제1차 학교폭력의 예방 및 대책 5개년 수정 기본계획(2005~2009년).

김미란(2008). 일본의 학교폭력 위기개입 정책. 문용린, 임재연, 이유미, 강주현, 김태희,
　　김충식, 김현수, 김영란, 이정옥, 박종효, 이진국, 신순갑, 최지영, 김미란, 리하르
　　트 컨더, 최정원, 장맹배, 이기숙, 김미연, 홍경숙, 장현우 공저, 학교폭력 위기 개입
　　의 이론과 실제(pp. 271-294). 서울: 학지사.

문용린, 이승수(2010). 학교폭력의 현황과 과제. 서울: 한국교육개발원.

박병식(2006). 학교폭력 예방에 대한 법과 정책. 문용린, 김준호, 임영식, 곽금주, 최지영, 박병식, 박효정, 이규미, 임재연, 정규원, 김충식, 이정희, 신순갑, 진태원, 장현우, 박종효, 장맹배, 강주현, 이유미, 이주연, 박명진 공저, 학교폭력 예방과 상담(pp. 113-134). 서울: 학지사.

박효정, 정미경, 박종효, 한세리(2006). 학교폭력 대처를 위한 지원체제 구축 연구. 서울: 한국교육개발원.

박효정(2012). 노르웨이의 학교폭력 실태와 대책, 그리고 한국교육에의 시사점. 서울: 한국교육개발원.

박효정 외(2006). 학교폭력 예방 및 대처를 위한 지원체제 구축 및 운영 방안 연구. 서울: 한국교육개발원.

오경식(2009). 학교폭력 예방을 위한 법제도적 분석과 개선방안. 소년보호연구, 12, 181-218.

이희숙, 정제영(2012). 학교폭력 관련 정책의 흐름 분석: Kingdon의 정책흐름모형을 중심으로. 한국교육, 39(4), 61-82.

정미경, 박효정, 진미경, 김효원, 박동춘(2008). 학교폭력 예방 프로그램 적용효과 분석 연구. 서울: 한국교육개발원.

정재준(2012). 학교폭력 방지를 위한 한국·일본의 비교법적 연구. 부산대학교 법학연구, 53(2), 79-108.

정제영(2012a). 일본의 학교폭력 문제에 대한 토론. 2012 국제 교과서 심포지엄 자료집(pp. 273-280).

정제영(2012b). 학교폭력 관련 교육의 현황과 과제. 제61차 한국교원교육학회 학술대회 자료집(pp. 103-124).

정제영(2019). 학교폭력 예방 대책과 법의 관계 및 개선 과제. 대한교육법학회 학술대회 자료집. (pp. 167-190).

정제영, 정성수, 주현준, 이주연, 박주형(2013). 학교폭력 피해 및 가해학생 교육·치료지원 프로그램 운영 지원 연구. 대구: 대구광역시교육청.

정제영, 한유경, 김성기, 박주형, 선미숙(2018). 학교폭력 현안 및 변화 양상 분석. 서울: 한국교육개발원.

조균석(2014). 학교폭력 예방 및 대책에 관한 법률 개정 방안 연구. 서울: 이화여자대학교 학교폭력예방연구소.

조균석, 정제영, 장원경, 박주형(2012). 학교폭력 근절을 위한 법령해설 및 체제 연구. 서울: 이화여자대학교 학교폭력예방연구소.

최상근, 김동민, 오인수, 신을진, 김인규, 이일화, 이석영, 최보미(2011). Wee프로젝트 운영 성과 분석 및 발전계획 수립 연구. 서울: 한국교육개발원.

日本 文部科學省(2006). 生徒指導制の在り方について, 調査研究報告書(概要)－規範意識

の釀成を目指して一.

日本 文部科學省(2011). 平成22年度 童生徒の 問題行動等 生徒指導上の 諸問題に關する 調査▓について, 平成23年, 文部科學省初等中等敎育局兒童生徒課.

Akiba, M., LeTendre, G. K., Baker, D. P., & Goesling, B. (2002). Student victimization: National and school system effects on school violence in 37 nations. *American Educational Research Journal, 39*(4), 829-853.

DeVoe, J. F., & Bauer, L. (2010). *Student victimization in U.S. schools: Results from the 2007 School Crime Supplement to the National Crime Victimization Survey* (NCES 2010-319). Institute of Education Sciences, U.S. Department of Education. Washington, DC: National Center for Education Statistics.

Kingdon, J. W. (2011). *Agenda, alternatives, and Public Policies* (2nd ed.). Washington, DC: Pearson.

Kupchik, A. (2010). *Homeroom Security: School Discipline in an Age of Fear.* New York, NY: New York University.

Munthe, E., Solli, E., Ytre-Arne, E., & Roland, E. (2004). *Taking fear out of schools.* University of Stavanger, Center for Behavioural Research.

Naito, T., & Gielen, U. P. (2005). Bullying and ijime in Japanese schools: A sociocultural perspective. In T. F. Denmark, H. H. Krauss, R. W. Wesner, E. Midlarsky & U. P. Gielen (Eds.), *Violence in schools: Cross-national and cross-cultural perspectives* (pp. 169-190). New York: Springer.

Olweus, D. (1993). *Bullying at School: What We Know and What We Can Do.* Malden, MA: Blackwell Publishers.

Olweus, D. (1994). Building at School: Basic Facts and Effects of a School Based Intervention Program. *Journal of Child Psychiatry, 35*, 1-10.

Orpinas, P., & Horne, A. M. (2006). *Bullying Prevention: Creating a Positive School Climate and Developing Social Competence.* American Psychological Association.

Phipps, A. S., Barnoski, P., & Lieb, R. (1999). *The comparative costs and benefits of programs to reduce crime: a review of national research findings with implications for Washington state.* Olympia: Washington State Institute for Public Policy.

Plischewski, H., & Kirsti, T. (2008). *Policy overview of school bullying and violence among 8 members of the SBV network.* International Network on School Bullying and Violence.

Sabatier, P. A. (1991). Toward Better Theories of the Policy Process. *Political Science* and Politics, 24(2), 147-156.

Sacco, D. T., Silbaugh, K., Corredor, F., Casey, J., & Doherty, D. (2012). *An Overview of State Anti-Bullying Legislation and Other Related Laws*. Cambridge, MA: Berkman Center for Internet & Society, Harvard University.

Shaw, M. (2004). *Comprehensive approaches to school safety and security: An international view*. Montreal, QC: International Center for Prevention of Crime.

국가법령정보센터 http://www.law.go.kr

국회사무처 http://nas.na.go.kr

제7장

학교차원의 학교폭력 정책

학교차원의 학교폭력 정책은 상급기관의 정책과 일관성 있게 추진되어야 한다. 따라서 이 장에서는 우선, 단위학교에서 학교폭력 정책수립을 위한 정부와 시·도 교육청의 학교폭력에 관한 정책을 살펴볼 것이다. 다음으로, 학교폭력 예방은 물론, 학교폭력의 효과적인 대처를 위한 학교차원의 협력체인 '학교폭력 전담기구'와 학교폭력 사안의 학교장 자체해결이 가능한 '학교장 자체해결제'에 대해 알아볼 것이다. 마지막으로, 학교차원에서 학교폭력 예방교육 및 프로그램을 실시할 수 있는데, 이러한 프로그램은 단위학교의 실정과 특성에 맞추어 개발 및 운영되어져야 한다. 이러한 맥락에서 학교폭력 예방 프로그램 우수사례를 통해 학교차원에서 할 수 있는 다양한 노력에 대해 살펴볼 것이다.

1. 교육부와 시·도 교육청의 학교폭력 정책

1) 교육부의 학교폭력 정책

교육부는 최근(2020년 1월) 제15차 학교폭력대책위원회의 심의·의결을 거쳐, '제4차 학교폭력 예방 및 대책 기본계획'을 발표하였다. 제4차 기본계획은 정부가 관계부처 합동으로 2005년부터 3차(1차: 2005~2009년, 2차: 2010~2014년, 3차: 2015~2019년)에 걸쳐 '학교폭력 예방 및 대책 기본계획'을 시행하고 나타난 성과와 한계를 바탕으로 수립되었다. 제4차 학교폭력 예방 및 대책 5개년 기본계획에서는 '모두가 함께 만드는 행복한 학교'라는 비전과 함께 세 가지 정책목표를 제시하였다. 정책목표에는, 첫째, 존중과 배려가 가득한 학교문화, 둘째, 적극적 보호와 교육으로 신뢰받는 학교, 셋째, 민주시민의 성장을 돕는 가정과 사회 조성이 포함되었다. 또한 이러한 정책목표를 효과적으로 달성하기 위해 5대 정책영역과 함께 14개 추진과제를 선정하였다. 5대 정책영역을 중심으로 이에 해당하는 구체적인 추진과제를 살펴보면 다음과 같다.

(1) 학교공동체 역량 제고를 통한 학교폭력 예방 강화

우선, 학교·학급 단위의 학교폭력 예방교육을 내실화하기 위해 일회성 교육이 아닌 교과수업을 통한 예방교육 프로그램(교과연계 어울림 프로그램)을 확대한다. 또한 학교폭력 예방교육 컨설팅, 교사 학습공동체 운영지원 등 교원을 대상으로 다양한 예방교육 역량 강화방안을 마련한다. 다음으로 학생 참여·체험 중심의 학교폭력 예방활동을 확대한다. 학생 스스로 또래학생을 상담하여 학교폭력을 예방하는 또래상담학교와 또래상담 동아리 운영을 내실화하고 학생들의 토론·참여를 통해 학교 내 다양한 문제를 스스로 해결할 수 있도록 '학생 자치 법 교육 프로그램'을 확산하는 등 체험·참가형 프로그램을 확대한다. 그리고 학교폭력 유형·추세 대응 예방활동 강화를 위해 유아 및 초등학생의 사회·정서역량 함양 교육을 강화하고 사이버 상의 공감·의사소통 등 사이버폭력 예방역량 배양에 중점을 둔 초·중등 맞춤형 '사이버 어울림' 프로그램을 모든 초·중·고에 확산하여 적용한다. 마지막으로 전사회적 협력을 통한 학교폭력 예방 문화 조성을 위해 민·관협력 기반의 학교폭력 예방활동을 확대하고 유관기관 지원을 통한 언어폭력·사이버폭력에 대한 예방을 강화한다.

(2) 학교폭력에 대한 공정하고 교육적인 대응강화

학교폭력 조기 감지 및 대응체계 강화를 위해 담임교사의 학기 초 학교폭력 징후파악 지원 등 학교폭력 조기 감지체계를 구축하고 학교 안팎 자원을 활용한 학교폭력 조기대응을 강화한다. 이를 위해 117 신고·상담센터의 신고·상담 기능을 지속적으로 개선하고 홍보한다. 다음으로 학교의 교육적 해결역량 제고를 위해 '학교의 장의 자체해결제' 정착을 지원하는 한편, 맞춤형 '관계회복 프로그램' 개발·보급과 교원의 학생상담 역량 배양을 통해 학교의 교육적 대응역량을 강화한다. 그리고 학교폭력 업무담당 교원의 학교폭력 전담여건 조성을 위해 학교폭력 업무담당 교원의 수업시수 경감 제도화를 추진하고 생활지도 분야 '수석교사제' 도입을 적극적으로 검토한다.

(3) 피해학생 보호 및 치유 시스템 강화

피해학생 보호 및 치유시스템 강화를 위해 우선적으로 피해학생 맞춤형 보호·지원체계를 강화한다. 여기에는 피해발생 초기 교원 간 협력강화를 위해, 전문상담(교)사, 담임교사, 업무담당 교사 등의 명확한 역할부여를 위한 연구, 직무분석을 추진하고 피해학생 특성·상황 맞춤형 초기 보호·지원 모델을 개발하여 보급한다. 또한 피해학생 가족 대상의 초기 심리치유지원을 위해 건강가정지원센터(여가부)와 위(Wee)센터를 적극적으로 활용한다. 피해학생 상황을 고려한 맞춤형 지원 제공의 일환으로 찾아가는 상담서비스를 제공하고 피해학생·보호자 대상으로 무료 법률지원을 적극적으로 제공한다. 다음으로 사후지원 강화 및 학교 안팎 협력체계를 구축한다. 이를 위해 지역별 교육복지센터, 청소년 안전망, 정신건강보건센터 등 피해학생 사후지원을 위한 외부기관 연계를 강화한다. 그리고 스마트폰 기반 상담 프로그램 '상다미쌤(열린의사회)', 학교폭력피해자 지원기금을 통한 피해자 통합지원(푸른나무 청예단) 등 민·관 협력 피해학생·보호자 지원 시스템을 지속적으로 운영한다.

(4) 가해학생 교육 및 선도 강화

중대한 학교폭력 발생 시 피·가해학생 분리방안 마련과 같은 조기개입체계를 마련하고 가해학생 교육·선도 내실화를 위해 가해학생 조치별 실효성을 제고한다. 예를 들어, 교내·사회봉사 일수, 특별교육 시수 미충족 등 가해학생 조치 거부·기피 시 추가조치를 부과하여 가해학생 교육·선도 효과를 제고한다. 또한 보호자의 책무성 강화를 통한 가해행위 재발방지를 위한 보호자 대상 특별교육 프로그램과 이수방안을 다양화한다. 특히, 가해학생 특별교육 내실화에는 특별교육기관 관리 강화 및 확대를 추진하고 특별교육기관의 질 관리에도 신경을 쓴다. 또한 재발방지를 위한 가해학생 사후관리 강화의 일환으로 교원의 협력, 그리고 외부기관 연계를 통한 가해학생 대상 집중관리를 실시한다. 중대한 학교폭력 가해학생에 대해 엄정하게 대처하기 위해 소년법 적용사건 수준의 학교폭력 대응을 위한 전문인력을 운영하고 중대한 학교폭력 가해학생의 경우, 사법조치 후 교육·선도를 통한 재발방지를 추진한다.

(5) 전사회적 학교폭력 예방 및 대응 생태계 구축

학교폭력 예방 및 대응 생태계 구축을 위해 우선, 가정의 교육적 역할을 강화한다. 이를 위해 부모-자녀 관계 강화를 위한 부모교육을 강화하고 학교폭력 예방을 위한 부모교육을 내실화한다. 학부모 대상 학교폭력 예방교육 활성화를 위한 온·오프라인 교육을 운영하고 학교폭력 예방 부모교육 참여자에게 국립중앙박물관·국립현대미술관 무료입장을 제공하는 등 교육 참여유인 체제를 구축한다. 다음으로 지역사회의 역할 및 책무성을 강화한다. 이를 위해 유관기관 협력체계를 활성화하고 학생안전환경 구축 및 관리를 강화한다. 특히, 우범·취약지역, 학교 주변 유해환경, 폭력발생지역 등을 중심으로 교육청에서 '교육환경보호구역'을 설정하고 학교·경찰·지자체와 정기적으로 합동점검을 실시한다. 마지막으로 전사회적 대응체계 강화 및 대국민 인식제고를 위해 힘쓴다. 이를 위해 범부처 학교폭력 예방 및 대응체계를 활성화하고 대국민 학교폭력 예방캠페인 및 홍보를 적극적으로 실시한다.

2) 시·도 교육청의 학교폭력 정책

경기도교육청은 '2013 경기학생 생활·인권교육 기본계획'을 통해 학교폭력 예방 및 근절에 관한 대책을 발표하였다. 학교폭력 예방 및 근절을 위한 지속적이고 체계적인 활동으로 학생의 인권존중 및 안정적인 학교풍토를 조성하여 한다는 취지 하에 최근 학교폭력의 특징을 토대로 세부 추진 사항을 다음과 같이 정하였다.

(1) 학교폭력근절을 위한 주요 실천사항

학교의 장은 학교폭력 가해학생에 대해 즉시 출석정지 조치를 취하고 교사는 매 학기 1회 이상 학생과 1:1 면담을 실시하며, 면담결과를 학부모에게 통지하는 등 학교장과 교사의 역할 및 책임을 강화하였다. 또한 도교육청 및 학교단위에서 학교폭력 실태를 조사하여 이를 분석하여 학교폭력 사안별 처리방안 및 예방대책 마련을 위한 기초자료로 활용하고 117 학교폭력신고센터를 운영하도록 한다. 교육전반에 걸쳐 인성교육을 실천하고 가정과 사회의 역할을 강화하며 게임·인터넷 중독 등 유해요인을 사전에 차단하도록 하였다.

(2) 학교폭력 예방 체제 구축

학교폭력 예방 대책 전담기구를 설치하여 학교폭력 사안에 대해 집중적으로 다루며 학교의 장은 교사 중 학교폭력 문제 담당 책임교사를 선임하여 학교폭력 예방 및 대책을 위한 학교 체제 구축에 관한 사항을 총괄하도록 한다. 학교폭력 전담기구는 교감, 책임교사(학교폭력문제 담당교사), 전문상담교사, 보건교사 등으로 구성하고 학교폭력과 관련한 신고 접수, 사안조사, 실태조사, 학교폭력 예방 등의 업무를 전담한다. 또한 학교폭력 신고 의무제를 홍보한다.

〈표 7-1〉 학교폭력 신고 의무

「학교폭력 예방 및 대책에 관한 법률」제20조(학교폭력의 신고의무)
　① 학교폭력 현장을 보거나 그 사실을 알게 된 자는 학교 등 관계기관에 이를 즉시 신고하여야 한다.
　② 제1항에 따라 신고를 받은 기관은 이를 가해학생 및 피해학생의 보호자와 소속 학교의 장에게 통보하여야 한다.

③ 제2항에 따라 통보받은 소속 학교의 장은 이를 자치위원회에 지체 없이 통보하여야 한다.

④ 누구라도 학교폭력의 예비 · 음모 등을 알게 된 자는 이를 학교의 장 또는 자치위원회에 고발할 수 있다. 다만, 교원이 이를 알게 되었을 경우에는 학교의 장에게 보고하고 해당 학부모에게 알려야 한다.

⑤ 누구든지 제1항부터 제4항까지에 따라 학교폭력을 신고한 사람에게 그 신고행위를 이유로 불이익을 주어서는 아니 된다.

(3) 학교단위 예방 프로그램 운영

학생들의 접근이 쉬운 장소에 학교폭력 상담실을 설치하여 운영하고 학생, 학부모, 교직원 대상 학교폭력 예방교육 계획을 수립하여 실시한다. 학교폭력 관련 전문단체와 연계하여 교육을 실시하여 학교폭력 문제에 대한 심각성을 알리고 이에 대한 경각심을 제고한다. '학교폭력 추방의 날' '친구사랑주간' 등 학교별 자체계획을 수립하여 특색 있는 학교폭력 예방 프로그램을 운영한다. 이때 친구사랑 학예행사, 친구사랑 캠페인 활동, 관계기관의 전문 강사 초빙을 통한 다양한 프로그램을 운영할 수 있다.

(4) 학교 지원 활동을 통한 학교폭력 예방

학교폭력 전담경찰제를 운영하여 학교폭력 예방 활동을 전개하고 학교폭력 관련 사안 및 민원 해결을 지원하며 학교폭력 피해자 보호와 가해학생 선도 및 추수지도의 역할을 담당하도록 한다. 또한 학교 부적응 학생 및 학교폭력 가해 · 피해학생에게 상담서비스를 제공하기 위해 전문상담교사를 배치하여 운영하고 학생상담자원봉사자와 '배움터 지킴이'를 적극 활용한다.

(5) 학교폭력 피해학생 보호

학교폭력 피해학생에게 신체적 치료 및 정신적 안정을 위한 상담과 휴식시간을 부여하고 학교에 등교하지 못하는 경우에는 출석으로 인정한다. 피해학생 맞춤형 행동 치유 프로그램과 학교폭력 피해자 가족 캠프 등을 운영한다.

(6) 어울림 학교 운영(학교폭력 피해학생 장기 위탁 프로그램)

학교폭력 피해학생 및 부적응학생의 치유를 통한 학교적응력 신장 및 학업중단 예방을 위해 희망자 신청을 받아 외부 전문기관에 위탁하여 프로그램을 운영한다. 학생의 자존감 향상과 학교적응력 신장에 중점을 둔 체험중심으로 운영한다.

(7) 치유, 회복, 소통, 공감의 '상생 프로그램' 추진

회복적 정의의 관점에서 학교폭력 가해학생에 대한 처벌 위주의 지도에서 피해학생과 가해학생 및 해당 학부모의 관계회복을 통한 건전한 민주시민 육성을 목적으로 이들이 함께 단위학교 '갈등해소모임'을 구성하고 운영하도록 한다.

(8) 관계기관 연계 학교폭력 예방 프로그램 운영

'우리아이 학교폭력피해자 가족협의회' '경기 여성 학교폭력 피해자 ONE-STOP 지원센터' '경기해바라기 아동센터' 등의 피해학생 지원기관과 '청소년 폭력예방 재단', '자녀안심하고 학교 보내기 운동 국민재단' '청소년 상담복지 센터', 밝은 청소년 지원센터' 등의 학교폭력 상담 및 예방 교육기관과 적극적으로 협력하여 학교폭력 예방 프로그램을 운영한다.

2. 학교폭력 전담기구

학교폭력을 효과적으로 예방하고, 학교폭력에 효율적으로 대처하기 위해서는 학교차원에서 다각적인 개입이 이루어져야 한다. 이러한 학교차원의 개입은 학교폭력에 대한 예방은 물론, 폭력 사안이 발생했을 때, 학교 구성원들로 하여금 서로 유기적인 협력을 통해 효과적으로 사안을 처리할 수 있게끔 해 준다. 학교폭력을 전담할 수 있는 학교차원의 조직체인 학교폭력 전담기구의 구성, 운영, 역할 그리고 사안조사 방법에 대해 살펴보면 다음과 같다.

1) 구성

「학교폭력예방법」 제14조에서는 학교폭력 전담기구의 구성과 관련하여 다음과 같이 규정하고 있다. 학교의 장은 교감, 전문상담교사, 보건교사 및 책임교사

(학교폭력문제를 담당하는 교사를 말한다), 학부모 등으로 학교폭력문제를 담당하는 전담기구(이하 '전담기구'라 한다)를 구성한다. 이 경우 학부모는 전담기구 구성원의 3분의 1 이상이어야 한다.

2) 운영

학교폭력 전담기구의 운영은 학교폭력 사안 발생 시와 학교폭력 예방 활동으로 구분된다. 학교폭력 사안 발생 시의 전담기구의 운영과 학교폭력 예방활동의 내용에 대해 살펴보면 다음과 같다.

(1) 학교폭력 사안 발생 시

① 학교폭력 신고 접수 및 관련 학생을 보호자에게 통보

학교폭력 전담기구는 학교폭력신고 접수대장을 마련하고 117(학교폭력 신고센터), 학교장, 교사, 학생, 보호자 등 학교폭력을 목격하거나 알게 된 사실에 대해 기록·관리한다. 학교폭력신고 접수대장은 학교장과 교사의 학교폭력 은폐 여부를 판단하는 기초자료로 활용된다. 따라서 사소한 폭력이라도 신고된 사실을 반드시 접수하고 기록해야 한다. 또한 접수된 사안에 대해서는 즉시 관련학생의 보호자에게 통보하고 통보일자, 통보방법 등의 통보사실을 기록한다.

② 교육(지원)청 보고

학교폭력 인지 후 48시간 이내에 교육청(교육지원청)으로 사안을 보고하는 것을 원칙으로 한다. 만일, 긴급하거나 중대한 사안(성폭력 사안 등)일 경우, 유선으로 별도로 보고하고, 특별히 성폭력 사안일 경우, 수사기관에 반드시 신고한다.

③ 학교폭력 사안 조사

학교폭력을 인지한 경우, 피해 및 가해사실의 여부를 조사한다. 이 경우, 담임교사의 협조를 구할 수 있다. 학교장 역시, 지체 없이 전담기구 또는 소속교원으로 하여금 가해 및 피해사실 여부를 확인하도록 한다.

④ 사안조사 결과보고

신고된 학교폭력 사안에 대해 조사를 실시하고 조사결과를 보고서로 작성하여 학교장에게 보고한다.

⑤ 학교장 자체해결 여부 심의

학교장 자체해결의 객관적인 요건의 충족여부 및 피해학생과 그 보호자의 학교폭력대책심의위원회 개최 요구 의사를 확인한다.

⑥ 졸업 전 가해학생 조치사항 삭제 심의

법률 제17조 제1항에 따른 가해학생 조치사항 제4호, 제5호, 제6호, 제8호의 삭제를 심의하고 심의대상자 조건을 만족할 경우, 심의를 통해 졸업과 동시에 삭제한다.

⑦ 집중보호 또는 관찰대상 학생에 대한 생활지도

보호 또는 관찰 학생 등 해당 학생의 담임교사와 함께 지속적으로 상담하고 이를 기록한다.

(2) 학교폭력 예방 활동

① 학교폭력 실태조사

학교폭력 전담기구는 연 2회 이상, 정기적으로 학교폭력에 대한 실태조사를 실시하고 이를 학교폭력 사안 처리의 기초자료로 활용하며 또한 학교폭력 예방계획 수립에 반영하여야 한다.

② 학교폭력 예방교육

학생, 교직원, 학부모에게 시행할 예방교육 프로그램의 계획을 수립하고 운영하여야 한다. 학교폭력 예방교육 계획 수립 시 외부 전문기관이나 전문가의 자문을 받을 수 있다.

3) 역할

학교폭력 전담기구의 구성원들은 서로 유기적인 협력을 통해서 학교폭력 사안이 효과적으로 처리될 수 있도록 한다. 학교폭력 전담기구를 구성하고 있는 전문상담교사, 보건교사, 책임교사의 세부 역할에 대해 살펴보면 다음과 같다.

(1) 전문상담교사

전문상담교사는 상담의 기본 원칙과 태도에 따라 학생에 대한 조사가 이뤄지도록 한다. 피해·가해학생과의 상담을 통해서 이들의 심리·정서적 상태를 파악하고 필요할 경우, 심리검사를 실시하고 이들의 상태에 대한 소견을 밝힌다.

(2) 보건교사

보건교사는 피해·가해 학생의 신체적 또는 정신적 피해 상황을 파악한다. 이 과정에서 피해학생을 병원이나 그 밖의 전문기관에 의뢰하고 긴급한 사안일 경우, 119에 연락하여 피해학생을 병원으로 이송하는 등의 안전조치를 취한다.

(3) 책임교사

책임교사는 학교폭력 사안을 조사한다. 이때, 피해·가해 학생의 담임교사와 전문상담교사의 협조를 받아 사안의 사실여부를 확인한다. 조사가 끝나면, 학교폭력 진행상황을 육하원칙에 따라 기록하고 증인과 증거자료를 확보한 후 이를 학교장에게 보고한다.

4) 사안조사

학교폭력 전담기구의 사안조사에서 주의해야 할 점은 다음과 같다. 첫째, 서면조사, 해당학생 및 목격자 면담조사, 사안현장 조사 등을 통해 종합적인 방법으로 신속하게 자료를 확보한다. 둘째, 면담 조사를 하는 경우에는 육하원칙에 근거하여 구체적으로 확인서를 받는다. 셋째, 객관적이고 공정한 사안조사를 실시한다. 넷째, 피해·가해 학생의 확인이 일치하지 않을 때, 목격한 학생의 확인을 받거나 증거자료 확보를 통해 적극적으로 사안조사에 임한다. 다섯째, 전담기구 소속교사는 학생, 보호자, 목격자, 담임교사 등을 면담조사한 후에 학교폭력사안 조사 보고서를 작성한다.

학교폭력 전담기구의 학교폭력 사안조사 방법을 조사 기준, 진행과정, 절차 순으로 살펴보면 다음과 같다.

(1) 조사기준

학교폭력 전담기구는 다음의 학교폭력 유형과 중점 파악요소, 그리고 폭력행위의 경중 판단의 요소 등을 기준으로 사안을 조사한다. 이때, 폭력유형은 사안에 해당하는 모든 폭력유형을 검토한다. 또한 사안 조사 기준에 따라 조사하고 전담기구 사안조사 결과보고서를 작성한다.

〈표 7-2〉 학교폭력 유형에 따른 중점 파악요소

폭력유형		중점 파악요소
신체적 폭력		상해의 심각성, 감금 및 신체적 구속 여부, 성폭력 여부
경제적 폭력		반환 여부, 손상 여부, 협박/강요의 정도
정서적 폭력	괴롭힘	지속성 여부, 협박/강요의 정도, 성희롱 여부
	따돌림	
언어적 폭력		욕설/비속어, 허위성, 성희롱 여부
사이버 매체 폭력		명의도용, 폭력성/음란성, 유포의 정도, 사이버 성폭력 여부

출처: 교육과학기술부(2013. 2. 1.).

〈표 7-3〉 학교폭력 행위의 경중 판단 요소

근거	내용
「학교폭력 예방 및 대책에 관한 법률」 제16조의 2항, 제17조의 2항	피해학생이 장애학생인지의 여부
	피해학생이 신고 고발 학생에 대한 협박 또는 보복행위인지의 여부
「학교폭력 예방 및 대책에 관한 법률 시행령」 제19조	가해학생이 행사한 학교폭력의 심각성, 지속성, 고의성
	가해학생의 반성의 정도
	해당 조치로 인한 가해학생의 선도 가능성
	가해학생 및 보호자와 피해학생 및 보호자 간의 화해의 정도

기타	남을 속이거나 부추긴 행위를 했는지 여부
	2인 이상의 집단폭력을 행사했는지 여부
	위험한 물건을 사용했는지 여부
	폭력행위를 주도했는지 여부
	폭력서클에 속해 있는지 여부
	정신적, 신체적으로 심각한 장해를 유발했는지 여부

출처: 교육과학기술부(2013. 2. 1.).

(2) 사안조사 절차 및 방법

학교폭력 사안의 '발생→조사→보고' 진행과정은 다음 [그림 7-1]과 같다.

[그림 7-1] 사안의 '발생→조사→보고' 진행과정

출처: 교육부, 이화여자대학교 학교폭력예방연구소(2020).

진행단계별 처리내용을 살펴보면 〈표 7-4〉와 같다.

〈표 7-4〉 진행단계별 처리내용

단계	처리내용	담당
학교폭력 사건 발생 인지	117학교폭력 신고센터로부터의 통보 및 교사, 학생, 보호자 등의 신고접수 등을 통해서 학교폭력 사건 발생 인지	
신고접수 및 학교장 · 교육청 보고	• 학교폭력 전담기구는 신고된 사안을 반드시 신고대장에 기록하고, 학교장과 담임교사에게 알린 후, 교육(지원)청에 48시간 이내에 보고 • 신고접수된 사안을 관련 학생 및 그 보호자에게 통보	학교폭력 전담기구

| 즉시조치
(긴급조치 포함) | • 필요 시 피해 및 가해학생 즉시 격리, 가해학생이 눈빛, 표정 등으로 피해학생에게 영향력 행사하지 못하도록 조치
• 관련학생 안전조치(피해학생→보건실 응급조치 · 119 신고 · 병의원 진료 등, 가해학생→격리 · 심리적 안정 등)
• 피해학생 및 신고 · 고발한 학생이 가해학생으로부터 보복행위를 당하지 않도록 조치
• 피해학생의 신체적 · 정신적 피해를 치유하기 위한 조치를 우선적으로 실시
• 성폭력인 경우 「아동 · 청소년의 성보호에 관한 법률」에 따라 반드시 수사기관에 신고하고 성폭력 전문상담기관 및 병원을 지정하여 정신적 · 신체적 피해를 치유
• 사안처리 초기에 긴급한 필요가 있는 경우, 법률 제6조 제1항 및 제17조 제4항에 따라 긴급 조치 실시 가능 | 학교장,
학교폭력
전담기구,
담임교사 |

↓

| 사안조사 | • 학교폭력 전담기구에서 구체적인 사안조사 실시
(피해 · 가해 학생 면담, 주변학생 조사, 설문조사, 객관적인 입증자료 수집 등)
• 피해 · 가해 학생 심층면담
• 조사한 결과를 바탕으로 사건보고서 작성
• 성폭력의 경우, 비밀유지에 유의
• 장애학생, 다문화학생에 대한 사안조사의 경우, 특수교육 전문가 등을 참여시켜 장애학생 및 다문화학생의 진술기회 확보 및 조력 제공
• 필요한 경우, 보호자 면담을 통해 각각의 요구사항을 파악하고 사안과 관련하여 조사된 내용을 관련 학생의 보호자가 충분히 이해할 수 있도록 안내 | 학교폭력
전담기구,
담임교사 |

↓

| 학교장 자체해결
여부 심의 | • 법률 13조의 2 제1항 제1호~4호의 요건에 해당하는지 여부를 서면으로 확인
- 2주 이상의 신체적 · 정신적 치료를 요하는 진단서를 발급받지 않은 경우
- 재산상 피해가 없거나 즉각 복구된 경우
- 학교폭력이 지속적이지 않은 경우
- 학교폭력에 대한 신고, 진술. 자료제공 등에 대한 보복행위가 아닌 경우 | 학교폭력
전담기구,
담임교사 |

출처: 교육부, 이화여자대학교 학교폭력예방연구소(2020).

(3) 사안조사 절차

학교폭력 전담기구의 사안조사 절차는 [그림 7-2]와 같다.

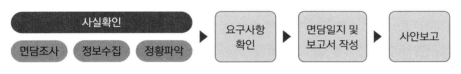

[그림 7-2] 사안조사 절차

출처: 교육부, 이화여자대학교 학교폭력예방연구소(2020).

① 면담조사

면담과정에서는 신뢰감과 안정감을 주는 것이 중요하다. 또한 전문상담교사 등 상담전문가에게 도움을 요청하여 학생의 심리·정서상태를 파악한다. 일반적인 경우, 교사는 학생들의 언행을 주의 깊게 살펴봄으로써 심리·정서적 상태를 파악할 수 있다. 해당학생과의 눈 맞춤, 눈빛, 손 떨림, 목소리 크기와 높낮이 등을 통해 학생의 불안, 분노, 우울 등의 상태를 파악한다. 위급한 심리적 지원이 필요한 경우, 학교 내 전문상담교사를 통해 심리검사 또는 정서적 지원을 받는다. 학교에 전문상담교사가 없는 경우, 교육청에 설치되어 있는 Wee Center의 도움을 받을 수 있고 그 밖의 학교폭력 SOS지원단, 청소년상담복지센터, 지역사회복지관 등의 상담전문가에게 도움을 요청한다.

면담 시 유의사항을 살펴보면, 첫째, 피해·가해 학생은 각자 개별적으로 면담한다. 피해·가해 학생을 한 장소에 모이게 한 후 조사를 하는 것은 피해학생에게 위축감, 위협감, 불안감을 줄 수 있기 때문에 개별 조사하는 것이 효과적이다. 둘째, 집단폭행이나 목격학생을 조사할 때는 관련 학생 모두를 한꺼번에 불러 다른 장소에서 일제히 조사해야 한다. 그렇지 않으면 상황을 조작할 가능성이 있고, 소수 학생의 의견에 다른 학생들이 동조할 위험이 있기 때문이다. 셋째, 다른 학생들이 학교폭력 사안에 대해서 인지하지 못할 수 있으므로 피해·가해 학생을 부를 때 조용히 따로 부르도록 한다. 넷째, 가해학생에게 훈계나 평가를 하는 것은 오히려 역효과를 줄 수 있으므로 비난이나 심문하는 태도를 취하지 않는다.

면담대상에 따른 주의사항을 살펴보면 다음과 같다.

우선, 피해학생을 면담 시에는 적절한 위로와 지지를 해 주어야 한다. 또한 피해학생의 욕구를 파악하고 가해학생으로부터 보복을 당하지 않도록 담임교사에게 책임감을 가지고 지도 관리해 줄 것을 인지시켜 준다. 다음으로 가해학생 면담 시에는 폭력에 대한 왜곡된 인식을 교정해 주는 것이 중요하다. 폭력은 용인되지 않으며 가해학생이 저지른 행동은 잘못된 것이라는 사실을 알려 주고 피해학생이 당한 충격과 상처를 이해시킨다. 또한 가해학생이 폭력을 사용하게 된 상황에 대해 충분히 탐색하게 하고 향후, 어떤 과정을 통해서 조치가 내려지는지 알려 준다. 추후에 가해행동이 재발되지 않도록 주의를 주고 재발할 경우, 심각한 수준의 처벌을 받을 수 있음을 알려 준다. 단, 조사과정에서 가해학생을 낙인찍거나 체벌해서는 결코 안 된다.

다음으로 목격학생 면담 시에는 비밀보장에 대해 충분히 안내해서 보복에 대한 두려움을 갖지 않도록 하는 것이 중요하다. 그런 다음 관련 정황을 구체적으로 확인서에 쓰도록 한다. 그리고 피해학생 보호자 면담 시에는 확인된 사실을 부모가 정확히 알고 있는지 오해가 있는지 등에 대해 파악하고 조사한 사실에 대한 추가 의견이나 자료 여부에 대해 점검한다. 피해학생 측이 가해학생 측과 면담을 요청할 경우, 교사나 전문가 입회하에 면담을 실시하도록 한다. 이는 단독으로 피해학생 측과 가해학생 측이 만날 경우, 갈등이 심화되거나 또 다른 문제가 발생할 수 있기 때문이다. 또한 학생의 재발방지에 대해 안심할 수 있도록 하고 피해를 당한 학생의 심리적 안정을 위해 가정에서의 부모역할을 안내한다.

마지막으로 학교의 공정한 사안 진행절차에 대해 안내한다. 가해학생 보호자 면담 시, 가해학생의 부모가 '우리 아이도 피해자다.'라고 주장하는 경우가 있는

데 그럴 때는 명확한 자료를 근거로 의견을 말할 수 있도록 한다. 조사한 사실에 대한 추가 의견이나 자료여부를 점검하고 학교폭력 사안처리의 진행절차에 대해 안내한다. 학교폭력 행위에 대해 책임과 결과가 따른다는 인식을 갖도록 하고 학교폭력 상황을 정확하게 전달한다. 학생의 보호를 위해 어떤 노력을 할지 안내하고 가해학생의 재발방지에 대해 가정에서의 부모역할을 다시 한번 강조한다.

② 정보수집

사안에 대한 정보 수집을 통해 피해학생에 대한 정보(예: 학년, 성별, 인적사항, 피해학생 수, 교우관계, 장애유무, 학교생활 태도, 특이사항 등)를 파악한다. 또한 가해학생에 대한 정보(예: 학년, 성별, 인적사항, 가해학생 수, 가해 동기, 다른 피해자 및 유사 사안의 관련유무 등)를 파악한다. 그리고 폭력유형(예: 신체폭행, 금품갈취, 따돌림 등), 폭력형태(예: 집단폭력, 일대일 폭력 등), 발생 및 지속시간(예: 1회, 지속적 사안), 발생장소, 발생원인, 치료비, 피해 정도 등의 사안을 파악한다.

③ 정황 파악

사실 확인 후 피해 · 가해 학생의 확인서, 목격학생 확인서(육하원칙에 따라 기재)를 받는다. 또한 해당 학급 및 학생을 대상으로 설문조사를 실시하고 온 · 오프라인 자료들(이메일, 채팅, 게시판, 피해사실 화면 온라인상 캡쳐, 문자메시지, 사진, 동영상 자료, 음성증거자료 등)을 확인한다. 그리고 폭력 피해를 증명할 수 있는 신체 · 정신적 진단서, 의사 소견서, 관련 사진을 통해 학교폭력 사실을 확인한다. 특히, 진위파악 시에는 피해학생과 가해학생의 면담을 통해 확인한 것과 정보 수집을 통해 밝혀낸 결과들이 일치하는지 여부, 조사결과를 피해 · 가해학생이 상호 인정하는지 여부 그리고 목격학생의 확인과 일치하는지 여부를 점검한다.

④ 요구사항 확인

이 단계는 학생과 보호자의 사안 해결에 대한 요구를 파악하는 단계이다. 피해 · 가해 상황에 대한 수용 정도 및 사과, 처벌, 치료비 등에 대한 합의, 재발 방지 요구 등을 파악한다. 이때, 피해학생의 현재 상태(대처능력, 적응능력 등)를 파악하고 피해학생 측의 현재까지의 대처상황과 가해학생 측의 대응방법 등의 정황도 함께 파악한다.

⑤ 면담일지 및 보고서 작성

면담일지 작성은 관련학생과 보호자, 관련학생의 담임교사와 면담한 내용을 토대로 작성한다. 조사가 끝난 후에는 보고서를 작성한다. 만일 가해자가 가해 사실을 인정하지 않거나 목격자가 증언을 거부하여도 다른 여타 상황에서 사실로 파악이 가능하면 확인된 사실로서 사안조사보고서에 기록할 수 있다. 또한 사안조사 내용 중 피해 및 가해학생의 첨예한 의견 대립 중 사실 확인이 어려운 부분에 대해서는 양측의 주장을 모두 기록할 수 있다.

⑥ 사안보고

피해 및 가해사실 여부에 관하여 종합적으로 정리하여 학교의 장에게 보고한다.

3. 학교장 자체해결제

「학교폭력예방법」제13조 2(학교의 장의 자체해결)의 1항에 따르면, 제13조 2항 제4호 및 제5호에도 불구하고 피해학생 및 그 보호자가 심의위원회의 개최를 원하지 아니하는 다음 각 호에 모두 해당하는 경미한 학교폭력의 경우, 학교의 장은 학교폭력 사건을 자체적으로 해결할 수 있다. 이 경우 학교의 장은 지체 없이 이를 심의위원회에 보고하여야 한다.

1. 2주 이상의 신체적ㆍ정신적 치료를 요하는 진단서를 발급받지 않은 경우
2. 재산상 피해가 없거나 즉각 복구된 경우
3. 학교폭력이 지속적이지 않은 경우
4. 학교폭력에 대한 신고, 진술, 자료제공 등에 대한 보복행위가 아닌 경우

또한 학교의 장은 제1항에 따라 사건을 해결하려는 경우 다음 각 호에 해당하는 절차를 모두 거쳐야 한다.

1. 피해학생과 그 보호자의 심의위원회 개최 요구 의사의 서면 확인
2. 학교폭력의 경중에 대한 제14조 제3항에 따른 전담기구의 서면 확인 및 심의

그리고 「학교폭력예방법 시행령」 제14조의 3(학교의 장의 자체해결)에 따르면, 학교의 장은 법 제13조의 2 제1항에 따라 학교폭력사건을 자체적으로 해결하는 경우 피해학생과 가해학생 간에 학교폭력이 다시 발생하지 않도록 노력해야 하며 필요한 경우에는 피해학생, 가해학생 및 그 보호자 간의 관계회복을 위한 프로그램을 운영할 수 있다.

이상의 학교장 자체해결제의 사안처리 흐름도를 살펴보면 다음 [그림 7-3]과 같다.

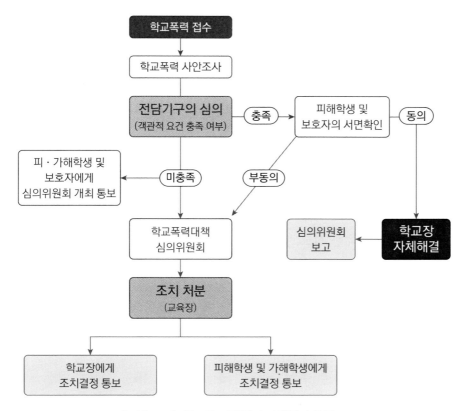

[그림 7-3] 학교장 자체해결 사안처리 흐름도

출처: 교육부, 이화여자대학교 학교폭력예방연구소(2020).

학교장 자체해결 사안, 절차, 고려사항을 살펴보면 다음과 같다.

1) 학교장 자체해결 사안

피해학생 및 그 보호자가 심의위원회 개최를 원하지 않고, 아래 네 가지 요건에 모두 해당하는 경우, 학교장 자체해결이 가능하다.

(1) 2주 이상의 신체적 · 정신적 치료를 요하는 진단서를 발급받지 않은 경우

전담기구 심의일 이전에 진단서를 제출하지 않은 경우에는 자체해결 요건에 해당하는 것으로 판단 가능

(2) 재산상의 피해가 없거나 즉각 복구된 경우

재산상 피해의 복구여부는 전담기구 심의일 이전에 재산상 피해가 복구되거나 가해 관련학생 보호자가 피해 관련학생 보호자에게 재산상 피해를 복구해 줄 것을 확인해 주고 피해 관련학생 보호자가 인정한 경우에 해당

(3) 학교폭력이 지속적이지 않은 경우

지속성의 여부는 피해 관련 학생의 진술이 없을지라도 전담기구에서 보편적 기준을 통해 판단

(4) 학교폭력에 대한 신고, 진술, 자료제공 등에 대한 보복행위가 아닌 경우

가해 관련학생이 조치 받은 사안 또는 조사 과정 중에 있는 사안과 관련하여 신고, 진술, 증언, 자료제공 등을 한 학생에게 학교폭력을 행사하였다면 보복행위로 판단할 수 있다.

2) 학교장 자체해결 절차

학교장 자체해결 절차를 살펴보면 다음 〈표 7-5〉와 같다.

〈표 7-5〉 학교장 자체해결 절차

단계	처리내용	담당
학교폭력 사안 조사	전담기구의 사안 조사 과정에서 피해 관련학생 및 그 보호자를 상담할 때, 학교장 자체해결을 강요하지 않도록 주의한다.	
전담기구의 심의 시 유의사항	• 학교장의 자체해결 요건 해당 여부는 전담기구 심의를 통해 협의 · 결정한다. • 2주 이상의 신체적 · 정신적 치료를 요하는 진단서를 발급받아 제출한 경우에 학교장은 전담기구의 심의 없이 심의위원회 개최를 요청할 수 있다.	학교폭력 전담기구
피해학생 및 그 보호자의 서면 확인	• 전담기구의 심의 결과, 학교장 자체해결 요건에 해당하는 사안의 경우, 전담기구에서 객관적으로 판단한 기준에 대해 피해학생 및 그 보호자에게 설명하고 피해학생과 보호자가 심의위원회 개최 요구 의사 확인서를 통해 학교장 자체해결에 동의하면 학교장이 자체해결할 수 있다. • 학교의 장이 자체해결한 학교폭력 사안에 대해서는 재산상의 피해복구를 이행하지 않거나 해당 학교폭력 사안의 조사과정에서 확인되지 않았던 사실이 추가적으로 확인된 경우를 제외하고는 피해학생 및 그 보호자가 심의위원회 개최를 요청할 수 없다는 사실을 설명한다.	학교장, 학교폭력 전담기구
학교장 자체해결 결재 및 교육 (지원청) 보고	• 전담기구의 학교폭력 사안조사 보고서, 전담기구 심의 결과 보고서, 피해학생 및 그 보호자의 학교폭력대책심의위원회 개최 요구 의사 확인서를 첨부한다. • 학교장 자체해결 결과를 교육(지원청)청에 보고한다.	학교장, 학교폭력 전담기구
관련학생 보호자 통보(서면, 유선, 문자 등)	• 서면이나 유선, 문자 등의 방법으로 관련학생 보호자에게 결과를 통보한다.	학교장, 학교폭력 전담기구

출처: 교육부, 이화여자대학교 학교폭력예방연구소(2020).

3) 학교장 자체해결 시 고려사항

학교장의 자체해결 시 고려해야 할 사항은 다음과 같다.

(1) 가해학생에 대한 교육 프로그램 운영

필요시, 학교장은 가해학생을 대상으로 담당교사(상담교사나 교감)상담, 캠페인 활동, 교내ㆍ외 봉사 등 교육 프로그램을 운영할 수 있다.

(2) 관계회복 프로그램 운영

필요시, 관련 학생 간 관계개선 의지와 동의 여부에 따라서 관계회복 프로그램을 운영할 수 있다.

4. 학교폭력 예방교육

학교차원에서 학교폭력 예방교육은 단위학교의 실정과 특성에 맞추어 자율적으로 운영하도록 하고 있다. 하지만 단위학교는 학교폭력 전담기구에서 실태조사를 토대로 매년 학생, 교직원, 학부모에게 시행할 학교폭력 예방교육 계획을 수립하도록 하고 이를 연간 학교교육계획에 포함해야 한다. 학교폭력 전담기구는 예방교육 프로그램 계획을 수립ㆍ운영하여야 하고(「학교폭력 예방 및 대책에 관한 법률」 제14조 제4항) 필요한 경우, 학교폭력 예방교육 프로그램에 관하여 외부전문기관의 자문을 구할 수 있다. 또한 학교의 장은 전담기구와 협의하여 학교폭력 예방교육 프로그램의 구성 및 운영 등을 전문단체 또는 전문가에게 위탁할 수 있다(「학교폭력 예방 및 대책에 관한 법률」 제15조 제3항).

학교폭력 예방교육의 횟수와 시간 그리고 강사 등 세부적인 사항은 학교여건과 기 수립된 계획에 따라 학교의 장이 정하게 되지만 학교폭력이 다수 발생하는 학기 초에 집중적으로 실시하는 것이 바람직하다. 또한 학교의 장은 학생, 학부모, 교직원을 대상으로 학교폭력 예방교육 프로그램의 구성과 운영계획을 학부모가 쉽게 확인할 수 있도록 학교인터넷 홈페이지에 게시하고 그 밖의 다양한 방법으로 학부모에게 알릴 수 있도록 노력해야 한다(「학교폭력 예방 및 대책에 관한 법률」 제15조 제4항).

〈표 7-6〉 학교폭력 예방교육의 대상 및 내용

대상	횟수	교육내용
학생	학기별 1회 이상	학생의 육체적·정신적 보호와 학교폭력의 예방교육 (학교폭력의 개념, 실태, 대처방안 등)
학부모	연 2회 이상	학교폭력 징후 판별, 학교폭력 발생 시 대응요령, 가정에서의 인성교육에 관한 사항
교직원	학기별 1회 이상	학교폭력의 예방 및 대책 등 학교폭력 관련 법령에 대한 내용, 학교폭력 발생 시 대응요령, 학생대상 학교폭력 예방 프로그램 운영방법

출처: 서울특별시교육연구정보원(2012).

1) 학생 예방교육

학교장은 학생의 육체적·정신적 보호와 학교폭력의 예방을 위하여 학생들에 대한 학교폭력 예방교육을 학기별로 1회 이상 실시하여야 한다. 여기에는 학교폭력의 개념, 실태, 대처방안 등의 내용을 포함하여야 한다(「학교폭력 예방 및 대책에 관한 법률」 제15조 제1항). 학교폭력 예방교육의 교육 횟수·시간 및 강사 등은 학교 여건에 따라 학교장이 정하도록 되어 있다. 학생에 대한 예방교육은 학급단위로 실시함을 원칙으로 하고 있다. 다만, 학교 여건에 따라 전체 학생을 대상으로 한 장소에서 동시에 실시할 수도 있다. 강의뿐 아니라 토론, 역할연기 등의 다양한 방법으로 하고 다양한 자료나 프로그램 등을 활용하여야 한다.

2) 학부모 예방교육

학교장은 학부모를 대상으로 학교폭력 예방교육을 학기별로 1회 이상 실시하여야 한다(「학교폭력 예방 및 대책에 관한 법률」 제15조 제2항). 교육 시기는 학교설명회나 일과 후 교육 등을 활용하여 학부모 참여율을 높일 수 있도록 한다. 특히 맞벌이 부부, 취약계층의 학부모를 고려하여 단위학교에서는 최대한 교육의 횟수를 늘리고 평일 저녁시간이나 주말을 활용하여 다수의 학부모가 교육에 참여할 수 있도록 해야 한다. 학부모 교육에는 학교폭력 징후 판별, 학교폭력 발생

시 대응요령, 자녀와의 대화기술, 가정에서의 인성교육에 관한 사항 등의 내용을 포함한다.

3) 교직원 예방교육

학교장은 교직원을 대상으로 하는 학교폭력 예방교육을 학기별로 1회 이상 실시하여야 한다(「학교폭력 예방 및 대책에 관한 법률」 제15조 제2항). 교직원은 교원 뿐 아니라 행정직원, 영양사, 배움터 지킴이 등 학생보호 인력 등 학교에 근무하는 모든 인력을 의미한다. 교직원 대상의 학교폭력 예방교육의 내용은 학교폭력에 관한 법령, 학교폭력 발생 시 대응요령, 학생 대상 학교폭력 예방 프로그램 운영방법 등을 포함한다.

4) 학교폭력 예방교육 우수사례

'2012년 학교폭력 예방 우수사례 공모전'에 소개된 학교폭력 예방 우수사례를 소개하면 다음과 같다.

〈표 7-7〉 학교폭력 예방 우수사례

학교	예방교육
인천 약산초등학교	주제: '우리는 서로의 보호자' 역할극 수업 방법: ① 역할극 수업실시를 위한 교직원 연수 　　　② 학급 단위 역할극 수업 실시 　　　③ 가해자, 피해자, 방관자, 방어자의 각 역할의 입장과 느낌을 공유
	주제: 학생 · 교사 · 학부모가 연합한 '우리는 서로의 보호자' 실천운동 방법: ① 학부모 교육기부단의 적극적 학교폭력 예방활동 및 캠페인 전개 　　　② 교사와 학생이 함께하는 학교폭력 예방 수호천사 활동
	주제: 학교폭력 예방 UCC 제작 및 발표대회를 통한 반성과 다짐 활동 방법: 5 · 6학년 대상 공동작품 제작 및 발표
충남 천안부성중	주제: 소통과 공감 학교폭력 예방활동 방법: ① 학교폭력 예방 스마트폰(일명 예스폰) 운영 　　　② 학교폭력 상담 · 신고전화를 카톡이나 문자, 전화로 24시간 접수 　　　③ 찾아가는 상담서비스 가정방문 추진

	주제: 제자사랑 행복동행 체험활동 방법: ① 바른 품성 함양 문화예술 체험활동 　　　② 학교폭력 날려요! 스포츠 체험 　　　③ 배려와 나눔의 봉사동아리 운영(봉사 및 학교폭력 힐링 동아리)
	주제: 행복한 학교 어울림 한마당 방법: ① 구성원의 소통과 공감 능력을 향상 시키는 '어울림프로그램' 운영 　　　② 봉사활동과 연계한 밥상머리 교육
경기 연현중	주제: 학교폭력 '멈춰!' 방법: 학교(급) 내 말다툼이나 분쟁이 격화될 경우, 주위의 학생들이 '멈춰!' 　　　프로그램을 통한 제재
	주제: 갈등해결을 위한 '변호해 줘!' 방법: 갈등해결이 어려울 경우, 기 선출된 학급 변호인을 통한 해결 진행
	주제: 분쟁해결을 위한 '학급판결' 방법: ① '변호해 줘!' 프로그램을 통해 분쟁이 해결되지 않으면 변호인 및 당 　　　사자에 의한 학급 약식재판을 신청하고 진행 　　　② 담임교사의 입회하에 변호인, 당사자, 학급판사(기선출), 배심원(나 　　　머지 급우) 등으로 구성된 약식재판을 통해 분쟁 해결
서울 명신초	주제: 콩깍지 가족 활동 방법: 전교생과 교사, 학부모가 1가족 7인씩 가족결연을 맺어 1년간 나눔과 　　　배려, 사랑과 봉사를 실천
	주제: 미인대칭 운동 방법: '미소 짓고, 인사하고, 대화하고, 칭찬하기'의 실천중심 프로그램
울산 남창중	주제: 스승존경 제자사랑 '티처 홈스테이' 프로그램 방법: ① 1박 2일간 티처 홈스테이를 통해 스승과 제자 간 신뢰를 회복 　　　② 학생의 여러 가지 문제를 근본적으로 해결 　　　③ '선생님과의 하룻밤이 기적을 일으킨다.'

출처: 교육과학기술부(2012b).

5) 기타 학교폭력 예방활동

기타 학교차원에서 계획하여 실행할 수 있는 학교폭력 예방활동은 다음과 같다. 우선, 학교폭력 전담경찰제를 운영하고 배움터 지킴이, 학부모 자원봉사자 등을 활용하여 교내순찰지도를 강화하는 방안이다. 이러한 인력을 활용하여 방과 후 시간, 혹은 근무 종료 후 시간에 정기적으로 순찰을 함으로써 학교폭력 발생을 사전에 예방할 수 있다. 다음으로, 학기 초에 학급 평화규칙 만들기를 통해

학생들이 자발적으로 학급에 필요한 평화규칙을 만들고 이에 따른 상과 벌을 학생들 스스로 정하도록 함으로써 자발적으로 학교폭력을 예방하도록 지도할 수 있다. 또한 학교차원에서 학생들의 폭력성 완화를 위해 다양한 예술 체험활동과 체육활동 프로그램을 운영할 수 있다. 개그콘서트 학교폭력 예방교육인 '해피콘서트'를 시청하거나 학교폭력 예방 관련 교육연극을 관람하는 방법도 효과적이다. 또한 여러 가지 체육활동을 통해 학생들의 학교생활과 학업에서 오는 스트레스를 해소시켜 주는 것도 좋은 방안이라 할 수 있다. 학교폭력의 예방은 학교차원에서 학교의 특성을 살려 운영하는 것이 바람직하다. 이러한 측면에서 학교폭력을 위한 다양한 프로그램, 예를 들어, '학교폭력 예방 UCC공모전' '학교폭력 사례 역할극 시연' '학교폭력 예방 연극이나 영상 관람 후 소감문 쓰기'와 같은 활동을 통해 학교폭력을 사전에 예방할 수 있도록 지속적으로 노력해야 할 것이다.

토론주제

1. 학교폭력의 예방과 대처를 위해 정부와 시·도 교육청에 건의할 수 있는 학교폭력 정책에는 어떤 것이 있는지 생각해 봅시다.

2. 학교폭력 전담기구의 사안조사 절차에 따라 학교폭력 사안에 대한 조사를 진행해 봅시다.

3. 학교차원에서 학생, 교직원, 학부모를 대상으로 실시할 수 있는 효과적인 학교폭력 예방 방안에는 어떤 것이 있을지 생각해 봅시다.

참고문헌

교육과학기술부(2012a). 학교폭력 사안 처리 가이드북. 서울: 교육과학기술부.

교육과학기술부(2012b). 학교폭력 예방 우수사례 모음집. 서울: 교육과학기술부.

교육과학기술부(2013. 2. 1.). 학교폭력 가해학생에 대한 조치 적용 세부기준 마련, p. 2.

교육부, 이화여자대학교 학교폭력예방연구소(2020). 학교폭력 사안처리 가이드북. 서울: 교육부.

교육부(2020). 제4차 학교폭력 예방 및 대책 기본계획(안). 서울:교육부.

김규태 외(2013). 학교폭력의 예방 및 대책. 경기: 양서원.

김종운(2013). 학교폭력의 예방과 대책. 서울: 학지사.

문용린 외(2008). 학교폭력 위기개입의 이론과 실제. 서울: 학지사.

문용린 외(2013). 학교폭력 예방과 상담. 서울: 학지사.

서울특별시교육연구정보원(2012). 2012 서울교육 교직실무편람. 서울: 서울특별시교육정보연구원.

송재홍 외(2013). 학교폭력의 예방 및 대책. 서울: 학지사.

이동수 외(2010). 학교폭력 예방을 위한 시범학교 운영매뉴얼. 서울: 삼성사회정신건강연구소.

정종진(2013). 제대로 알고 대처하는 학교폭력 상담. 서울: 학지사.

조대훈, 김승혜, 강민수, 전연진, 이유미, 최희영(2013). 학교폭력예방 및 대책. 서울: 박영사.

최지연, 송현순, 권동택, 조용선(2013). 교원 연수를 위한 학생이해교육 프로그램 개발 연구. 서울: 교육과학기술부.

학교폭력예방연구소(2013). 학교폭력 근절을 위한 법령해설 및 체제연구. 서울: 학교폭력예방연구소.

학교폭력예방연구소(2013). 현장중심 학교폭력 대책 수립을 위한 토론회 자료집. 서울: 학교폭력예방연구소.

Butch, R. L.(2013). 학교폭력의 평가와 개입(이혜선, 육성필, 김경아 역). 서울: 학지사(원저 2011 출판).

http://www.mest.go.kr(2012). 초 · 중등교육법.

http://www.mest.go.kr(2012). 학교폭력 예방 및 대책에 관한 법률.

http://www.mest.go.kr(2012). 학교폭력 예방 및 대책에 관한 법률 시행령.

제8장

학급차원의 학교폭력 예방

이 장에서는 학교폭력에서 예방의 중요성을 강조하여 학급차원에서 담임교사의 역할이 얼마나 중요한지, 그리고 담임교사로서 어떠한 역할을 수행해야 하는지에 대해 살펴볼 것이다. 특히 학교 폭력 예방을 위해 담임교사가 학생들을 지도할 수 있는 구체적인 방안으로 사회성 측정법을 통한 학생들의 친구관계 이해 및 파악, 그리고 반폭력적 학급환경 또는 학교환경을 조성하기 위한 다양한 대안들을 제시할 것이다. 마지막으로는 학교폭력이 발생한 후에 담임교사로서 어떠한 역할을 수행하여야 하는지에 대해 살펴볼 것이다.

1. 학교현장에서의 예방

학령기 시기의 거의 모든 아이들은 학교를 다니며, 짧게는 하루에 4시간에서 8시간 혹은 그 이상을 학교에서 생활한다. 학교는 학생들이 친구들을 사귀고 선생님과 교류하면서 사회성을 기를 수 있는 가장 훌륭한 장소다. 따라서 학교는 모든 학생들이 각자의 발달단계에서 최적의 성장을 할 수 있도록 심리적인 지원과 정서적인 보살핌을 제공해 줄 수 있어야 한다.

학교에는 다양한 아이들이 존재한다. 특별한 문제가 발생하지 않은 채 정상적인 발달과정을 겪고 있는 아이들과 문제가 발생할 가능성이 높은 아이들, 그리고 이미 문제가 발생한 아이들이 함께 생활하고 있다. 이처럼 학교에는 건강한 아이들과 위기나 어려움에 놓인 아이들이 모두 함께 생활하기 때문에 사실상 모든 수준의 예방적 개입을 적용할 수 있는 최적의 장소다. 또한 학교에는 학생들의 예방에 도움을 두루 수 있는 다양한 자원이 존재한다. 학교 안에는 다양한 과목과 분야를 담당하는 여러 교사들과 교직원이 있으며, 다양한 배경과 직업을 가진 학부모들과 지역사회 내의 자원 또한 좋은 인적·물적 자원이 된다. 따라서 학교는 모든 수준의 아이들이 존재할 뿐 아니라 예방을 위한 풍부한 자원을 가지고 있기 때문에, 문제가 발생한 후에 후속 조치를 하는 것보다는 문제가 발생하지 않도록 예방하는 데 보다 많은 관심을 기울여야 할 필요가 있다. 즉, 문제가 발생하기 이전에 이를 예측하여 미리 개입함으로써 문제의 발생을 최소화하고, 혹 문제가 발생하였다 하더라도 조기에 개입함으로써 문제의 심각성을 최대한 경감시켜야 할 것이다.

예방의 기능과 역할에 대해서는 거의 모든 사람들이 그 필요성과 중요성을 인식하고 있다. 그러나 예방의 중요성을 인식하는 것과 별개로, 아직까지 예방에 대한 사회적·학문적 그리고 실천적 관심은 그다지 높지 않으며, 상담자나 심리학자들조차도 여전히 문제 발생 이후의 대처, 즉 치료와 교정에 더 많은 관심을 두고 활동하고 있다. 물론 문제가 발생한 이후에 전문적인 서비스를 제공함으로써 문제가 더 악화되는 것을 막고, 개인이 다시 정상적인 수준으로 복귀할 수 있도록 돕는 것은 매우 중요하다. 하지만 이러한 방식의 반응적 접근

(reactive approach)으로는 새로운 문제가 발생하는 것을 막을 수 없다(Conyne, 2004). 따라서 문제 발생 이후에 접근하는 반응적 접근보다는 예방과 조기개입에 초점을 둔 선제적 접근(proactive approach)으로 패러다임을 바꿀 필요가 있으며, 이와 같은 선제적 접근이 개인적으로나 경제적으로 반응적 접근보다 효과가 더 좋은 것으로 보고되고 있다(Rapp-Paglicci, Dulmus, & Wodarski, 2004: 오인수 역, 2013에서 재인용).

1) 예방의 정의 및 모형

예방의 사전적 정의는 '질병이나 재해 따위가 일어나기 전에 미리 대처하여 막는 일'이다(국립국어원, 2008). Conyne(2004)은 예방을 통해 새로운 문제의 발생을 미연에 방지하고, 이미 발생한 문제는 그 지속성 및 심각성을 줄이며, 개인의 강점과 기능을 증진시키는 것이 가능하다고 하였다. Cowen(1983)은 문제가 발생하기 이전에 개인이 아닌 집단을 대상으로 예방적 접근을 실시하여야 하고, 현재 문제가 발생하지 않은 건강한 사람들이나 위기에 놓인 사람들 혹은 고위험군의 사람들을 대상으로 안정감, 심리적 적응, 효율성, 행복감, 대처기술 등을 익히게 하며, 예방을 위한 프로그램은 계획적이어야 한다고 하였다(이규미, 지승희, 2010에서 재인용).

예방을 설명하는 다양한 관점과 모형들은 대체로 1900년대 중반 이후부터 등장하기 시작하였는데, 그 중에 대표적인 몇 가지를 살펴보면 다음과 같다. 우선 공중보건모형(public health model, Leavell & Clark, 1953)에 의하면 예방에는 1차, 2차, 3차 수준이 존재하는데, 1차 예방은 장애나 질병을 미연에 방지하는 것이며, 2차 예방은 일단 발생한 장애나 질병을 효과적으로 치료하여 그 지속성 및 심각성을 감소시키는 것이고, 3차 예방은 장애로 인한 영향으로부터 회복을 돕는 재활에 초점을 두는 것이다.

마찬가지로 Romano와 Hage(2000)도 문제 발생을 차단(1차 예방)하고, 지연(2차 예방)시키는 것, 그리고 문제행동의 영향을 감소시키는 것(3차 예방)을 강조하였으며, 이와 더불어 개인의 강점을 증진시킴으로써 정서적·신체적 안녕을 높이고, 기관이나 지역사회 등을 통해 개인의 안녕감을 높이도록 지원하는 것을 예방의 개념에 포함시켰다.

한편, Gordon(1987)은 예방을 문제가 발생하기 이전에 개입하는 것으로 간주하고, 다음과 같은 세 가지 수준으로 예방적 개입을 제시하였다. 첫째, 보편적(universal) 예방 개입은 모든 사람을 대상으로 문제가 발생하지 않도록 개입하는 것이고, 선택적(selective) 예방 개입은 문제를 지닐 가능성이 높은 고위험 집단을 대상으로 문제에 노출되지 않도록 개입하는 것이며, 지정적(indicated) 예방 개입은 문제가 발생한 고위험 개인을 대상으로 문제를 완화하도록 개입하는 것을 말한다. Cowen(1983)은 예방을 체제지향(system-centered)과 개인지향(person-centered) 접근으로 구분하였는데, 체제지향 접근은 빈곤이나 차별과 같은 환경에서의 스트레스 원천을 감소시키는 것을 목표로 하며, 개인지향 접근은 도움이 필요한 사람들에게 직접 개입하여 유능감을 향상시키고 대처방식에의 변화를 가져오게끔 개입하는 것이다.

Conyne(2004)은 다양한 예방의 개념과 모형들을 종합하여 이로부터 일곱 가지 예방의 주요개념들을 도출하였는데, 이는 다음과 같다. 첫째, 예방은 그 자체로 하나의 목표가 된다. 즉, 교정(문제해결이나 치료)과 발달이 상담의 목표가 되듯이 예방도 상담의 중요한 목표다. 둘째, 예방을 통해 역량을 강화시킨다. 즉, 예방은 결손을 줄이는 것보다 강점과 효능감을 증진시킴으로써 사람들을 보다 잘 도울 수 있다. 셋째, 예방은 상호작용을 돕는다. 즉, 예방은 개인과 다양한 체제 또는 환경 간의 상호작용을 돕는 것을 포함한다. 넷째, 다양한 체제의 수준에 맞게 개입한다. 즉, 미시 · 중간 · 외부 · 거시체제의 각 수준에 적합하게 예방의 초점을 맞춘다. 다섯째, 예방은 새로운 문제의 발생을 줄인다. 즉, 예방은 새로운 문제사례의 발생을 감소시키는 것에 일차적 목표를 둔다. 여섯째, 예방은 문제의 지속성과 심각성을 감소시킨다. 즉, 문제가 발생한 초기에 조기개입하여 문제의 지속성과 심각성을 줄이도록 해야 한다. 마지막으로 일곱째, 예방은 낙관적인 인간기능을 향상시킨다. 즉, 예방은 긍정심리학의 중심개념이며, 건강한 과정이나 결과를 향상시키는 데 관심을 기울인다(이규미, 지승희, 2010에서 재인용).

2) 학교폭력에서 예방의 중요성

일찍이 Erasmus는 "예방은 치료보다 낫다."라고 말하였다. 이 말은 어떠한 문제든 발생하고 난 이후에 개입하는 것보다는 발생하기 이전에 개입하여 문제의 발생을 최소화하는 것이 최선임을 강조한 말일 것이다. Conyne(2004)은 문제가 발생하기 이전에 사람들에게 각자 필요한 능력들을 키워 주고 이와 함께 환경 개선책을 마련해 주는 것이 필요함을 역설하였으며, 이는 일부 특성 사람들에게만 국한되는 것이 아니라 모든 사람들에게 해당된다고 하였다. 또한 전문적인 도움을 줄 수 있는 사람들의 수가 도움을 필요로 하는 사람들보다 적기 때문에 모든 사람들을 대상으로 집단적으로 접근하는 예방적 관점을 취하는 것이 가장 최선의 대안이라고 주장하였다(이규미, 지승희, 2010에서 재인용).

학교폭력의 경우에도 이러한 원칙은 적용되는데, 왜냐하면 학교는 학교폭력과 같은 문제 발생 이전에 모든 학생들을 대상으로 예방교육을 실시하기에 가장 적합한 장소이며, 또 적은 전문인력으로 많은 학생을 감당하기에는 예방적 관점을 취하는 것이 상대적으로 효율적이기 때문이다. 또한 학교폭력이 이미 발생하고 난 후에는 가해자와 피해자가 엄연히 존재하게 되고, 이들은 모두 쉽게 치유되기 어려운 심각한 고통에 직면하게 된다. 피해학생은 말할 것도 없이 여러 가지 심각한 심리정서적 부적응과 어려움들을 겪게 되며, 학교에서의 적응에도 상당한 수준의 갈등과 고통을 겪는다. 가해학생 또한 그들의 잘못된 행동에 대한 처벌로 여러 가지 징계를 받게 되고, 이로 인해 학교생활을 지속하는 데 심각한 어려움이 따르게 된다. 이러한 상처는 피해학생과 가해학생 모두에게 상당 기간 지속되며, 심각한 경우에는 자살과 같은 극단적인 행동으로까지 이어지기도 한다. Conyne(2004)은 문제발생 이후의 치료 서비스 위주의 개입으로는 새로운 문제의 발생을 막기 어려우며 문제의 발생과 확대를 막기 위해서는 보다 적극적으로 예방적 개입을 취해야 함을 주장하였다(이규미, 지승희, 2010에서 재인용). 이러한 관점에서 학교와 교사는 학생들에게 학교폭력이 발생하기 이전에 학교와 학급의 환경을 반폭력 혹은 비폭력적으로 조성하도록 노력하고, 학생 개개인에게 평소의 학교생활을 통해 공감과 배려, 자기주장과 용기, 분노 및 충동 조절능력과 같은 품성을 길러줌으로써 학교폭력의 발생을 최소화시키도록 적극적으로 노력해야 하며, 이것이 바로 최선의 학교폭력 예방 대책이 될 수 있을 것이다.

학교폭력 발생 이후의 대처보다 발생을 막기 위한 예방적 노력이 더 중요한 또 다른 이유는 도움을 필요로 하는 수요와 도움을 제공해 줄 수 있는 공급 간에

괴리가 존재하기 때문이다. 현재 우리나라 학교현장에서는 상담이나 생활지도를 담당하는 전문인력들이 절대적으로 부족하다. 게다가 이들은 기존의 전통적인 개별적 치료모형에 입각하여 상담교육을 받은 것이 대부분이다. 따라서 이들은 주로 문제가 발생한 학생들을 개별적으로 만나 상담하는 데 상당 시간을 할애하고 있다. 이러다 보니 대다수의 학생들을 대상으로 예방적 상담활동을 실시하는 데는 상대적으로 소홀할 수밖에 없으며, 결과적으로 대다수 학생들은 상담적 도움의 사각지대에 놓여 있다고 해도 과언이 아닐 것이다. 학교폭력이라는 문제에 있어서도 문제가 발생한 이후에 가해학생과 피해학생을 대상으로 개입하는 것은 시간도 많이 걸릴 뿐 아니라, 그 효과도 제한적일 수밖에 없다. 따라서 이보다는 학교폭력 문제가 발생하기 이전에 전체 학생들을 대상으로 예방적인 개입을 하여 학교폭력 문제의 발생을 최소화하는 것이 보다 더 효율적이고 적극적인 대책이 될 수 있을 것이다.

따돌림과 학교폭력 문제를 예방하기 위한 개입 수준을 Gordon(1987)의 관점에 따라 세 가지로 구분하여 보면 다음과 같다. 첫째, 학교폭력 문제의 발생을 최소화하기 위해 학교의 모든 학생을 대상으로 실시하는 보편적 예방 개입, 둘째, 현재 따돌림이나 학교폭력을 당하고 있지는 않으나 앞으로 이를 경험할 위험이 높은 개인이나 집단을 대상으로 실시하는 선택적 예방 개입, 셋째, 현재 따돌림이나 학교폭력을 경험하고 있는 학생들에게 개입하여 문제의 심각성을 경감시키기 위해 실시하는 지정적 예방 개입이 있을 수 있다.

2. 담임교사의 역할 및 중요성

어떠한 문제든 간에 가장 최선의 대책은 예방이다. 학교폭력도 예외일 수 없으며, 학교폭력이라는 문제가 발생하지 않도록 학교와 학급 분위기를 잘 조성하는 것이 가장 효과적인 학교폭력 예방책이 될 것이다. 따라서 교장 선생님을 비롯한 학교의 모든 교사들은 우리 학교에서 학교폭력은 절대 있을 수 없다는 단호한 원칙을 세우고, 이를 시시각각으로 학생과 학부모들에게 알려야 할 필요가 있다. 특히 각 학년의 담임교사들은 1년 동안 자신이 맡은 학급의 분위기를 우호적이고 협동적으로 조성해야 할 책임이 있다. 담임교사의 학급운영에 대한 철학과 방침이 학생과 학부모들에게 미치는 영향은 결코 단순하지 않으며, 학생들은 그 해에 어떤 담임교사를 만나는가에 따라 인성의 형성과 학업 성취도에 많은 영향을 받을 뿐 아니라, 학급에서 학교폭력과 같은 문제의 발생에도 영향을 받을 수 있다.

이처럼 교사가 학교폭력에 대한 의식수준이 높고 학교폭력이 발생했을 때 적절하게 대처하는 능력을 지니고 있는 경우에는 학교폭력의 발생을 낮출 수 있으며, 반대로 교사가 학교폭력을 적절히 다루지 못할 경우에는 학교폭력을 오히려 강화시키거나 악화시키는 문제를 발생시킬 수 있다(Rodkin & Hodges, 2003). Beran(2006)은 교사들로 하여금 학교폭력 문제에 잘 대처할 수 있도록 지식·기술·자신감과 같은 세 가지 영역의 능력을 향상시킬 필요가 있다고 제안하였다. 지식영역은 학교폭력의 정의, 유형, 특성 등에 대해 교사가 정확히 인지하는 것을 말하며, 기술영역은 학급규칙 세우기, 인성교육 실시하기, 피해학생 지원하기, 신고 교육하기 등과 같은 일을 교사가 잘 해낼 수 있는 것을 말한다. 또 자신감 영역은 교사가 학교폭력 문제 발생 시 이에 적절하고 신속하게 잘 처리해 낼 수 있다는 자신감을 지니는 것을 의미한다.

따라서 이 장에서는 먼저 학교폭력에 대한 교사의 인식 정도를 살펴보고, '집단'으로서의 학급의 특성과 학급을 운영하기 위한 담임교사의 역할에 대해 살펴보고자 한다.

1) 학교폭력에 대한 교사의 인식

주영아(2014)는 중고등학교 교사들을 대상으로 학교폭력에 대한 인식 수준을 조사하였는데, 이에 의하면 중등교사의 42.8%는 학교폭력을 매우 심각한 수준, 32%는 심각한 수준으로 인식하여, 70%가 넘는 중등교사들이 학교폭력을 심각하게 느끼고 있었으며, 이들이 가장 심각하게 생각하는 학교폭력 유형은 '괴롭힘'이고, 이 밖에 다소 간접적인 형태의 유형들, 예를 들어 '싫어하는 별명 부르기'나 '험담하기'와 같은 행위들도 학교폭력으로 간주하고 있는 것으로 나타났다. 가해학생이 가해행동을 하는 이유에 대해서는 '사소한 감정 때문에'가 30.6%, '금품을 빼앗기 위해서'가 28.4%로 나타났고, 피해학생에게 필요한 조치로는 77.9%가 '전담부서에서 상담을 받는 것'이라고 응답하였다. 그리고 학교폭력 예방 혹은 대처에서 담임교사의 역할의 중요성에 대해서는 '중요하다' 39.6%, '매우 중요하다' 55.4%로, 거의 모든 교사가 담임교사의 역할을 중요하게 생각하고 있는 것으로 나타났다.

김하영, 양재영, 이상민(2018)은 학부 및 교육대학원에서 교직수업을 수강하는 학생들을 대상으로 조사한 결과, 학교폭력 예방 수업을 수강하기 전에 이들이 인식한 학교폭력의 심각성은 중앙값(M=3.82)을 웃도는 것으로 나타나 예비교사들은 학교폭력이 심각한 수준에 있는 것으로 인식하고 있는 것으로 나타났으며, 학교폭력 예방 수업을 수강한 이후에 학교폭력의 심각성에 대한 인식 수준이 더 올라간 것으로 보고되었다. 학교폭력 유형과 원인에 대한 인식 수준에서도 마찬가지로 예비교사들은 학교폭력 예방 수업 이후 다양한 학교폭력의 유형과 원인에 대한 인식 수준이 수업 전에 비해 더 높아진 것으로 나타났다.

따라서 이러한 결과들로 미루어 볼 때, 교사들은 현재 학생들 사이에서 일어나는 학교폭력에 대해 매우 심각하게 인식하고 있으며, 학교폭력의 유형에 대해서도 다양하게 인식하고 있는 것으로 보인다. 또한 학교폭력과 관련하여 교사의 역할이 중요하다는 점을 잘 인식하고 있으며, 학교폭력에 대한 인식 수준은 교육을 통해 향상이 가능한 것으로 나타났다.

한편, 2016년도에 한국교육개발원에서 초등학교와 중학교 교사를 대상으로 학교폭력 예방문화에 대한 인식의 차이를 조사한 바에 의하면, 초등학교 교사들의 경우 '교사의 학교폭력 예방 지도성'은 5점 만점에 4.444점, 교사와 학생 간의 관계는 4.506점, 학교폭력 예방을 위한 교사열정에는 4.574점으로 평균적으로 4점 이상의 긍정적인 답변을 한 것으로 나타났고, 중학교 교사들도 '교사의 학교폭력예방 지도성'은 5점 만점에 4.237점, 교사와 학생 간의 관계는 4.364점, 학교폭력예방을 위한 교사열정에는 4.354점으로, 초등학교 교사들과 마찬가지로 평균적으로 4점 이상의 긍정적인 답변을 한 것으로 나타났다. 하지만 초등학교 교사와 중학교 교사의 응답을 비교해 본 결과, 초등학교 교사들이 중학교 교사들에 비해 교사의 학교폭력 예방 지도성, 교사와 학생 간의 관계, 학교폭력 예방을 위한 교사열정과 같은 학교폭력 예방문화를 구성하는 요인들에 대해 보다 긍정적으로 인식하고 있는 것으로 나타났다(박효정 외, 2016).

또한 학교폭력 예방문화 우수학교와 미흡학교를 구분하여 학교 간 차이를 살펴본 결과, 학교폭력 예방문화 우수학교의 교사들은 자신의 학교에서 학교폭력

예방을 위한 학교장의 지도성과 교사 자신의 지도성을 높게 평가한 것으로 나타
났으며, 학교폭력에 대한 학교의 단호한 무관용 태도가 잘 이루어져 있는 것으
로 평가하였다. 또한 학생–학생 관계, 학생–교사 관계, 교사–학교장 관계가 잘
이루어져 친화적인 학교풍토가 잘 형성된 것으로 응답하였으며, 학교 내외의 안
전성 및 학교폭력 예방을 위한 물적 · 인적 인프라가 잘 갖춰져 있다고 응답한
것으로 나타났다(박효정, 김현진, 한미영, 2018).

　　따라서 이러한 연구결과들로 미뤄 볼 때 우리나라 교사들의 학교폭력 예방문
화에 대한 인식수준은 대체로 높게 형성되어 있는 것으로 보이며, 이처럼 예방
문화가 잘 형성된 학교의 교사일수록 학교폭력 무관용 규범이 강하고, 학교 안
에서 다양한 관계 간에 친화적인 분위기가 조성되어 있으며, 학교폭력 예방을
위해 안전한 학교환경을 조성하기 위한 노력 역시 활발히 이루어지고 있는 것으
로 보인다.

　　물론 교사들은 학교에서 학교폭력이 발생하게 되면 신고 및 조사, 그리고 이
에 상응하는 조치 및 처벌과 같은 일련의 과정을 체계적으로 밟아 나가야 한다.
따라서 교사들은 학교폭력의 사후 대처과정에 대해서 평소에 인지하고 있어야
할 필요가 있다. 하지만 무엇보다도 학교폭력은 예방이 중요하고, 학교폭력이
학교에서 발생하지 않게 지도하는 것이 최선이다. 따라서 예방교육활동은 학생
들의 평소 학교생활 중에 의식적, 무의식적으로 학생들에게 지속적으로 전달되
어야 하며, 교사들은 평소에 자신이 맡은 학급의 운영을 보다 세심하고 일관성
있게 하여야 할 필요가 있을 것이다.

2) 학급집단의 특성

　　학급은 '집단'의 형태를 유지하며, 하나의 작은 사회를 구성한다. 집단이란
'상호의존적인 관계에서 사회적 상호작용을 통해 서로 영향을 주고받는 2인
이상의 상호독립적인 개인들의 집합체'를 일컫는 말로서, 이러한 집합체가 의
미를 지니기 위해서는 구성원들에게 집단이 심리적으로 의미가 있어야 하며,
구성원들 간의 직접적인 의사소통과 유의한 상호작용을 바탕으로 역동적 상
호관계를 이뤄야 하고, 생산적인 방식으로 상호의존해야 한다(강진령, 2011).
Forsyth(2001)도 '집단'이 지녀야 할 속성으로 구성원들 간의 상호작용과 집단의

구조 및 정체성을 강조하였고, 집단은 응집성과 모종의 목표를 지녀야 함을 언급하였다. 이러한 관점에서 볼 때, 학급도 분명히 2인 이상의 상호작용을 통한 역동적인 집합체에 해당되며, 구성원들에게 의미와 목표를 지닌 '집단'임이 분명하다.

박성희(2005)는 학급이 지니고 있는 특징을 다음과 같이 열거하였다. 첫째, 학급에서는 의사소통을 바탕으로 다양한 상호작용이 일어나는데, 의사소통의 양이 많을수록, 양방향적일수록, 명료할수록, 하위집단이 적을수록 집단의 상호작용은 활발해진다. 둘째, 학급 구성원들 사이에도 다양한 지위와 역할이 존재하는데, 이들은 성적, 외모, 운동실력, 성격, 학급임원 여부 등에 따라 지위와 역할이 달라지곤 한다. 셋째, 학급에는 구성원들이 지켜야 할 규칙과 가치가 존재한다. 이러한 규칙과 가치에는 명시적인 것과 암묵적인 것이 있으며, 구성원들이 이들을 정확히 인지하고 수용할 수 있어야 집단에서 느끼는 갈등이 줄어들고 만족도가 높아진다. 넷째, 학급은 목적을 지닌 공동체이며, 이러한 목적들이 분명하고 또 개인 간에 일치할 때 갈등이 적어진다. 다섯째, 학급 구성원 사이에는 정서적 유대감이 있어야 한다. 그래야 소위 '우리'라는 공동체 의식이 생기며, 소속감을 느끼게 되고, 응집성이 커지게 된다. 여섯째, 학급에는 분위기라는 것이 있으며, 학급 구성원들 간의 친밀한 관계를 바탕으로 서로 존중하고 배려하는 분위기가 형성되면 학생들은 자발적으로 학급활동에 참여하게 된다. 일곱째, 학급은 응집성을 지니며, 구성원들 간의 응집성이 강할수록 학급에 대한 애착이 커지고 집단목표의 달성도 수월해진다. 여덟째, 학급의 의사소통이 쌍방향적으로 일어날 때 구성원들은 보다 적극적으로 학급활동에 참여하게 된다. 마지막으로, 학급도 일종의 집단이므로 하위집단이 발생할 수 있다. 그러나 하위집단의 수가 너무 많거나 집단 간에 경계가 너무 뚜렷할 경우에는 학급 전체 간의 응집성은 약화될 소지가 있으며, 결과적으로 학급활동이 원활하게 이뤄지지 않을 가능성이 있다.

또한 Schmuck와 Schmuck(1992)도 학급집단에서 중요시하는 특성을 다음과 같이 열거하였다. 첫째, 학급집단은 교사와 학생, 학생과 학생 간의 상호작용이 무엇보다 중요하며, 학생들은 상호 간의 의존적 관계를 통해 학급과업을 수행한다. 둘째, 학급집단은 학생들 간의 긍정적인 상호작용으로 인해 좋은 학급 분위기를 형성할 수 있으므로, 교사는 학생들이 서로 좋은 관계를 형성할 수 있도록 관심을 기울여야 한다. 셋째, 학급집단은 공동목표를 수행하는 집단이므로, 학생의 개별적인 목표뿐 아니라 학급 공동의 목표가 추구될 수 있도록 노력하여야 한다. 넷째, 학급에서는 반복되는 상호작용을 통해 규범, 역할, 지위와 같은 사회적 구조가 형성된다. 이렇게 형성된 사회적 구조는 학생들에게 자연스럽게 전달됨으로써 학급집단이 효율적으로 움직이게 하는 데 기여한다(박병량, 주철안, 2012에서 재인용).

따라서 이러한 관점에서 볼 때, 학급집단이 원활하게 작동하기 위해서는 학급에 명확한 규칙과 목표가 존재함으로써 학급의 구조가 잡혀 있어야 하고, 교사와 학생, 그리고 학생과 학생 간에 의사소통과 상호작용이 활발해야 하며, 정서적으로도 구성원들 간에 친밀감과 유대감을 지녀야 한다. 이에 교사는 이와 같은 학급집단의 분위기를 형성하게 함으로써 학생들의 학급에 대한 소속감과 응집성을 높여야 할 필요가 있을 것이다.

3) 학급집단 지도자로서 담임교사의 역할

앞에서 학급도 '집단'의 한 형태임을 밝힌 바 있다. 따라서 학급을 지도하는 담임교사는 '집단'을 이끌어가는 집단지도자의 역할을 수행해야 한다. 이에 박성희(2005)는 집단 지도자로서 지녀야 할 담임교사의 역할에 대해 다음과 같이 열거하고 있다. 첫째, 교사는 뚜렷한 목표의식을 가지고 학생들을 동기화시킬 필요가 있다. 이는 1년간 학급운영에 있어서도 마찬가지이고, 그때그때 발생하는 학급의 과업이나 행사 등을 이끌어 감에 있어서도 마찬가지로 적용된다. 둘째, 교사는 학급의 일들에 대해 상세하고 다양한 정보를 가지고 있어야 한다. 물론 교사가 학급에서 일어나는 모든 일을 다 아는 것은 불가능하지만, 가능한 한 많이 알려는 노력을 기울여야 함을 강조한다. 셋째, 교사는 좋은 의사소통기술을 지녀야 한다. 좋은 의사소통기술이란 기본적으로 공감하고, 경청하는 자세와 명료한 말하기 능력을 포함한다. 넷째, 교사는 학급의 구조를 세울 필요가 있다. 학급은 사회의 축소판이므로 적절한 구조와 체계를 지닐 필요가 있다. 아울러 학급에서 지켜야 할 규칙과 이에 따른 상벌체계를 명확히 설정하여야 한다. 다섯째, 교사는 기본적으로 민주적 리더십을 지녀야 한다. 민주적 리더십은 집단 내에 합리적이고 촉진적인 분위기를 형성함으로써 구성원들 스스로가 자율적으로 행동하고, 결과에 대한 책임도 공유하는 것을 말한다(강진령, 2011). 하지만 학생들이 스스로 결정하기 어려울 때나 위급한 상황과 같은 경우에는 권위주의적인 리더십을 발휘함으로써 유연성을 지닐 필요가 있다(박성희, 2005). 여섯째, 교사는 학급의 응집력을 향상시키기 위해 다각도로 노력하여야 한다. 일곱째, 교사는 학급에서 갈등이 발생할 경우, 이를 신속하고도 원만하게 관리할 수 있어야 한다.

또한 박병량, 주철안(2012)도 담임교사가 학급집단을 지도할 때 고려해야 할 일반적 지침으로 다음과 같은 네 가지를 열거하고 있다. 첫째, 학생들에게 학급집단의 목표를 확인시키고, 역할과 책임을 분담하도록 하며, 의사소통과 지휘체계를 수립한다. 둘째, 학급에서 지켜야 할 규칙과 규범을 세워서 학생들에게 주지시키고, 이를 행동의 준거로 삼게 함으로써 학급집단이 효율적으로 작동하도록 한다. 셋째, 학생과 교사, 학생과 학생 간에 자신의 의견이나 생각, 감정, 정보 등을 자유롭게 교환할 수 있도록 한다. 넷째, 구성원 모두가 참여할 수 있는 민주적·자율적 형태로 학급집단이 운영되도록 한다.

3. 학교폭력 예방을 위한 생활지도

학교폭력과 관련하여 문제의 당사자가 되는 가해학생과 피해학생을 제외하면 대부분의 학생들은 주변학생에 해당된다. 이들 주변학생들은 학급 구성원의 90%에 이를 정도로 대다수를 차지하기 때문에 학교폭력 예방에 있어서 주변학생의 역할은 두말할 필요 없이 크고 또 중요하다. 담임교사를 중심으로 이들 주변학생들이 학교폭력에 대해 어떠한 태도와 행동을 보이는가에 따라 학급에서의 학교폭력에 대한 수용 정도가 달라지고, 이는 전체 학급 분위기에도 상당한 영향을 미칠 것이다.

최근까지도 학교폭력은 문제발생 이전의 예방 중심 사전대책보다는 문제발생 이후의 치료 또는 처벌 위주의 사후대책을 중심으로 이뤄져 왔다. 장맹배(2006)는 지금까지는 학급을 주로 학습조직 위주의 관점에서 보아 왔으며, 이에 비해 관계성이나 응집력 향상, 다양하고 규칙적인 집단규범을 적용하고 실천하는 사회조직 차원에서 학급을 바라보는 시각이 부족했다고 지적하였다. 또한 학교폭력이 발생하는 역동적 교실상황을 철저히 연구하고 이에 개입하기보다는 학교폭력을 가해 또는 피해학생의 개인적 문제로 간주하는 경향이 더 강했다고 지적하였다. 따라서 이러한 관점에서 볼 때 학교폭력 문제는 학생들 간의 사회적 관계 속에서 발생하는 조직 차원의 문제로, 학교폭력이 발생하는 학급이나 학교를 역동적 관점에서 이해하고 개입할 필요가 있을 것이다.

이에 교사는 자신이 맡은 학급의 학생들이 누구이며, 어떠한 성향의 학생들인지에 대해 정확하게 파악할 필요가 있고, 이를 토대로 보다 개인적인 관심이 필요한 학생들을 찾아내어 개별지도 또는 면담을 실시하여야 한다. 또한 학급에서 영향력을 발휘하는 학생들이 누구인지, 그들이 무엇 때문에 학급에서 주도적인 영향력을 행사하는지를 파악할 필요가 있다. 가령, 어떤 학생은 공부나 운동을 잘해서 영향력이 클 수 있으며, 또 어떤 학생은 소위 싸움을 잘하거나 힘이 세서 학급에서 영향력을 행사할 수도 있다. 따라서 담임교사는 평소에 자신이 맡은 학급의 전체적인 분위기를 민감하게 알아차려야 하며, 이 속에서 어떤 학생들이 어떠한 요인 때문에 영향력이 큰지에 대해서도 정확하게 파악하고 있어야 한다.

이와 같이 담임교사가 자신이 맡은 학급의 학생들을 정확하게 이해하고 파악하고 있다면 평소에 반폭력적인 학급환경을 구성하는 것이 비교적 수월하게 되고, 이에 따라 학교폭력 문제의 발생을 최소화할 수 있을 것이다. 그러나 반대로 담임교사가 학생들의 면면과 학급의 분위기를 정확하게 파악하고 있지 못하다면 학교폭력에 대한 사전 예방이 어려울 뿐 아니라, 학교폭력 문제가 발생하고 난 다음에 개입하는 데도 상당한 어려움이 따를 것이다. 이 장에서는 학교폭력을 예방하기 위해서 담임교사로서 학급의 학생들을 정확하게 파악하고 효율적으로 지도하는 데 도움이 될 만한 방법 혹은 대책들에 대해 다루고자 한다.

1) 사회성 측정법을 통해 학생들을 파악하기

사회성 측정법이란 '집단구성원 상호 간의 반응을 이끌어내어 집단의 특성, 구조, 역동성 및 상호관계를 분석하는 방법'(박성희, 2005)으로서, 학생들이 친구들 사이에서 어떠한 지위나 역할을 하고 있는지를 비교적 간단하게 파악해 낼 수 있는 방법이다. 이 방법은 학급의 모든 학생한테 빈 종이를 나누어 주고, 맨

위에 자신의 이름을 적게 한 후, 거기에 자신이 생일날 초대하고 싶은 친구나 학교가 끝난 후 같이 놀고 싶은 친구, 짝이 되어 같이 앉고 싶은 친구, 학급임원으로 뽑고 싶은 친구 등을 자유롭게 적게 한다. 이때 이름을 적는 친구의 수는 자유롭게 하고, 중복해서 이름을 적을수도 있도록 한다. 학생들이 친구의 이름을 적은 종이를 모두 수거하고, 미리 준비한 큰 종이에 학생들의 반응을 표시하는데, 큰 종이에는 가로, 세로 방향으로 학급의 모든 학생의 이름을 적고, 왼쪽 세로 방향은 선택하는 학생, 오른쪽 가로 방향은 선택받은 학생으로 하여 각각의 칸에 바를 정(正)자로 선택받은 횟수를 표기한다. 이 작업은 종이 위에 표를 그려 직접 작성해도 되고, 컴퓨터 엑셀 프로그램을 활용해서 입력해도 좋다.

학생들이 선택한 친구의 이름 칸에 횟수가 모두 기록되고 나면, 맨 아래 줄에는 세로줄의 합계를 더해 숫자를 기록하면 된다. 이 숫자는 바로 학급의 학생들 각자가 친구들로부터 선택받은 총 횟수를 가리키며, 이 숫자가 클수록 학급 친구들 사이에서 친하게 지내고 싶은 아이로 친구들로부터 인정받았음을 의미한다. 〈표 8-1〉을 보면 김○○ 학생은 총 6표로 학급의 학생들로부터 가장 많은 선택을 받았으며, 윤○○ 학생은 한 표도 받지 못한 것을 알 수 있다.

〈표 8-1〉 사회성 측정법을 활용한 예

선택하는 학생 \ 선택받은 학생	강○○	김○○	박○○	성○○	안○○	윤○○	이○○	…
강○○		ㅜ	―		ㅜ			
김○○	―							
박○○		―						
성○○		―			―			
안○○	―		ㅜ					
윤○○		―						
이○○								
합계	2	6	4	1	3	–	2	

이렇게 사회성 측정법을 사용하게 되면 학급의 모든 학생 간의 관계를 한눈에 알기 쉽게 파악하는 것이 가능해진다. 어떤 학생은 친구들로부터 비교적 많

이 선택되었는가 하면, 어떤 학생은 단 한 명의 친구로부터도 선택받지 못할 가능성도 있다. 이러한 결과를 살펴보게 되면 전반적으로 학급의 학생들의 관계를 파악하는 데 유용할 뿐 아니라, 교사가 막연히 짐작했던 아이들 사이의 관계와 다소 의외인 학생들이 발견되는 경우도 있을 것이다. 따라서 사회성 측정법을 사용하게 되면 학생들 사이의 관계와 역동을 비교적 정확히 파악하게 되는 장점이 있다. 또한, 학교폭력을 행하는 학생들 같은 경우에도 평소에 학급 친구들이 이들을 겉으로는 따를지언정 속으로는 진심으로 좋아하지 않을 가능성이 있기 때문에 이러한 검사를 활용하게 되면 사전에 학교폭력의 가해 징후가 있는 학생들을 파악하는데도 도움이 될 수 있을 것이다.

2) 반폭력적 학급 및 학교환경 조성하기

(1) 폭력에 반대하는 물리적 환경 조성

학교나 학급의 물리적 환경을 범죄예방 환경설계(Criminal Prevention Through Environmental Design: CPTED)를 적용하여 조성할 경우, 상당한 학교폭력 예방효과를 가져오는 것으로 보고되고 있다. 실례로, 서울에 위치한 K중학교의 경우 학생들이 평소 가기 꺼려했던 학교 내 구석진 곳에 암벽과 샌드백을 설치하여 학생들의 스포츠 놀이 공간으로 탈바꿈시킨 결과, 각종 비행이나 학교폭력 발생 환경을 원천적으로 차단하는 효과를 보여 주었다(관계부처합동, 2013). 이에 교육부에서는 2016년까지 CPTED 시범학교를 100개교로 확대하여 운영하고, 2019년까지 학교를 신·개축할 경우 범죄예방 환경설계를 의무화하도록 하였다(교육부 보도자료, 2016. 7. 18.).

학교 안팎에 CCTV를 설치하는 것도 학교폭력을 예방하는 데 큰 효과를 발휘하고 있는데, 실제로 2014년도에 164,282대에서 2019년도에는 CCTV가 255,638대로 확대 설치된 것으로 집계되었다(교육부 보도자료, 2020. 1. 15.). 하지만 CCTV의 양적 확충에 상응하는 질적 제고의 필요성이 제기된 바 고화소 CCTV를 설치할 필요가 있으며, 실시간 관제 등 통합관제 시스템을 제대로 구축할 필요가 있다.

또한 학교폭력을 예방하기 위한 이와 같은 학교 차원의 노력뿐 아니라, 학급에서도 학생들이 작성한 학교폭력과 관련한 그림이나 표어, 시 등을 교실 뒤편

게시판에 상설 게시하거나, 학교폭력 로고송 또는 학생들의 정서를 순화시키는
데 도움이 되는 음악방송(교육부 보도자료, 2016. 7. 18.) 등을 틀어 줌으로써, 학
생들이 언제 어디서나 학교폭력의 위험에 대해 각성하고 피해학생에 대해 공감
할 여건을 마련해 줄 필요가 있다.

(2) 인성교육

그동안 인성교육은 지식 위주의 교과교육에 비해 학교현장에서 상대적으로
적은 관심을 받아왔다. 하지만 학교교육에서 생활지도는 교과지도와 함께 학생
의 건전한 성장과 발달을 돕는 중요한 교육영역이다(박병량 등, 2012). 따라서 어
렸을 때부터 다른 사람과 함께 더불어 사는 가치를 습득하기 위해 학교에서 체
계적으로 질서, 나눔, 배려, 협력, 존중, 갈등해결과 같은 덕목에 대한 인성교육
을 실시하는 것이 필요하다.

교육부와 한국교육개발원에서는 공감과 의사소통, 감정조절, 자기존중감, 갈
등해결, 학교폭력 인식 및 대처와 같은 학생들의 학교폭력 예방역량을 기르기
위한 목적으로, 국가 수준의 학교폭력 예방프로그램인 '어울림' 프로그램을 개
발하여 운영하고 있다. 이 프로그램은 기본, 심층 및 교과연계 프로그램으로 구
분되어 있으며, 학교급별, 문제유형별로 프로그램이 제시되어 있다. 경남 Y초
등학교와 경북 K초등학교에서는 어울림 프로그램을 실시하여 학생들의 소통능
력과 감정조절능력이 향상되고 학교폭력 피해빈도가 감소하였다고 보고하였으
며, 충북 S초등학교의 경우는 어울림 프로그램을 관련 교과수업(국어, 도덕, 사회,
체육, 미술 등)과 연계하여 연중 운영한 결과 학생들의 학교폭력 예방역량이 함
양되고 학교폭력에 대한 적극적 도움행동이 증가하여 어울림 프로그램 운영 우

[그림 8-1] 서울 K중학교의 학교 CPTED 사례

수학교 사례로 선정되었다(교육부 보도자료, 2019. 1. 30.).

또한 학생들이 스트레스를 건설적으로 해소하고 정서적 안정과 협동정신, 그리고 사회성을 기를 수 있도록 예술과 체육을 적극적으로 활용하도록 권장하고 있다. 문화체육관광부와 교육부는 학교현장에 문화예술교육을 도입함으로써, 학생들이 학교생활 속에서 자연스럽게 문화예술교육을 경험하고, 이를 통해 "창의적 자아표현, 통합적 사고, 다양성의 이해, 타인에 대한 이해 및 소통능력을 배양할 수 있도록 하는 것"을 목적으로 하고 있다(이정윤, 박옥식, 이유미, 2012). 이러한 학교문화예술교육의 일환으로 2017년에 초등학교의 98.6%, 중학교의 86.6%, 고등학교의 73.6%(한국문화예술교육진흥원, 2019)에서 교과와 재량활동, 특별활동, 동아리 등을 통해 연극, 영화, 만화, 애니메이션, 무용, 기악, 공예 및 디자인 등의 형태로 지속적으로 문화예술교육을 실시하고 있다.

우수사례로, 충청북도 청원군에 위치한 N중학교에서는 인근 지역의 6개 초등학교 출신 학생들을 대상으로 '학교폭력추방 스포츠 리그'를 운영하고 있다. 스포츠 리그에 참여하는 학생들은 '학교폭력추방 서약서'를 의무적으로 작성하며, 선수로 참가하는 학생들 이외에도 기록원, 기자, 아나운서, 심판 등의 역할을 학생들이 직접 참여하게 함으로써 학생들 간의 갈등 해소뿐 아니라, 질서와 협력, 규칙 준수와 같은 태도를 자연스럽게 체득할 수 있도록 하고 있다(관계부처합동, 2012). 또한 문화예술교육진흥원이나 푸른나무재단, 서울시 교육청에서는 공연단체와 연계하여 학생들이 학교폭력에 관한 연극이나 뮤지컬 〈4(死)번 출구〉〈선인장 꽃피다〉〈유령 친구〉〈눈사람? 눈사람!〉 등을 기획하여 학생들이 이에 참여하도록 적극 노력하고 있다(이정윤 외, 2012). 그리고 대전에 위치한 T중학교에서는 학교폭력 가해학생 등 위기학생들이 학교폭력에 대한 영화를 직접 제작하게 함으로써, 자신의 행동을 반성하고 나아가 학교폭력 예방 캠페인을 실천할 수 있도록 하고 있다(관계부처합동, 2013). 또한 대구시교육청에서는 학교폭력 예방교육 프로그램을 웹 뮤지컬(잇츠미, it's me)로 제작하여 전국 모든 학교에서 활용할 수 있도록 하고 있다(대구시교육청, 2021).

(3) 학생생활규칙 세우기

1년 동안 같은 반의 구성원으로서 지켜야 할 규칙들을 학생과 교사가 함께 합의하고 설정하는 것은 매우 중요하다. 그러나 교사들은 이러한 규칙 설정의 중요성을 잘 알고 있으면서도 실제로 학생생활규칙을 설정하기 위해 특별한 노력을 기울이지 않는 경우가 있다. 특히 학년이 올라갈수록 생활지도보다는 교과교육이 차지하는 비중이 더욱 커짐에 따라 중ㆍ고등학교로 갈수록 학생생활규칙을 별도로 마련하지 않는 경우가 많이 발생한다.

　교육부에서는 학생생활규칙의 내실화를 기하기 위해 교사와 학생뿐 아니라, 학부모와도 충분한 협의과정과 동의를 거쳐 규칙을 설정하고, 이를 징계자료로 활용하기보다는 규칙을 준수함으로써 자연스럽게 인성교육이 이뤄질 수 있도록 활용할 것을 권장하고 있다(관계부처합동, 2012). 부산에 위치한 Y중학교에서는 벌칙선택제(PNC), 즉 벌칙 약속(Promise), 벌칙 예고(Notice), 벌칙 선택(Choice)의 3단계 과정을 적용하여 학생들이 자연스럽게 학생생활규칙을 준수하도록 유도하고 있는데, 그 결과 학생들의 무단결석 일수가 대폭 줄어들었고, 학교폭력 발생건수도 감소하는 효과를 보여 주었다(관계부처합동, 2012). 대전 D고등학교에서도 학교규칙을 제ㆍ개정할 때 학생들이 직접 심의위원으로 참여하여 의견을 수렴하고, 공청회를 통해 시안을 마련하는 절차를 시행하고 있으며, 이 과정에 학생과 교사, 학부모가 함께 참여하여 좋은 성과를 보여 주고 있다(관계부처합동, 2013).

(4) 신고교육

　학급 내에서의 다양한 문제나 학교폭력이 발생할 것에 대비하여 평소에 신고에 대한 올바른 인식과 방법을 학생들에게 알려 줄 필요가 있다. 학생들이 신고를 꺼려하는 데는 몇 가지 이유가 있을 수 있는데, 첫째, 신고(혹은 보고, telling)하는 것과 고자질(tattling)하는 것을 학생들이 혼동하기 때문에 정작 신고가 필요한 상황에서도 이를 꺼리게 되는 경우가 발생한다. 신고는 문제가 생겼을 때 이를 해결하기 위한 목적으로 문제를 해결할 위치에 있는 사람에게 얘기하는 것이고, 이에 반해 고자질은 문제의 당사자를 곤경에 빠트리려는 의도를 가지고 다른 사람에게 일부러 얘기하는 것이다(Bean, 2008). 따라서 신고는 고자질과 분명히 다른 것임을 학생들에게 평소에 명확히 가르쳐야 하며, 특히 학교폭력 같은 경우에는 피해학생이 발생할 뿐 아니라 가해학생 역시 어떤 식으로든 상처를 입게 되므로 반드시 학교 선생님이나 관계기관에 이를 알려야 한다는 것을 학생들에게 주지시켜야 한다.

신고를 하는 데 걸림돌이 되는 두 번째 이유는 학생들이 막상 신고하려 해도 어디에, 어떻게 신고해야 하는지 정확히 알지 못해서이다. 「학교폭력 예방 및 대책에 관한 법률」(2020) 제20조 1항에 의하면, 학교폭력 현장을 목격하거나 그 사실을 알게 된 사람은 학교 등 관계기관에 즉시 신고해야 한다고 되어 있다. 따라서 학교폭력을 인지한 사람은 누구든지 학교의 전담기구나 담임교사, 117(학교폭력 신고센터) 또는 학교전담경찰관을 통해 신고하여야 한다.

교육부에서는 교육정보통합지원서비스를 제공하는 에듀넷-티-클리어(EDUNET T-CLEAR) 안에 도란도란 학교폭력 예방 사이트(https://doran.edunet. net)를 운영하여 학교폭력 신고방법을 안내하고 있다. 이에 의하면, 학교 안에서는 구두 또는 이메일이나 휴대전화를 이용하여 학교나 교사에게 신고할 수 있고, 2012년부터 초등학교 4학년부터 고등학교 2학년까지 학생들을 대상으로 매년 실시하는 학교폭력 전수조사를 통해서도 학교폭력 신고기회를 부여하고 있다. 또한 학교 밖에서는 117로 전화하여 24시간 상담을 받거나 신고할 수 있도록 하고 있으며, 문자로 신고내용을 작성하여 #0117로 보내 휴대전화 문자신고도 할 수 있도록 안내하고 있다. 뿐만 아니라 학교전담경찰관이나 안전 Dream(www.safe182.go.kr)의 '신고상담' 탭 가운데 '학교폭력' 탭을 클릭하여 신고하도록 안내하고 있다.

학교폭력 신고의 경우 불이익이나 보복을 당할 것을 우려하여 신고를 망설이게 되는 경우가 발생할 수 있으므로, 「학교폭력 예방 및 대책에 관한 법률」(2020)

[그림 8-2] 도란도란 학교폭력 예방 홈페이지

제20조 5항에는 학교폭력을 신고한 사람에게 불이익을 주어서는 안 된다고 명시하고 있으며, 학교에서도 신고한 사람에 대해 비밀을 보장해 주고 가해 학생이 신고자를 접촉하거나 보복하지 못하도록 신고자 보호에 각별한 주의를 기울여야 한다.

(5) 학생자치활동 강화

학교폭력을 효과적으로 예방하기 위해서는 학교의 교장선생님이나 담임교사들의 노력도 중요하지만, 이에 못지않게 중요한 것이 바로 학생들 스스로의 자치활동이다. 이는 어른들에 의해 하향(top-down) 방식으로 일방적으로 주어지는 규칙이나 제재보다는 상향(bottom-up) 방식, 즉 학생들이 스스로 프로그램을 만들고 실행하는 과정을 통해 보다 민주적이고 자율적인 방식으로 수행할 때 학생들이 보다 적극적으로 참여하게 되고, 효과 또한 높게 나타나기 때문이다. 특히 우리나라에서도 학교폭력 발생 초기에 사건 발생 이후의 처리나 징계에 보다 초점을 둔 대책을 시행하였다면, 최근에는 학교폭력 문제가 발생하기 이전에 예방하는 차원에서 학생들 스스로 갈등과 문제를 해결하여 건전한 또래문화를 조성하는 것에 보다 많은 비중을 두고 있다.

학교폭력 예방에 효과가 있는 학생들의 자치활동으로는 또래상담, 또래조정, 학급총회 그리고 학생자치법정이 있다. 2012년 2월 6일에 발표된 학교폭력근절 종합대책에 의하면 또래상담은 "또래가 상담자가 되어 동료학생의 눈높이에서 고민을 상담하고 함께 문제를 해결"하는 활동이고, 또래조정은 "학급에서 신뢰나 추천을 받는 학생이 훈련을 통해 중재자가 되어 학생 간의 문제를 해소하고, 교사나 전문상담사 등 갈등조절 전문가가 이를 지원"하는 형태의 활동이다. 또래상담은 "갈등의 이상 징후 발견 및 예방에 초점"을 두며, 이에 비해 또래조정은 "갈등 발생 후 조정 및 화해에 초점"을 둔다. 학급총회는 "갈등상황 발생 시 담임선생님을 중심으로 학급의 학생 모두가 참여하여 토론을 통해 갈등해결을 모색"하는 것이며, 학생자치법정은 "학생들이 경미한 학칙위반 등의 사안에 대해 상벌점제와 연계하여 학생 스스로 변론하고 자율적 징계를 실시"하는 것이다(관계부처합동, 2012).

각각의 학생자치활동에 해당하는 사례를 살펴보면 서울에 위치한 H고등학교에서는 1998년도에 또래상담부를 창설하여 현재까지 운영하고 있으며, 매

학기 초 동아리 회원 모집기간 중에 희망 학생들의 신청을 받아 교사의 추천을 통해 자기존중감이 높고 공감능력이 뛰어난 학생들을 선발하여 한국청소년상담복지개발원에서 주관하는 쏠리언 또래상담 교육을 받게 하고 있다. 이들이 일정 기간 집중훈련과 실습과정을 수료하면 임명장을 수여하고, 또래상담자로 활동하게 한다. 이들은 주변의 부적응 학생에게 먼저 다가가 그들의 얘기를 들어주고 공감해 주며, 필요한 경우 지도교사에게 상담을 의뢰하는 역할을 수행한다. H고등학교에서는 또래상담을 지속적으로 수행한 결과, 학교 내 따돌림 발생이 감소하고 교우관계가 향상되어 학교응집력이 증대되는 효과를 보였으며, 이는 안전하고 행복한 학교공동체 문화형성에 크게 기여하고 있다(류부열, 2013). 이처럼 또래상담을 운영하는 학교는 전국적으로 2017년 8,005개교, 2018년 8,205개교, 2019년 9,012개교, 2020년 7,117개교로 대폭 확대되었으며, 각급 학교에서 또래상담자로 활동하는 학생들도 2017년 247,386명, 2018년 367,876명, 2019년 482,933명, 그리고 2020년에 301,359명의 또래상담자가 양성되어, 현재 전국 초 · 중 · 고등학교에서 또래상담 활동을 펼쳐 오고 있다(또래상담, 2021).

또래조정은 1983년 미국의 한 고등학교에서 최초로 실시되었으며, 우리나라에서는 1999년 평화를 만드는 여성회가 이 프로그램을 도입한 후 2002년부터 일선 중 · 고등학교에서 시범 실시되고 있다. 2012년에는 교육과학기술부 주관으로 79개 또래조정 시범학교를 운영하고 있고, 이는 향후 지속적으로 확대 실시될 예정이다. 또래상담 선발과정과 마찬가지로, 또래조정자(peer mediators)는 희망하는 학생 중에서 리더십이 있고 의사소통을 잘하며, 친구들과 관계가 좋은 학생을 선발하여 일정 기간 동안 갈등이해 및 대응, 의사소통기술, 조정과정과 조정자의 역할, 협상 및 문제해결 등에 대한 교육훈련을 받게 한다. 교육을 충실히 이수한 학생에게는 임명장을 수여한 후 또래조정자로 활동하게 한다. 향후 학교 내 분쟁이 발생할 때 분쟁 당사자나 관련자가 조정 신청을 하게 되면 분쟁조정을 시작하게 되는데, 먼저 또래조정자는 갈등 당사자들과 따로 만나 또래조정을 수행할 것에 대한 동의를 받고, 사실관계 파악을 위해 자료를 수집한다. 이후 또래조정자와 갈등 당사자들이 함께 모여 대화의 규칙을 정한 후, 각각 차례대로 자신이 생각하는 갈등의 원인과 과정, 자신의 입장과 상대에 대한 요구사항 등을 말하게 한다. 이 단계가 충분히 이뤄지고 나면, 다음 단계에서는 해결해야 할 문제에 대한 당사자들 간의 합의를 통해 문제를 해결하기 위한 방법을 모색한다. 이 과정은 보통 문제해결 과정의 흐름에 따라 진행되며, 다양한 방법들의 장단점을 각각 평가한 후에 최선의 방법을 선택하여 실행하도록 합의를 도출한다(교육과학기술부, 전라남도 교육청, 한국청소년정책연구원, 경실련(사)갈등해소센터, 평화여성회 갈등해결센터, 2012). 인천에 위치한 Y초등학교에서는 실제로 교실마다 또래조정함을 마련하여 접수된 갈등해소 요청서를 또래조정 위원들이 신청인 면담을 통해 일주일 이내에 조정을 실시하는 '갈등 원원 프로젝트'를 시행한 결과, 학생 간 갈등문제를 효과적으로 해결하는 성과를 보고하였다(관계부처합동, 2012, 2013). 부산광역시에서는 인근 지역의 S대학교에 위탁하여 '학교폭력예방회복조정센터'를 운영하고 있으며, 이곳에서는 또래 간의 사소한 다툼 발생 시 또래조정을 통해 자율적으로 문제해결을 도모함으로써 당사자 간 관계회복 및 안전한 공동체를 형성하도록 또래조정자 양성교육을 실시하고 있다(학교폭력예방회복조정센터, 2021).

학급총회는 학생들 간의 갈등이나 문제가 발생할 때마다 학급단위로 담임교사와 학급학생 모두가 함께 참여하는 회의를 열어 학생들 간의 대화와 토론을 통해 갈등을 해결해 나가는 활동이다. 노르웨이에서는 학급총회를 적극적으로 도입하고 개최한 결과 학교폭력이 60% 이상 감소되는 효과를 보였으며(관계부처합동, 2012), 서울에 위치한 S고등학교에서도 학급회의를 통해 학교폭력 문제를 토론하고, 학생회가 적극적으로 나서서 학교폭력 예방 캠페인을 벌이며, 학교장과 학생회가 월례간담회를 개최하는 등 학교폭력 문제를 학생들의 적극적인 대화와 토론을 통해 스스로 해결하도록 권장하고 있다(관계부처합동, 2013).

학생자치법정은 경미한 교칙을 위반한 학생을 대상으로 동료 학생들이 법정의 형식을 통하여 스스로 조사, 변호, 판결 등을 맡아 진행함으로써 학생들의 법의식을 향상시키기 위한 법교육 프로그램이다. 법무부 지정 학생자치법정 시범학교는 2009년에 35개 교에서 2012년에 600개 교로 늘어났으며, 경기도에 위치한 H고등학교의 경우 학생 변호인단을 구성하여 'H 로스쿨'을 운영하고 있는데, 이를 통해 학교폭력 발생이 감소하고 학생들이 교칙을 준수하며 법에 대한 이해도가 향상되는 결과를 보여 주었다(관계부처합동, 2012).

(6) 교사, 학부모와 함께하는 학교폭력 예방활동

학교폭력을 예방하기 위해서는 학생들 스스로의 노력이 필요할 뿐 아니라, 학교의 교사와 학부모들이 함께 협력하여 보다 적극적이고 체계적으로 대처할 필요가 있다. 이에 포함되는 활동으로는 학생, 교사 그리고 학부모가 함께 조를 짜서 쉬는 시간이나 점심시간에 교내순찰 활동을 벌인다든가, 학부모가 자율적으로 '패트롤 맘' 자원봉사대를 구성해서 지역사회를 순찰하는 활동을 벌일 수 있다. 또한 학부모 자원봉사단이 위기학생들과 멘토-멘티 결연을 맺어 이들을 상담하고 지원하는 활동을 시행할 수 있다.

실제로 경기도 고양시와 하남시, 부천시 등지에서는 학부모들이 '패트롤 맘'을 조직하여 학교폭력 예방을 위해 밤낮으로 학교와 지역사회 주변을 순찰하고 있다(EBS, 2012. 4. 4.). 그리고 충청북도에 위치한 S고등학교에서는 도움이 필요한 학생들을 대상으로 학부모들이 1:1 멘토링을 시행하고 있으며, 서울 M초등학교에서는 학생, 학부모, 교사가 결연을 맺어 다양한 활동에 함께 참여하는 '콩깍지 가족 프로그램'을 시행하여 학교폭력의 예방 효과를 보고 있다(관계부처합동, 2013).

4. 학교폭력 발생 후 담임교사의 역할

1) 학교폭력 사안을 인지한 경우

앞서 강조한 바와 같이, 학교폭력은 발생한 다음에 해결하거나 처리하기보다는 사전에 발생하지 않도록 최대한 노력하는 것이 무엇보다 중요하다. 하지만 그럼에도 불구하고 학교폭력이 발생하게 된다면, 담임교사는 최대한 신속하게 학교폭력 전담기구에 이를 신고하여야 한다. 이처럼 학교폭력 발생 후 신속하고 정확한 대응을 하기 위해서는 담임교사가 평소에 학생들의 행동과 태도, 교우관계 등을 유심히 파악하여 학교폭력의 징후를 조기에 파악할 수 있도록 관심을 기울여야 한다. 또한 담임교사가 학교폭력 사안을 인지한 이후에는 절대로 사건을 축소하거나 은폐하여서는 안 되고 학교폭력에 적극적으로 대응하여야 하며, 가해학생으로부터 피해학생을 안전하게 보호할 수 있어야 한다.

2) 학교폭력 전담기구에 사안 신고가 접수된 경우

만약 학교폭력 전담기구에 사안 신고가 접수되면 피해학생 보호차원에서 담임교사는 즉시 피해학생을 가해학생과 격리 조치시켜야 하며, 이는 경우에 따라 신고한 학생에게도 동일하게 적용한다. 만약 이 과정에서 피해학생이 상담기관이나 병원 등 외부에 머무르게 되는 경우에는 출석일수에 산정하고, 학생이 불이익을 받지 않도록 조치하여야 한다. 또한 신고한 학생의 경우에는 이 학생의 개인정보가 유출되지 않도록 각별히 유의하여야 한다.

또한 담임교사는 심의위원회에서 가해·피해학생에 대한 조사를 위해 면담 또는 증거자료를 수집하거나, 가해·피해학생 학부모에게 이를 통보하고 면담하는 과정에서 최대한 협조할 필요가 있다. 해당 학생들을 면담 혹은 조사할 때는 우선 가해학생보다 피해학생을 먼저 면담하고 조사하여야 하는데, 피해학생이 공감받고 지지받는 분위기 속에서 면담이 이뤄질 수 있도록 해야 하며, 피해 사실과 관련한 구체적인 증거를 수집하도록 해야 한다. 피해학생에 대한 면담이 이뤄지고 증거가 확보되면 가해학생에 대한 면담과 조사를 수행할 수 있으며, 이때 가해학생에게 피해학생이나 신고학생에 대해 보복행동을 절대 해서는 안 되며, 만약 이를 어길 경우에는 더 무거운 징계를 받게 됨을 알려 주어야 한다. 그리고 피해학생의 부모가 원치 않는 경우에는 가해학생이나 가해학생의 학부모에게 피해학생 학부모의 연락처를 알려 주지 않도록 해야 한다(광주광역시교육청, 2012).

학교폭력이 발생한 것을 인지한 후 학교에서의 대응절차 및 (담임)교사의 역할에 대한 보다 자세한 사항은 제9장 '학교폭력 대응 및 사후지도'를 참고하도록 한다.

3) 학교폭력 사안 처리가 종료된 경우

학교폭력 사안 처리 과정이 종료되면 사후지도 단계로서 담임교사는 학급 전체 학생들을 대상으로 재발방지 교육을 실시하여 학교폭력 문제가 비단 가해학생과 피해학생의 문제가 아닌 학급 구성원 모두의 문제임을 깨닫게 해 주어야 한다(광주광역시교육청, 2012). 이때 만약 사건이 학교 차원으로 확대된 경우에는 전교생을 대상으로 교육을 실시할 필요가 있다(조정실, 차명호, 2012). 또한 학교에서 학교폭력이 발생하여 피해학생이 생기고, 가해학생이 징계를 받는 사건이 발생하면 해당 학교의 학부모들도 적지 않은 충격을 받게 되고, 자신의 자녀들도 이와 같은 일을 당하게 되지 않을까 염려하게 된다. 따라서 학교에서는 전체 혹은 일부 학부모들을 대상으로 학교폭력 재발방지를 위해 소정의 교육을 실시할 필요가 있다.

피해학생은 그 누구보다도 상처가 컸던 만큼 이들이 다시 안정적으로 학교생활을 할 수 있게 될 때까지 충분한 관심을 가지고 지속적으로 보살펴 주어야 한다. 이때 담임교사는 물론이고, 학교의 모든 선생님과 교직원도 함께 협력해야 하며, 피해학생에게 심리적 안정과 정서적인 도움을 줄 수 있는 학급의 친구들도 적극적으로 나서서 이들을 돕게 할 필요가 있다. 경우에 따라서 피해학생 가운데는 심리적인 충격이 매우 커서 아무도 자신이 처한 상황을 도와주지 못할 것이라고 생각하여 극단적인 생각과 행동을 하는 경우들이 있다. 따라서 담임교사는 학부모와 긴밀히 연락하여 피해를 당한 학생의 심리 상태를 면밀히 파악하고, 필요한 경우 학교의 전문상담교사 혹은 학교 밖의 전문상담기관(Wee센터, 청소년상담기관 등)에서 전문적인 상담이나 심리치료를 받을 수 있도록 즉시 연계해 주어야 한다.

가해학생 역시 그들의 행동은 매우 잘못된 것이지만, 교육과 선도를 통해 자신의 행동을 반성하고 피해학생에게 진심으로 사과하며, 교우관계를 다시 회복하여 학교생활에 적응하고 건전하게 성장할 수 있도록 도울 필요가 있다. 이를 위해 교사는 학교 안팎의 자원을 활용하여 적절한 멘토를 연결해 주거나 교사와 함께하는 프로그램(예: 사제동행 프로그램 등) 등을 통해 가해학생의 학교생활을 지원해 주어야 한다. 또한 가해학생들 중에는 심리적인 어려움을 겪고 있는 학생들이 많이 있고, 이들도 가정이나 학교폭력의 피해자였을 가능성이 있으므로, 필요한 경우에는 이들에게도 전문상담기관에서 상담이나 심리치료를 받을 수 있도록 연계해 주어야 한다(법무부, 교육과학기술부, 2012).

토론주제

1. 학교폭력에서 예방이 지니는 의미와 그 효과에 대해 논의해 봅시다.

2. 하나의 '집단'으로서 학급이 지니고 있는 특징에 대해 생각해 보고, 학급의 바람직한 분위기 형성을 위해 담임교사로서 어떠한 노력들을 할 수 있는지 토론해 봅시다.

3. 반폭력적 학급 및 학교환경을 조성하기 위한 방안에는 어떤 것들이 있는지 설명하고, 학교현장에 적용 가능한 보다 창의적인 방안들을 함께 도출해 봅시다.

참고문헌

강진령(2011). 집단상담의 실제. 서울: 학지사.

관계부처합동(2012). 학교폭력 근절 종합대책.

관계부처합동(2013). 현장중심 학교폭력 대책.

교육과학기술부, 전라남도 교육청, 한국청소년정책연구원, 경실련(사)갈등해소센터, 평
　　　화여성회 갈등해결센터(2012). 학교또래조정 프로그램 운영 매뉴얼.

교육부 보도자료(2016. 7. 18.). 학교폭력 감소추세 지속 −2016년 1차 학교폭력 실태조사
　　　결과−. 세종: 교육부.

교육부 보도자료(2019. 1. 30.). 학교폭력 예방교육! 공감과 소통의 '어울림 프로그램'과
　　　함께 해요. 세종: 교육부.

김하영, 양재영, 이상민(2018). 학교폭력 예방 수업을 통한 예비교사들의 학교폭력 인식
　　　변화. 한국체육과학회지, 27(2), 817−825.

대구시교육청(2021. 5. 13.). 전국 어디서나 웹뮤지컬로 만나는 학교폭력 예방교육!.
　　　blog.naver.com/dgeduon에서 인출

도란도란 학교폭력예방(2021). https://doran.edunet.net에서 인출.

또래상담(2021, 8, 20.). 솔리언 또래상담 운영현황. https://www.peer.or.kr:448/
　　　sub01_1.asp에서 인출.

류부열(2013). 학교현장에서의 학교폭력 현황 및 대응. 한국심리학회 특별심포지엄.

머니투데이뉴스(2013. 10. 17.). 서울 염리동·공진중학교, 디자인으로 범죄 예방.

박병량, 주철안(2012). 교육행정 및 교육경영: 학교, 학급경영 중심. 서울: 학지사.

박성희(2005). 담임이 이끌어가는 학급상담. 서울: 학지사.

박효정, 김현진, 한미영(2018). 초·중학교 학생, 교사, 학교장의 학교폭력 예방문화 인식
　　　탐색. 교육학연구, 56(2). 233−260.

법무부, 교육과학기술부(2012). 학교폭력에 대한 교사의 역할.

이정윤, 박옥식, 이유미(2012). 학교폭력 예방 문화예술교육 프로그램 개발 및 효과분석 연구.
　　　서울: 한국문화예술교육진흥원.

장맹배(2006). 학급 내 학교폭력 조기감지 및 상담방법. 문용린, 김준호, 임영식, 곽금주,
　　　최지영, 박병식, 박효정, 이규미, 임재연, 정규원, 김충식, 이정희, 신순갑, 진태원,
　　　장현우, 박종효, 장맹배, 강주현, 이유미, 이주연, 박명진 공저, 학교폭력 예방과 상담
　　　(pp. 319−334). 서울: 학지사.

조정실, 차명호(2012). 학교폭력 상담−교사(학부모 편). 서울: 학지사.

주영아(2014). 중등교사와 중등예비교사의 학교폭력 인식 차이. 학습자중심교과교육연구,
　　　14(7). 101−126.

표준국어대사전 http://stdweb2.korean.go.kr

학교폭력예방 및 대책에 관한 법률(2020)

학교폭력예방회복조정센터(2021). 또래조정. http://bsyc.or.kr/main/main.php에서 인출.

한국문화예술교육진흥원(2019). 교사-예술교육가 협력 기반 학교 문화예술교육 기획 연수 결과 분석 연구. 서울: 한국문화예술교육진흥원.

헤럴드 경제(2013. 10. 4.). 디자인 살아나자, … 범죄가 사라지다.

Bean, A. L. (2008). 괴롭힘 없는 교실 만들기 1(이규미, 지승희 역). 서울: 시그마프레스. (원전은 1999년에 출판).

Beran, T. N. (2006). Preparing teachers to manage school bullying: The hidden curriculum. *Journal of Educational Thought, 40*(2), 119-128.

Conyne, R. K. (2004). 예방상담학(이규미, 지승희 역). 서울: 시그마프레스. (원전은 2004년에 출판).

Cowen, E. (1983). Primary prevention in mental health: Past, present, and future. In R. Felner, L. Jason, J. Montsugu, & S. Farber (Eds.), *Prevention Psychology: Theory, Research, and Practice* (pp. 290-257). New York: Pergamon.

EBS (2012. 4. 4.). 우리 아이는 우리가 지킨다-패트롤 맘. 폭력 없는 학교.

Forsyth, D. R. (2001). 집단역학(서울대학교 사회심리학연구실 역). 서울: 시그마프레스. (원전은 1998년에 출판).

Gordon, R. (1987). An Operational Classification of disease prevention. In J. a. Steinberg & M. M. Silverman (Eds.), *Preventing mental disorders: A research perspective* (pp. 20-26). Rockville, MD: Department of Health and Human Services.

Leavell, H., & Clark, E. (1953). *Textbook of preventive medicine*. New York: McGraw-Hill.

Rapp-Paglicci, L. A., Dulmus, C. N., & Wodarski, J. S. (2004). 아동·청소년을 위한 예방적 개입(오인수 역). 서울: 학지사. (원전은 2004년에 출판).

Rodkin, P. C., & Hodges, E. V. E. (2003). Bullies and victims in the peer ecology: Four questions for psychologists and school professionals. *School Psychology Review, 32*, 384-400.

Schmuck, R. A., & Schmuck, P. A. (1992). *Group process in the classroom*(6th ed.). Dubuque, I. A.: Brown & Benchmark.

동아일보(2013. 4. 22.). '익명의 기적'… 폭력 입 다물던 학생들 두 달 새 155건 소통.

머니투데이뉴스(2013. 10. 17.). 서울 염리동·공진중학교, 디자인으로 범죄 예방.

한국교원단체총연합회(2013. 2. 4.). 교원, 학교폭력근절 대책 추진 가장 큰 장애로 학생 개별지도 어려움 꼽아.

전국교직원노동조합(2013. 5. 14.). 교사 70%, 학생부 기재, 학교폭력 억제효과 없어.

헤럴드 경제(2013. 10. 4.). 디자인 살아나자, … 범죄가 사라지다.

EBS(2012. 4. 4.). 우리 아이는 우리가 지킨다-패트롤 맘. 폭력 없는 학교.

표준국어대사전 http://stdweb2.korean.go.kr

학교폭력 예방 종합포털 사이트 http://www.stopbullying.or.kr

제9장

사이버폭력의 예방과 지도

사이버 공간은 21세기 정보화시대의 위대한 발명품일 것이다. 재미와 감각을 추구하는 청소년들에게는 자유로운 의사소통과 여론형성, 블로그와 UCC 등 사회문화적 기능뿐만 아니라 여가활용의 기능을 제공한다. 그러나 게시판이나 댓글에서의 욕설과 비방, 허위사실 유포, 사이버폭력, 채팅방에서의 따돌림 등 역기능 현상도 함께 발생하고 있다. 사이버 공간이 가진 특성상 익명성과 개방성, 쌍방향의 상호작용을 활성화하기 위해서는 개인의 윤리의식 고취를 통한 예방과 교육이 필요하다. 또한 청소년 문제와 연관되어 나타나는 문제행동과 사이버폭력을 예방하고 대처하기 위해서는 사이버 공간으로 대피하게 되는 청소년 문제와 가정·환경적 요인을 탐색하고, 이를 위한 도움을 지원하여야 할 것이다. 무엇보다도 사이버폭력 피해자의 정신적 고통을 덜기 위하여 이들을 위한 상담에서는 개인의 안전감을 회복하고 적절한 대처방안을 찾을 수 있도록 도와야 할 것이다.

1. 사이버폭력이란 무엇인가

정보화 사회로 변화하면서 게임과 인터넷은 한국의 주요 수출산업일 뿐만 아니라 청소년문화의 중요한 키워드가 되었다. 2020년 국내 인터넷 사용 인구는 만 3세 이상 인구(50,971천 명) 중 91.9%(46,819천 명)에 이르며, 주 평균 인터넷 이용시간은 20.1시간으로 나타났다(과학기술정보통신부, 한국지능정보사회진흥원, 2021). 사이버 공간은 무엇보다도 청소년들에게 인터넷, SNS 소통, 게임 사용 등으로 매우 익숙한 공간이다. 사이버 공간에서 주도적으로 상호작용이 가능한 인터넷은 생활 속에서 중요한 수단이 되는 것은 물론, 대인관계, 정보탐색, 게임과 같은 여가활동, 정보 제공 등 '여가와 재미'라는 요소를 함께 전달하고 있다.

그러나 자신에 대한 정체감을 찾아가는 시기에 있는 청소년들은 사이버 공간에서 다양한 어려움을 겪기도 한다. 이미 인터넷과 컴퓨터의 과도한 사용은 개인의 사회적·직업적·심리적 기능에 심각한 손상을 입힐 수 있으며, 이러한 손상은 학업부진, 부모와의 갈등, 사회성 저하, 정서적인 문제 등 일상생활의 다양한 측면에서 역기능을 초래하고 있는 것으로 나타났다(권용준, 김영희, 2011).

최근에는 사이버폭력이라는 역기능도 함께 나타나기 시작했다. 특히 게시판이나 댓글에 욕설을 일삼는 사이버 언어폭력과 성적 수치심이나 혐오감을 불러일으키는 사이버 성폭력도 나타나고 있다(정소미, 2011). 2020년 학교폭력 실태조사 결과, 사이버폭력 피해는 12.3%로, 2019년의 8.9%에 비해 3.4%p 증가한 것으로 나타났다. 또한 학교폭력 피해를 당한 공간으로 사이버공간이 9.2%로 사이버폭력의 발생 가능성이 높은 것으로 나타났다(교육부 보도자료, 2021. 1. 20.). 이 장에서는 사이버폭력에 대한 정확한 이해와 함께 이를 예방하고 지도할 수 있는 방안을 살펴보고자 한다.

1) 사이버폭력의 정의

사이버폭력의 정의에 대해서는 아직 합의되지 않은 채로 다양한 명칭과 개념이 혼재되어 있다. 사이버 일탈, 사이버 불링, 사이버 괴롭힘 등의 다양한 용어로 일컬어지는 사이버폭력의 관련 연구는 국내외에서 모두 2000년 초반부터 시작되었으며, 이 용어들은 대부분 인터넷이나 휴대전화 같은 사이버 공간에서 이루어지는 침해적이고 공격적인 행위를 지칭하고 있는 것으로 나타났다(두경희, 김계현, 정여주, 2012).

(1) 사이버 일탈

청소년 문제는 사회발전과 시대적 흐름의 특성을 반영한다. 사이버 일탈과 관련된 국내 문헌은 2000년 『청소년학연구』에 발표된 천정웅(2000)의 논문을 통해서 시작되었는데, 그는 사이버 공간에서의 청소년 문제로 사이버 일탈을 언급하였다. 그는 사이버 공간에서의 청소년 문제를 '사이버 공간에서의 청소년 일탈(youth deviance in cyberspace)'로 개념화하여 사이버 일탈을 유발하는 컴퓨터 매체와 사이버 공간의 특성을 고찰하였다. 이 논문에서 그는 모든 규칙 및 규범 위반행위를 일탈로 규정하면서 '사이버 공간에서 행하여지는 모든 일탈적 행위와 그 현상'을 사이버 일탈로 규정하였다. 이러한 정의 속에는 컴퓨터 이용에 따른 사이버 공간의 역기능 현상으로 해킹이나 바이러스 유포 등의 행위에 대한 처벌이나 규제 등 사회적 반응이 매우 강하고 사회적 피해 정도가 크며, 많은 사람이 바람직하지 않은 행동이라고 합의하는 범죄행위로 규정하는 것부터 불건전한 정보 유포, 인신공격, 비속어 사용 등 중간 수준의 행위들 그리고 컴퓨터 게임에 지나치게 빠지는 인터넷 몰입현상 등과 같이 다른 일탈현상에 비해 부정적 반응이 상대적으로 약하거나 물질적인 피해가 별로 없는 행위 등도 포함되었다(천정웅, 2000). 이후 연구자들은 사이버 일탈에 대해 인터넷을 중심으로 한 제반 범죄 및 비행, 지위비행 등으로 정의내리거나 혹은 구체적 정의를 제시하지 않았으나 사이버 일탈이라는 용어를 사용하여 사이버 공간에서의 청소년 문제를 연구(김재휘, 김지호, 2002; 이해춘, 2004; 한종옥, 2001)하였다.

그러나 사이버 일탈의 개념은 사이버 공간에서 발생하는 청소년의 비행을 모두 포함하고 있다. 즉, 현실공간에서 청소년들에게 금지된 제반행위들을 사이버 공간으로 확산한 것으로 그 범위가 매우 광범위하다. 어떤 연구자(이종원, 2001)는 사이버 일탈을 사이버 공간에서의 청소년 문제행동이라기보다 모든 위반행위를 포함하는 보다 광범위한 광의의 개념을 사용하기도 하였다. 따라서 사이버 일탈의 경우, 그 정의가 좀 더 모호하고 광범위하여 그 하위유형을 분류하려는 시도들이 있었다.

　천정운(2000)은 사이버 일탈을 컴퓨터 몰입과 인터넷 중독의 문제, 사이버 범죄 및 부적절한 문제행동 등 세 가지로 유형화하였다. 컴퓨터 몰입과 인터넷 중독은 다른 사람에게 물질적 피해를 입히는 정도는 매우 약하지만 많은 청소년에게 문제가 되고 있어 심각성이 높다고 판단하였다. 사이버 범죄는 해킹, 바이러스 유포, 아이디 도용, 사이버 성폭력, 사이버 스토킹, 도박 등과 같이 행위에 대한 사회적 반응과 피해가 매우 크며, 현실세계의 권위적 처벌이 따른다는 점에서 대표적인 일탈행위로 규정하였다. 부적절한 문제행위에는 유언비어와 언어폭력, 음란폭력물의 접촉 등과 같이 컴퓨터 이용자 간의 제재가 따르거나 사회문제화되며, 지나친 경우, 타인 명예훼손과 불건전 정보유포 등으로 처벌이 따르게 되어 유의하여야 한다고 하였다. 이와는 달리 시간개념을 적용하여 사이버 일탈을 구분한 연구자도 있다. 강동범(2000)은 시간개념을 적용하여 전통적인 범죄군과 새로운 범죄군으로 사이버 일탈을 구분하였다. 전통적인 범죄군에는 사이버 명예훼손, 저작권 침해 등의 개인의 권리와 관련된 측면을 구분하였고, 새로운 범죄군에는 해킹, 바이러스 유포 등과 같이 공격적이고 지능적인 일탈행동을 포함시켰다. 또한 다른 연구(김옥순, 2001)에서는 일탈이 행해진 영역별로 사이버 일탈을 구분하여 성 관련 일탈행위, 사회규범 해체적 일탈행위, 개인권리 침해의 일탈행위로 분류하였다. 성 관련 일탈행위에는 음란물 판매와 사이버 성폭력을, 사회규범 해체적 일탈행위에는 해킹·허위정보 및 바이러스 유포를 지적했고, 개인권리 침해의 일탈행위에는 저작권 침해와 아이디 도용 등을 포함하였다.

　그러나 이후 청소년 문제 중에 인터넷 중독과 게임 중독이 사회문제로 부각되었고, 이들 중독관련 문제와 청소년 문제들을 규명하려는 시도들이 이어지게 되었다. 최근에는 휴대전화의 보급과 함께 시작된 문자메시지, 소셜 네트워크 등의 활성화로 인해 악성댓글과 같은 언어폭력의 심각성이 알려지게 되면서 채팅, 게시판, 댓글 등에서 사이버폭력의 피해들이 보고되며 사이버 일탈의 유형이 세분화되기 시작하였다.

(2) 사이버 괴롭힘

사이버 괴롭힘은 인터넷 공간 또는 사이버 공간에서 일어나는 괴롭힘을 의미한다. 사이버 괴롭힘은 사이버 불링이라고도 하는데 여기서는 우리말인 '괴롭힘'으로 지칭하고자 한다. 사이버 괴롭힘은 국내 연구보다는 국외 연구에서 주로 사용된 용어로, 학교폭력 개념을 중심으로 하고 있다. 사이버 괴롭힘은 "학생이 반복적이고 지속적으로 한 명 또는 그 이상의 다른 학생들로부터 부정적인 행동을 지속적으로 당하는 것"으로 정의한 Olweus(1978)의 학교폭력 개념을 기반으로 한다. 국내 연구에서는 학교 내에서 발생하는 전통적인 집단따돌림이 정보화 사회 심화의 한 형태인 정보화기기를 통해 새로운 형태로 변화되었으며, 이러한 현상이 사이버 괴롭힘이라는 새로운 사이버폭력으로 발전하게 되었다고 가정하고 있다(김은경, 2012; 오은정, 2010).

Belsey(2006), Patchin과 Hinduja(2006), Willard(2006)는 사이버 괴롭힘이란 이메일 인스턴트메시지, 문자메시지, 디지털이미지 전송, 웹페이지 블로그, 채팅방, 그 외의 다른 정보화기기 등을 사용하여 타인을 괴롭히는 것이라고 하였다(김은경, 2012에서 재인용). 이러한 사이버 괴롭힘을 Kowalski와 Limber(2007)는 인터넷과 휴대전화를 통해 다른 사람을 괴롭히거나 따돌리는 온라인 공동체상의 학대행위(online social cruelty)로, 전통적인 괴롭힘이나 따돌림 현상과는 다른 최근의 독특한 현상이라고 하였다(이인태, 2012). 구체적으로 다른 사람을 해치거나 위협을 주려는 고의성, 반복성, 힘의 불균형으로 구성되며, 컴퓨터나 휴대전화 같은 정보통신기기를 사용해서 특정인에게 위해를 가하는 행동들을 의미한다. 사이버 괴롭힘이 학교폭력과 관련된 이론을 기반으로 하는 이유에 대해 두경희, 김계현, 정여주(2012)는 10대나 20대의 청소년들이 인터넷상에서 이루어진 비난과 위협 등으로 목숨을 끊는 일이 많이 발생하기 때문인 것으로 해석하였다. 따라서 국외 연구의 경우 학교폭력 이론의 맥락에서 가해자의 특성이나 피해자의 특성, 현황, 관련 변인 등을 찾는 연구가 많았고, 연구 대상자들도 주로 청소년들이 많았다.

국내에서는 2009년 2월에 개정된 「학교폭력 예방 및 대책에 관한 법률」에서 '사이버 따돌림'이라는 용어로 학교폭력 범위에 따돌림과 함께 추가되었다. 여기서는 '인터넷, 휴대전화 등 정보통신기기를 이용하여 학생들이 특정 학생에게 지속적·반복적으로 심리적 공격을 하거나 특정한 학생과 관련된 개인 정보 또는 허위사실을 유포하여 상대방이 고통을 느끼도록 하는 일체의 행위'로 정의하고 있다.

사이버 괴롭힘은 익명성, 전파성, 신속성, 가상성, 시각적 충격성 등의 특징을 지닌다. 사이버 괴롭힘에는 신체적·물리적 고통이 포함되어 있지 않다는 사실 그리고 때로 동기의 단순화로 인해 행위 자체를 유머러스하게 보거나 가벼운 문제로 치부하는 왜곡된 시각이 있다. 하지만 사이버 괴롭힘은 매우 심각한 사회문제이며, 그 피해는 현실공간에서 일어나는 폭력피해보다 심각하다고 알려져 있다. 그로 인해 피해자의 상처는 심리적인 것으로 시작해 장기간에 걸쳐 삶 전반에 광범위하게 나타난다(김은경, 2012). 그리고 사이버 괴롭힘은 언제 어디서든지 24시간 내내 지속적으로 이루어져서 학교를 벗어나면 괴롭힘을 당하지 않는 전통적 집단따돌림에 비해 피해자들을 더욱 힘들게 한다. 그러나 사이버 괴롭힘은 학교 내의 집단따돌림이나 폭력현상을 사이버 공간으로 이동한 개념으로 사이버 공간에서 일어나는 다른 침해행위나 악성댓글 등의 행위를 포괄하지 못하는 한계가 있다.

(3) 사이버폭력

사이버폭력에 대한 국내에서의 정의는 연구자마다 다양하게 사용되고 있으나 주로 법학적 관점이나 사회학적 관점에서 범죄의 한 유형으로 개념화한 것이 많다. 사이버폭력이라는 말은 예전부터 있었던 학술적 용어이기보다는 인터넷이 상용화된 1992년 이후에 사이버폭력이 사회문제로 대두되면서 사이버 공간 내에서 발생하는 폭력을 표현한 용어다(정소미, 2011).

송종규(2005)는 구체적인 정의를 제시하지는 않았으나 사이버 공간에서 반복적이지 않더라도 피해학생에게 불쾌, 불안, 수치심 유발 등 부정적인 감정을 유발하였다면 사이버폭력으로 간주해야 한다고 하였다. 비슷한 시기에 법학적 관점에서 정완(2005)은 게시판, 이메일, 기타 이와 유사한 기능을 갖는 형태의 정보통신망을 통해 댓글, 게시물, 사진 합성물, 동영상 등의 형태로 타인에게 욕설 등 모욕을 행하거나 그 명예를 훼손하여 인권을 침해하는 결과를 초래하는 행위로 보았다. 그러나 사이버폭력에 해당하는 행위의 범주가 다양하여 명확한 정의를 내리기는 어려웠다.

정보통신윤리위원회(2005)는 청소년에 대한 예방차원으로 가이드북을 통해 사이버폭력을 사이버 명예훼손, 사이버 언어폭력, 사이버 성폭력, 사이버 스토킹으로 분류하여 소개하고 있으며, 특히 게시판, 대화방 또는 이메일, 쪽지 등을 이용해서 타인에게 욕설, 비난, 위협 등을 하거나 인격을 모욕하는 글 혹은 허위나 비방의 글을 보내는 행위를 사이버 언어폭력으로 정의하여 보다 상세히 기술하고 있다. 사이버 언어폭력은, 첫째, 욕설은 자기와 생각이 맞지 않거나 싫어하는 사람이 있을 때 그냥 단순히 욕설을 하는 경우, 둘째, 비방(명예훼손)은 상대방의 약점을 들춰내고 헐뜯는 행위를 말하며, 특히 유명 연예인이나 정치인들을 헐뜯는 글을 게시판에 게시하는 경우, 셋째, 게시판 도배는 채팅 독점하기, 같은 내용의 욕설이나 의미 없는 글들을 연속해서 게시판에 게시하는 경우, 넷째, 성에 대한 노골적인 욕설을 하여 상대방에게 불쾌감을 주는 경우, 다섯째 유언비어로 사실이 아닌 거짓 소문을 사이버상에 퍼뜨려 상대방을 당황스럽게 함으로써 정신적·심리적 피해를 입히는 행위다. 여기서는 사이버폭력 행위 중 다른 폭력 유형보다 언어폭력이 빈번하게 발생되고 있는 현상을 설명하고 있으며, 사이버상에서는 텍스트 중심의 커뮤니케이션이 즉흥적으로 자기감정을 표출하기 쉬운 특징에 의해 언어폭력이 더욱 활성화되고 있다고 지적하기도 하였다(김경은, 2011).

그러나 앞의 정의들은 폭력이라는 현상에서 가해자와 피해자의 관계와 상관없이 피해를 당하는 모든 사례를 포함하고 있다. 김경은(2011)은 불특정인에 대한 사이버폭력은 가해자와 피해자가 다양한 온라인 활동에 참여하게 되면서 발생되는 즉흥적인 폭력 상황으로 게시판 댓글, 이메일, 채팅 등의 매체수단 등을 통하여 타인의 인권을 침해하는 행위로 정의하였다. 특정인에 대한 사이버폭력은 가해자가 피해자의 정보를 알고 있으면서 괴롭힘의 의도적인 목적으로 인터넷, 휴대전화 등의 정보통신기기를 사용하여 폭력을 행사하는 행위로 구분하여 보다 명확하게 정의하였다. 광범위하게 보면 사이버폭력은 청소년들이 사이버 공간에서 정보통신기기를 사용하여 욕설, 비난, 위협, 유언비어, 따돌림과 괴롭힘 등의 언어적 공격행위들로 불특정인과 특정인에게 정신적·심리적 피해를 주는 행동이라 할 수 있다.

전반적으로 사이버폭력에 대한 정의는 컴퓨터에 의해 매개되는 사이버 공간에서의 의사소통의 특성을 반영하고 있으며, 또한 전통적인 폭력의 정의에 근거해서 강제성을 부여하거나 정신적 또는 심리적 압박을 주는 피해행위를 포함하고 있다(장근영, 2006).

2) 사이버폭력의 특징

사이버폭력이 발생하게 되면 인터넷이 갖는 전파성과 신속성에 의해 빠른 시간 내에 불특정 다수에게 전달되어 사실에 대한 진위 여부와 상관없이 개인에게 사회적, 도덕적, 재정적으로 큰 타격을 입히게 된다(박종현, 2008).

박종현(2008)은 사이버폭력은 사이버 공간에서 발생하기 때문에 다음과 같은 특징을 지닌다고 정리하였다.

첫째, 빠른 파급력에 의하여 피해가 신속히 확산된다. 사이버 공간은 상호접근이 용이하고, 손쉽게 게시 · 전달이 가능하여 피해확산이 매우 빠르다.

둘째, 가해자를 찾기 곤란하다. 사이버 공간은 컴퓨터와 네트워크만으로 접속되며, 실명이 아닌 익명적 성격을 갖는 ID나 대화명으로 형성되기 때문이다.

셋째, 집단적 양상을 가진다. 댓글과 퍼나르기를 통하여 집단적이고 무수히 많은 간접적인 가해자가 존재할 수 있으며, 댓글 간의 욕설, 비방 등 명예훼손의 발신지와 수신지가 복잡하게 얽혀 폭력의 양상이 증폭된다.

넷째, 규율 · 처벌이 어렵다. 사이버폭력 유형의 다양성, 사이버 공간의 무국경성, 복잡성(게시, 수정, 삭제의 자유로움) 등으로 인해 사이버폭력을 일일이 법률로 규율하고 처벌하기는 어렵다.

다섯째, 피해인지 및 원상회복이 곤란하며 2차 피해가 발생하기도 한다. 사이버폭력은 이미 피해가 심각하게 진행된 후에 인지하거나 유통경로도 모르는 경우가 많아 원상회복이 매우 어렵다. 또한 많은 사람들에게 신상정보가 노출되어 피해자뿐만 아니라 2차적으로 가족 등에게까지 피해가 미치기도 한다.

장근영(2006)은 사이버폭력으로 보고된 사례들을 정리하여 다음과 같은 특징이 있음을 보고하였다.

첫째, 사이버폭력의 주류를 차지하는 것은 개인정보 침해와 명예훼손으로 윤리적 공격이 주를 이룬다는 점이다. 사이버 명예훼손으로 보고된 사례들을 살펴보면 윤리적인 목적을 가진 폭력으로 네티즌들이 도덕적으로 문제가 있는 사건을 발견해서 이를 집단 공격한 결과라는 것이다. 즉, 대부분의 사이버폭력은 그 자체가 법적·윤리적 위반이면서 동시에 그 목적은 윤리적이라는 양면적 특징을 보인다.

둘째, 일반적인 폭력과 달리 대부분의 사이버폭력은 물리적인 강제력과 무관하며, 개인정보의 노출과 이에 따르는 언어폭력이 주류를 이루고 있다. 이는 폭력에 대한 일반적인 정의가 사이버폭력에는 적절치 않음을 의미하는 것으로, 사이버 공간의 특성상 물리적인 측면보다는 심리적인 측면의 중요성이 부각된다.

셋째, 오프라인의 사회적 지위와 무관하다는 점이다. 일반적으로 사회적 지위가 낮을수록 범죄나 폭력의 대상이 되는 경향이 있는 반면에, 사이버폭력은 사회적 지위와는 무관하며 오히려 사회적 지위가 높을수록 더 폭력에 취약한 경향이 있다. 유명인, 교장이나 교사, 일반인 등 사회적 지위와 관련 없는 피해자들이 이를 의미한다. 인터넷이 지닌 개방성과 공간성의 특징으로 인해 사회적 지위의 방벽이 작동하지 않는다. 또한 오프라인 세계에서는 어떤 사람의 말이나 행동을 평가할 때 그 사람의 학력이나 경력, 지위, 나이, 외모를 참고할 수 있지만 이러한 부가정보가 드러나지 않는 익명의 공간인 사이버 공간에서는 오로지 글솜씨만으로 평가가 이루어진다.

넷째, 대부분의 사이버폭력은 빠르고 비선형적인 사건 진행 양상을 보인다. 빛의 속도로 정보가 전달되는 인터넷의 세계에서는 모든 것이 빠르게 진행된다. 어떤 게시판에 올려진 정보가 다른 게시판으로 복사되는 과정을 반복하면서 수만 명의 이용자들이 그 정보를 접하게 되는 데까지는 짧게는 몇 시간, 보통 하루면 충분하다. 또한 사이버폭력의 또 다른 특징은 그 결과를 예측하기 어렵다는 점이다. 인터넷에서는 이용자들의 관심을 많이 끄는 정보일수록 더 빨리 확산되는데, 어떤 정보가 관심을 끌게 될지 예측하기는 어렵다.

정한호(2012)는 사이버폭력이 전통적인 폭력과 달리 상대방과 대면하지 않는 상태에서 이루어지기 때문에 언어, 문자, 사진 등을 매개로 은밀하게 발생하며, 사실이 아니거나 과장된 폭력을 행사하는 경향이 높다고 지적하였다. 그는 기존 연구결과에서 언급된 사이버폭력의 대표적인 특징을 다음과 같이 정리하였다(정한호, 2012에서 재인용).

첫째, 폭력의 가해자를 쉽게 구별하기 어렵다. 가상공간에서는 소위 '퍼나르기'와 같은 행위가 지속적으로 발생하고 있으며, 무수한 공범자들이 존재하기 때문에 특정 가해자를 선별하여 신고하는 것은 쉽지 않다(정완, 2005).

둘째, 폭력의 범위와 횟수가 광역적이고 반복적이다. 사이버폭력의 결과물은 순식간에 불특정 다수에게 전파되기 때문에 피해자가 당하는 폭력의 범위를 파악하는 것은 현실적으로 불가능하다. 특히 무제한적인 복사와 고유로 인해, 피해자가 당하는 폭력의 횟수를 확인하기는 어렵다.

셋째, 폭력이 통제 없이 무분별하게 행사되고 있다. 사이버폭력은 가해자의 물리적인 상황이나 시공간적인 제약에 관계없이 폭력행위가 발생될 수 있다. 이와 더불어 피해자로부터 되돌아오는 즉각적이거나 물리적인 대응이 거의 없으며, 발각될 가능성도 전통적인 폭력행위에 비해 상대적으로 낮기 때문에 무분별하게 발생될 수 있다(이성식, 2008).

넷째, 폭력으로 인한 피해의 강도가 강력하다. 예를 들어, 짧은 시간 내에 가해자의 수가 폭발적으로 증가하는 사이버 명예훼손의 경우, 수많은 불특정 다수로부터 공격을 받을 수 있다. 이로 인해, 사이버폭력의 피해자는 심각한 물리적, 심리적 손상을 입을 수 있으며, 극단적인 반응행동을 보일 수도 있다(정여주, 김동일, 2012).

2. 사이버폭력에 대한 심리적 이해

1) 사이버 공간의 익명성

사이버 공간은 자신의 신분을 노출시키지 않은 채 활동하는 것이 가능한 매체공간이다. 인터넷에서는 고도로 디지털화된 정보의 교환이 가능해서 시간과 공간의 제약을 받지 않고 많은 정보를 교환하기도 한다. 이러한 편리성과 효율성으로 인해 사이버 공간에서 수많은 사람이 현실세계의 제약을 벗어나 편리하고 자유롭게 의사소통할 수 있다. 이러한 환경은 인터넷에서 정치적 · 문화적 · 종교적 · 법률적 한계를 벗어나게 하였고, 적어도 원칙적으로는 사이버 공간에서 누구나 특정한 웹사이트나 게시판에 접속할 수 있는 환경이 만들어지게 되었다(신동준, 이명진, 2006).

그러나 사이버폭력과 관련하여 가장 많이 언급되는 특징 또한 익명성이다. 익명성을 유지함으로써 개인은 연령, 성별이나 지위, 사회적 정체성이나 신체적 또는 심리적 정체를 직접적으로 드러내지 않아도 된다. '스팸'은 익명성을 이용한 의사소통이 가장 남용되는 행태로, 일반적으로 많은 사람에게 전달되는 전자우편이나 메시지를 의미한다(신동준, 이명진, 2006). 이러한 익명성은 사이버 공간의 참여자들로 하여금 여러 가지 일탈행동을 할 수 있는 개연성을 만들어 준다(천정웅, 2000). 사이버 공간에서는 자신의 신분이나 이름, 외모 등을 드러내지 않고 '아이디'와 '아바타' 혹은 익명을 이용하여 자신과는 전혀 다른 정체성으로 활동할 수 있기 때문에 자신을 감출 수 있고, 상대방이 누구인지 알기가 어렵다. 그리고 이로 인해, 무책임한 행동과 공격적인 행동에 더 쉽게 가담할 수 있다는 것이다(김재휘, 김지호, 2002; 두경희, 2013; 천정웅, 2000).

사이버 공간에서는 익명성을 이용하여 특정한 개인이나 집단에 위협을 가하는 행위도 가능하다. 사이버 공간에서는 실명을 사용하지 않는 경우가 많으므로 가해자가 누구인지 특정하기가 어려운 경우도 많다(정완, 2005). 또한 상대방의 얼굴을 볼 수 없기 때문에 상대방이 느끼는 감정적 반응을 볼 수 없고, 이로 인해 오프라인 상황과는 달리 지나친 발언을 하거나 오해가 생길 수 있다(Kowalski & Limber, 2007). 사이버 공간에서 비방과 욕설이 난무한 한 가지 이유는 바로 익명성에서 비롯된다(이성식, 2004, Postmes & Spears, 1998).

2) 공격성

학교폭력이나 사이버폭력 등 폭력과 관련하여 개인적 요인으로 많이 언급되는 것은 공격성이다(김민정, 2012). 공격성이란 사람이나 사물을 정복하거나 이기기 위하여 물리적 또는 언어적으로 과격하게 표현되는 행동뿐 아니라 분노를 촉발하는 정서상태를 의미한다(Bushman & Huesmann, 2001). 이러한 정서상태는 일상생활에서 크고 작은 사건을 일으킨다.

공격성은 생후 1세부터 3세까지 꾸준히 증가하다가 그 후부터는 감소되는 것으로 알려져 있다(Hay, 2005). 그러나 발달시기에 따라 극적으로 변화하는 특성이 있다. 의도성이 강한 적대적 공격성과 외현적 공격성은 주로 13세부터 15세 사이에 가장 많이 발견되다가 점차 감소하는 경향이 있다(Loeder & Stouthamer-

Lober, 1998). 그러나 외현적인 공격성은 상당히 안정적으로 오랫동안 지속되는 특성이 있어 일단 형성된 공격성은 청소년기를 거쳐 성인기에도 공격적이며 다양한 폭력 및 범죄를 보이는 경향이 많은 것으로 알려져 있다(곽현영, 2012). 성장하는 동안 개인에게 보이는 공격적 행동은 적응의 문제들을 예측하게 한다. 공격적인 행동으로 인해 또래들과의 관계에서 겪게 되는 어려움들은 학교 부적응이나 우울과 불안과 같은 정서적 어려움을 초래하게 되고, 이는 가족이나 교사와의 관계에도 부정적인 영향을 미치게 된다. 작은 일에도 화를 내거나, 좌절하는 일이 잦거나, 화를 잘 참지 못하는 청소년의 경우 또래나 교사, 가족관계에서도 어려움을 겪는 일이 많기 때문이다.

공격행동을 유발하는 원인으로서 정신분석적 견해에서는 인간의 본능으로 공격성을 개념화한다. 삶의 본능과 마찬가지로 공격성이라는 것이 인간에게 있는 자연스러운 본능으로 간주하는 입장이다. 또 다른 견해는 욕구-좌절의 결과로 공격성을 개념화한다. 좌절은 공격적 행동에 대한 준비상태인 분노를 일으키며, 공격은 공격적 행동의 내부적인 힘인 분노와 외부적 자극인 공격적 단서가 결합하여 이루어지는 것이라고 보는 것이다(Berkowitz, 1962: 오윤신, 2008에서 재인용). 사회학습이론에서는 사회문화적 요인의 산물로서 공격적 모델의 강화를 받은 학습의 결과로 설명하였다. 즉, 사회문화적으로 공격적 행동이나, 공격적 반응의 모델링이나, 학습의 효과로 공격적 행동이 증가하는 것으로 간주한다.

청소년의 공격적 행동은 공격적 행동에 대한 허용적 신념이 원인이 될 수 있다(Huesmann & Guerra, 1997). 공격적 행동에 대한 허용적 신념은 공격적 행동을 유도하며, 공격적 행동을 하는 것은 다시 공격적 행동에 대한 신념을 형성한다. 결국 공격적 행동의 결과가 폭력행동에 대한 긍정적 강화를 학습하게 하며, 이로 인해 자신의 가해행동이나 폭력행동이 더욱 강화된다. 또한 폭력적인 행동을 보이는 청소년은 폭력에 대해 일반적으로 긍정적인 태도를 지닌다. 결국 폭력행동을 보이는 학생들은 일반 청소년에 비해 공격성의 성향을 보이며, 폭력행동에 대한 누적된 보상은 학교폭력이나 사이버폭력으로 나타나게 된다.

3) 개인의 동기

인터넷 중독과 같은 문제행동에서 중요한 요인으로 간주하는 변인은 인터넷 이용자의 동기적 측면, 즉 인터넷 사용욕구다. 장재홍(2004)은 인터넷을 사용하는 유형에 따라 이용자가 충족하고자 하는 사용 욕구가 다르다고 보고하였다. 인터넷 이용의 동기적 측면 중 중요한 하나의 요인으로 지적되는 것이 '인터넷 보상경험'이다. 인터넷 보상경험은 인터넷을 통해 우울, 불안과 같은 부정적 정서를 회피한 경험, 스트레스를 잊어버렸던 경험, 심심할 때 즐거움을 얻었던 주관적 경험을 의미한다. 사이버폭력은 인터넷이라는 매체를 통해 폭력행동을 실행하고, 이를 통해 우울감이나 인생사의 어려움을 보상받으려는, 즉 우울한 감정을 줄이려는 노력의 일환으로 가정할 수 있다는 것이다. 이러한 주장은 인터넷이 이용자의 심리적 동기 혹은 결핍된 욕구를 충족시키는 데 이용될 수 있음을 보여 주는 것이라 해석할 수 있다.

Suler(1996)는 인터넷 중독을 대인관계 위주의 중독과 비대인 관계 위주의 중독으로 나누면서, 대인관계 위주의 중독은 채팅, 전자우편에 중독되는 것으로, 저변에 타인으로부터 인정받고, 소속되고, 영향력을 가지려는 욕구가 있다고 하였다. 그리고 비대인 관계 위주의 중독은 게임, 정보수집에 중독되는 것으로, 저변에 통제와 예측 가능성 충족의 욕구가 있다고 하였다. 특히 청소년이 게임이나 폭력행동에 빠져드는 이유로서 현실을 통해 이루지 못한 욕구가 인터넷을 통해 실현되며, 공부로서 도달할 수 없는 자신의 지위가 게임을 통해 세워지는 온라인을 통한 '이상적 자아'를 형성할 수 있다고 보았다.

성윤숙(2003)은 게임방에서 인터넷을 이용하면서 창출하는 독특한 삶의 양식을 깊이 있게 이해하기 위해서 문화기술적 연구방법을 이용하여 청소년의 게임 중독을 연구하였다. 게임방을 출입하는 7명의 게임 중독자를 심층분석한 결과, 온라인게임의 이용 동기로 인간관계 욕구, 지위향상 욕구, 한탕주의 욕구, 폭력 욕구, 현실도피, 시간 때우기, 대리만족, 소비욕구 등이 있음을 보고하였다. 또한 청소년 또래집단의 압력이 게임방 이용에 중요한 역할을 하며, 게임 시나리오와 게임 메커니즘이 청소년 게임 몰입에 중요한 역할을 하는 것으로 나타났다. 이를 통하여 개인이 게임에 몰입하는 욕구와 동기가 게임의 장르에 따라 달라질 수 있음을 지적하였다. 따라서 청소년 사이버폭력 또한 현실에서 이루지 못한 개인의 욕구와 동기가 사이버 공간에서 발현될 가능성이 있음을 가정할 수 있다.

장재홍(2004) 역시 개인의 인터넷 사용유형이 사용 욕구별로 차이가 있을 것이라 가정하였다. 그 결과 동호회, 채팅을 주로 하는 이용자들은 그렇지 않은 이용자들보다 대인관계 욕구가 컸으며, 게임을 주로 이용하는 사람들은 그렇지 않은 사람들보다 현실회피 욕구, 자아변화 욕구, 대인관계 욕구, 감각추구 및 정보획득 욕구가 컸다고 보고하였다. 또한 현실회피, 감각추구 및 정보획득 욕구, 자아변화 욕구, 대인관계 욕구가 인터넷 중독을 예측하는 중요한 변인이 될 수 있음을 보고하여 인터넷 사용욕구가 중독 가능성을 예측하는 중요한 변인일 가능성을 제시하였다.

앞의 연구결과들은 청소년의 사이버폭력을 이해하는 데 개인이 사이버 공간을 이용하는 동기를 이해하는 것이 중요함을 시사한다. 자신의 존재와 흔적을 남기려는 자기과시의 속성, 일상의 긴장 해소와 표출의 과정에서 타인을 화풀이 대상으로 삼을 가능성이 높을 가능성(이성식, 2008), 대부분의 범죄행위와 관련하여 언급되는 충동성으로 인해 상대에게 즉각적으로 분출되는 공격성 등이 원인이 될 수 있다.

3. 사이버폭력과 상담

1) 사이버폭력 가해학생 상담

인터넷이나 사이버 공간에서의 문제행동을 보이는 사이버폭력 가해학생의 경우, 자신에게는 아무런 문제가 없다거나 상담받을 만큼 문제가 심각하지 않다고 여기는 경우가 많다. 이는 가치발달이 늦거나 자아정체감 발달이 미숙한 청소년의 특징과도 연관되기도 한다. 또한 성취나 발전에 대한 동기가 낮은 청소년일 경우 자신의 문제에 대한 인식이 부족하기도 하다. 억지로 상담에 자신을 의뢰한 부모나, 교사의 견해를 그대로 채택하여 문제를 인식시키려 애를 쓰거나, 상담의 필요성을 주입하게 될 때 청소년은 상담을 거부하고 저항을 하기도 한다.

또한 사이버폭력 가해학생의 경우 현실에서 청소년 나름대로 문제해결을 위해 노력했으나 계속된 실패로 무기력한 상태이거나 전반적으로 낮은 자존감으로 인해 희망이 없는 상태, 주변 지원체제가 매우 미약하거나 부정적인 경우 등 자신의 문제해결에 대해 비관적인 생각을 하고 있는 경우가 많다. 이때 상담이 무엇이며, 어떤 효과가 있는지를 분명하게 알려 주어 희망을 갖게 하는 것이 중요하다. 상담의 효과를 설득하기보다 사이버폭력 가해학생이 가진 비관적인 생각을 진지하게 경청하고 이해하는 것이 우선적으로 필요하다. 이러한 과정을 통해 거짓되거나 과장된 희망을 주입하지 않고, 상담자에 대한 신뢰감을 갖게 하는 관계를 형성하면 문제행동을 보이는 청소년을 더 잘 이해하는 단계가 형성된다.

(1) 상담에서 유의할 점

첫째, 청소년문화에서 인터넷과 게임은 이미 중요한 위치를 차지하며, 컴퓨터와 휴대전화, 게임기기는 놀이도구의 하나로 사용되고 있다. 또한 과중한 대학입시 스트레스 및 긴 사교육 시간을 견디면서 이전 세대처럼 서로 어울려서 놀 수 있는 절대적인 시간과 놀이거리가 거의 없는 상황이다. 인터넷과 게임 같은 사이버 공간은 청소년이 편리하게 바로 접근하여 또래와 대화를 나누고 놀이를 할 수 있는 '놀이터'의 역할을 하고 있다. 뿐만 아니라 요즘 청소년의 높은 감각 추구 성향에 맞추어 제공되는 다채로운 영상과 음향 콘텐츠가 인터넷 공간에 무한대로 제공되고 있다는 것도 청소년이 인터넷을 그들의 문화를 구형하는 중심 터전으로 두는 데 기여하고 있다(박승민, 조영미, 김동민, 2011). 따라서 청소년문화에서 사이버 공간이 차지하는 의미를 파악하여야 한다.

둘째, 왜 사이버 공간에 몰입하게 되는지에 대해 관심을 가져야 한다. 인터넷이나 게임 중독 등 사이버 공간에서의 문제행동을 보이는 청소년은 인터넷과 사이버 공간에서의 문제행동만을 가지고 오는 경우는 드물다. 이보다는 다른 일상생활의 문제에서 사이버 공간으로 문제행동을 유발하는 경우가 많다. 예를 들면, 학교에서 친구나 교사와의 관계에서의 어려움, 가족 내 부모와의 갈등, 학업부진과 같은 학교부적응 문제 등으로 상처 받은 청소년이 과도하게 사이버 공간에 몰두하는 경우들이 많다. 따라서 사이버폭력 현상을 보이게 된 청소년들의 일상생활의 어려움이 무엇인가를 자세히 탐색하는 것이 매우 중요하다. 만약, 청소년이 학급 내에서 친구관계에서 어려움을 겪고 있고, 이로 인해 학교에 가기 싫어져서 결석이 잦아지며, 집에 있는 시간 동안 할 일이 없어 사이버 공간으로 숨기 시작했다면, 사이버폭력 문제와 함께 친구관계의 어려움에 대한 적절한 도움이 있어야 할 것이기 때문이다.

셋째, 사이버 공간 몰입에 대해 중립적이고 일관된 태도를 유지하여야 한다. 사이버폭력을 보이는 청소년은 인터넷이나 게임 중독 청소년처럼 자존감과 자기조절력이 낮은 경향이 있으며, 우울하거나 자신의 삶에 대한 희망이 부족한 경향이 있다. 이 경우 사이버 공간이 자신의 또래들과 의사소통하는 유일한 통로이기도 할 경우 이들에게 있어서 사이버 공간 사용의 금지나 통제는 더욱 힘들 수도 있다. 인지적으로는 사이버폭력의 과도한 사용이 줄 수 있는 위험요소에 대해 인지할 수 있지만 행동상의 변화를 시도하고, 이를 공고화할 때까지는 여러 단계를 거치고 반복하여야 한다. 청소년 시기의 특성상 자신의 충동적인 측면을 조절하기 어려울 수 있으며, 사이버폭력 가해학생의 경우에는 더욱 어려울 수 있다. 따라서 사이버폭력 가해학생과의 상담에서 상담자는 내담자의 행동변화에 대해 초조해하거나 다그치기보다는 일관된 태도를 가지고 버티는 것이 필요하다. 특히 상담종결 전에 내담자는 또다시 사이버 공간에서 문제행동을 보이거나 다른 문제행동을 보이기도 한다. 상담자는 이러한 행동변화에 대해 주의를 기울여야 하며, 내담자에 대해 중립적인 태도를 유지해야 한다.

넷째, 사이버폭력 문제행동의 변화와 함께 필요한 지원과 의뢰가 무엇인지 점검해야 한다. 사이버 공간에 몰입하는 청소년들은 다른 중독장애 대상자들과 마찬가지로 정신건강문제의 공존 병리를 지닌 경우가 많다. 예를 들면, 주의집중력에 문제가 있고, 과다행동을 보이는 아동, 청소년들은 게임을 더 좋아하고 집착하는 경향이 있다. 그 이유는 주의력의 길이가 짧고 주의력 전환도 빠른 이들에게 게임은 집중하기 쉽고, 그럼으로 인해 자신의 유능감을 갖게 해 주는 효과가 있기 때문이다(조선미, 김현수, 신윤미, 국가청소년위원회, 2006). 우울은 게임 중독, 인터넷 중독뿐만 아니라 청소년의 문제행동과 가장 많이 관련된 병일 것이다. 따라서 상담과 함께 전문가의 협조가 필요한 사례들이 있을 수 있으므로 내담자와의 초기 만남에서 정확한 진단과 평가가 이루어지고 이에 대한 적절한 의뢰가 있어야 한다.

(2) 상담의 절차

사이버폭력 가해학생과의 상담절차는 다음과 같다. 상담단계는 크게 초기, 중기, 종결기로 이루어진다. 초기단계에서는 초기면접과 내담자 문제에 대한 이해, 개입계획, 중기단계에서는 개입, 종결기에서는 종결과 추수관리 순서로 이루어진다.

초기단계에서 초기면접을 통해 상담자와 신뢰로운 관계를 형성하며, 상담에 의뢰된 내담자의 기대와 욕구, 앞으로의 상담진행에 대해 구조화한다. 내담자 문제에 대한 이해에서는 의뢰된 내담자를 면접하고, 다양한 정보를 활용하여 내담자의 사이버폭력문제에 위험요인으로 작용할 수 있는 다양한 문제를 정리한다. 이와 함께 초기면접에서 드러난 내담자의 강점과 자원과 같은 보호요인에 대해서도 탐색한다. 개입계획에서는 앞의 단계에서 다양하게 나타난 여러 가지 요인 중 내담자에게서 우선적으로 다루어야 할 과제를 정리한다. 사이버폭력 가해행동의 정도에 따라 우선적으로 다루어야 할 문제들을 파악하고 이에 대한 상담목표와 개입을 계획한다.

중기는 수립된 개입계획에 따라 청소년의 변화를 촉진해 나가는 상담과정이다. 사이버폭력 가해학생이 자신의 문제와 관련된 현상을 자각하고 변화동기를 촉진한다. 사이버폭력 가해학생에 대한 개입과정에서는 객관적인 정보와 합리적인 사고과정을 통해 자신에게 맞는 대안행동, 합리적 신념, 변화행동 등을 위한 계획을 수립하고 실행한다.

종결기에는 수립된 개입계획에 따라 사이버폭력 가해학생에게 개입한 후 상담목표가 성취되었는지를 점검한다. 상담의 효과를 점검하며 종결시점과 추수 만남의 일정을 협의한다.

2) 사이버폭력 피해학생 상담

(1) 상담에서 유의할 점

학교폭력을 보이는 학생들은 높은 수준의 도덕적 이탈을 보이며(Swearer, Espelage, & Napolitano, 2013), 사이버 공간이 부여하는 익명성으로 인해 가해자의 도덕적 이탈은 더욱 강화된다. 이로 인해 사이버폭력의 피해자가 되는 경우 극심한 불쾌감과 불안을 경험하게 되는 것으로 알려져 있다. 온라인 공격은 심리적 고통과 공개적 수치심을 광범위하게 불러일으킬 소지가 있어 개인에게 부정적인 영향을 미친다. 특히 일상생활에서 반드시 필요한 이메일, 문자메시지, 디지털이미지 전송, 블로그, 채팅방, 그 외의 다른 정보화기기 등을 사용한 사이버 공간에서의 폭력은 현실에서의 폭력에 비해 발견과 인지가 어렵다. 또한 사이버 공간에서의 폭력은 순식간에 타인에게 알려지거나 지속적으로 발생하게 되는 특징이 있어 사이버폭력 피해학생이 당하는 정신적 고통은 상당하다는 점을 인지하여여 한다.

특히 '가상공간에서 현실로, 현실에서 가상공간으로' 반복되는 폭력의 일상화로 인해 사이버폭력의 피해는 더욱 심각해진다(이유미, 2011). 이는 학교현장을 기반으로 하는 사이버폭력행위가 현실세계와 가상공간에서 동시에 이루어지고 있음을 의미한다. 예를 들어, 가상공간에서 발생하는 학교 사이버폭력의 가해학생과 피해학생은 학교현장에서도 서로의 존재를 알고 있다. 이로 인해, 가상공간에서 발생되는 사이버폭력은 오프라인에서 발생되는 학교폭력 행위와 복합적으로 작용하여 더 큰 피해를 유발하게 된다. 다만, 모든 행위는 특정 공간이나 장소가 지니고 있는 독특한 특성의 영향을 받기 때문에 가상공간에서 발생하는 사이버폭력 행위는 가상공간이 지니고 있는 특성을 반영한다고 할 수 있다. 그러나 학교현장에서 발생하는 사이버폭력의 가해학생과 피해학생은 오프라인 상의 교실에서도 동일하게 존재하며, 관계를 유지하기 때문에 학교 내의 사이버폭력은 가상공간뿐만 아니라 전통적인 학교공간의 영향을 모두 받는다고 할 수 있다(정한호, 2012).

학교에서의 사이버폭력은 이러한 복합적 특징을 지니고 있을 뿐만 아니라 겉으로 드러나지 않고 은밀하게 발생한다. 이로 인해, 피해학생 스스로 자신의 휴대전화나 블로그 상에서 자행되는 사이버폭력을 적극적으로 신고하지 않는다면 이를 파악하고 대처하는 것이 쉽지 않다. 따라서 상담자는 사이버폭력 피해학생을 상담할 경우 상담자와의 신뢰로운 관계 형성을 기초로 자신의 피해 여부를 개방할 수 있도록 도와야 할 것이다.

(2) 상담의 절차

사이버폭력 피해학생 상담은 우선적으로 피해학생들이 자신의 외상적 경험을 극복하고, 자기조절기능과 유연한 적응유연성을 갖추어 내면적인 성장을 지원하기 위한 개입방법을 구체화하는 방향으로 진행되어야 한다. 이 경우 상담의 초기부터 외상적 경험을 극복하기 위한 심도 있는 작업보다는 간편하게 활용할 수 있는 활동중심의 개입방법을 통해 학생들이 자기를 긍정적으로 수용할 수 있도록 돕고, 이를 기초로 하여 필요한 개인 내의 역량뿐만 아니라 대인 간의 역량을 개발해 주는 것에 초점을 둘 필요가 있다.

이를 위해 폭력 피해학생을 위한 치유적 개입에 대하여 Daniels(2002)는 두 가지를 고려할 수 있다고 제안하였다. 그중 한 가지는 Juhnke(1997)가 제안하였던 '디브리핑 모델(debriefing model)'이다. 이 모델에서는 폭력사건 이후에 즉시 피해학생에게 발생하였던 사건을 말하게 함으로써 치료과정을 시작한다. 이와 함께 추수과정으로 Brown(1996)이 제안하였듯이 외상후 장애 이후에 복합외상 증후를 보이는 피해학생의 개별적 상담을 하는 것이 좋다.

디브리핑 모델은 원래 재난사건에 투입되는 성인 응급요원들을 위해 고안된 소집단 형식의 치료방식으로 알려져 있다. 이를 폭력에 노출되어 있던 초·중·고 학생들의 치료를 위해 도입하여 제안한 것(Juhnke, 1997)이다. 여기서 중요한 사건에 대한 '디브리핑'이란 자신이 겪었던 폭력사건에 대하여 토의하고 반응을 묘사하는 과정을 포함한다. 이 과정은 주로 소수의 학생이 모인 집단의 형태를 이루며, 자신들이 경험하고 있는 복합외상 후의 증상들을 나누고 토의할 수 있는 지지적 분위기를 토대로 한다. 여기에는 치료와 심리교육 과정이 융합되어 있는데, 이러한 과정을 통하여 피해학생은 자신의 증상을 이해하게 되고 자신이 경험한 사건에 대해 재해석하며, 앞으로 일어난 사건들에 대한 대처방안을 습득하게 된다.

디브리핑 모델에서는 7단계의 진행과정을 제시하고 있다.

첫 번째 단계는 도입단계다. 집단상담의 경우 이 단계에서는 참가자들이 서로를 소개하고, 집단의 규칙을 정하며 서로를 알아가는 시간을 갖는다. 이때는 집단의 비밀보장과 신뢰성의 문제가 토의되며, 신뢰성을 쌓는 일이 집단의 가장 중요한 작업이 된다. 상담자는 집단의 목적을 명료하게 설명하고 집단의 안정된 분위기를 형성하기 위해 노력한다. 개인상담의 경우 피해학생과의 신뢰로운 관계를 형성하는 단계로 상담자에 대한 신뢰감을 기초로 한다.

두 번째 단계는 사건 다시 말하기(fact-gathering) 단계다. 이 단계에서는 자신이 경험한 사건을 재경험하는 시간이다. 이때 피해학생은 자신이 경험한 정서적 부분이 아니라 단지 사실적인 면만을 말하도록 요구받는다. 이를 위하여 피해학생에게 자신이 경험한 사건을 보고하도록 격려하고, 있었던 사실만을 말하도록 요구한다. 그러나 이러한 과정에서 상담자는 피해학생이 겪는 감정적인 측면을 공유할 수 있어야 한다. 이를 통하여 피해학생은 현재 표현되는 정서적인 측면이 정상적인 과정임을 알게 된다.

세 번째 단계는 사고(thought)단계다. 이 단계에서 피해학생은 사고영역에서 정서적 영역으로 이동하기 시작한다. 피해학생은 사건을 경험하는 동안 자신에게 들었던 생각을 묘사하도록 지시받는다. 예를 들면, "네가 그러한 일을 당할 때 들었던 첫 번째 생각은 무엇이었니?" 등과 같은 질문이다. 이 과정 동안 상담자는 피해학생이 보고하는 생각과 자각에 대하여 타당화하고 공유하게 되며, 이는 피해학생과의 상담에서 매우 중요한 단계가 된다.

네 번째 단계는 반응(reaction)단계다. 이 단계에서는 피해학생이 사건 후에 보였던 반응에 초점을 두며, 이 반응이 정서적인 측면과 어떠한 관련이 있는지를 탐색한다. 특히나 사고단계는 반응단계와 연결되기도 한다. 여기서의 초점은 피해학생이 폭력적 상황이나 경험에 대한 자신의 반응을 상담자와 혹은 집단원들과 함께 공유하는 것이다.

다섯 번째 단계는 증상(symptom)단계다. 이 단계에서는 피해학생으로 하여금 정서적 영역에서 사고과정으로 돌아가도록 지시를 준다. 이때 상담자는 피해학생에게 폭력사건 후에 경험하게 된 신체적·인지적·정서적 증상이 무엇인지를 탐색한다. 주로 불면, 손 떨림, 주의집중의 어려움, 불안 등의 증상이 논의된다. 이러한 증상은 사이버폭력의 피해로 인한 정상적 과정일 수 있으며, 자신만이 겪고 있는 것이 아니라는 점을 알게 되면서 내담자는 위안을 얻게 된다.

여섯 번째 단계는 교육(teaching)단계다. 이 단계에서는 상담자가 증상에 대해 설명하게 되고, 피해학생은 자신이 보고하는 증상이 정상적 반응이며, 앞으로도 있을 수 있음을 알려 준다. 이 단계를 통하여 피해학생은 자신에게 있을 수 있는 증상을 이해하게 되고 대처할 수 있는 방안을 교육받을 수 있는 기회를 얻게 된다.

일곱 번째 단계는 재시작(reentry)단계로 피해학생들이 자신이 경험한 사건을 내려놓고 일상생활로 돌아가는 단계다. 학생은 그동안 참가했던 상담과정의 내용들을 돌아보고 어떠한 점이 도움이 되었는지를 탐색하게 되며 앞으로 어떻게 적용할 수 있는지에 대해 토의하게 된다. 이 과정에서는 상담자 혹은 집단원의 지지가 구체적으로 들어날 수 있는 보다 구체적인 작업을 하는 것이 도움이 된다.

Brown(1996)은 학생들이 경험하게 되는 복합외상 증후에 대하여 몇 가지 방안을 제안하였다. 상담자는 다음과 같은 세 가지 목적을 가지고 접근해야 한다고 Brown은 제안하였다. 첫째, 피해학생의 자기파괴적 생각과 이미지를 조절할 수 있도록 하는 것이다. 둘째, 자기파괴적 사고와 함께 발생하는 자신의 증상을 조절할 수 있는 전략을 개발하도록 돕는 것이다. 셋째, 상담자는 피해학생이 자신의 안전감을 되찾을 수 있도록 도와야 한다는 점이다. 상담자의 개입은 폭력사건 시 느꼈던 생각을 재구성하고, 피해학생이 자신의 사고과정에 대해 적절한 대처방안을 찾을 수 있도록 하는 것이다. 따라서 사이버폭력 피해학생과의 상담에서는 피해경험에 대한 재조명을 통하여 개인의 안전감을 회복하고 보다 적절한 대처를 할 수 있도록 도와야 한다.

3) 사이버폭력의 예방과 지도

2021년 전국 학교폭력·사이버폭력 실태조사 결과 초등 2학년부터 고등 2학년 6,230명 중 사이버폭력 피해경험은 16.3%였으며, 이 중 사이버언어폭력은 22.5%, 사이버명예훼손은 15.7%, 사이버따돌림은 8.3%로 나타났다. 그리고 대처하기 어려운 매체특성으로는 익명성이 41.1%, 공연성 14.8%, 전파력 14.6%로 나타나(푸른나무재단, 2021) 청소년들이 학교현장에서 경험하는 사이버폭력으로 인한 고통이 심각할 수 있음을 짐작할 수 있다.

학교폭력과 사이버폭력의 복합적 발생 현상에 대해 대처방안이 지속적으로 발표되고 있으나 아직까지 획기적인 성과를 가져오지는 못했다는 의견이 많다. 사이버폭력 등과 같은 청소년 문제는 개인적 요인뿐만 아니라 가정요인, 학교요인, 사회문화적 요인 등이 모두 복합적으로 연계되어 있어 일괄적인 대처방안으로는 해결되기 어렵기 때문이다. 최근 연구자들은 학생들의 문제 현상에만 대처하고, 이를 다루어서 없애려는 문제중심 사후대처적인 소극적인 관점의 학교폭력의 예방과 대처를 넘어서 보다 적극적으로 학생들의 안녕과 행복과 번영을 촉진하려는 긍정적인 교육 패러다임의 구축과 실행이 필요하다고 지적하였다

(김광수, 2013; 홍종관, 2012). 김광수(2013)는 학생 개인의 성장과 발전을 저해하고 학교 교육의 기능을 위협하는 학교폭력과 집단따돌림 등 대인관계 공격성과 폭력문제는 보다 근원적이고 실제적인 관점에서 체계적으로 다루어 나갈 필요가 있다고 지적하면서 긍정심리학적 관점의 도입을 강조하였다. 이를 사이버폭력 예방과 지도에 활용하면 다음과 같다(김광수, 2013).

첫째, 사이버폭력에 대한 예방교육을 개발하고 강화하는 것이다. 모든 아동 · 청소년들이 직 · 간접적으로 사이버폭력의 피해자나 가해자가 될 가능성이 있다. 따라서 사이버폭력에 대한 학생들의 이해 지식 정도의 수준을 파악하고, 유형별 · 사례별 · 상황별로 구체적이고 다양한 사이버폭력 관련 예시를 제시하여 사이버폭력 여부를 판단하는 기준과 「학교폭력 예방 및 대책에 관한 법률」에 대한 이해를 증진하여 효과적 대처를 촉진할 사이버폭력 예방교육이 발달단계 수준에 맞게 구성되어 진행될 필요가 있다.

둘째, 교사와 학부모는 사이버 공간에 대해서 학습할 필요가 있다. 교사와 학부모, 상담자와 같은 성인이 사이버 공간을 잘 모를 경우, 학생과 대화를 통해 정보를 획득하는 것이 필요하다. 학생들이 즐기는 게임이나 사이버 공간에 대해 정보가 부족하다고 해서 지도나 상담을 못하는 것은 아니지만 사이버 공간에 대한 긍정적 태도는 학생과의 관계형성에 도움이 될 수 있다. 학생이 즐기는 사이버 공간은 무엇인지, 어떤 때에 사이버 공간에서 폭력적 행동을 하게 되는지, 혹은 사이버 공간에서 폭력으로 인한 피해경험은 없는지 등은 휴대전화나 인터넷을 함께 즐기면서 물어보며 정보를 획득하는 것도 한 방법이다.

셋째, 사이버폭력의 예방이 효과성을 발휘하기 위해서는 교사와 부모의 상호협조가 필요하다. 실제로 많은 시간 사이버 공간에 머물 수 있는 공간은 가정일 경우가 가장 많으며, 인터넷이나 게임 중독의 경우도 혼자 집에 있는 시간이 많을 때 이용 빈도가 가장 높은 것으로 알려져 있다. 부모가 인터넷과 사이버 공간을 잘 알면 자녀의 문제행동이 낮아지고, 부모와 교사가 학생에 대한 정보를 충분히 교환하면 시기적절한 예방과 대처가 가능하다. 따라서 교사가 사이버폭력 학생을 학교현장에서 지도할 경우 부모와 공동으로 대처하면 효과적이다.

넷째, 부모는 폭력, 공격, 남을 존중하는 행동에 관해 자녀에게 어떤 메시지를 전달하고 있는지를 검토해야 한다. 부모가 공격이나 무례한 행동을 모델링하는가? 부모가 남을 배척하는 행동을 하는가? 부모는 자녀가 어떤 유형의 온라인

게임이나 사이버 공간에서의 행동을 하도록 허용하는가? 부모는 자녀가 어떤 종류의 미디어 매체를 시청하도록 허용하는가? 가정에서의 폭력물 시청과 학생의 폭력행동 간에 관계가 있음은 연구를 통해 증명되었다. 따라서 폭력 가해학생은 부모나 형제자매가 폭력과 공격적인 행위로 문제를 해결하는 방식을 모델링할 가능성이 높다(이동형 외, 2013).

다섯째, 사이버 공간에서의 윤리의식에 대한 교육이 필요하다. 학교현장에서는 선플 달기, 악성댓글 대처하기, 캠페인 하기 등 사이버 공간에서의 언어폭력에 대한 예방과 교육프로그램 개발을 시도하고 있다. 사이버 공간은 사회적 맥락 단서가 부족한 비대면적인 커뮤니케이션으로 인해 사회적 실제감이 떨어지며, 익명성을 기반으로 하고 있어 폭력행위가 비교적 쉽게 발생할 수 있는 공간이다(이현, 2013). 사회적 맥락 단서와 사회적 실제감의 부재는 윤리의식을 저하시키고, 이는 사이버폭력의 가해행위에 대한 판단력을 상실하게 하여 폭력행위로 이어질 수 있다(성동규, 김도희, 이윤석, 임성원, 2006). 따라서 사이버 공간에서의 윤리의식에 대한 교육이나 홍보를 통해 이용자의 윤리의식을 강화하는 것이 필요하다.

토론주제

1. 청소년에게서 사이버폭력의 문제가 두드러지게 나타나는 이유를 함께 토의해 봅시다.

2. 사이버폭력 가해학생 상담과 피해학생 상담에서 주의할 점과 내용은 무엇인지 함께 토의해 봅시다.

3. 사이버폭력을 예방하기 위해 학부모와 학급 내 교사가 지원해야 할 것은 무엇인지 함께 토의해 봅시다.

참고문헌

강동범(2000). 사이버 범죄와 형사법적 대책. 연구총서: 한국형사정책연구원, 42, 39-56.

과학기술정보통신부, 한국지능정보사회진흥원(2021). 2020년 인터넷이용실태조사 요약
　　보고서. 과학기술정보통신부, 한국지능정보사회진흥원

곽현영(2012). 학교폭력 가해-피해 유형에 따른 자아개념, 공격성, 학교적응의 차이. 숙
　　명여자대학교 석사학위논문.

권용준, 김영희(2011). 가족기능과 청소년의 자아조절이 게임 과몰입과 학교적응에 미치
　　는 영향. 청소년학연구, 18(6), 99-121.

김경은(2011). 청소년의 사이버폭력에 관련된 생태체계변인 탐색. 충북대학교 박사학위
　　논문.

김광수(2013). 긍정심리학에 기반한 학교폭력 예방과 대처의 방향과 과제. 한국초등교육
　　연구, 24(1), 1-23.

김민정(2012). 아동기 공격성과 청소년 폭력의 연속성에 영향을 미치는 또래 · 학교 영역
　　의 위험 및 보호요인에 관한 연구. 학교사회복지, 23, 1-28.

김옥순(2001). 사이버 일탈과 청소년. 사회이론, 20, 119-146.

김은경(2012). 청소년의 사이버 불링에 영향을 미치는 관련 변인 연구. 명지대학교 박사
　　학위논문.

김재휘, 김지호(2002). 인터넷 일탈행동 및 동기에 관한 연구. 한국심리학회지: 소비자 · 광
　　고, 3(2), 91-110.

두경희(2013). 가해자와의 관계가 사이버폭력 피해자의 정서와 인지에 미치는 영향. 서
　　울대학교 박사학위논문.

두경희, 김계현, 정여주(2012). 사이버폭력 연구의 동향과 과제: 사이버폭력의 정의 및 유
　　형을 중심으로. 상담학연구, 13(4), 1581-1607.

박승민, 조영미, 김동민(2011). 청소년 인터넷 중독의 이해와 상담. 서울: 학지사.

박종현(2008). 사이버폭력의 실태와 대처방안. 지역정보화, 49, 50-57.

성동규, 김도희, 이윤석, 임성원(2006). 청소년의 사이버폭력 유발요인에 관한 연구: 개인
　　성향 · 사이버폭력 피해경험 · 윤리의식을 중심으로. 사이버커뮤니케이션학보, 19,
　　79-103.

성윤숙(2003). 청소년의 온라인게임 몰입과정에 관한 문화기술적 연구. 청소년상담연구,
　　11(1), 96-114.

송종규(2005). 고등학교 학생들의 인터넷 이용과 사이버폭력에 관한 연구: 부천시 인문
　　계 고등학교를 중심으로. 안양대학교 석사학위논문.

신동준, 이명진(2006). 사이버폭력과 그 대책: 자율적 통제의 가능성을 중심으로. 사이버
　　커뮤니케이션학보, 20, 149-195.

오윤신(2008). 학교폭력 가해학생의 공격성 감소를 위한 분노조절 노래심리치료 사례연구. 이화여자대학교 석사학위논문.

오은정(2010). 청소년과 민족정신: 중학생의 사이버불링 실태조사. 한국청소년효문화학회, 15, 219-243.

이성식(2004). 사이버공간에서의 익명성이 언어플레이밍에 미치는 영향에서의 경로모델의 제시와 검증. 형사정책, 16(2), 163-186.

이성식(2008). 청소년 사이버범죄 유형별 원인 및 통제요소에 관한 통합적 연구. 연구총서: 한국형사정책연구원, 3, 7-22.

이유미(2011). 학교폭력과 집단괴롭힘 사건에 대한 교사의 경험(토론원고). 한국심리학회 연차학술발표논문집(p. 132).

이인태(2012). 초등학생의 사이버불링 실태와 원인에 대한 조사연구: 경기도 초등학교 고학년 학생을 중심으로. 청소년문화포럼, 32, 92-118.

이종원(2001). 청소년 인터넷 관련 문제행동 실태. 서울: 한국청소년개발원.

이해춘(2004). 사이버 공간에서 공격성이 활성화되는 원인과 그 대응방안에 대한 소고. 학생생활연구, 25, 33-37.

이현(2013). 부모의 양육행동이 청소년의 사이버 일탈에 미치는 영향: 도덕적 민감성의 매개효과 검증. 성결대학교 석사학위 논문.

장근영(2006). 청소년 사이버폭력의 현황과 대응방안 연구. 청소년행동연구, 11, 1-13.

장재홍(2004). 부모의 자녀양육태도가 청소년의 인터넷 중독에 미치는 영향: 인터넷 사용욕구를 매개로. 상담학연구, 5(1), 113-128.

정보통신윤리위원회(2005). 사이버폭력의 피해사례 및 예방안내서. 서울: 정보통신윤리위원회.

정소미(2011). 청소년의 사이버폭력에 영향을 미치는 요인에 관한 연구: 사이버 윤리의식의 조절효과를 중심으로. 경상대학교 석사학위논문.

정여주, 김동일(2012). 청소년의 사이버폭력 피해경험과 정서조절. 상담학연구, 13(2), 645-663.

정완(2005). 사이버폭력의 피해실태와 대응방안. 피해자학 연구, 13(2), 329-359.

정한호(2012). 학교현장에서 발생하는 사이버폭력 실태와 대처방안에 대한 고찰. 소년보호연구, 20, 205-239.

조선미, 김현수, 신윤미, 국가청소년위원회(2006). 인터넷 게임 중독을 호소하는 방문 청소년 내담자의 실제적 특성 연구. 서울: 국가청소년위원회.

천정운(2000). 청소년 사이버 일탈의 특성과 유형에 관한 연구. 청소년학연구, 7(2), 97-116.

푸른나무재단(2021). 2021 전국 학교폭력·사이버폭력 실태조사 연구 결과보고서, 서울:푸른나무재단

한국콘텐츠진흥원(2011). 2011 게임콘텐츠산업통계. 서울: 한국콘텐츠진흥원.

한종옥(2001). 청소년 사이버비행자의 사회유대요인에 관한 연구. 한국경찰학회보, 3, 357-384.

홍종관(2012). 학교폭력의 실태, 원인 그리고 대처에 관한 연구. 초등상담연구, 11(2), 237-259.

교육부 보도자료(2021. 1.2). 2020년 학교폭력 실태조사 결과 발표. https://blog.naver.com/moeblog/222213796420

Brown, D. (1996). Counseling the vitcims of violence who develop posttraumatic stress disorder. *Elementary School Guidance & Counseling, 30*, 218-227.

Bushman, B. J., & Huesmann, L. R. (2001). Effects of televised violence on aggression. In D. Singer & J. Singer (Eds.), *Handbook of Children and the Media* (pp. 223-254). Thousand Oaks, CA: Sage.

Daniels, J. A. (2002). Assessing threats of school violence: Implications for counselors. *Journal of Counseling & Development. 80*, 215-218.

Hay, D. F. (2005). The beginnings of aggression in infancy. In R. Tremblay, W. W. Hartup, & J. Archer (Eds.), *Developmental Origins of Aggression* (pp. 107-132). New York: Guilford.

Huesmann, L, R., & Guerra, N, G. (1997). Children's Normative Beliefs about Aggression and Aggressive Behavior. *Journal of Personality and Social Psychology, 72*(2), 408-419.

Juhnke, G. A. (1997). After school violence: An adapted critical incident stress debriefing model for student survivors and their parents. *Elementary School Guidance & Counseling, 31*, 163-170.

Kowalski, R. M., & Limber, S. P. (2007). Electronic Bullying Among Middle School Students. *Journal of Adolescent Health, 41*, 22-30.

Loeder, R., & Stouthamer-Lober, M. (1998). Development of Juvenile Aggression and Violence. *American Psychologist, 33*(2), 242-239.

Olweus, D. (1978). *Aggression in the schools: Bullies and whipping boys.* New York: Wiley.

Postmes, T., & Spears, R. (1998). Deindividuation and anti-normative Behavior: A meta-analysis. *Psychological Bulletin, 102*, 238-259.

Suler, J. (1996). Computer and cyberspace addiction. *International Journal of Applied Psychoanalytic Studies, 1*(4), 359-362.

Swearer, S. M., Espelage, D. L., & Napolitano, S. A. (2013). 괴롭힘의 예방과 개입(이동형, 이승연, 신현숙 역). 서울: 학지사.

제10장

성폭력의 예방과 지도

　이 장에서는 학교폭력 중 차지하는 비율이 높지는 않지만 한 번 피해가 발생하면 피해학생이나 가해학생에게 심각한 영향을 줄 수 있는 성폭력에 대해 다루고자 한다. 청소년기에 경험할 수 있는 성폭력의 정의와 동향, 그리고 피해자와 가해자와의 관계분석을 통해 청소년기의 성폭력의 특성을 살펴볼 것이다. 또한 성폭력 가해자와 피해자를 이해하기 위한 내용도 포함되었다. 마지막으로, 성폭력 가해자가 되지 않기 위한 방법과 피해 후의 대처방법, 친구와 학부모의 입장에서 취해야 할 태도 및 사건 발생 시 교사로서의 대처방법에 대해 살펴볼 것이다.

1. 성폭력이란 무엇인가

성폭력은 상대방의 성적인 영역에 관한 일종의 폭력이다. 여기서 성적인 영역이라 함은 신체적인 영역뿐 아니라, 성에 대해 개인이 갖는 심리적인 부분까지 포함한다. 즉, 개인이 자신의 신체와 성에 대한 자기결정권을 침해하는 것을 성폭력이라 할 수 있다. 예를 들면, 상대방이 성적인 관계를 하겠다고 동의하지 않은 경우나 또는 침묵하는 경우에 일방적으로 성적 행위를 강행하는 것을 말한다. 성관계와 성폭력을 구분하는 기준은 '동의'라 할 수 있는데, 만 13세 미만의 어린이나 의사표현이 어려운 장애인 또는 심신이 취약한 상태(예: 만취상태 등)에 있는 사람은 동의를 표현할 수 없기에 이 경우의 사람과의 성관계는 성립될 수 없고, 성폭력이라 할 수 있다.

성폭력이 마치 신체적인 폭력을 동반했을 경우에만 해당하는 것으로 착각하기 쉽지만, 실제로는 신체적인 폭력 없이도 심리적인 위력이나 권위에 의한 힘만으로도 행해지는 경우가 많다. 보통의 사람들이 칼을 든 강도에게 저항하기 어려운 것처럼, 어린이들은 나이 많은 어른의 성적인 행위에 저항하기 어렵고, 홀로 있는 피해자는 둘 이상의 가해자들에게 저항하기 어렵고, 힘이 약한 여자는 강건해 보이는 남자에게 저항하기 어렵다.

한국성폭력상담소에서는 성폭력을 성적인 언어나 행동을 수반하는 폭력행위로, 피해자에게 성적 수치심과 정신적·육체적 손상이나 고통을 주고, 인간의 존엄성과 성적 자기결정권 등의 인권을 침해하는 행위로 정의하고 있다(한국성폭력상담소, 2011).

이 장에서는 청소년이 경험할 수 있는 성폭력을 중점적으로 설명하고자 한다. 여기서 청소년은 중학생부터 고등학생에 해당하는, 만 13세에서 19세 이하로 한정한다. 이 장은 이 나이에 경험하는 성폭력 피해와 성폭력 가해, 그리고 이에 대한 예방에 관한 것이다.

2. 청소년 성폭력의 동향

1) 성폭력 가해 · 피해 강도의 심각성

2017년부터 2019년까지 3년 동안 성폭력범죄에서 18세 이하의 소년범이 행한 경우가 평균 9.5% 정도를 차지하였는데, 이들이 미성년이라는 것을 감안하면 결코 적지 않은 숫자이다(대검찰청, 2018, 2019, 2020). 청소년의 성폭력 동향은 성인의 성폭력 동향과 함께하는 면이 있는데, 최근 들어 디지털 성범죄가 증가하는 경향도 닮아가는 것으로 보인다. 2020년에 사회적으로 문제가 제기되었던 거대한 디지털성범죄인 'N번방 사건'의 운영자 중에 청소년이 포함되어 있었고, 사건 피의자 221명 중 10대가 65명으로 전체의 30%를 차지할 정도였다(헤럴드경제, 2020). 또한 서울시에서 상담 받은 청소년 디지털 성범죄 가해자들의 대부분이 자신의 행동에 대한 문제인식이 적은 것으로 나타나(한겨레, 2021), 향후에도 우려가 되는 상황이다.

청소년기는 성폭력 가해뿐 아니라 피해에도 많이 노출되어 있는데, 전체 성폭력 피해자 중에서도 16~20세는 20.0%, 15세 이하의 청소년은 9.2%로 20세 이하의 연령대에서 성폭력 피해에 많이 노출된 것으로 보인다(대검찰청, 2020). 또한 'N번방 사건'에서도 피해자의 60.7%가 중학생을 비롯한 20대 이하의 연령이라고 하였는데, 문제는 'N번방' 이후에도 아동 청소년을 대상으로 한 디지털 성범죄가 만연하고 있다고 한다(중앙일보, 2021).

2) 또래와 함께 가해하는 경향성

성폭력을 할 때, 청소년의 경우에 성인에 비해 공범으로 하는 비율이 높다. 2019년 성인범죄자의 공범비율이 4.3%인데 반해, 소년범은 17.1%를 나타냈다. 2017년, 2018년의 소년범의 경우에도 유사한 비율을 보이고 있다(〈표 10-1〉 참고). 청소년기가 자아정체성이 덜 형성된 발달적 시기이기에 주위의 영향을 받기 쉽고, 또한 여럿이 함께 할 때 '잘못된 행동'이라는 문제인식을 덜 하게 되는 영향도 있는 것으로 보인다. 이들이 함께 성폭력을 하는 공범관계로는 동네친구와 학교동창이 주를 이루고 있다(대검찰청, 2018, 2019, 2020).

〈표 10-1〉 소년범 성폭력 공범의 비율

연도	성폭력건수	공범(비율)	공범 관계	
			학교 동창(비율)	동네친구(비율)
2017년	3,083	474(15.4)	207(43.7)	193(40.7)
2018년	3,173	486(15.3)	212(43.6)	201(41.4)
2019년	3,180	428(17.6)	208(48.6)	125(29.2)

출처: 대검찰청 http://www.spo.go.kr.

3) 처벌받지 않는 성폭력 가해자의 문제

성폭행, 「성폭력처벌특례법」, 「성폭력처벌 및 피해자보호법」, 「아동청소년성보호법」, 「성매매알선처벌법」 위반죄 등 성범죄를 저질러 보호처분을 받은 청소년 수는 2011년 이후 매년 증가했다. 만 10~18세 1만 명당 성범죄로 인한 보호처분 수는 2011년 2.8명이었지만 2015년 3.0명, 2018년 3.9명으로 증가한 뒤 2019년에는 4.3명을 기록하여 8년 새 1.5배 증가한 셈이다(연합뉴스, 2021). 성폭력 소년범의 경우, 보호처분(42.1%)이 차지하는 비중이 큰 것과 더불어, 기소율(17.8%)이 불기소율(38.7%)에 비해 현저히 낮아(대검찰청, 2020), 처벌되지 않는 경우가 상당히 많다고 볼 수 있다. 그리고 디지털성범죄 사건인 'n번방' 경우처럼, 벌금형이나 집행유예를 받은 미성년자들에 대해 교육부가 그들의 학교에 명단제출을 고려하는 수준 외에 학교로 돌아올 때의 대응에 대해서도 뚜렷한 대안마련이 어려운 실정으로 보인다(헤럴드경제. 2020).

성폭력 가해자의 연령이 낮아지고 있지만, 이를 규제하고 처벌하는 법령은 이러한 실정에 미치지 못하고 있다. 2008년에 대구에서 초등학생을 집단으로 성폭행한 초등학생과 중학생 8명 중 5명은 형사 미성년자[1]로 풀려났고, 촉법소년[2]

---

1) 법적으로 만 14세 미만의 경우로, 「형법」에 저촉되는 행위를 한 경우에 형사적 책임은 면하고 「소년법」에 따라서 형사적 처벌에 준하는 처벌을 할 수 있다(「형법」 제9조, 「소년법」 제4조).
2) 촉법소년은 형사처벌 대상이 아니며, 가정법원으로 송치되어 보호처분 등을 받게 된다. 촉법소년은 「소년법」이 개정(제4조, 2007. 12.)되면서 종래 만 12세 이상~만 14세 미만에서 만 10세 이상~만 14세 미만으로 확대되었다.

3명은 다른 죄목으로 가정법원에 송치되었다(매일신문, 2008. 9. 2.). 하지만 2018년에 인천의 한 여중생이 또래 학생들로부터 집단강간을 당한 뒤 극단적 선택을 한 사건이나 다른 잔혹한 소년범죄 등을 접하면서, 여론의 한편에서는 촉법소년의 나이를 낮춰야한다는 주장이 일어나고 있다. 수법과 잔혹성이 성인 범죄 수준이지만, 처벌이 약해서 같은 범죄가 지속해서 일어난다는 지적이다(아시아경제, 2020). 그렇지만 다른 한편에서는 청소년범죄의 근본 원인이 이들이 학대 또는 방임 상태에 놓여있었기 때문에, 이를 단죄하기보다는 소년보호처분 방식을 손질하는 등의 시스템적인 개선이 중요하다는 주장도 있다(한국일보, 2021).

가해자가 어려서 법적으로 처벌할 수 없을 때, 피해자는 있지만 가해자는 존재하지 않게 되고, 이는 피해자의 억울함과 무력감과 상처를 해결하는 것을 어렵게 만든다. 피해자가 받은 피해에 대해 국가나 사회가 인정해 주고, 회복을 지지해 줄 때 피해자는 그 힘든 고통에서도 버텨낼 힘을 찾게 되는데, 법의 한계로 '죄'가 인정되지 않을 때 피해자의 회복은 혼자만의 외로운 싸움이 된다.

가해자의 입장에서도 당장에 처벌받지 않는 것이 좋은 것처럼 보이지만, 장기적으로는 독이 될 수 있다. 자신의 잘못을 확실하게 인정하고 그에 합당한 처벌을 받아야 그 행위에 대해 철저히 반성하게 된다. 그런데 이처럼 아무런 조치도 받지 않는 경우에는 이후의 제2, 제3의 범행을 저지르기 쉬워진다. 2007년 술에 취한 남자 중학생 6명이 여중생 1명을 집단 성폭행한 뒤 숨지도록 방치한 사건이 있었는데, 이들 가해학생 중 3명이 학교폭력·절도 등으로 기소유예 처분을 받은 '소년전과자'들이었다(네이버뉴스, 2007. 3. 16.). 성폭력 재범은 아니어도 이전의 범죄에서 처벌받지 않았을 때, 더 과감해질 수 있음을 보여 주는 예시라 할 수 있겠다. Hanson과 Bussiere(1998)는 성폭력 재범의 예측요인이 이전의 성적 일탈경험이나 성폭력 경험이라 하며, 미약하지만 이전의 다른 범죄 경험도 성폭력을 하게 하는 예측요인이 된다고 한다. 또한 제대로 치료받지 않은 가해자들은 다시 성폭력을 할 위험이 높다고 한다. 이는 재범방지를 위해 어린 나이에 성폭력 가해를 했더라도 적절한 처벌과 교육 등이 필요함을 말해 준다.

3. 청소년 성폭력 피해자와 가해자 이해하기

1) 피해자와 가해자의 관계 분석

〈표 10-2〉 청소년 성폭력 피해의 피해자와 가해자와의 관계   단위: 명(%)

유형	연도					
	2018		2019		2020	
	어린이 (8~13세)	청소년 (14~19세)	어린이 (8~13세)	청소년 (14~19세)	어린이 (8~13세)	청소년 (14~19세)
친족관계/친족외 인척	47(56.6)	27(20.2)	29(46.8)	18(17.6)	35(68.4)	19(23.2)
직장		8(6.0)				4(4.9)
친밀한 관계		8(6.0)		11(10.8)		7(8.5)
인터넷	1(1.2)	3(2.2)	2(3.2)	5(4.9)		13(15.9)
동네사람	6(7.2)	12(9.0)	10(16.1)	14(13.7)	3(5.9)	8(9.8)
서비스 제공자	2(2.4)	4(3.0)		3(2.9)	1(2.0)	2(2.4)
학교	12(14.5)	33(24.6)	10(16.1)	24(23.5)	4(7.8)	11(13.4)
학원	3(3.6)	12(9.0)	4(6.5)	11(10.8)	2(3.9)	3(3.7)
주변인의 지인	4(4.8)	6(4.5)	2(3.2)	3(2.9)	1(2.0)	5(6.1)
동호회		1(0.7)		1(1.0)		3(3.7)
기타		3(2.2)				
모르는 사람	3(3.6)	9(6.7)	4(6.5)	3(2.9)	3(5.9)	3(3.7)
미상	5(6.0)	8(6.0)	1(1.6)	9(8.8)	2(3.9)	4(4.9)
총계	83(100)	134(100)	62(100)	102(100)	51(100)	82(100)

출처: 한국성폭력상담소 http://www.sisters.or.kr(여기서의 성폭력은 강간 및 강간미수, 강제추행, 통신 매체이용음란, 카메라 촬영, 스토킹, 성적목적을 위한 다중 이용장소 침입을 포함).

〈표 10-3〉 2010년 청소년 대상 성범죄 유형별 피해자와 가해자와의 관계   단위: 명(%)

관계	죄명	
	강간	강제추행
처음 본 사람	225(57.1)	361(63.8)
모르는 사람	150(38.1)	344(60.8)
인터넷 채팅을 통해 알게 된 사람	75(19.0)	17(3.0)

안면만 있는 사람	19(4.8)	30(5.3)
동네 사람	13(3.3)	53(9.4)
친구	8(2.0)	2(0.4)
권력관계	9(2.3)	19(3.4)
친족관계	64(16.3)	52(9.2)
친부	29(7.4)	17(3.0)
의부	19(4.8)	14(2.5)
모의 동거인	2(0.5)	12(2.1)
친척	14(3.6)	9(1.6)
부모의 친구	6(1.5)	17(3.0)
친구의 아버지	2(0.5)	10(1.8)
미상	18(4.6)	6(1.1)
기타	30(7.6)	16(2.8)
계	394(100)	266(100)

출처: 여성가족부(2010).

(1) 아는 사람의 비율이 높음

성을 매개로 한 폭력인 성폭력은 모르는 관계보다 아는 관계에 의한 경우가 훨씬 많다. 2020년 한국성폭력상담소의 상담통계에 의하면 어린이와 청소년의 경우에 모두 91%의 매우 높은 비율을 나타냈다(〈표 10-2〉 참고).

(2) 강간은 아는 사람에 의한 비율이 더 높음

성폭력 중에서도 강제추행보다 강간의 경우, 아는 사람에 의한 피해가 더 많은 것으로 나타났다. 청소년 대상 성범죄로 인해 신상정보등록대상이 된 사람들 조사에서 모르는 관계에서의 강제추행은 60.8%로 절반이 넘지만, 모르는 관계에서의 강간은 38.1%로, 전체의 1/3을 조금 넘기고 있다. 결국 2/3 정도는 아는 관계인 사람에게 강간을 당하였다는 것을 의미한다(〈표 10-3〉 참고).

(3) 친족관계에 의한 피해가 우세

청소년 피해자와 가해자와의 관계 중, 지속적으로 높은 비율을 차지하는 것은 친족관계이다. 청소년성폭력으로 신상정보등록자가 된 가해자 중에서, 친부, 의부, 모의 동거인, 친척을 포함한 친족관계로서 강간을 한 경우가 16.3%, 강제추행을 한 경우는 9.2%를 차지하고 있다(〈표 10-3〉 참고). 한국성폭력상담소의 상담통계에서도 청소년과 어린이의 경우에 모두 친족 및 친족외 인척의 비율이 높았는데, 특히 어린이의 경우에는 더욱 심했다(〈표 10-2〉 참고).

(4) 인터넷 채팅을 통한 만남이 피해가 높음

신상정보등록 가해자 중 인터넷 채팅을 통해 알게 된 피해자를 강간한 경우가 전체의 19%나 될 정도로 많다(〈표 10-3〉 참고). 인터넷을 통해 친숙하다는 느낌을 갖게 되면, 경계심이 허물어져 피해에 노출되기 쉬운 것으로 보인다. 한국성폭력상담소 상담통계에서도 2020년에는 인터넷을 통해 알게 된 사람과의 관계에서 15.9%로 그 피해가 증가하였다(〈표 10-2〉 참고).

(5) 학교 내 관계에서 발생률이 높음

한국성폭력상담소 상담통계에서 '학교'관계가 전체에서 차지하는 비율이 높게 나타났는데, 특히 청소년의 경우에 2018년, 2019년에 24% 내외를 보여 주었다. 어린이의 경우에도 15%내외를 나타냈다(〈표 10-2〉 참고). 초·중·고등학생 시절에 삶의 많은 부분을 차지하는 학교 내 관계에서 다양한 성폭력 피해를 경험할 가능성이 높은 것은 안타까운 일이라 할 수 있다.

2) 성폭력 가해자 특성 이해하기

성폭력 가해자는 정신병자이거나 변태성욕자일 거라는 편견이 있지만, 실제로는 성폭력을 했다는 것 외에는 다른 학생들과 별 차이가 없을 수 있다. 오히려 일반범죄와 다르게 모범생도 성폭력 가해자가 되어 부모나 주변 사람들을 놀라게 하기도 한다. 어떤 사람들이 성폭력 가해를 하며, 왜 하는지에 대해서는 아직 많은 연구가 있지는 않다. 하지만 가해자들을 직접 상담한 성폭력 상담자와 몇몇 연구들을 토대로 성폭력 가해자들의 특성을 인지적·정서적·가정환경적인 측면과 음란물의 영향으로 나눠서 설명하고자 한다.

(1) 인지적 측면

성범죄자들은 자신이 한 행동을 성폭력으로 생각하지 않는 경향이 있다. 물론 성폭력으로 인정했을 경우에 가족과 학교, 사회로부터 받게 되는 부정적 반응에 대한 방어적인 태도로 부인하는 면도 있지만, 이들은 애초에 성폭력에 대해 왜곡된 인지를 가지고 있는 경우도 있다. 예를 들면, '성폭력은 피해자에게 책임이 있다.' '강간 피해자는 성관계가 난잡하고 평판도 좋지 않다.'와 같은 강간 통념에 대한 수용 정도가 성폭력을 행하지 않는 남자들에 비해 훨씬 높다(유제두, 송병호, 2009).

(2) 정서적 측면

청소년기에는 일반적으로 다른 시기보다 공격성이 더 높고, 자신의 감정에 대해 별로 관심을 두지 않는 특징이 있다. 그런데 성폭력 가해학생들은 일반 청소년보다 공격성이 훨씬 높다. 또한 감정에 대한 관심도 일반 청소년에 비해 현저하게 떨어지는데, 이로 인해 자신의 감정을 잘 알아차리지 못하고, 불쾌한 기분을 전환시키기 어려우며, 긍정적인 기분도 오래 유지하기가 어렵다(Moriarty, Stouch, Tidmarsh, Eger, & Dennison, 2001). 감정에 관심을 두지 않는 경향은 피해자의 감정을 알아차리고, 그에 적절하게 반응하는 능력을 떨어뜨릴 수도 있다. 예를 들어, 성폭력 상황에서 피해자는 몇 번이나 울면서 거절하며 밀쳐내다 나중에는 지쳐 포기한 상태에서 피해를 당해도 가해자는 피해자가 어떤 마음인지 전혀 기억도 못하는 경우도 있다.

성폭력 가해자들이 피해자의 고통에 무감한 것이 '모든 사람에 대한 공감능력이 부족한 것과는 별개로, '특정 사람(person-specific)'에 대한 공감능력이 결핍되었기 때문이라고 한다(Marshal, Hudson, Jones, & Fernandez, 1995). 이는 아마도 자신의 피해자가 느끼는 고통을 느끼게 된다면 자신이 원하는 것을 수행하기 힘들고, 또한 수행한 이후에도 죄책감이 클 수 있기에 자신만을 위하려는 마음에서 피해자의 고통에 관심을 두지 않는 것으로 보인다.

(3) 가정환경적 측면

가해자의 사회경제적 수준이나 부모와의 동거여부가 성폭력 가해와 직접적인 관련성은 보이지 않는다. 2018년 성폭력을 한 소년범죄자의 생활정도를 보면, 중(54.6%)이 압도적으로 많았고, 그 다음이 하(33.2%), 미상(10.5%), 그리고 상(1.7%)의 순서로 나타났다. 또한 부모와의 관계는 양부모와 함께 사는 경우가 64%로 가장 많았으며, 그 다음이 부 없이 모와 사는 경우로 0.5%, 모 없이 부와 사는 경우는 0.4%로 나타났다(대검찰청, 2019).

하지만 가정환경 중 가정폭력 경험은 청소년 성폭력 가해에 중요한 영향을 미치는 것으로 보인다. 부모 간 폭력을 목격하거나, 폭력을 당한 경험 등은 성폭력 가해에 영향을 미친다(김재엽, 이효정, 송하영, 2007; 신혜섭, 양혜원, 2005). 가정에서 폭력을 당하거나 목격하면서 자란 자녀는 상대방이 자신의 뜻대로 하지 않을 때 폭력을 사용할 수도 있다는 것을 배우기 쉽고, 이는 성관계에서도 상대가 자신이 원하는 대로 하지 않을 때 폭력을 사용할 가능성을 높이는 것으로 추론할 수 있다.

(4) 음란물의 영향

음란물을 보는 모든 사람이 그 영향을 받아 성폭력을 하는 것은 아니지만, 어떤 사람들에게는 그 영향력이 클 수 있다. 대개의 음란물은 '여성이 남성의 성적인 욕망을 만족시키기 위해 봉사해야 하며, 그 여성들은 남성과의 강제적인 성관계를 즐긴다.'는 메시지를 전달한다. 모든 남성이 이 부분에 열광하는 것은 아니지만 친밀감의 부족으로 관계 맺는 기술이 부족한 남성들은 음란물에서의 관계방식을 실제 여자와의 관계에서도 그대로 재현하여 강제적으로 성관계하는 것을 좋아하게 된다(Marshall, 1989).

또한 인터넷음란물 중 특히 폭력적인 음란물에 접촉할 경우 성폭력의 가능성이 더욱 증가한다. 특히 충동적이거나 남성 지배적인 성의식이 강한 청소년일수록 인터넷음란물에 접하게 될 경우 성폭력의 가능성은 더 높아진다(이성식, 2004).

3) 성폭력 피해자 이해하기

(1) 위험요인

성폭력은 가해자가 그 행위를 하는가, 하지 않는가에 따라 사건이 발생하거나 발생하지 않기에 성폭력의 원인은 전적으로 가해자에게 달려 있다. 따라서 어떤 사람이 피해자가 될지는 알기 어렵다. 많은 피해자가 자신이 당하기 전까지는 성폭력은 '남의 일'이라고 생각했었다고 한다. 그래서 피해를 예방하는 것은 참으로 어려운 일이다. 하지만 가해자들이 어떤 상황에 처한 피해자를 그 대상으로 삼는지를 추측하여 성폭력 피해를 당하는 데 있어서의 위험요인을 추측해 보고자 한다.

위험요인에는 먼저 개별 인구사회학적 요인이 포함된다. 나이가 어리거나 신체적으로나 정신적으로 장애가 있는 경우에 나이가 많거나 정상적인 아동·청소년보다 성폭력 피해에 더 취약하다고 할 수 있다. 그리고 성별로는 남성보다 여성 청소년이 피해를 당할 가능성이 더 크다(이유진 외, 2012).

또는 자녀가 어려움에 처했을 때 부모에게 이야기하기 힘들 정도로 소원한 관계이거나 친구들과 친밀하지 않아서 혼자 고립되어 있는 경우, 위험할 가능성이 많아진다. 가해자들은 자신의 범행이 다른 사람들에게 알려진다는 두려움이 적을 때, 더 쉽게 피해 대상으로 삼는 경향이 있는 것으로 보인다.

또 하나의 위험요인은 이전의 성폭력 경험으로부터 회복되지 않은 경우다. 이전의 경험에서 공포나 불안, 무력감을 느껴서 아무런 대응도 하지 못했는데, 그로부터 다시 힘을 찾는 회복과정이 없다면 재피해의 위험에 취약하게 된다. 성폭력 가해자가 성폭력을 하려 할 때, 피해자가 느끼는 공포가 너무 클 경우에는 도망가기보다 '얼어붙는' 반응을 보일 수 있다. 또는 이전의 무력감이 다시 느껴져서 '무너지는' 마음으로 저항할 엄두도 내지 못하게 되면 그대로 피해를 당할 가능성이 더 커진다고 할 수 있다.

(2) 보호요인

성폭력 가해자가 성폭력을 하기로 결심한다면 피해자는 속절없이 당하기 쉽다. 그래서 피해를 받지 않기 위한 완전한 보호요인은 세상에 존재하지 않는다고 본다. 하지만 청소년에 있어서 최소한 몇 가지 것들이 보호요인으로 작용할 수 있을 것이다.

첫째, 청소년이 성폭력이 발생할 수 있는 위기상황에 대한 인지능력과 대처능력이 있다면 미리 위기를 모면하려 하거나 신속하게 주변에 도움을 요청할 수 있기에 보호요인으로 작용할 수 있다. 학생들에게 성폭력 사례를 통한 예방교육을 하여 몇몇 위험한 상황에 대한 이해와 대처방법을 알도록 하는 것이 필요하다.

둘째, 부모와 자녀가 친밀한 관계를 맺어 자녀에게 무슨 일이 있으면 바로 대응해서 함께 해결해 주려 한다면, 그리고 이러한 관계에 대해 가해자가 안다면 자신의 범행이 쉽게 드러나는 것이 두려워 가능한 범죄를 억제하게 될 것이다(이유진 외, 2012). 청소년 성폭력의 대부분이 아는 관계에서 발생하는 것을 볼 때, 이 부분은 보호요인으로 작용할 수 있을 것이다. 교사나 친구들과 친밀하게 지내는 경우도 마찬가지의 이유로 보호요인이 될 수 있다.

(3) 피해로 인한 영향

청소년기에 성폭력을 당하게 되면 그 영향력은 상당히 광범위할 수 있다. 신체적인 면, 심리적인 면, 가족관계나 친구, 이성관계, 그리고 학업과 진로적인 측면까지 영향을 받을 수 있다. 성폭력 피해로 인해 피해자가 겪을 수 있는 고통은 피해자가 경험한 성폭력 상황에 따라 다를 수 있다. 예를 들어, 모르는 사람에게 당한 것보다 친족에 의한 성폭력 피해에 더 무력감을 느낄 수 있고, 신체적인 폭력이 없는 경우보다 신체적인 폭력과 함께 당한 경우에 더 공포를 느낄 수 있으며, 가해자가 1인이 아니라 2인 이상일 때 더 끔찍하고 참담한 기분이 들 수 있다. 이에 일반적으로 성폭력으로 인해 경험할 수 있는 피해 영향에 대해 대략적으로 소개하고자 한다.

① 신체적 영향

성적 경험이 적은 청소년기의 신체에 강제적으로 성폭력을 할 경우, 피해자의 몸 회음부의 주변에 출혈과 상처를 동반하기 쉽다. 또한 성폭력 가해자들이 콘돔을 사용하지 않는 경우가 많아 성병이나 임신의 위험성이 높게 된다. 상해가 심하거나 성병 또는 임신까지 하게 된다면 더 오랫동안 심리적으로도 부정적인 영향을 미칠 수 있다.

② 심리적 영향

예상하지 못한 성폭력의 피해경험으로 피해자들은 충격과 혼란을 경험하게 된다. 자신이 이전에 경험해 보지 못했던 경험을 어떻게 소화하고 수용해야 할지 혼란스러워하게 된다. 또한 성폭력의 정도에 따라 공포를 경험하기도 하고, 피해당시에 느꼈던 두려움을 한동안 반복해서 느낄 수도 있다. 그리고 성폭력을 당한 것을 미리 알아차리고 대비하지 못했던 자신을 비난하는 마음이 우울로 연결될 수도 있다. 성폭력의 책임을 자기에게로 돌릴수록 이 우울은 깊어진다. 하지만 성폭력을 행한 가해자가 잘못이고, 그로 인해 피해자인 내가 고통을 받고 있다는 자각이 들면서 분노가 일어나고, 이 분노는 자신의 자존감을 다시 일으키는 힘이 된다. 하지만 분노가 사회적 제도인 법 안에서 수용되는 한도에서만 표현되어야 함에 무력감을 느끼기도 한다. 피해자가 가족이나 친구, 학교나 외부 성폭력상담소에 도움을 요청하여 보호를 받거나 가해자를 처벌하는 과정에서 경험하는 내용에 따라 심리적인 영향력은 완화될 수도 있고, 더 부정적으로 악화될 수도 있다.

③ 관계에 미치는 영향

성폭력 피해를 당했다는 것을 가족에게 말했을 때, 가족이 어떤 반응을 보이는가에 따라 관계가 변할 수 있다. 피해자의 심정을 이해해 주고 위로나 지지를 해 줄 경우, 피해자의 회복력은 빨라지고 가족과의 관계도 이전보다 더 돈독해질 수 있다. 하지만 성폭력 피해 사실을 들은 후에 가족이 피해자를 오히려 야단을 치거나 수치스러워할 경우, 피해자는 더 위축되면서 다른 사람의 시선에 예민해지기 쉽다. 그런데 부모에게 아예 말하지 않는 경우도 있는데, 말할 경우에 부모의 반응이 걱정되기 때문이다. 부모에게 말하기 힘들면 친구나 교사 또는 상담자에게라도 말을 하여 성폭력 피해로 인한 어려움을 나누는 것이 필요하다. 그래야 인간관계에 대한 신뢰를 다시 회복하게 된다.

성폭력 피해로 인해 자신에 대해 결함이 있다고 생각할 경우, 이후 이성 관계에 부정적인 영향을 미칠 수 있다. 또한 성폭력 피해 정도가 심각할수록 이성교제에서 원하지 않는 성적 요구에 거절하지 못하는 경향이 크다(권희경, 장재홍, 2003).

④ 학교생활에 미치는 영향

학교 안에서 성폭력이 발생한 경우에 가해학생이 오히려 피해학생에 대한 나쁜 소문을 내는 경우, 피해학생은 명예가 훼손되어 한 번 더 피해를 입게 된다. 이미 소문에 의해 피해학생의 명예가 훼손된 경우에는 가해학생에 대한 징계를 엄하게 하고, 피해학생과 분리조치를 한다고 해도 피해학생이 받은 상처를 회복하기 쉽지 않다. 그러므로 이런 일이 발생하지 않도록 사전에 주의해야 한다. 하지만 소문에 대한 우려가 크고, 사건이 종결되는 기간까지 가해학생과 한 학교에 있는 것이 힘들어서 피해학생이 차라리 다른 학교로 전학 가기를 원할 경우에는 이를 지원해 주는 것도 학교생활에 미치는 영향을 최소화하는 하나의 방법이 될 수 있다. 그러므로 성폭력 피해학생의 학교생활까지 피해가 가지 않도록 하기 위해서는 예방교육 시 피해학생에 대해 소문을 내는 것은 피해학생의 인권을 침해하고, 상처를 깊게 만들며, 학교생활까지 어렵게 할 수 있는 '2차 가해'가 된다는 것을 교육하는 것이 필요하다. 또한 사건조사를 시작할 때 가해학생과 참고인들에게 이 부분은 엄하게 주의를 주는 것도 필요하다.

⑤ 장기적으로 미치는 영향

피해자가 성폭력을 당하면서 겪게 되는 충격의 정도에 따라 피해 영향력이 미치는 기간이 달라질 수 있다. 어떤 경우에는 주변의 도움만으로도 쉽게 극복할 수 있지만, 어떤 경우에는 몇 년 또는 몇 십 년을 힘들어할 수 있다. 또 어떤 경우에는 피해 당시에는 적응을 위한 노력으로 힘든 줄도 몰랐다가, 6개월이나 1년 후에야 피해 후유증이 나타날 수도 있다. 예를 들어, 불안과 공포, 우울과 분노 같은 정서적인 면이 해소가 되지 않아 작은 자극에도 쉽게 흔들릴 수 있고, 성폭력 관련 뉴스만 봐도 이전의 경험이 되살아나 힘들어할 수도 있다.

또는 성폭력 피해를 당한 것을 자신의 몸이 더럽혀진 것으로 생각하여 자신감을 잃거나 자포자기하는 태도를 취하는 후유증을 갖는 경우도 있다. 이런 자신에 대한 부정적인 인지는 대인관계에서도 부정적으로 영향을 미칠 수 있다. 성폭력 피해로 인해 '자기'에 대한 왜곡된 개념이 형성된 경우에는 심리상담이나 치료를 통해 자아존중감을 회복하는 기회를 갖는 것이 필요하다.

4. 청소년 성폭력 예방교육

1) 인권교육

"모든 인간은 태어날 때부터 자유로우며, 누구에게나 동등한 존엄성과 권리가 있다. 인간은 타고난 이성과 양심을 지니고 있으며, 형제애의 정신에 입각해서 서로 간에 행동해야 한다."는 세계인권선언문 제1조다. 그러나 인간이 인간을 어떻게 대해야 하는지는 듣고 배우는 게 아니라, 실제로 대하는 것을 '보고 배운다'고 말한다. 부모나 교사, 사회의 어른들이 먼저 청소년들을 그들과 똑같은 존엄성을 지닌 인간으로 대해 주는 것이 인권교육의 시작이다. 책에서 머리로 많은 것을 익혀도 자신의 감정과 욕구, 의견을 존중받아 보지 못하면 남의 감정과 욕구, 의견을 존중하기 어렵게 된다. 그런데 성장하는 환경에서 힘이 센 자가 폭력적인 방법으로 약한 자를 누르거나 무시하는 것을 보고 자란다면, 자녀는 '강자'에게 동일시를 하기 쉽다. 폭력으로라도 '강자'가 되는 것을 멋있게 보거나, '약자'가 되는 것은 더 수치스러운 것으로 여길 수 있다. 이들에게 폭력이 비겁하고 이기적인 행동이라는 것과 약자를 보호하는 것이 더 멋진 일이라는 것을 가르칠 필요가 있다. 또한 이 가정에서 폭력적인 방법을 배운 학생에게는 학교에서라도 차별 없이 똑같이 존중해 주고, 꼭 강자가 아니어도 존중받을 수 있는 경험을 하도록 해 주는 것이 필요하다. 또한 갈등이 있을 때 성장과정에서 배운 폭력적인 방법이 아닌, 비폭력적인 방식으로 해결되는 과정에 참여하도록 하는 교육도 필요하다.

　남녀관계에서 서로 인격적으로 대하는 데 장애를 주는 태도의 하나는 '남자답다'는 것에 대한 오해다. 남자라는 것만으로도 여자보다 더 우위에 있고, 남자의 욕구가 여자의 욕구보다 더 우위에 있다는 태도다. 남자가 집안의 장(長)이 되는 구조에서 가장의 말이나 욕구가 가장 우선시되어야 하고, 여자나 약자의 말에 귀 기울일 필요도 없고, 심지어 여자나 아이의 말에 흔들리는 것은 '바보 같다.'는 사회문화적 분위기가 영향을 미친 것으로 보인다. 이러한 태도가 강한 남자일수록 여자와 만나는 성적 상황에서 여자의 욕구나 입장에는 관심을 두지 않고, 남자인 자신의 욕구에만 충실하여 강제적인 성관계를 하면서도 문제를 느끼지 못하는 가해자가 될 수 있다. 그러므로 남녀가 생물학적인 차이는 존재하지만, 존재론적 부분에서는 어느 누가 더 우위에 있는 것이 아니라, 똑같이 존중받아야 할 사람이라는 것이 교육되어야 한다.

2) 성폭력의 유형

(1) 성희롱

성희롱은 교육이나 업무관계에 있는 사람들 사이에서 상대방에게 성적 불쾌감이나 혐오감을 주는 말 또는 행동을 한 경우나 성적 언동에 대한 불응의 이유로 불이익을 주는 경우를 말한다. 이때 성희롱의 판단기준은 행위자의 의도가 아니라, 피해자가 성적인 불쾌감이나 혐오감을 느꼈는가 하는 것이다. 피해자의 주관성이 중요한 판단기준이 되기에 성희롱을 판단할 때는 여러 명의 위원이 피해자와 같은 상황에서 피해자와 같은 감정을 느꼈을지를 검토하여 결정한다.

성희롱의 유형에는 상대방이 원하지 않는데도 성적으로 불쾌감을 느낄 수 있는 신체적 접촉을 하는 육체적 성희롱과 야한 농담이나 외모에 대한 성적 비하발언과 같이 성적인 불쾌감을 주는 언어적 성희롱, 그리고 원하지 않는 성적인 내용의 글이나 사진 등을 문자나 메일로 전송하는 것과 같은 시각적인 자극을 주는 시각적 성희롱이 있다.

학교 내 성희롱은 '힘'의 차이에 근거하여 행위자는 재미나 놀이의 유형으로 한 것이 피해자에게는 심리적 · 신체적 상처를 줄 수 있다. 학교 내 성희롱은 권력의 차이가 심한 교사와 학생 사이뿐 아니라, 같은 학생과 학생 사이에서도 힘 차이가 존재할 때 발생할 수 있다.

학교관계 내에서 발생하였다 하더라도 강간이나 강제추행 등 「형법」이나 「성폭력특별법」에 적용되는 경우에는 형사소송을 통해 법으로 가해자를 처벌할 수도 있다.

🗨 관련법

성희롱 업무, 고용, 그 밖의 관계에서 공공기관의 종사자, 사용자 또는 근로자가 그 직위를 이용하여 또는 업무 등과 관련하여 성적 언동 등으로 성적 굴욕감 또는 혐오감을 느끼게 하거나 성적 언동 또는 그 밖의 요구 등에 따르지 아니한다는 이유로 고용상의 불이익을 주는 것을 말한다.

– 「국가인권위원회법」 제2조(시행 2013. 3. 23.) –

업무상 위력 등에 의한 간음 업무, 고용 기타 관계로 인하여 자기의 보호 또는 감독을

> 받는 사람에 대하여 위계 또는 위력으로써 간음한 자는 7년 이하의 징역 또는 3천만 원
> 이하의 벌금에 처한다.
>
>   또한, 법률에 의하여 구금된 사람을 감호하는 자가 그 사람을 간음한 때에는 10년 이하
> 의 징역에 처한다.
>
> -「형법」제303조 1항 (개정 1995. 12. 29., 2012. 12. 18., 2018. 10. 16.) -

(2) 강간, 강제추행

강간은 상대방의 의사를 무시하고 강제로 성교를 한 행위를 말한다. 강제추행은 상대방의 의사를 무시하고 강제로 키스나 애무 등 성적인 신체접촉을 하는 행위를 말한다. 법률상에는 '폭행이나 협박' 또는 위계(또는 위력)에 의한 강간과 강제추행은 처벌하는 것으로 명시하고 있다.

청소년기에 강간과 강제추행의 피해를 당하는 경우도 많지만, 가해를 하는 경우도 많다. 또래나 자신보다 어린 상대를 대상으로 한 강간과 강제추행이 많이 발생하고 있다. 특히 친척관계이거나 동료 또는 종교단체에서 알게 된 청소년 관계에서 강간과 강제추행이 많이 발생하고 있다. 13세 미만의 아동을 대상으로 한 강간이나 강제추행의 경우에는 공소시효가 적용되지 않아 피해자가 성인이 된 이후에나 가해자를 고소할 수 있다.

🗨 관련법

아동 · 청소년에 대한 강간 · 강제추행 등

① 폭행 또는 협박으로 아동 · 청소년을 강간한 사람은 무기징역 또는 5년 이상의 유기
   징역에 처한다.

② 아동 · 청소년에 대하여 폭행이나 협박으로 다음 각 호의 어느 하나에 해당하는 행
   위를 한 자는 5년 이상의 유기징역에 처한다.

   1. 구강 · 항문 등 신체(성기는 제외한다)의 내부에 성기를 넣는 행위

   2. 성기 · 항문에 손가락 등 신체(성기는 제외한다)의 일부나 도구를 넣는 행위

③ 아동 · 청소년에 대하여 「형법」제298조의 죄를 범한 자는 2년 이상의 유기징역 또는
   1천만 원 이상 3천만 원 이하의 벌금에 처한다.

④ 아동 · 청소년에 대하여 「형법」제299조의 죄를 범한 자는 제1항부터 제3항까지의
   예에 따른다.

⑤ 위계(僞計) 또는 위력으로써 아동·청소년을 간음하거나 아동·청소년을 추행한 자
는 제1항부터 제3항까지의 예에 따른다.
⑥ 제1항부터 제5항까지의 미수범은 처벌한다.

제7조의2(예비, 음모) 제7조의 죄를 범할 목적으로 예비 또는 음모한 사람은 3년 이하
의 징역에 처한다. (신설 2020. 6. 2.)

– 「아동·청소년의 성보호에 관한 법률」 제7조(일부조항 신설 2020. 6. 2.) –

(3) 준강간, 준강제 추행

상대방이 자신의 의견을 표현할 수 없는 신체적 또는 정신적 상태에 있는데
이를 이용해 상대방에게 일방적으로 성기삽입을 하거나 성적 접촉을 하는 경우
가 이에 해당한다. 이 경우는 상대의 열악한 상황을 악용하였기에 죄질이 더 나
쁘다고 할 수 있으나, 사회적으로 '술에 취해서 당한 사람이 잘못'이라는 피해자
를 탓하는 사회적 통념으로 인해 이에 해당하는 범죄자가 처벌되지 않는 경향이
있었다. 그러나 사회적으로도 '동의'를 구하지 않는 성관계는 성폭력이라는 인
식이 확산되면서 준강간과 준강제 추행으로 상담하는 사례가 늘고 있다.

예를 들면, 같이 술을 마시고 놀다가 상대방이 취해서 몸도 잘 가누지 못하게
되자 상대방을 모텔로 데리고 들어가 상대방이 자는 사이에 상대방을 만지거나
성기삽입을 하는 경우다.

「형법」(제299조)과 (「아동·청소년의 성보호에 관한 법률」)에서는 사람의 심신상
실 또는 항거불능의 상태를 이용하여 간음 또는 추행을 한 자에게는 강간과 강
제 추행의 처벌기준을 그대로 적용함을 명시하고 있다.

(4) 집단으로 하는 성폭력

2인 이상이 합동하여 피해자를 강간한 경우는 집단강간이다. 이 경우는 1:1
관계의 강간에서보다 피해자를 더 철저히 성적 도구로 사용하며, 피해자의 인간
적인 기분이나 상태는 전혀 고려하지 않은 채 행위자들의 '재미'만이 그 행위의
관심이 되기 때문에 그 피해가 심각하게 된다. 아마도 집단으로 행할 때는 개인
으로 행할 때보다 책임감이 분산되어 죄책감이 무뎌지는 양상이 나타나서 더욱
과감해지는 면이 있는 것으로 보인다.

반면, 피해자의 입장에서는 원하지 않는 강간을 여러 사람에게 반복적으로 또한 대개 타인이 보거나 망을 보는 가운데 당하기에 자신이 '집단의 성적 욕구 해소의 도구'로 전락한 느낌을 갖게 되어 성적인 수치심과 혐오감 외에도 인간 적인 모멸감이 커서 상당한 정도의 고통과 후유증을 앓을 수 있다.

🗨 **관련법**

특수강간 등

① 흉기나 그 밖의 위험한 물건을 지닌 채 또는 2명 이상이 합동하여 「형법」 제297조(강간)의 죄를 범한 사람은 무기징역 또는 7년 이상의 징역에 처한다.

② 제1항의 방법으로 「형법」 제298조(강제추행)의 죄를 범한 사람은 5년 이상의 유기징역에 처한다.

③ 제1항의 방법으로 「형법」 제299조(준강간, 준강제추행)의 죄를 범한 사람은 제1항 또는 제2항의 예에 따라 처벌한다.

– 「성폭력범죄의 처벌 등에 관한 특례법」 제4조(개정 2020. 5. 19.) –

---

(5) 카메라를 이용한 성폭력

상대방의 의사에 반하여 카메라나 휴대전화를 이용하여 타인의 신체를 촬영한 경우 또는 촬영 당시에는 상대방의 동의를 받았다 하더라도 촬영한 내용을 상대방의 의사에 반하여 외부에 노출하는 것은 카메라를 이용한 성폭력에 해당한다. 예를 들어, 지하철 계단 아래에서 여성의 치마 속을 촬영하거나 공공화장실의 옆 칸에서 벽면 아래의 틈을 이용하여 촬영하는 경우 또는 도서관의 책상 밑에서 피해자의 하체를 촬영하는 경우가 이에 해당한다. 이 경우들은 공공 장소에서 상대방 모르게 촬영하는 특징이 있다.

또 다른 예로는, 남녀가 데이트를 하거나 친하게 지내는 중 상대방의 신체 또는 성행위에 대해 동의하에 촬영하였다가, 헤어진 이후에 보복의 방법으로 상대방의 동의 없이 이를 외부에 노출하는 경우가 있다. 이 경우는 원하지 않는 성적 정보가 노출되어 타인의 성적 욕망의 대상이 되거나 피해자임에도 불구하고, 입방아에 오르내리는 대상이 되는 '2차 피해'가 발생하기에 피해자가 겪게 되는 정신·심리적 피해는 심각한 수준이 된다. 이러한 고통을 감당하기 어려워 자살이라는 극단적인 방법을 택하는 사례도 있다.

🗨 관련법

카메라 등을 이용한 촬영

① 카메라나 그 밖에 이와 유사한 기능을 갖춘 기계장치를 이용하여 성적 욕망 또는 수치심을 유발할 수 있는 사람의 신체를 촬영대상자의 의사에 반하여 촬영한 자는 7년 이하의 징역 또는 5천만 원 이하의 벌금에 처한다.

② 제1항에 따른 촬영물 또는 복제물(복제물의 복제물을 포함한다. 이하 이 조에서 같다)을 반포 · 판매 · 임대 · 제공 또는 공공연하게 전시 · 상영(이하 "반포등"이라 한다)한 자 또는 제1항의 촬영이 촬영 당시에는 촬영대상자의 의사에 반하지 아니한 경우(자신의 신체를 직접 촬영한 경우를 포함한다)에도 사후에 그 촬영물 또는 복제물을 촬영대상자의 의사에 반하여 반포등을 한 자는 7년 이하의 징역 또는 5천만 원 이하의 벌금에 처한다.

③ 영리를 목적으로 촬영대상자의 의사에 반하여 「정보통신망 이용촉진 및 정보보호 등에 관한 법률」 제2조 제1항 제1호의 정보통신망(이하 "정보통신망"이라 한다)을 이용하여 제2항의 죄를 범한 자는 3년 이상의 유기징역에 처한다.

④ 제1항 또는 제2항의 촬영물 또는 복제물을 소지 · 구입 · 저장 또는 시청한 자는 3년 이하의 징역 또는 3천만 원 이하의 벌금에 처한다.

⑤ 상습으로 제1항부터 제3항까지의 죄를 범한 때에는 그 죄에 정한 형의 2분의 1까지 가중한다.

– 「성폭력범죄의 처벌 등에 관한 특례법」 제14조
(개정 및 일부조항 신설 2018. 12. 18., 2020. 5. 19.) –

---

(6) 사이버 성폭력

인터넷 사용 중에 상대방이 원하지 않는 성적인 내용의 글이나 그림 등을 통해 성적 수치심이나 혐오감을 주는 경우를 말한다. 온라인에서의 성폭력은 오프라인에서와 달리, 내용의 진위여부와 상관없이 한 번에 다수에게 공개되는 위험이 있어 피해자의 명예도 함께 훼손될 수 있는 무서운 행위다.

예를 들면, 화상 채팅 중 갑자기 자신의 성기를 보여 주는 경우가 이에 해당하고, 트위터나 미니홈피 등 개인 홈페이지에 찾아가 성적인 내용의 글을 남기는 경우도 이에 해당한다. 피해자의 성적인 부위의 사진이나 성행위 장면을 담은 동영상을 사이버에 올리는 경우는 그중에서도 가장 심한 성폭력에 해당한다고 볼 수 있다.

그리고 사이버상에서 채팅으로 알게 된 사람을 오프라인에서 만나 술을 마신 후, 강간 혹은 준강간으로 연결되는 사례도 많다.

🗨 관련법

통신 매체를 이용한 음란 행위 자기 또는 다른 사람의 성적 욕망을 유발하거나 만족시킬 목적으로 전화, 우편, 컴퓨터, 그 밖의 통신매체를 통하여 성적 수치심이나 혐오감을 일으키는 말, 음향, 글, 그림, 영상 또는 물건을 상대방에게 도달하게 한 사람은 2년 이하의 징역 또는 2천만 원 이하의 벌금에 처한다.

– 「성폭력범죄의 처벌 등에 관한 특례법」 제13조(개정 2020. 5. 19.) –

---

(7) 친족 성폭력

친가나 외가의 4촌 이내의 관계에 있는 사람 또는 동거하는 친족에게서 나의 의사와 상관없이 강제로 강간이나 강제 추행을 당하는 경우가 친족 성폭력에 해당한다. 친척들이 한집에 모여서 놀거나 자게 되는 경우에 사촌이나 이모부(또는 고모부), 할아버지 등에 의해 성추행이나 강간(또는 강간미수)이 일어나는 경우가 이에 해당한다. 또는 한집에 사는 오빠나 아빠에게서 강간이나 강제 추행을 당하는 경우도 이에 해당하는데, 이 경우에는 피해가 지속적이고 반복적일 수 있고, 또한 가족으로부터 보호받지 못하기에 그 피해가 더 심각하다고 할 수 있다.

🗨 관련법

친족관계에 의한 강간 등
① 친족관계인 사람이 폭행 또는 협박으로 사람을 강간한 경우에는 7년 이상의 유기징역에 처한다.
② 친족관계인 사람이 폭행 또는 협박으로 사람을 강제추행한 경우에는 5년 이상의 유기징역에 처한다.
③ 친족관계인 사람이 사람에 대하여 「형법」 제299조(준강간, 준강제추행)의 죄를 범한 경우에는 제1항 또는 제2항의 예에 따라 처벌한다.

---

④ 제1항부터 제3항까지의 친족의 범위는 4촌 이내의 혈족·인척과 동거하는 친족으로 한다.

⑤ 제1항부터 제3항까지의 친족은 사실상의 관계에 의한 친족을 포함한다.

– 「성폭력범죄의 처벌 등에 관한 특례법」 제5조 –

(8) 남성 대상 성폭력

성폭력 피해의 대부분은 여성과 어린아이이지만, 청소년기의 남성도 피해의 대상이 되고 있다. 남자 청소년들 사이에서도 신체적 힘으로 또는 집단의 힘으로 어리거나 약한 남자를 대상으로 성폭력을 하는데, 피해를 당한 남자는 '남자이면서도 당했다.'는 수치심에 쉽게 도움을 요청하기 어려워할 수 있다. 하지만 이때도 부끄러워할 사람은 성폭력을 한 가해자이지 피해자가 아니라는 것을 명심할 필요가 있다. 예를 들면, 집단으로 놀던 무리 중에 나이 어린 소년에게 '원하는 것을 모두 들어주는 놀이' 형식으로 자신들의 성기를 입으로 애무하게 하는 행위를 시키는 경우가 이에 속한다.

「형법」 제297조 강간에 관한 조항에서 폭행 또는 협박으로 사람을 강간한 자는 3년 이상의 유기징역에 처하도록 하고 있어, 피해의 대상을 이전의 '부녀'에서 '사람'으로 개정하여(2012. 12. 18.) 남성 피해도 적용되도록 하고 있다.

또한 유사강간(제297조의 2)에 관한 조항을 신설하여(2012. 12. 18.) 폭행 또는 협박으로 사람에 대하여 구강, 항문 등 신체(성기는 제외한다)의 내부에 성기를 넣거나 성기, 항문에 손가락 등 신체(성기는 제외한다)의 일부 또는 도구를 넣는 행위를 한 사람은 2년 이상의 유기징역에 처하도록 하고 있다.

(9) 장애인 대상 성폭력

장애인은 만 13세 미만의 어린이와 마찬가지로 위험으로부터 자신을 스스로 보호하기 힘든 사회적 약자다. 장애인 모두가 피해에 취약하지만, 특히 정신지체인 경우에 한 동네의 여러 사람들로부터 개별적으로나 집단적으로 성폭력을 당하는 사례는 언론을 통해 종종 접하게 된다. 법에서는 일반인을 대상으로 하는 경우보다 더 엄한 처벌조항을 두고 있으나, 가해자 처벌이 쉽지 않은 경우가 많다. 피해자가 자신의 피해를 잘 인지하지 못하여 표현을 하지 않거나 피해를 인지하고 신고하는 경우에도 조사관이 피해자의 표현방식을 잘 알지 못하여 진술의 신빙성을 확보하기 어렵기 때문이다.

예를 들면, 일반학교에는 다니지만, 지능이 지체 수준인 여학생을 동네 아저씨가 자신의 집으로 꾀어서 성추행을 하는 경우가 여기에 해당한다.

💬 관련법

장애인인 아동청소년에 대한 간음 등

① 19세 이상의 사람이 13세 이상의 장애 아동 · 청소년(「장애인복지법」 제2조 제1항에 따른 장애인으로서 신체적인 또는 정신적인 장애로 사물을 변별하거나 의사를 결정할 능력이 미약한 아동 · 청소년을 말한다. 이하 같다)을 간음하거나 13세 이상의 장애 아동 · 청소년으로 하여금 다른 사람을 간음하게 하는 경우에는 3년 이상의 유기징역에 처한다.

② 19세 이상의 사람이 13세 이상의 장애 아동 · 청소년을 추행한 경우 또는 13세 이상의 장애 아동 · 청소년으로 하여금 다른 사람을 추행하게 하는 경우에는 10년 이하의 징역 또는 5천만 원 이하의 벌금에 처한다.

– 「아동 · 청소년의 성보호에 관한 법률」 제8조(개정 2020. 5. 19., 2020. 12. 8., 2021. 3. 23.) –

---

3) 가해자가 되지 않도록 하는 교육

● 나의 욕구가 존중받아야 하는 것처럼, 상대방의 욕구도 존중받아야 한다는 것을 명심한다.

● 상대방이 '나도 해 보고 싶어'라고 명확한 '동의'를 표현하기 전에는 일방적으로 성관계를 하지 않는다.

● 상대방이 '싫어'라고 할 경우에는 그대로 수용한다. 설혹 겉으로만 싫은 척한다는 생각이 드는 경우라도 상대방이 스스로 마음을 열 때까지 기다려야 한다. 상대방의 말을 무시하는 순간 성폭력 가해자가 되기 쉽다.

● 상대방이 아무런 말도 하지 않는 경우에 동의로 착각해서 일방적으로 성관계를 할 경우에는 성폭력이 된다. 두려움에 압도되어 또는 어떻게 거절해야 할지 몰라서 침묵하는 경우가 많기에 상대방의 침묵에는 기다림이 필요하다.

- 상대방이 술에 취해서 심신을 잘 가누지 못할 때, 성적 접촉의 유혹을 넘겨야 한다. 술 취한 상대에게 성적 접촉을 하는 것은 훨씬 쉬운 일이다. 하지만 비겁한 일이고, 법으로는 강제 추행이나 강간과 동등한 처벌을 받게 된다는 것을 명심해야 한다.
- 호기심에 사촌동생이나 동네 어린아이에게 성적 접촉을 하지 말아야 한다. 나보다 어린 경우에는 성폭력에 대해 잘 알지 못해 성적 호기심을 채우기 쉽다고 여길 수 있으나, 이는 약자의 약점을 이용한 비겁한 행동이기에 삼가야 한다. 또한 만 13세 이하의 어린이 성폭력은 아이의 의사와 상관없이 처벌되는 죄라는 것을 알아야 한다. 또한 이 아이들이 성장하면서 자신에게 일어난 일이 무엇인지 알게 되면서 상처가 깊어지고, 이로 인해 가해자에 대한 분노도 커진다는 것을 명심해야 한다.
- 친구와 같이 한 여자에게 돌아가며 성폭력을 하는 것은 1:1로 성폭력을 하는 것보다 더 쉽고 책임감도 덜 들 수 있다. 하지만 그것은 제2차 세계대전 중에 일본군이 한국의 청소년들에게 집단으로 강간한 것과 마찬가지로 최악의 범죄다. 피해자를 사람으로 본 것이 아니라, 다만 남자 개개인의 성적 욕구 분출의 '도구'로만 본 비인간적인 행위이기 때문이다. 만약 친구들에게 이런 제의를 받는다면 약자에게 비겁한 행동을 하지 않는 '남자다운 남자'가 되자고 권해 보자.

4) 피해 위험요인 교육

- 어떤 분야의 사람이라도 가해자가 될 수 있다. 가해자는 특별한 부류의 사람이 아니다. 그러므로 사람 자체를 믿기보다 성폭력이 발생할 수 있는 상황을 염두에 두고 경계를 하는 것이 안전할 수 있다.
- 가족이라도 성적인 부분에서는 '경계선'을 지키는 것이 중요한데, 자신이 원하지 않는 성적인 접촉을 하려는 경우라면 단호히 방어한다. 친밀감 표현 이상의 신체접촉이 불쾌하게 느껴진다면 일단 하지 말라고 하며 자리를 피하고, 자신의 느낌이 적절한지 궁금할 때는 성폭력 상담소의 상담원과 의논하여 본다.
- 의외로 친척 관계에서 성폭력이 많이 발생한다. 이성 친척과 밀폐된 공간

이나 사람들이 없는 외진 곳에서 둘만 있는 상황은 피하는 것이 좋다.

- 인터넷 채팅으로 알게 된 후, 처음 만난 자리에서 술을 마신 후 강간을 당하는 사례가 점차 늘고 있다. 피해자는 상대방을 채팅을 통해 어느 정도 알게 되어 친숙하다고 생각하여 마음을 놓고 술을 마시고 이야기를 하지만, 상대방은 피해자의 무방비 상태를 악용하여 성폭력을 할 수 있다. 온라인상에서 채팅으로 알게 된 사람을 아는 사람이라고 생각하지 말고, 현실에서 새롭게 알아갈 수 있도록 술보다는 '차'를 마시며 사람을 파악하는 것이 우선으로 되어야 할 것이다.

- 성폭력은 처음에는 야한 농담이나 가벼운 신체적 접촉 시도로 시작할 수 있다. '이것쯤이야 친숙한 표현이겠거니'하는 마음으로 그냥 웃어넘기면 점차 더 심한 수위의 성적 접촉을 해 올 수 있다. 가해자들이 하는 소위 '간 보기'에 단호한 태도를 취하는 것이 도움이 될 수 있다. 청소년기에 또래 남자 친구들에게서 성폭력을 당하는 경우가 많다. 남자친구와 단둘이 있을 때는 밀폐되거나 후미진 곳에 있지 말고 데이트를 하더라도 남들이 다 볼 수 있는 트인 곳에서 하는 것이 안전하다. 방과 후에 둘만이 교실, 노래방, DVD 방, 자취방, PC방, 술집, 건물 뒤 후미진 곳에 있는 것은 위험할 수 있다.

- 청소년기의 가해자는 집단으로 성폭력을 하는 경우가 많다. 상식적으로는 여러 명의 남자아이들과 함께 있으니 안전하다고 생각할 수 있는데, 오히려 더 위험할 수 있다. 가해자가 평소에도 험상궂고 폭력적으로 하는 경우도 있지만, 의외로 가해 이전에는 재미있는 농담만 하여 성폭력을 예상할 수 없을 수도 있다. 하지만 이들이 어느 순간 모두 한편이 되어 피해자 한 명을 가해할 수 있다는 것을 명심해야 한다. 동성 친구가 적은 상태에서 여러 명의 이성과 어울리는 것은 위험할 수 있으니 주의해야 한다.

- 청소년기 남자의 성적 호기심과 호감(혹은 애정)을 혼동하지 말아야 한다. 성적 접촉과 애정이 언제나 함께 가지는 않는다. 어떤 남자들은 자신의 성적 욕구를 충족하기 위해서 성관계 이전에는 무척 잘 대해 주다가, 성관계 후에는 상대에게 전혀 관심을 두지 않기도 한다. 뒤늦게 이용당한 것을 알면 마음에 상처를 받는데, 교류 초반에는 상대방이 진심으로 나를 좋아하는지 충분히 시간을 두고 알아본 후에 성적 접촉을 해 나가는 게 안전할 수 있다.

● 평소 남자애들과 접촉이 없더라도 혼자 다니고 주변에 사람이 없다고 여겨질 때는 '약자'로서 가해의 대상이 되기 쉽다. 평소에도 친구들과 같이 어울려서 가해자들이 '○○를 건드리면 다른 사람들이 다 알게 될 거야.'라는 생각을 갖도록 하는 게 좋다. 또 혼자 있는 친구에게는 다가가 함께 친구가 되도록 해서 '고립된 약자'가 생기지 않도록 한다.

5) 성적 의사소통 교육

청소년기는 이성과 성에 대한 호기심이 왕성하여 이 시기에 호감이 있는 상대와 교류를 시작하기도 한다. 그런데 서로에 대해 알아가는 과정인 데이트 관계에서의 성적 접촉은 조심스러울수록 안전하다. 성에 대한 호기심과 성 욕구가 가장 왕성할 시기여서 상대를 존중하지 않고 순간적인 자신의 마음대로 하다 보면 자칫 성폭력으로 이어질 수 있다. 그러므로 성적 접촉과 관련된 의사소통을 배울 필요가 있다. 서로의 감정과 성적 욕구를 언어로 표현하고 듣는 과정, 그리고 서로가 감당할 만한 수준의 성적 접촉을 조율하는 의사소통 과정이 필요하다. 이 과정을 통해 서로가 서로를 위하는 방식을 알게 되고, 자신과 상대방을 동시에 사랑하는 것이 어떤 것인지 배우게 될 것이다.

● 내 감정 자각과 상대방 감정 확인하기
– 나의 기분(기쁨, 슬픔, 화남, 불안, 우울 등)을 먼저 알아차리는 게 중요하다.
　예) '○○를 만나서 얘기를 하다보면 기분이 좋아진다.'
　　　'○○를 만나서 얘기할 때는 재미있는데, 은근히 내 허리를 안으려 할 땐 싫다.'
– 나와 같이 있을 때 상대방의 기분이 어떤지 확인한다.
　예) '표정이 안 좋은 걸 보니 나랑 같이 있는 게 즐겁지 않나?'(비언어적 관찰)
　　　"○○야, 난 너랑 같이 있는 게 좋은데 넌 어때?"(언어적으로 확인)

● 나의 성적인 욕구에 대해 알아차리기

  예) '○○와 손이라도 잡아봤으면 좋겠다.' '아, ○○와 뽀뽀하고 싶다.'

● 상대의 성적인 욕구에 대해 관심을 갖고 확인하기

  예) '내가 가까이 다가가면 옆으로 물러앉는 걸 보니 내가 다가가는 게 싫은가?'(관찰)

   "○○야, 넌 내가 가까이 앉는 게 싫으니?"(언어적으로 확인)

● 나의 신체적 접촉 욕구를 상대방에게 표현해 보기

  예) "○○야, 너랑 손잡아도 돼?"(상대방도 나랑 손을 잡고 싶어 하는 눈치이면 슬며시 손을 내

   밀어 보고, 상대의 반응에 따라 간다. 상대도 선택할 시간을 주어야 한다)

● 내가 원하지 않는 언어적 · 신체적 · 성적 접촉에는 거부 의사를 분명히 밝

  히기

  예) "○○야, 네가 그렇게 야한 농담을 하니까 내가 듣기 민망해. 그런 말은 하지 않았으

   면 좋겠어."

   "○○야, 네가 말하면서 은근슬쩍 내 허리를 만지려고 하는 거 싫어. 난 아직 너와 그

   정도로 접촉할 마음은 없어."

● 서로가 성적인 접촉을 원한다는 것을 확인했을 경우, 그 수준을 설정하기.

  예) "우린 아직 다 큰 어른도 아니고, 아이를 낳으면 기를 능력도 없으니까 성기삽입까지

   는 하지 않았으면 해."

● 원하는 성적 접촉의 수준에 따라 데이트 시간과 장소 협상하기

  예) "난 너랑 성관계까지는 하고 싶지 않아. 그래서 멀티방에는 가지 않을래."

6) 피해 후 대처방안 교육

● 언어적으로 성희롱적인 발언을 들었을 때도 불쾌감 표현하기

  예) "지금 그 말은 날 성희롱하는 것으로 들려. 기분 나빠. 사과해."

● 원하지 않는 신체적 접촉을 당했을 때, 내 자신의 느낌을 신뢰하고 반응하기

   예) '내가 원하지 않고 표현하지 않았는데 상대방이 날 만졌을 때는 화가 난다.'

      ➡ "왜 날 만지니? 저리 떨어져."

● 덜 위협적인 강제 추행을 당했을 때 대처하기

   예) '놀이터에서 얘기하던 중, 갑자기 남자친구가 내게 키스를 한다.'

      ➡ 밀치거나 몸을 빼는 등 신체적으로 적극적인 거부를 표현한다. 언어적으로 하고 싶지 않은 마음을 표현하다. "저리 비켜. 난 너랑 키스하고 싶지 않아. 이건 성폭력이야."라고 소리친다. 이후에 믿을 만한 사람과 의논한다.

● 위협적인 강제추행 또는 강간미수나 강간을 당했을 때 대처하기

  - 주변에 도움을 요청할 수 있는지 확인하고, 최대한 그 상황에서 빠져나갈 방법을 모색한다.

  - 믿을 만한 부모, 교사, 친구 등에게 연락하여 도움을 요청한다.

  - 피해 즉시 몸을 씻지 않고 바로 지역에 있는 ONE-STOP 지원센터에서 의료진료를 받아 감염 및 상해치료, 성병 검진과 임신 예방, 가해 증거 확보 등을 한다. 입었던 옷이나 기타 증거자료를 종이봉투에 보관해 두는 것이 좋다.

  - 피해 당시의 구체적인 시간과 장소, 가해자의 언행과 자신의 대응, 그리고 주변 목격자 여부에 대해 상세히 기록하여 두면 차후에 법적인 절차를 밟을 때 중요한 자료가 될 수 있다.

  - 성폭력 상담 전문가를 찾아가 성폭력으로 인한 심리적 피해 진단과 상담, 그리고 사건에 대한 차후 대응에 대해 의논한다.

    예) 지역 교육청의 Wee센터, 지역 ONE-STOP 지원센터, 해바라기 지역 (여성)아동센터, 한국성폭력상담소, 한국여성민우회 성폭력상담소

  - 가해자를 처벌하는 문제와 관련하여 상담사, 부모, 교사와 의논한다.

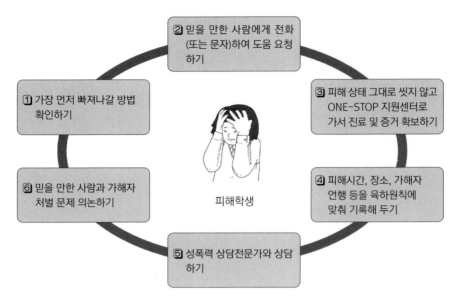

[그림 10-1] 위협적인 성폭력을 당했을 때의 대처

7) 친구로서 대처방안 교육

● 친구의 피해 사실을 접했을 때, 친구의 입장에서 얼마나 두렵고 힘들었을
지 그 감정에 대해 이해해 준다.

● 피해자가 당황하여 어쩔 줄 몰라 할 수 있기에 믿을 만한 전문가(상담교사,
교육청 Wee센터, 성폭력상담소 등)에게 도움받기를 권하고, 친구가 응하면
함께 동행한다.

● 만일 강간이나 그에 준하는 심각한 수준의 피해를 당한 경우에는 ONE-
STOP 지원센터에서 의료 및 상담 지원을 받을 수 있다는 정보를 알려 주
고, 친구가 원한다면 동행한다.

● 피해자가 말한 내용에 대해 피해자가 부탁한 경우가 아니면 다른 사람에게
이야기를 발설하지 않는다. 비밀 누설로 인해 피해자가 2차 피해를 받지
않도록 조심한다.

8) 학부모 대상 교육

● 학부모 대상 교육에서도 성폭력의 개념과 유형, 가해자의 특성, 피해 위험 요인을 교육한다.

● 자녀가 피해를 입었을 때, 어떤 경우에도 자녀를 탓하지 말고, 자녀가 성폭력으로 상처받아 힘든 마음을 알아주고 위로해 준다. 가해자 처벌에 관해서는 자녀의 의견도 존중하면서 함께 의논하는 태도를 취한다. 자칫 피해자인 자녀의 마음을 이해하기보다 부모의 의지대로 사안을 처리해 나가려 할 때, 자녀와 멀어질 수 있다.

● 자녀가 가해자로 지목되었을 때, 자녀를 편들기보다 누가 상처를 입었는가에 준해서 대처해야 한다. 당장 자녀가 처벌받지 않기를 바라는 마음에 자녀가 한 일의 책임을 부인하거나 중요하지 않은 것처럼 대처하면 자칫 재범 이상의 성폭력 상습범을 만들 위험이 있다. 초범일수록 피해자의 입장에서 그 상처를 이해하고, 죄책감을 느끼고 반성하여 차후에 같은 잘못을 반복하지 않도록 하는 것이 바람직한 태도다.

5. 성폭력 사건 발생 후 교사의 역할

1) 피해학생 보호

● 피해학생의 이야기를 간략히 듣고, 피해학생의 입장에서 힘든 점을 공감하고 이해한다.

● 피해 상황 파악을 통해 당장 피해학생에게 가장 시급한 조치가 무엇인지 판단한다.
   예) ONE-STOP 지원센터 의료진료하기 또는 집에서 나와 거처할 쉼터 찾기, 정신과 진료 또는 안정을 위해 당분간 등교하지 않기 등

● 피해학생에게 필요한 전문가를 소개하고 동행한다.
   예) 학교 내 전문상담교사 또는 학교 밖의 성폭력상담소 상담자에게 연계하기

● 가해자가 학생이어서 학교폭력대책심의위원회(구 학교폭력대책자치위원회)

에서 피해조사를 할 경우, 계속해서 피해학생을 심리적으로 지지하여 위축
되지 않도록 돕는다.

● 피해학생 부모도 위로하며, 동시에 피해학생의 입장에서 이해하고 공감해
주도록 교육한다.

● 가해자 등 사건 관계자가 비밀을 누설하여 2차 가해를 하지 않도록 주의
한다.

2) 가해학생 선도

● 제자가 가해학생으로 지목되었을 때, 가해학생이 느낄 수 있는 불안과 초
조, 분노 등 일차적으로 드는 심정에 관심을 가지고 알아준다.

● 가해행동을 부인하기보다 솔직하게 인정하고 사과하는 것이 더 용기 있는
태도라는 것을 알도록 한다.

● 사건이 조사되고 결과가 나오기까지 피해자에 대해 주변에 이야기를 하고
다니는 것은 더 큰 상처를 줄 수 있다는 것을 알려 주고, 비밀을 지키도록
한다.

● 성폭력 정도에 따라 적절한 징계와 조치를 받게 된 경우, '성폭력 가해자'로
낙인 찍기보다는 '이 기회에 성폭력 가해 경험은 상대방을 존중하지 않고
내 마음대로 해서 피해자에게 엄청난 고통을 안겨 준 행위임을 알게 된 계
기로 삼아 이후에는 더 성숙한 사람이 되기를 바란다'는 마음으로 대하는
것이 좋다.

3) 피해학생 후유증 최소화를 위한 노력

● 성폭력 피해는 '가해자의 잘못'이라는 태도를 명확히 하여 자책감으로 인한
후유증이 생기지 않도록 돕는다.

● 심리상담(또는 치료)을 받도록 하여 성폭력 피해로 인한 부정적인 영향을
줄이도록 돕는다. 학생이 심리상담을 거절할 때는 차후에라도 마음이 다시
힘들어지면 주저하지 말고 상담을 받으라고 미리 말해 둔다.

4) 가해학생 재발방지를 위한 교육 병행

● 가해학생이 어떤 조치를 받든지 간에 성폭력이라는 범죄를 저지르게 된 자신만의 이유에 대해 알도록 한다.
● 재발방지를 위해 장기간에 걸쳐 '강간 통념' 인지 교정 및 '피해학생 공감'을 위한 교육 등을 받도록 조치하는 것이 바람직하다.

1. 청소년기의 특징인 집단성폭력을 예방하는 데 효과적인 교육방법에 대해 토론해 봅시다.

2. 믿을 만한 친구 관계는 성폭력 피해의 보호요인이 됩니다. 교사로서 보호요인을 강화하기 위해 학급단위에서 할 수 있는 예방교육 방법에는 무엇이 있을지 토론해 봅시다.

3. 청소년기에는 가족이나 친족에게서 성폭력 피해를 당하는 경우도 많습니다. 교사로서 학생들에게 이 부분에 대해 사전에 어떻게 교육하는 하는 것이 효과적일지 토론해 봅시다.

참고문헌

권수현(2000). 가해자를 통해 본 성폭력. 서울: 한국성폭력상담소.

권희경, 장재홍(2003). 청소년 성피해자들의 성폭력 인식과 자기손해적 성행동. 한국심리
　　학회지: 여성, 8(1), 35-47.

김재엽, 이효정, 송아영(2007). 가정폭력 경험이 남자 청소년의 성폭력 가해행위에 미치
　　는 영향: 폭력허용도의 매개효과를 중심으로. 한국사회복지사회연구, 17, 27-52.

박희정, 이희현(2013). 학교폭력 실태조사 현황 및 개선방안-조사 참여율 제고 및 결과 활용 방
　　안을 중심으로. 서울: 한국교육개발원.

법제처 국민법령정보센터(2018). 형법. 2013. 08. 인출.

법제처 국민법령정보센터(2020). 성폭력범죄의 처벌 등에 관한 특례법. 2013. 08. 인출.

법제처 국민법령정보센터(2021). 아동·청소년의 성보호에 관한 법률. 2013. 08. 인출.

신혜섭, 양혜원(2005). 청소년 성폭력 실태와 예측요인: 성별 차이를 중심으로. 가족복지
　　학, 15.

여성가족부(2010). 2010년도 청소년 대상 성범죄 동향분석.

원사(2006). 성폭력 가해자 바로 알기: 성폭력 가해자의 특성. 서울: 한국성폭력상담소.

원훈희(2009). 청소년 강간범죄의 예방실태와 대응방안에 관한 연구. 동국대학교 석사학위
　　논문.

유제두, 송병호(2009). 성범죄자와 일반인의 강간통념 비교 연구. 한국공안행정학회보,
　　18(3), 133-165.

이성식(2004). 청소년 인터넷음란물 접촉이 성폭력에 미치는 영향에서의 조건적 효과. 청
　　소년학연구, 11(2), 22-46.

이유진, 강지명, 윤옥경, 조윤오, 이상희, 이재연(2012). 청소년 성보호 종합대책 연구. 한
　　국청소년개발원, 12, 1-354.

주소희(2010). 아동·청소년기에 성폭력을 경험한 피해생존자에 대한 질적 연구. 한국아
　　동복지학, 32, 33-68.

한국성폭력상담소(2011). 보통의 경험-성폭력 피해자를 위한 DIY가이드. 서울: 이매진.

Hanson, R. K., & Bussiere, M. T. (1998). Predicting relapse: A meta-analysis of sexual
　　offender recidivism studies. *Journal of Counseling and Clinical Psychology,*
　　66, 348-362.

Marshall, W. L., & Laws, D. R. (2003). A brief history of behavioral and cognitive
　　behavioral approaches to sexual offender treatment: Part 2. *The modern era.*
　　Sexual Abuse: A Journal of Research and Treatment, 15, 93-120.

Marshall, W. L. (1989). Intimacy, Loneliness, and sex offenders. *Behavior Research and Therapy, 27*, 491-503.

Marshall, W. L., Hudson, S. M., Jones, R., & Fernandez, Y. M. (1995). Empathy in sex offender. *Clinical Psychology Review, 15*(2), 99-113.

Moriarty, N., Stouch, C., Tidmarsh, P., Eger, D., & Dennison, S. (2001). Deficits in emotional intelligence underlying adolescent sex offending. *Journal of Adolescence, 24*, 743-751.

e시티뉴스(2013. 3. 13.). 중학생 성폭력 범죄 '1일 1건' 발생.

네이버뉴스(2007. 3. 16.). 촉법소년을 아십니까?

매일신문(2008. 9. 2.). 가해자는 없다? …… 초교 집단 성폭력 수사 마무리.

아시아경제(2020. 5. 21.). 때리고 감금하고 …… 잔혹한 청소년범죄 '솜방망이' 처벌 논란

연합뉴스(2012. 10. 5.). 서영교 의원 '학생 간 성폭력 징계사건 급증'

연합뉴스(2021. 8.12.). [팩트체크] 한국은 청소년 범죄에 유독 관대할까.

중앙일보(2021. 8. 17.). 중1이면 다 아는 '지인능욕' …… n번방 없애도 성범죄 판친다.

한겨레(2021. 5. 26.). "그건 범죄야!" …… 청소년 디e시티뉴스(2013. 지털 성범죄 인식, '제2의 갓갓' 막는다.

한국일보(2021. 6. 20.). 강력범죄 때마다 들끓는 여론 …… '촉법소년' 나이 낮춰야 하나.

헤럴드경제(2017. 10. 15.). [소년법 대안찾기③] 쟁점 세, 검찰서 소년범 대부분 불기소 …… 집행 기준 개선 필요.

헤럴드경제(2020. 4 .10.). "교육부, 경찰에 n번방 미성년 가해자 명단요청 검토" …… 학내 처벌 나서…….

네이버지식백과 http://www.naver.com

대검찰청 http://www.spo.go.kr

법무연수원 http://www.lrti.go.kr

법제처 http://www.moleg.go.kr

한국성폭력상담소 http://www.sisters.or.kr

제11장

학교폭력 관련 부모교육 및 상담

학교폭력 발생부터 대처, 사후 관리에 이르기까지 부모의 양육태도, 자녀에 대한 이해 등 다양한 가정 요인이 학교폭력에 영향을 미치게 된다. 그러나 많은 부모가 자녀의 학교폭력에 대해 두려움을 가지면서도 이를 예방하거나 잘 대처하는 부모의 태도나 방법에 대해서는 제대로 준비가 되어 있지 않다. 이 장에서는 학교폭력에 영향을 미치는 가정적 요인은 무엇인가? 학교폭력을 예방하기 위해서 부모는 어떤 준비를 해야 하는가? 학교폭력을 예방하기 위해 부모교육은 어떤 방향으로 이루어져야 하는가? 학교폭력이 실제로 일어났을 때 부모 상담과 대처는 어떻게 이루어져야 하는가? 에 초점을 맞추어 살펴볼 것이다.

1. 가정과 학교폭력의 이해

자녀가 맞고 들어오는 것을 반기는 부모는 없을 것이다. 그러나 자녀에게 가르칠 때 '맞는 것보다 때리는 것이 낫고, 공격이 최상의 방어'라고 말한다면 아이는 공격적인 문제해결 패턴을 은연 중에 배우게 되며 이것이 학교폭력의 잠재적 요인이 될 수 있을 것이다. 생태학적(ecological systems) 관점에서는 학교폭력 현상을 이해함에 있어 청소년의 공격성이나 대인관계 갈등에 대한 부모의 영향력을 강조하고 있다(Rigby & Barnes, 2002). 가정에서 어떤 요인들이 학교 폭력을 일으키는 요인이 될까? 강진령과 유형근(2000)에 의하면 부모와 자녀 간의 부정적 태도, 처벌적이고 권위주의적인 부모의 훈육 방식, 공격행동을 방임하는 부모의 태도, 부모의 불화, 위협적인 가족 분위기, 긍정적 변화를 유도하기 위한 방법에 관한 부모의 무지 등과 같은 가정적 요인이 왕따, 폭력에 영향을 주는 것으로 보고하고 있다. 따라서 가정적 요인이 학교 폭력에 미치는 영향을 세밀히 살펴볼 필요가 있다.

특히, 부모로부터의 학대와 학교폭력의 중복 피해가 청소년에게 미치는 영향이 크다. 중복 피해를 입은 청소년들의 경우 일반 청소년에 비해 공격성과 자살 위험성이 높았다(Yoder, 1999; 김재엽 외, 2016). 신체적, 정서적 학대, 방임 등과 같은 가족 체계에서의 학대 경험이 연쇄적으로 학교 체계 내에서 2차 피해나 가해로 이어질 수 있다. 실제로 이인선과 최지현(2014)이 2,126명의 청소년을 대상으로 중복 피해를 연구한 결과에 따르면, 한 체계 내에서의 폭력은 타 체계로 전이될 수 있음을 보여 주었다. 이 연구에 따르면 중복 피해 청소년은 그렇지 않은 청소년보다 공격성, 우울, 불안, 분노 등이 높고 다양한 비행에 노출될 위험성이 높았다. 모피트(Moffitt, 1997)은 가정에서의 학대 경험이 청소년의 비행에 미치는 영향을 청소년의 반사회성의 누적 연속성(cumulative continuity for antisocial young people)이라는 개념으로 설명하기도 하였다. 따라서 가정적인 요인에서 학대 경험은 매우 중요한 학교 폭력 가해, 피해의 예측 요인이 될 수 있다.

전 세계를 휩쓴 코로나19로 인해 최근 학교 폭력의 특징은 비대면 수업이 주로 이루어지면서 사이버폭력의 비율이 계속 증가하는 양상을 나타낸다는 것이다(교육부, 2021). 청소년들은 또래와의 상호작용을 온라인에서 활발하게 하기 때문에 오프라인의 학교폭력 이상으로 그 영향력이 크다.

특히 사이버폭력은 익명성, 비대면성, 시공간 초월성, 빠른 파급력, 편리한 접근성으로 인해 폭력 피해의 영향력과 파급력이 매우 큰 것으로 나타나고 있다(반지윤, 오인수, 2020). 폭력의 내용도 사이버 명예훼손, 사이버 위협, 사이버 스토킹, 허위사실 유포 등 기존의 사이버폭력 외에도 SNS를 활용해 카톡감옥(카카오 단체방에 강제로 초대 후 대상자가 나가면 계속해서 초대하는 행위), 카톡방폭(대상자를 카카오톡 방에 강제 초대한 후 그 대상자만 남기고 모두 방을 나가 버리는 행위), 와이파이셔틀(스마트폰 테더링 기능을 무선인터넷 공유기처럼 사용하여 무선 데이터를 갈취하는 행위) 등 다양한 신종 사이버폭력이 계속 나타나고 있다.

하지만, 정작 부모들은 이러한 청소년들의 변화와 연류 사실을 전혀 눈치채지 못하는 경우가 더 많아졌다. 외형적으로 눈에 띄게 드러나는 신체적 폭력이 줄어든 대신 눈에 띄지는 않지만 피할 수 없는 정신적 고통을 지속적으로 주는 사이버폭력이 많아지고 있다는 점에서 가정에서의 관찰과 관심이 더욱 필요한 시점이 되었다. 사이버폭력 역시 부모의 양육태도와 밀접한 연관이 있는 것으로 알려져 있으며(고수연, 배성만, 2018), 부모와의 상호작용이 낮은 집단이 사이버폭력 가해 및 피해경험이 높은 것으로 나타나고 있다(한국지능정보사회진흥원, 2020).

2018년 한국정보화진흥원에서 실시한 '사이버폭력 실태조사'에서 사이버상 가해 경험이 있는 학생의 47%가 평소 알고 지냈던 사람에게 가해 행위를 하였으며, 주변의 친구들도 누가 누구에게 가해를 가했는지 알고 있다고 답한 경우도 41%라고 응답하였다(한국정보화진흥원, 2018). 학교폭력이 사이버 공간을 통해 간접적인 형태로 이루어져 그 영향력이 간과되지만, 실제로 피해자들이 겪는 고통은 오프라인보다 더 지속적이고 부적정인 심리적 영향을 경험할 수 있다(Cross et al., 2009)는 점에서 주의가 필요하다.

코로나 이전에도 사이버폭력은 계속 증가세로 진행되어 왔지만, 최근 그 폭력 수위가 높아져 청소년들이 신종 범죄에 연루되는 경우가 많아졌다. 무엇보다 주목할 것은 아동과 청소년들에게 디지털 범죄는 '범죄'가 아니라 일상적으로 일어나는 '놀이문화'로 인식되는 경향이 강해 범죄라는 인식 없이 가해와 피해가 나타난다는 점이다. 특히 코로나19로 인해 학교에 가지 못하고 인터넷 이용 시간이 늘어난 아동, 청소년의 피해·가해가 증가하고 있어 이에 대한 가정 차원에서의 교육과 모니터링이 중요할 것으로 여겨진다.

실제 '텔레그램 n번방' 사건과 같은 심각한 디지털 성범죄에 연루된 청소년 비율이 심각한 수준이다. 19세 미만 범죄자 비율은 2014년 11.8%에서 2019년 15.6%로 증가하는 경향을 보였다. 디지털 성범죄의 전체 피해자의 평균 연령은 14.2세로 나타났다. 피해자 중 아동으로 분류되는 13세 미만 피해자는 전체의 26.1%를 차지하는 것으로 집계됐다. 연령별로는 16~18세 피해자가 41.9%로 가장 많았다. 이어 13~15세(29.8%), 7~12세(23.8%), 6세 이하(2.3%) 등의 순으로 나타났다(연합뉴스, 아동·청소년 디지털 성범죄 19% 증가…피해자 평균 14.2세 21. 4. 15. 인출. https://www.yna.co.kr/view/AKR20210415090700530#). 온라인상에서 일어나는 다양한 행태의 폭력을 방지하기 위해 부모의 관심과 노력이 어느 때보다 필요한 시점이다.

따라서 이 장에서는 가정과 학교폭력의 역학적 관계를 이해하고, 사이버폭력을 포함한 다양한 학교폭력 예방을 위한 부모교육, 부모 프로그램을 살펴본다.

1) 가정의 사회 경제적 요인

낮은 사회경제적 배경을 가진 학생들은 높은 사회경제적 배경을 가진 학생들보다 학교폭력 피해경험이 더 많은 것으로 보고되었다. 가정의 경제적 빈곤함은 자녀들에게 무력감, 열등감, 사회에 대한 반발, 반항심, 공격성, 폭력성 등을 초래하게 할 가능성이 있다고 보고되고 있다(청소년폭력예방재단, 1996). 이춘재와 곽금주(1999)는 초등학교와 중학교 1,500명의 남·녀학생을 대상으로 학교폭력과 사회적 변인들의 특성을 비교하였다. 결과에 따르면 피해 여학생의 경우 가해 여학생보다 경제적 수준이 더 낮은 것으로 나타났다. 이러한 연구들은 가정의 낮은 사회경제적 요인이 폭력을 유발하는 요인이 될 가능성을 시사하고 있다. 반면, 올베우스(1978)는 사회경제적 배경이 피해와 가해에 영향을 미치지 않는 것으로 보고하였고, 국내 연구자인 도기봉(2008) 역시 가정의 빈곤이 학교폭력에 미치는 유의미한 영향은 없다고 보고하고 있다. 이상균(2005)은 한국사회는 모든 계층에서 학교폭력 피해와 가해가 발생하고 있어 사회경제적 요인이 학교폭력을 유발하는 유의한 변인으로 보기 어렵다고 보고하였다. 반면 최근

김경년(2021)은 흥미로운 연구결과를 발표하였다. 김경년에 따르면, 학교폭력 가해와 가정의 높은 사회경제적 지위는 관련성이 있으며 불평등한 또래관계를 초래한다는 것이다. 학교폭력 양상이 변화하면서 특정한 사회경제적 배경이 학교폭력의 단일한 원인이라 보기 힘드나(정현주, 이호준, 김하나, 2012), 개인이나 학교요인, 부모의 양육태도 등 다른 요인들과 복합적으로 작용할 경우 학교폭력의 배경요인으로 작용할 수 있다고 보여진다.

2) 부모와 자녀의 유대관계

부모와 자녀가 어떤 관계를 갖고 어떤 의사소통을 하느냐는 청소년 자녀의 발달에 중요한 영향을 미친다. 많은 연구에서는 청소년의 삶의 만족도에 부모-자녀 간의 긍정적 관계가 매우 핵심적인 요소가 된다고 강조한다(김혜원, 조성연, 김민, 2010; Vivona, 2000). 청소년과 부모의 관계는 지속적이고 긴밀한 상호의존적인 관계로 아동기에 생겨난 애착관계를 바탕으로 대인관계에서 상호성을 향한 관계의 재협상이 이루어지는 시기다(송호창, 오윤자, 2006). 부모와 안정적인 관계를 형성하지 못하면 스트레스 상황에서 안정감을 가지지 못하고 피상적인 대인관계를 가지게 된다. 부모와의 관계가 안정적이지 않은 경우 외현화 문제행동이 증가하는 것으로 보고되었으며 비행과 관련성이 높아지는 것으로 보고되었다(김경, 2010; Vivona, 2000). 맞벌이하는 부모가 많아지면서 집에서 아이와 대화하는 시간이 매우 부족하고, 대화를 하더라도 학교 숙제는 했는지, 학원에는 갔다 왔는지 등 공부에 초점을 맞춘 대화를 하다 보니 아이들과 부모 사이에 자연스럽게 거리감이 생겨난다. 이러한 가정 분위기가 학교폭력의 가해자와 피해자를 만드는 데 한몫을 하고 있다. 실제로 부모와 자녀의 유대관계는 학교폭력 피해를 예방하는 보호요인으로 기능하는 것으로 보고되었다(조혜진, 2003). 자녀들의 요구에 반응하는 것, 따뜻하고 수용적인 관계를 가지는 것, 자녀들의 문제를 같이 이야기할 수 있는 것, 자녀들이 경험하는 어려움에 대해 도움을 제공하는 것 등과 같은 부모의 양육태도는 자녀들이 자신감을 가지고 원만한 교우관계를 맺을 수 있게 하는 것으로 보고되었다(도현심, 최미경, 1998). 반면 부모와의 유대관계가 낮을수록 청소년들은 학교폭력 가해ㆍ피해경험을 많이 하며, 또래로부터의 친사회적인 행동은 받지 못하는 것으로 나타났다.

3) 학교폭력에 영향을 미치는 양육태도

부모의 양육태도는 청소년의 위기와 상관이 높은 것으로 보고되고 있다(박경일, 이상주, 권기형, 2004). 특히 학교폭력의 피해와 가해를 예측하는 부모의 양육태도로 자녀에 대한 부정적 태도(아영아, 정원철, 2007), 체벌과 같은 공격적인 양육(Carney & Merrell, 2001), 부모의 감독부재와 방임(조유진, 2005), 부모의 애정과 관심의 결여(조혜진, 2003), 피해를 경시하는 태도, 부모의 권위적인 태도(곽영길; 2007) 등은 학교폭력 가해/피해 행동 모두와 관련이 높은 것으로 밝혀지고 있다.

(1)학교폭력 가해와 관련 있는 부모의 양육태도

자녀의 공격적 행동을 유발하는 것과 관련 있는 양육태도로 신체적 처벌, 비일관적 처벌이 영향을 미치는 것으로 나타났다. 아이들이 가정에서 혼란스러운 메시지와 신체적인 벌을 받게 되면 부정적인 자아개념(self-concept)과 기대를 발달시키기 쉽고, 그로 인해 학교폭력의 공격을 받기 전에 먼저 학교폭력의 공격을 가할 수도 있다. 실제로 체벌과 같은 공격적인 양육 또는 비일관적 양육을 경험한 경우가 많은 것으로 나타났다(Carney & Merrell, 2001; Espelage, Bosworth, & Simon, 2000). 이들의 가정에서는 종종 체벌과 같은 '힘을 행사하는 양육방식이 보고되었다(www.olweus.org). 청소년들이 지각한 부모의 체벌적 태도는 그대로 내재화되거나 외현화되어 공격적 패턴으로 나타날 수 있다. 맥클렘(Macklem, 2003)은 먼저 학교폭력 가해자(특히 가해·피해자)들은 가정에서의 비일관적인 양육태도로 정서와 행동에 대한 규제를 학습하지 못하고, 이를 바탕으로 또래관계에서 공격행동을 계속한다고 설명한다.

또한 자녀에게 거부적인 태도, 비판적인 태도가 영향을 미치는 것으로 나타났다. 부모의 양육을 거부적인 것으로 인식하는 경우 학교폭력을 더 많이 행사하는 것으로 보고되었다(김재엽, 정윤경, 2007). 가해자들은 가정에서 칭찬, 격려, 유머와 같은 분위기는 매우 드물었다고 하였으며 비난, 혹평, 빈정댐이 빈번한 가정의 규칙이었다고 보고하였다(Greenbaum, Turner, & Stephens, 1989).영국의 학령기 아동을 대상으로 한 연구에서는 가해자들이 피해자나 다른 아동들에 비해 부모와의 정서적 거리를 더 크게 느끼고 있다고 보고하였으며 이탈리아의 학령기 아동들을 대상으로 한 연구에서도 동일한 결과를 보고하였다(Curter-Smith et al., 2006). 박영신과 김의철(2001)의 연구에서는 폭력 가해행동을 하는 청소년일수록 부모와의 관계가 적대적인 것으로 나타났다.

또한 올베우스는 집단괴롭힘 가해자들은 공통적인 가정 요인들로 부모가 자녀의 삶에 긴밀하게 개입하지 않거나, 온정성과 긍정적 개입이 부족하였으며 자녀의 공격적 행동을 분명히 제한하지 않거나, 형제자매가 다른 아이들을 공격하는 것을 허용하는 경우를 지적하였다(www.violencepreventionworks.org). 적절한 부모의 지지와 자녀의 행동에 대한 적절한 모니터링이 제공되지 않은 경우 물질남용, 비행, 폭력 가능성이 더 높았다(김주형, 남정자, 전희순, 1992; Branstetter, 2005).

학교폭력 가해자의 경우 부모로부터 긍정적인 롤모델을 거의 받지 못하며, 자신들의 공격적 행동에 대해서 지도감독을 받지 못하는 경우가 많았다. 가해자들의 부모는 자녀들이 공격을 받았을 때 빈번하게 어떻게 보복하라, 반격하라고 가르쳤다고 보고하였다(고성혜 외, 2003). 이는 다른 사람들에게 학교 폭력을 행사하는 것이 자신에게 강력한 힘이 있고, 자신이 중요한 존재라는 왜곡된 인식을 갖도록 만들 수 있다(Thomas, 2011).

부모의 양육태도가 방임, 학대의 경우에도 학교폭력 가해경험이 많았다(김정옥, 장덕희, 1999; 조유진, 2005). 이러한 가정에서 양육된 자녀들은 사회규범을 준수하는 데 대한 동기가 부족하고, 초자아 형성이 제대로 되지 않아 죄책감을 경험하기 어려우며, 특히 가족에 대한 결속력을 갖지 못하는 경우가 많았다고 보고되었다. 남녀 중학생을 대상으로 한 이덕진(2007)의 연구에서도 부모의 방임과 학대는 자녀의 학교폭력 가해 행동에 대한 중요한 설명변인이어서 부모로부터 방임과 학대를 많이 경험한 학생일수록 학교에서 괴롭힘, 금품갈취, 언어적·신체적·심리적 폭력을 많이 하는 것으로 나타났다. 이덕진은 아버지와 어머니의 양육태도에 따라 자녀가 학교에서 하는 가해행동에 차이가 있다는 흥미로운 결과를 보고하였다. 이덕진에 의하면 아버지의 부정적인 양육태도는 자녀의 협박, 강요, 모욕 등의 폭력행동에 영향을 미치는 반면, 어머니의 부정적인 양육태도는 자녀의 금품갈취에 영향을 미치는 변인으로 보고되었다. 노충래와 이신옥(2003)은 중학생 381명을 대상으로 연구한 결과, 부모로부터 학대를 경험한 집단은 그렇지 않은 집단에 비해 학교폭력의 가해 정도가 심한 것을 알 수 있었다.

공격적 행동패턴의 발달과 관련하여 올베우스(1993)는 공격적인 청소년이 가정 내에서 어떻게 부정적인 행동패턴을 발달시키는지에 대해 다음 네 가지 요인들이 중요하게 작용한다고 제시하였다. ① 자녀가 어렸을 때 부모로부터 부정적인 정서표현을 경험한다. ② 자녀가 다른 사람이나 부모에게 공격성을 보일 때, 부모가 이에 대해 적절히 개입하지 않는다. ③ 자녀가 규칙을 어기거나 지시를 따르지 않을 때, 부모가 고함을 치거나 때리는 등의 공격적 방식을 사용한다. ④ 공격적 기질을 갖고 태어난다. 공격적 행동 패턴의 발달과 관련하여 사이버폭력 연구에서도 초기 청소년이 지각한 부모의 부정적 양육태도가 거부적, 강요적, 비일관적일수록 사이버폭력 가해 경험에 영향을 미치는 것으로 보고되었다(반지윤, 오인수, 2020). 반면 초기 청소년이 지각하는 지지적인 부모 양육태도는 사이버폭력 가해 경험을 감소시키는 데 영향을 미치는 것으로 보고되었다(김민아, 안윤정, 2021). 이러한 공격성은 아동기에 시작하여 청소년 중기까지 증가하다가 감소하는 경향을 보이는데 초기 청소년기에 해당하는 11~14세에 절정을 이룬다고 보았다(Farrell et al., 2005).

(2) 자녀의 배척/ 피해와 관련 있는 부모의 양육태도

학교폭력 피해를 유발하거나 유지시키는 것으로 자녀와 부모와의 유대관계가 낮을수록 또래로부터 괴롭힘을 당하며, 또래로부터의 친사회적인 행동은 받지 못하는 것으로 나타났다(조혜진, 2003). 부모의 자녀에 대한 애정과 관심 결여가 청소년의 대인관계에서 친밀감이나 공감의 결여에 영향을 미치며 또래로부터 배척당하거나 공격당하기 쉬운 것으로 나타났다. 피해를 경험하는 청소년들은 피해를 경험하지 않은 또래보다 부모와 빈약한 애착 그리고 빈약한 갈등관리와 같은 가족이력을 좀 더 많이 가지고 있었다(Georgiou, 2008). 김재엽, 장용언, 민지아(2001)의 연구에서도 부모-자녀 의사소통이 낮아질수록 학교폭력 피해경험이 높아지며 학교폭력 피해경험과 학교적응 사이에서 부모-자녀 의사소통이 조절 변수로 기능하고 있음이 보고되었다.

또한 과보호하는 부모의 양육행동은 자녀의 주도성을 차단하고, 스스로를 방어하는 능력이나 공격을 효과적으로 다룰 수 있는 능력 발달에 부정적인 영향을 미치는 것으로 보고되었다(Georgiou, 2008). 부모들이 지배적이고 간섭을 많이 할 때, 자녀는 위축되거나 수줍은 행동을 보이기 쉬우며, 이러한 행동은 학교

폭력 피해와 정적으로 유의한 관계를 나타낸다(도현심 외, 2003). 맥클렘(2003)은
피해자는 특히 어머니와 친밀하고, 부모에 의해 과잉보호되는 경향이 있다고 보
고하였다. 또한 학교폭력 피해자들은 부모에 대해 불안정-저항 애착을 나타내
는 경향이 있고, 이들 부모는 자녀에게 자율성을 크게 허용하지 않고 종종 과잉
보호로 반응한다고 한다. 이와 유사하게 학교폭력 피해 남학생 어머니의 경우
자녀를 나이보다 어리게 취급하고, 아버지의 경우는 자신을 희생하면서 가정생
활을 하는 것으로 나타났다(Berstein & Watson, 1997).

맥클렘(2003)은 부모의 양육과정과 피해자의 패턴 발달을 제시하였다. 그에
따르면 피해자들은 어려서부터 가정에서 부모와의 의존적이고 과잉보호적인
관계를 바탕으로 사회생활에서 타인에게 다가가는 데 주저하고, 타인을 기쁘게
하는 데 어려움을 겪고, 집단에 소속되기를 원하나 거부당했을 때 불안과 같은
정서적 반응을 함으로써 고립되고, 이후 학교폭력 피해자로 굳어지는 패턴을 갖
게 된다는 것이다.

4) 가정에서의 가정폭력 및 폭력노출 경험

올베우스는 집단괴롭힘 가해 학생들의 경우 다른 학생들에 비해 가정폭력을
경험하는 경우가 많았으며, 또한 이들은 매체폭력에 자주 노출되거나 자주 접하
고 권투, 킥복싱, 레슬링과 같은 '힘으로 하는 운동'을 자주 접하는 환경에 있었
다고 보고하였다(www.violencepreventionworks.org). 8세에서 15세 사이의 이탈
리아 청소년 1,059명을 대상으로 학교폭력 가해·피해경험과 가정 내 폭력경험
간의 관련성을 분석한 연구(Baldry, 2003)에서는 아버지가 아동에 대해 행했던
학대와 어머니가 아버지에게 행하는 폭력 아동 및 청소년의 학교 폭력 가해경험
과 피해경험에 영향을 미치는 것으로 나타났다. 또한 폭력적인 성인의 70% 이
상이 어린 시절 부모 간 폭력을 경험하고, 이로 인해 직접적·간접적 피해를 경
험한 것으로 나타났다(Baldry, 2003). 남녀 중학생을 대상으로 한 이덕진(2007)의
연구에서 부모 간의 폭력을 목격하는 것이 자녀의 학교폭력에 영향을 주는 것으
로 나타나 부모의 폭력을 많이 경험하는 학생들일수록 학교에서 괴롭힘, 금품갈
취, 언어적·신체적·심리적 폭력을 많이 하는 것으로 나타났다.

한국청소년개발원(1999)의 연구에서는 보호관찰 청소년 520명 중에서 다른

사람을 폭행하거나 금품갈취 및 협박을 한 경험이 있는 집단(폭력비행 집단)과 폭력비행이 없는 집단(비폭력비행 집단) 간에 차이가 있는지를 비교하였다. 그 결과, 폭력비행 경험이 있는 청소년은 폭력비행 경험이 없는 청소년에 비해 가정 분위기가 더 폭력적인 것으로 보고되었다. 김재영(2005)의 연구에서도, 가정폭력 경험은 다양한 유형의 학교폭력 가해경험에 유의미한 영향을 미치는 것으로 나타났다. 구체적으로 가정폭력을 많이 경험할수록 학생들은 학교에서 언어폭력, 신체폭력, 갈취, 기타 폭력을 더 많이 하는 것으로 나타났다.

또한 아버지나 어머니로부터의 학대 경험은 학교폭력의 가해뿐 아니라 피해에도 영향을 미치는 주요 변수로 나타났다. 오창순과 송미숙(2004)은 중학생 620명을 대상으로 한 연구에서 남학생의 경우 부모의 학대와 방임이 많을수록 학교폭력 가해 행동과 피해 행동을 많이 하는 것으로 나타났다. 여학생의 경우도 이와 비슷해서 부모로부터의 학대경험이 많을수록 가해와 피해 행동을 많이 하는 것으로 나타났다. 김재영(2005)이 남녀 실업계 고등학생을 대상으로 조사한 결과에 따르면 가정폭력을 많이 경험할수록 학교폭력 피해경험에도 유의미한 영향을 미쳐서 학교에서 갈취와 기타 폭력의 피해를 많이 당하는 것으로 나타났다.

이상의 결과를 종합해 보면, 부모로부터 욕설이나 구타를 당한 경험이 많을수록, 부부 간 갈등을 목격할수록 가해·피해 중첩진단에 속할 가능성이 높아진다(신희경, 2006). 가정에서의 폭력과 학대경험은 청소년 자녀가 학교에서 행하는 학교폭력 가해경험 및 피해경험과 비교적 밀접한 관련성을 가지고 있음을 알 수 있다.

5) 부모의 과거 학교폭력 가해·피해경험

학교폭력 가해자였던 성인들의 자녀들 역시 대를 이어 가해자가 되는 경향을 보인다는 조사가 보고되었다(Smokowski & Kopasz, 2005). 학교폭력 가해자들은 공격성, 비행, 반사회적 행동 등의 문제 행동을 보이며 적절한 개입과 훈련이 없으면 성인이 된 후에도 가정 폭력, 범죄, 비행 등에 연루되는 것으로 보고되었다(박경숙, 손휘권, 송혜정, 1998; Crig, Peters, & Konarski, 1998). 즉, 학교폭력 가해자였던 부모가 행동수정 없이 성인이 되어서 폭력적, 공격적인 문제행동이 심화되면 이를 보고 자라거나 폭력 피해를 입은 자녀들이 다시 학교폭력의 가해자로 영향을 받게 된다는 것이다.

한편 학교폭력 피해자였던 부모들은 극심한 피해의식, 불안, 우울, 공포, 자살 충동 등을 겪게 되고 이에 대한 적절한 치료가 이루어지지 않으면 성인이 된 후에도 대인관계 문제, 정서적 문제, 물질남용 등의 행동적 문제 등 다양한 심리적 장해로 발전하게 된다(Bond, Carlin, Thomas, Rubin, & Patton, 2001). 특히 피해자였던 부모들은 자녀들이 피해를 당할까 봐 자녀의 대인관계 문제에 과도하게 예민한 반응을 보인다. 이는 자연스러운 사회적 기술의 모델링이 되어 주지 못할 뿐 아니라 습득을 방해하고 적절한 자기 주장적 행동을 억제하거나 방어적으로 만들 수 있다. 한 연구(Smokowski & Kopasz, 2005)에서도 학교폭력 피해자였던 부모의 자녀가 대를 이어 학교폭력 피해자가 될 가능성이 높다고 보고하였다.

6) 학교폭력 가해 · 피해자 부모의 대처방식

학교폭력 가해와 피해 집단 간의 부모들의 대처가 차이가 있음이 또한 보고되었다(Bowers, Smith, & Baldry, 1994). 학교폭력 피해자 부모들은 자녀에 대하여 과잉보호적이었고 과잉결속된 가족체계를 나타내었다. 학교폭력 가해자 부모는 가해자 대처에 있어 일관성이 부재하고 체벌적인 경향을 보여 차이가 있었다. 때때로 부모들은 학교폭력대처에서 자녀에게 어떻게 반응해야 할지를 모를 수 있으며, 오히려 부정적인 대처양식을 지시할 수도 있다(Rigby, 2008). 특히, 학교폭력 피해자와 가해자, 피해부모와 가해부모가 직접 만나는 것은 자녀의 학교폭력 피해를 심화시키거나, 부정적인 대처양식을 모델링하는 등 부정적인 결과를 초래하기도 하는 것으로 나타났다(Hunter, Boyle, & Warden, 2004). 이유진 등(2014)은 학교폭력 처리 과정에서 형식적이고 처벌적이고 금전적인 보상 등에 초점을 맞추어 대처하는 경우에는 학교폭력 갈등이 오히려 증폭되거나 지속적으로 해결되지 않았다고 보고하였다. 반면 가해자의 진정한 사과와 피해자와 가해자 서로의 입장에 대한 공감적 이해와 같은 대처방식은 학교 폭력 문제 해결의 성공요인이었다고 보고하였다.

2. 학교폭력 예방을 위한 부모역할과 교육

1) 청소년 자녀의 대인관계 발달

(1) 청소년기 대인의존성의 변화

청소년기는 아동기에 형성된 부모와의 애착관계에서 벗어나 또래에 대한 관심과 유대관계를 추구한다는 것이다. 부모로부터의 정서적 독립을 추구하는 한편, 또래로부터 수용, 인정이 중요한 과업으로 대두된다. 건강한 부모-자녀관계를 바탕으로 또래에 대한 대인관계로 확장되는 것이다. 그러나 부모로부터 안정적인 애착관계를 형성하지 못하고 불안정하거나 부정적인 양육의 영향을 받아온 경우, 부모로부터 건강한 정서적 분리가 어렵고 갈등이 내재화되거나 외현화되어 대인관계에 영향을 미친다.

아동기부터 청소년기까지 가장 중요한 정서적 지원자에 대한 연구보고서(Furmand & Buhrmester, 1992)에서는 발달기에 따라 정서적 지원자가 달라짐을 보고하였다. 초등학교 시기의 아동들은 부모를 가장 중요한 정서적 지원자로 보고하였다. 초기 청소년 즉, 중학생 연령의 청소년들은 정서적 지원자로 부모와 동성친구를 비슷하게 중요시하였다. 고등학교에 해당하는 중기 청소년들은 부모보다 동성친구를 정서적 지원자로 보고하였다. 대학교 연령의 후기 청소년 집단에서는 어머니, 이성친구, 동성친구를 중요한 정서적 지원자라고 보고하였다. 대인관계의 심리적 의존 대상이 청소년의 성장에 따라 달라지며 부모의 영향력도 초등학교 아동기에 비해 청소년으로 갈수록 떨어지게 되며 이것이 건강한 대인발달로 볼 수 있다. 국내 연구에서도 초등학교 4학년, 6학년, 중학교 2학년생을 비교한 연구에서 초등학생과 달리 중학생들은 부모에 대한 애착 정도가 유의하게 낮았고, 애착을 충족하기 위해 친구를 선택하는 비율이 높았다(황창순, 2006). 부모가 애정적이고 지지적이면 청소년들은 또래에 지향하고 의존하는 경향이 적어지는 반면, 부모가 거부적이고 자녀의 의견에 귀 기울이지 않을 때 청소년들은 또래의 가치에 크게 의존하는 경향하며 일탈되는 경향을 보인다(김경, 2010; 황창순, 2006; Thaxzton & Agnew, 2004)

사회의 가치관과 부모의 가치관과 또래집단의 가치관이 일치하지 않을 때 특히 도덕적 판단이 요구될 때 갈등이 일어난다. 또래집단과 빈번하게 접촉하는 이 시기에는 또래집단의 가치를 따르는 경향이 있으며 또래집단은 반사회적인 행동에 대한 불안감이나 죄책감을 감소시켜 주기도 한다. 건전한 대인관계로 나아가기 위해서는 부모와 또래의 영향력을 잘 조절하며 자기개념과 도덕적 판단능력, 미래 조망능력 등을 발달시켜 나가야 한다. 이때 조절기제로서 작용할 수 있는 것이 부모와 건강한 애착관계이다.

임정란, 임경희, 전영국(2019)은 한 학교 폭력 피해 대학생의 사례 탐구에서 부모와의 애착관계가 학교 폭력에 어떻게 영향을 미치는지를 보여 주고 있다. 이 연구는 직장 일로 바쁜 어머니의 무관심과 냉정한 표현방식 속에서 자신의 욕구를 무시하고 착한 아이로 길들여지는 정서적 학대를 경험하던 아동이 학교 상황에서 적절한 자기주장을 하지 못하고 언어폭력, 왕따를 당연하게 받아들이는 과정을 생생하게 포착하여 제시하고 있다.

> "무관심, 딱 그것, 엄마 아빠도 집에서 신경 안 써 주니 학교에서 친구들도 신경 안 써 주는 것이 당연하다 이런 것들이 깔려 있었던 것 같아요. ……아무리 숨기려고 해도 티가 나는데 부모님이 알아차렸으면... 그때 하고 싶었던 말은 엄마, 아빠 나 좀 도와주세요. 나 힘들어요. ……저처럼 눈치 보는 아이라면 제일 어려운 말이 도와주세요라는 말이에요. 이 말하면 저 사람이 더 힘들지 않을까 나만 힘들면 되는데 주위 사람들까지 끌어들여야 하니까 이 말이 제일 힘든 말이에요……."

출처: 임정란, 임경희, 전영국(2019), p. 194.

(2) 학교폭력을 억제하는 부모의 태도

건강한 대인관계를 발달시켜 나가기 위해서 연구자들이 지적하는 것은 부모가 자녀들에게 관심을 기울이고 자녀들을 밀접하게 지도 감독하며, 자녀들이 성공할 것을 기대하는 부모의 양육 행동이 유효하다는 것이다. 특히 학교폭력에서의 공격성은 부모의 양육 태도와 관련이 깊다고 보고되고 있다.

자녀와의 원만한 관계를 위한 의사소통(김연, 황혜정, 2005), 부모의 따뜻함과 자녀를 향한 긍정적인 표현, 공감(Baber & Olsen, 1997) 등이 자녀의 공격성을 억제하는 것으로 나타났다. 실업계 남녀 고등학생을 대상으로 한 김재영(2005)의 연구에서도 가족 분위기가 민주적일수록 학생들은 학교에서 언어적 폭력, 신체적 폭력, 기타 폭력 가해를 덜 하는 것으로 나타났다. 남녀 중학생 311명으로 대상으로 한 이은희, 공수자와 이정숙(2004)의 연구에서도 부모-자녀 간의 활발한 의사소통과 자녀에 대한 부모의 적절한 감독이 학교폭력 가해 행동을 직접적으로 억제하는 요인으로 나타났다. 또한 부모와의 긍정적인 의사소통과 부모의 적절한 감독은 청소년 자녀로 하여금 분노 조절 능력을 향상시키고 비행 친구와의 접촉을 감소시켜 간접적으로 학교폭력 가해 행동을 억제하는 것으로 나타났다(김명자, 2002). 구체적으로 부모가 개방적인 의사소통을 많이 하고 자녀가 건전한 가치와 바람직한 행동을 하도록 감독하는 가정환경은 부모-자녀 간의 갈등을 감소시키고 부모-자녀의 유대를 강화시켜 결국 분노와 같은 충동적인 감정을 잘 조절하도록 하고 비행 친구와의 접촉을 감소시켜 가해 행동 정도를 낮췄다. 특히 활발한 의사소통과 적절한 감독은 청소년 자녀의 분노 조절 능력을 높이고 비행 친구와의 접촉 정도를 감소시켜 학교폭력 가해 행동을 간접적으로 억제하는 요인으로 나타났다.

이와 관련해 보바(Borba, 2002)는『도덕 지능의 형성(Building Moral Intelligence)』에서 공감(empathy), 양심(conscience), 자기조절(self-control), 사람이나 물건에 대한 존중심(respect), 친절(kindness), 관용(tolerance), 공정성(fairness)의 7가지 덕목이 도덕지능의 구성요소라고 보았으며 이에 대한 충분한 교육과 경험이 중요함을 지적하였다.

특히 도덕성 발달에 영향을 미치는 것으로 ① 부모의 수용은 자녀의 도덕성 발달수준을 상승시키는 경향이 있지만 엄격하고 처벌적인 통제는 도덕성을 오히려 하락시키는 것으로 보고되었다(Hower & Edwards, 1979). 또한 ② 일관적인 부모의 훈육방식은 자녀들이 결과를 예측하고 행동하며 바람직한 규율을 습득하는 데 도움을 주는 것으로 보고되는 반면, 비일관적인 훈육은 비행, 불복종, 불안, 적대감 등을 일으키며 낮은 수준의 도덕성을 갖게 한다. ③ 적절한 모델링은 자녀들의 도덕성 발달에 영향을 미치는 것으로 보고되었다. 부모가 부부간 부모 자녀간에 적절한 방식으로 대화하고 판단하고 배려하는 행동은 자녀들의 공감, 존중 등에 영향을 미치는 것으로 나타났다. 반면 부모의 반사회적 행동, 일탈된 행동, 폭력적 행동 등 부적절한 모델링이 학교폭력에 영향을 미치는 것을 보고되었다.

2) 학교폭력 예방을 위한 부모의 노력

학교폭력을 예방하기 위해서 부모는 조급함을 버리고 긴 안목으로 바라보아야 한다. 학교생활과 아이의 욕구, 감정에 민감하여야 한다. 또한 아이들이 또래와 좋은 관계를 맺을 수 있도록 도와줄 필요가 있다. 특히 자녀가 반에서 어떤 사회적 위치에 있는지에 관심을 기울이고 아이들의 노는 모습에도 주의를 기울일 필요가 있다. 아이가 좋은 친구 관계를 맺는 데 있어서 부모가 역할 모델이 되어 줄 수 있어야 한다. 아이들은 부모가 친구들하고 진정한 우정을 나누는 모습, 서로 도와주는 모습을 보면서 우정에 대해서 배우기 때문이다.

부모로서 학교폭력을 예방하고 멈추게 하기 위해서 할 수 있는 일을 좀 더 구체적으로 제시하면 다음과 같다.

● 자녀의 눈높이에서 자녀를 이해한다

부모들은 자신이 가진 관점, 부모들이 자녀에 대해 갖는 기대, 욕구에는 민감한 반면 자녀가 실제로 어떻게 생활하는지에 대해서는 둔감하거나 관심을 기울이지 않는 경우가 많다. 일방적인 부모의 요구나 기대는 오히려 자녀들과 대화를 방해한다. 특히 초등학교를 지나 중학교, 고등학교로 진입할수록 대인관계의 영향력이 커지는 시기이므로 대인관계와 관련하여 부모는 자녀는 어떤 대인관계를 맺고 있는지를 살펴보아야 한다. 이를 위해서 평소 자녀가 친한 친구들은 누구이며 또래와 어떻게 상호작용을 하면서 관계를 맺고 있는가, 최근 나타나는 변화는 무엇인가를 자녀의 눈높이에서 이해하려고 해야 한다.

● 자녀와 민주적 협력적 관계를 형성한다

부모-자녀관계가 수직적이고 권위적인 관계일수록 문제가 발생하면 숨기고 회피하기 쉽다. 학교폭력이 발생하는 과정에서도 사전단계에서 충분히 예방할 수 있었지만 갈등이 고조되는 시기에 자녀들이 적절한 지지와 통제를 받지 못해 적절한 대응을 못 하거나 넘어서게 되는 것이다. 아동기에서 청소년기로 이행하는 과정에서 부모들은 일방적이고 권위적인 부모의 태도에서 벗어나지 못하고 유지하면서 자녀들의 행동을 통제하려고 하는 경우가 많다. 자녀가 성장할수록 부모는 수평적인 관계로 자녀의 이야기를 듣고 자녀의 감정과 욕구를 존중하며 자녀의 입장에서 수용하려는 태도가 필요하다. 상호 의견을 이야기하고 가정이 민주적이고 협력적으로 문제를 해결하는 태도를 가지게 된다면 자녀들은 자기 자신을 신뢰하게 되며 보다 자신 있고 당당하게 자신의 문제에 대처해 나갈수 있다. 또한 어려움에 처했을 때에도 부모에게 털어놓고 도움을 요청할 수 있게 될 것이다.

● 가정에서 자녀에게 적절한 역할과 책임을 부여한다

학업에 대한 부모들의 관심이 지나치게 높다 보니 학업 이외의 다른 일들에 대해서는 부모가 미리 다 알아서 해 주는 경우가 있다. 공부만 신경 쓰고 다른 것은 안 해도 된다는 식의 분위기는 자녀들이 건강한 사회구성원으로서 적절한 대처와 책임을 갖는 것을 방해한다. 가정에서 자녀도 한 구성원으로서 기꺼이 역할을 가지도록 하고 책임의식을 가지도록 하는 것은 대인관계에서도 중요한 학습이 될 수 있으며 자녀 스스로도 자부심과 책임감을 가질 수 있으며 다른 사람과 조화롭게 자기 역할을 해 나가는 것을 배울 수 있다. 가정에서 일어나는 여러 문제도 자녀가 성장할수록 함께 의논하며 역할을 부여하는 것은 학교폭력의 방관적 태도를 예방하는 기초가 될 수 있다.

🗨 나는 어떤 부모인가?

그럼, 우리 아이가 좋은 친구를 만드는 데 내가 부모로서 얼마나 도와줄 준비가 되어 있는지 점검해 보자.

✱ 나는 아이에 대해 얼마나 잘 알고 있을까?
1. 아이의 반과 담임선생님 이름을 안다. (　)
2. 아이의 키와 몸무게, 생일을 알고 있다. (　)
3. 아이와 가장 친한 친구가 누구인지 알고 있다. (　)
4. 아이가 어려울 때 도와주는 친구를 알고 있다. (　)
5. 아이를 제일 힘들게 하는 친구를 알고 있다. (　)
6. 아이가 잘 어울리는 그룹에 대해서 알고 있다. (　)
7. 학급에서 아이가 차지하는 위치(서열)에 대해 알고 있다. (　)
8. 아이의 학교폭력 경험(가해, 피해, 방관)을 알고 있다. (　)

9. 현재 아이의 가장 큰 고민이 무엇인지 알고 있다. ( )

10. 아이가 최근에 무슨 일로 마음이 상했는지 파악하고 있다. ( )

11. 아이가 제일 좋아하는 놀이가 무엇인지 알고 있다. ( )

12. 아이가 제일 좋아하는 책이 무엇인지 알고 있다. ( )

13. 아이가 제일 좋아하고 싫어하는 음식이 무엇인지 알고 있다. ( )

14. 아이가 가장 가고 싶어 하는 곳이 어디인지 알고 있다. ( )

15. 아이가 좋아하는 캐릭터 또는 연예인을 안다. ( )

☑ 10개 이상: 자녀에게 관심이 많은 부모이다.

☑ 6~9개: 자녀에게 관심이 좀 더 필요하다.

☑ 5개 이하: 자녀에게 관심이 부족한 편이다. 자녀에게 더 세심한 관심이 필요하다.

출처: 문재현 외(2012), p. 97.

● 부모 자신의 스트레스를 인지하고 잘 다루는 모델이 되어라

부모들이 스스로의 양육스트레스나 가사스트레스, 직장스트레스, 고부간 스트레스 등 다양한 스트레스에 대해 잘 자각할 필요가 있다. 또한 이 스트레스가 자신과 자녀에게 미치는 영향력을 인지할 필요가 있다. 신체가 피로하거나 극심한 스트레스가 있을 때 부모들이 감정적으로 폭력적으로 자녀에게 대응하는 경향이 인지된다면 부모들은 자신의 스트레스를 적절히 다루고 있는 것이 아니다. 부모들이 적절하게 다른 사람에게 피해를 주지 않으면서 자신의 스트레스를 해소하고 건강하게 일상생활을 해 나가는 것은 중요한 스트레스 대처모델이 된다.

● 자녀가 대화를 요청하거나 도움을 요청하는 순간을 잘 감지한다

자녀들이 정서적 긴장이 있거나 뭔가 풀리지 않는 문제가 있을 때 부모에게 말을 걸거나 도움을 요청할 수 있다. 자녀가 머뭇거리며 뭔가를 이야기하고자 할 때 부모들은 평소보다 주의를 기울여 대화에 임할 필요가 있다. 많은 경우 학교폭력 피해 부모들은 자녀가 뭔가 이야기하려고 했지만 무심히 지나갔던 순간을 회상하는 경우가 있다. 초반에 미묘한 학교폭력의 징후를 알아차리기 위해서는 자녀와 마주보고 들을 준비가 되어 있어야 한다.

● **학교폭력이란 무엇인지 자녀에게 설명해 주어야 한다**

자녀들이 다른 아이를 때리거나 밀치는 것을 나쁜 행동이므로 교사나 다른 어른이 보고 있지 않더라도 다른 아이에 대해서 공격적인 행동을 해서는 안 된다는 것을 분명하게 설명해 주어야 한다. 그뿐만 아니라 자녀에게 누군가를 따돌리거나 무시하는 등의 폭력이나 공격적인 행동도 나쁜 것이며 해가 된다는 것을 인식시켜 주어야 한다.

● **자녀가 학교폭력을 경험하거나 목격했을 때 어떻게 해야 되는가를 알려 주도록 한다**

자녀가 자신 혹은 다른 누군가를 왕따, 폭력을 가하는 것을 접했을 때 어떻게 해야 되는가에 대해서 가정에서의 교육도 중요하다. 폭력이 계속 유지될 수 있는 이유 중 하나는 주변 학생들이 방관하기 때문이며 학교폭력 등 옳지 않은 행위를 교사에게 알리는 것은 누군가가 곤경에 처하도록 고자질하는 것이 아니라 누군가가 해를 당하지 않도록 막는 중요한 방법이자 용기 있는 행동임을 설명해 주어야 한다.

● **자신도 모르게 사이버폭력의 가해자 또는 피해자가 되지 않도록 이를 경험했을 때 어떻게 해야 하는지를 알려 주어야 한다**

인터넷, 휴대전화 등을 통해 부호, 문자, 음향, 사진, 동영상 등을 통해 타인에게 지속적이고 반복적으로 심리적 공격을 가하거나 타인의 개인정보 또는 허위사실을 유포해 상대방에게 고통을 느끼도록 하는 행위는 모두 사이버폭력에 해당한다. 특히 높은 전파성, 피해 기록의 영구성, 시공간 초월성 등 사이버폭력은 오프라인에서의 폭력보다 파급효과가 더 크고 지속되지만, 부모가 알기 어렵다는 점 때문에 더욱 면밀히 살펴보아야 한다. 무심코 작성한 글이 다른 사람에게 폭력이 될 수 있다는 것, 사실일지라도 누군가에게 피해를 줄 수 있는 글을 최초 작성하거나 유포한 사람은 처벌받을 수 있다는 점, 무심코 친구들의 언행을 따라하거나 실명, 개인 정보를 공개하는 것도 사이버폭력이라는 점을 알려주어야 한다. 개인 정보의 중요성과 유출 피해의 심각성에 대해 설명해 준다. 또한 사이버폭력에 감정적으로 대응하면 집요한 공격의 대상이 될 수 있음을 알려 주고 먼저 부모에게 도움을 요청하게 한다.

● 사이버범죄 개념에 대해 이해시키고 경계심을 가질 수 있도록 교육한다

최근 아동, 청소년을 대상으로 한 사이버범죄가 크게 증가하고 있다. 스마트폰 사용이 크게 증가하면서 인터넷 커뮤니티나 오픈채팅방을 통해 자기도 모르는 사이 성범죄의 가해나 피해에 연류될 수 있다. 특히 그루밍이라는 방식을 통해 아직 판단력이 미숙한 아동, 청소년을 길들이고 선물 등으로 친분을 쌓은 후 동영상 등을 촬영하게 하는 등 착취적인 행태에 피해자 또는 가해자로 연류되는 방식이 증가하였다. 개인에게 씻을 수 없는 피해를 일으킨다는 점에서 잔인하고 악질적이나 온라인에서 은밀하게 일어나기 때문에 발견하기 어렵다. 특히 소극적이고 외로운 아이일수록 아이가 선호하는 주제를 가지고 공감해 주는 지능적인 수법에 당할 수 있다. 아이와의 대화 과정에서 악성 코드를 심어 아이의 개인정보를 빼내어 협박을 하기도 한다. 따라서 부모는 사이버 범죄가 어떻게 일어나는지를 알고 있어야 하고 아이들이 그런 범죄에 노출되지 않도록 이에 대해 미리 알려 주어야 한다. 랜덤채팅 등을 통한 낯선 사람들과 대화, 용돈이나 현금을 주겠다든지, 선물을 보낼 테니 주소를 달라던지, 게임 아이템이나 게임머니를 줄 테니 개인 정보를 달라든지 하는 등 교묘하게 아이들에게 접근하기 때문에 낯선 사람과의 채팅이나 정보교류는 경계하는 것이 필요하다. 이들은 SNS에 험담을 올리겠다든지 동영상을 유포하겠다든지 하는 협박 등을 통해 지속적인 오프라인이나 온라인 착취 관계를 만든다. 따라서 이러한 접근에 대해 알려주고 경계심을 가지도록 교육할 필요가 있다. 무엇보다 평소 아이들과 부모가 터놓고 대화할 수 있는 개방적이고 편안한 관계가 되어야 낯선 이들의 그루밍에 빠지지 않는다는 것을 유념할 필요가 있다.

🗨 그루밍 피해 청소년의 징후

1. 스마트폰을 할 대 채팅 상대를 물으면 얼버무리거나 '친구'라는 모호한 호칭을 사용한다.
2. 스마트폰을 할 때 두리번거리거나 주변 눈치를 본다.
3. 스마트폰을 할 때 자주 표정이 바뀌고 평소 기분 변화가 심하다.
4. 부모가 모르는 고가의 물건이나 돈이 발견된다.
5. 자신의 스마트폰에 집착하고 다른 사람이 스마트폰을 만지면 예민한 반응을 한다.

출처: 조선에듀(2020).

이현림, 김말선, 박춘자(2012)는 학교폭력을 예방하기 위한 부모의 태도를 다음과 같이 언급하고 있다.

● **자녀들과 시간 갖기**

부모들이 자녀들과 함께 생활하는 것은 누구나 가장 쉽게 실천에 옮겨, 가장 많은 효과를 거둘 수 있는 방법이다. 가족과 같이 생활하는 데는 특별한 이론이나 기술이 필요한 것이 아니고 재정적인 부담도 많지 않다. 자녀들과 가급적 많은 시간을 보내면서 자녀와의 벽을 허물고 거리를 좁혀 가는 것이 자녀들의 문제를 파악하고 해결할 수 있는 지름길이다.

● **올바른 교육관 정립**

자녀들에게 '성적 우선주의'를 심어 주어 이기적인 청소년으로 만들며, 스트레스를 폭력으로 표출하기도 하고 폭력에 쉽게 순응하게 하기도 한다. 이제는 자녀들에게 무엇보다도 소중한 인성교육을 할 때이다. 인성교육의 첫 단계는 가정에서부터 시작된다. 부모들이 올바른 가치관, 교육관, 주체성을 확립할 때 비로소 올바른 자녀 교육이 이루어지며, 정직하고 양심적인 청소년을 사회에 배출하게 된다.

● **자녀와 대화하기**

대화는 청소년 문제를 해결하는 데 있어 가장 직접적인 방법이다. 특히 청소년기에는 많은 대화가 필요하다. 대화를 통하여 자기발견·반성을 함으로써 사회에 능동적으로 잘 적응해 나가도록 하는 것이 필요하다. 청소년들의 문제는 고정불변한 것이 아니므로 대화를 통하여 예방, 선도, 육성이 가능하다. 이러한 대화는 언제 어디서나 누구나 쉽게 할 수 있다. 대화란 입을 통하여 상대방에게 의사를 전달하는 수단이며, 쌍방이 마음을 주고받는 통로이다.

대화 없는 사회는 불행하며, 발전이나 비판, 창의력도 있을 수 없다. 청소년폭력의 가장 최선의 대응 방법은 대화이며, 대화하는 분위기는 가정에서부터 조성되어야 한다.

● **자녀의 여가지도**

청소년들의 여가시간은 건전한 주체 의식, 국민 교육, 전인 교육에 필요한 매우 중요한 근간이 될 수 있고, 반대로 자아 상실로 인해 그릇된 길로 빠질 가능성도 있다. 특히 우리나라처럼 입시 위주의 교육이 행해지고 있는 실정에서 청소년들은 잠시의 여가를 스트레스 해소를 위해 퇴폐, 쾌락을 추구하는 쪽으로 허비할 수 있다. 부모들이 자녀의 여가시간을 함께 보낼 수 있도록 프로그램을 계획하고 여가시간을 통해 그들의 문제를 발견한다면 여가시간에 학교폭력은 일어나지 않을 것이다.

문재현 등(2012)은 학교폭력을 예방하기 위한 평화로운 가족문화 형성을 위한 프로그램으로 ① 가족회의, ② 평화로운 가족을 위한 약속 정하기, ③ 평화교육 부모선언 하기 등을 제안하였다. 가족회의를 예시로 살펴보면 다음과 같다.

---

1. 가족회의를 하기 전에 약속해야 할 것들
- 누구나 가족회의를 제기할 수 있어야 한다.
- 부모가 아이들을 통제하는 수단으로 활용해서는 안 된다.
- 부부간에 조절해야 할 문제들은 사전에 미리 이야기한다.

2. 가족회의의 개최
- 가족회의는 정기적으로 한다. 보통 일주일에 한 번 정도가 좋다. 물론 긴급한 일이 생겼을 때는 임시 가족회의를 하도록 한다.
- 가족회의의 사회는 교대로 돌아가면서 맡는다. 처음에는 아이들이 익숙하지 않기 때문에 부모가 먼저 사회를 보면서 아이들이 배울 수 있도록 도와주어야 한다.
- 가족회의의 내용은 돌아가면서 기록한다. 가족회의의 결정 내용을 확인할 때나 1년을 돌아볼 때 가족회의 기록장을 살펴볼 수 있다.
- 가족회의의 의제는 냉장고 등에 종이를 붙여두고 회의 3일 전까지 가족회의에서 토론하고 싶은 의제를 자유롭게 적도록 한다.
- 가족회의는 서로에 대한 칭찬으로 시작한다. 단 칭찬을 할 때는 '하지만' 등을 붙이지 않고 칭찬만을 한다.

출처: 문재현 외(2012), p. 102.

3) 학교폭력 관련 부모교육 프로그램

올베우스의 학교폭력예방프로그램(Bullying Prevention Program, 1995)에서는 학교협의회(school conference day)에 교장, 교감, 학교폭력 전담교사, 학교폭력 위원회, 부모와 학생이 참여하여 학교폭력 대책을 위한 장기계획에 대해 논의하는 모델을 제시하면서 학부모 교육을 제시하고 있다. 학교에서는 학부모의 학교폭력에 대한 이해를 돕고 협력적인 관계를 형성한다. 가정에서는 가정 내 규칙을 만들고 규칙을 따르는 행동을 하면 칭찬과 강화를 하고, 규칙을 위반하면 일관되게 부정적인 반응을 보이도록 하는 일관적인 양육태도를 포함한 부모교육을 제시한다(박효정, 2005).

영국에서는 부모양육 태도와 부모-자녀관계를 향상시키는 '포괄적인' 부모교육을 공격적인 자녀의 부모들에게 제공한다. 영국의 NICE(The National Institute for Health and Clinical Excellence)에서는 두 가지에 초점을 둔 내용으로 ① 부모-자녀관계 증진과 ② 행동수정을 내용으로 제공한다. 자녀와의 관계 증진을 위한 다양한 활동과 공격적이고 반사회적인 행동에 대한 행동수정 내용을 포함하고 있다.

미국에서는 학교폭력 예방을 위한 발달적 교육과정(Second Step Violence Curriculum)을 제공한다. 유아기부터 청소년기까지 발달적 교육과정을 통해 유치원 이전의 부모부터 학령기 부모들을 대상으로 비디오, 가족지침서, 학부모 집단미팅, 규칙제정과 실행, 모델링, 역할극 등 다양한 형식으로 제공되도록 교육과정이 이루어져 있다(Frey, Hirschstein, & Guzzo, 2000).

호주는 학교 전체를 기반으로 한 체계적 통합모델을 제시하여 직원, 부모, 지역사회의 참여를 통해 학교폭력에 개입하고자 한다. 부모와 관련하여서는 자녀의 학교폭력 문제를 어떻게 효과적으로 예방할지에 대한 자료 팸플릿과 부모-자녀 간 의사소통 방식의 향상, 사회기술과 전략을 구축하는 것을 강조하고 있다.

〈표 11-1〉 각국의 학교폭력 부모교육 프로그램

국가	프로그램명	프로그램 목적	내용
노르웨이	• Olwues Bullying Prevention Program	• 안전 한 학교환경 조성 • 폭력에 대한 인식 • 성인들의 참여 • 또래관계 증진	• 부모의 학교폭력 대책 논의 참여 촉진 • 학교폭력에 대한 정보 제공 • 규칙제정과 모니터링
영국	• Triple P • Incredible Yeard	• 부모양육 태도 수정 • 자녀의 반사회적 행동, 공격성, 품행장애 수정	• 부모의 양육태도 수정 • 부모-자녀관계 향상 • 행동수정
미국	• 기능적가족치료 • 가족강화 프로그램 • 가족중심 접근범 • 폭력예방 심화 커리큘럼	• 학교의 안정성 증진 • 학교기반 부모교육 • 아동의 사회적 능력 향상	• 학부모 교육용 비디오 • 학부모 집단미팅 • 규칙제정과 실행 • 모델링, 리허설, 역할극, 언어 중재과정
호주	• Friendly Schools and Families • ABCD Parenting Program	• 직원교육, 부모, 지역사회참여를 통합 • 권위있는 부모양육 방식 촉진	• 부모-자녀간 의사소통 방식향상 • 사회기술과 전략 구축 • 상호작용적 대화
일본	• 학생지도	• 정보도덕교육 • 유해한 환경으로부터 아이들 보호 • 연계체제 구축	• 가정교육 수첩, 비디오 자료 작성 및 배포 • 가정내 인터넷 감시 시스템 보급

출처: 정현주 외(2012), p. 33.

　호주 ABCD parenting program은 9~14세 연령의 청소년기 자녀를 둔 부모를 대상으로 사회학습이론에 기초한 행동가족개입프로그램이다(Brurke, Brennan & Ronye, 2010). 청소년에 대한 이해와 공감의 발달, 청소년기 자녀와 부모의 관계 형성, 청소년기 자녀의 책임감과 자율성 형성, 부모 자신을 케어하는 내용으로 구성되어 있다.

　일본은 가정을 대상으로 새로운 가정 교육 수첩, 비디오자료 배포, 유해한 정보에 대한 보호와 모니터링을 내용으로 하고 있으나 심리교육 내용은 특별히 포함하고 있지 않다.

　또한 비행의 억제효과를 보고하는 프로그램 중 가족체계치료 프로그램과 부모교육 프로그램이 있다. 가족체계치료 프로그램은 사회학습이론을 토대로 청소년과 부모의 의사소통기술, 행동계약, 규칙명세서 작성, 토큰 강화법 등을 포함하고 있으며(Kazdin, 1987), 부모교육 프로그램은 자녀의 바람직하고 친사회적인 행동에 대해 긍정적인 피드백을 강화하고 비행행동에 효과적인 벌을 주는 것을 기본 내용으로 하고 있다.

우리나라의 경우 학부모를 대상으로 개정된 학교폭력 예방 어울림 프로그램을 2018년부터 실시하고 있다. 초등학교 저학년, 초등학교 고학년, 중학교, 고등학교 4개 학교급에 따라 공감, 의사소통, 감정조절, 갈등 해결, 자기 존중감, 학교폭력 인식 및 대처의 6개 역량에 대하여 24종 프로그램을 운영하고 있다(https://www.stopbullying.re.kr/board?menuId=MENU00349&siteId=SITE00002). 학부모용 온라인 콘텐츠(어울림 프로그램)은 학부모온누리온라인교육센터(https://www.parents.go.kr)와 학교폭력예방교육지원센터(https://www.stopbullying.re.kr)에서 제공된다.

학부모 대상 어울림 프로그램 개발		학부모용 온라인 콘텐츠(어울림 프로그램)
1	공감	
2	의사소통	
3	감정조절	
4	갈등해결	
5	자기존중감	
6	학교폭력 인식과 대처	

최근 사이버폭력의 심각성에 대한 부모교육도 제공되고 있다. 교육부는 사이버폭력을 예방하고 올바른 정보윤리를 고취할 수 있도록 부모를 위한 온라인 사이버폭력 예방 및 정보윤리 교육을 에듀넷 티-클리어에서 제공하고 있으며 유튜브에서도 해당 동영상 시청이 가능하도록 하고 있다(https://goo.gl/uabT9f).

3. 부모의 학교폭력 대처

1) 학교폭력 해결의 방해요인

학교폭력이 발생하면 보다 조기에 적극적으로 개입하는 것이 필요하다. 그러나 자녀들은 학교폭력이 반복됨에도 신고를 꺼리고 전전긍긍하는 경우가 많다. 학교폭력이 발생하여도 주변에 도움을 요청하거나 신고를 꺼리는 이유는 다음과 같다.

● **보복의 두려움**

학교폭력을 신고하였을 때 피해자나 신고한 제3자의 신원이 노출되는 경우 보복 가능성에 대한 두려움이 있다. 현재 학교폭력 사건의 경우 신고가 되더라도 사건 조사 기간 동안은 피해자나 신고자가 보호의 사각지대에 놓이게 되는 어려움이 있다.

● **신고에 대한 부적절한 조치**

학교폭력에 대해 신고를 할 경우, 적절한 조치가 정당한 절차에 의해 이루어져야 하나 실제 현장에서는 일관성이 부재하거나 적절하지 않은 방식으로 처리가 되는 경우가 있다. 실제로 교사들이 하는 방식 중 학교폭력 사실 확인을 위해 학생들에게 "폭력행위를 목격한 사람은 손을 들라."고 말하거나 학급 내에서 무기명 쪽지를 쓰게 하는 방식을 취하고 있으나 이는 가해자와 피해자가 함께 있는 상황에서는 불안감을 조성하는 조치가 될 수 있다.

● **부모의 기대에 부응하지 못하였다는 좌절감**

부모들이 학교에서 우리 자녀가 잘 지내리라는 기대를 부응하지 못하고 학교에서 적응하지 못하는 모습으로 비춰지는 것에 대해 자존심이 상하고 좌절감을 가지게 되는 경우도 많이 보고된다. 특히 남학생들의 경우 학교폭력에 제대로 대응하지 못하면 대응능력이 떨어지고 부적응한 것으로 보여질 것이 두려워 오히려 도움을 요청하지 못하는 경우가 있다. 때로는 부모가 너무 무기력하거나

3. 부모의 학교폭력 대처

힘들어 하기 때문에 염려를 가중시키고 싶지 않아 학교폭력을 알리지 않는다.

● **피해자임을 부인하고 싶은 심리**

학교폭력 피해자 중에는 주변으로부터 '찌질이'라거나 '못난 학생'으로 낙인찍히고 놀림 받는 것이 더 두려워 참는 경우가 있다. 심각한 폭력이 있음에도 장난이었다고 스스로 간주하고, 자신은 그들과 동료라고 생각하고 다른 아이들에게 인정받고 싶어 하는 욕구 때문에 학교폭력을 용인하는 경우도 있다.

● **비효과적 대처교육**

처음 소소한 학교폭력이 발생했을 때 비효과적인 대처교육은 오히려 심각한 폭력을 용인하게 할 수 있다. 학생들 사이에 소소한 학교폭력이 발생하면 서로 사과하고 재발 방지를 약속하는 선에서 매듭이 지어지는 경우가 많다. 폭력은 어떠한 경우에도 용인될 수 없으며 폭력이 일어나면 가해자와 피해자만의 문제가 아니라 주변 모든 사람이 관련된 문제로 보고 이에 대해 보다 적극적이고 올바른 교육이 가해자, 피해자, 주변인들 모두에게 이루어져야 한다.

2) 일진 징후 알아차리기

그간 학교폭력 정부 대책 중 가장 눈에 띄는 것은 그동안 수면 밑에서 논의되던 '일진'의 존재를 다루어 일진으로 인한 피해가 줄어든 것이다. 1년에 2차례 학교폭력 실태 조사를 통해 일진이나 폭력서클의 존재를 파악하고 이에 대해 일진 경보를 작동시켜 조치를 취하고 있다. 교육부(2012)는 일찍이 '학교에 일진 또는 폭력서클이 있거나, 있다고 생각한다.'는 비율이 23.6%라고 밝힌 바 있다. 감사원 보고에 따르면 엉뚱한 학교가 일진학교로 보고되는 등 조사의 실효성에 의문이 제기되지만(MBC뉴스, 2013. 6. 26.) 일진에 대해 정책이 작동하고 있다는 점에서는 반가운 일이다.

일진은 초등학교나 중학교 단계에서부터 특수한 관계로 형성되고 학교폭력으로 발전되는 경향이 있다. 따라서 학교폭력을 예방하기 위해서는 일진에 소속되거나 특수한 선후배 관계가 형성되는 징후를 알아차리는 것이 필요하다. 귀가 시간이 늦어지고 아는 선배나 언니, 오빠의 전화가 자주 온다든지, 선배에게 문자, 선물, 편지를 자주 받거나 길에서 선배를 마주치면 90도 각도로 인사를 한다든지, 큰 돈을 요구하고, 비싼 물건을 선물로 받았다고 하는 등의 행동을 보이면 의심해 볼 수 있다. 일진 징후가 드러나면 어떻게 대처해야 할까? 이때 부모는 흥분하지 말고 왜 아이가 그런 관계를 맺었는지, 그것이 아이의 삶에 어떤 영향을 미칠 것인지, 어떻게 도와주어야 할 것인지 깊게 생각해야 한다. 반드시 학교 담임선생님과 상황을 공유하고 이후 함께 협력해서 대처하도록 한다. 가능하면 신속하게 전문가와 전문기관의 도움도 받도록 하는 것이 필요하다.

최근에는 일진에 대한 사회적 인식이 증가하고 처벌해야 한다는 분위기가 강하게 형성되어 대놓고 금품을 갈취하거나 폭행하지 않는 대신 뒤에서 나쁜 소문을 퍼뜨리거나 고립시키는 지능적인 행위를 주도하는 행태로 바뀌었다. 특히 피해자들의 미투로 인해 가해자들이 성인이 된 후 과거 일진 경험이 폭로되어 사회적 지탄과 직장이나 생업에 지장을 받는 경우들이 언론을 통해 보도되면서 경각심이 생겨나게 되었다. 가해자에게는 잊혀진 사건이지만, 학교폭력 피해자에게는 피해 이후 시간이 멈춘 사건이고 이것이 나중에 부메랑처럼 가해자에게 더 큰 화살이 되어 돌아온다는 점이 사회적으로 부각되어 집단 폭력에 대한 심각성이 공론화되고 있다.

3) 학교폭력 피해 대처

폭력을 당하고 있는 청소년은 부모에게 직접적이기보다는 간접적인 신호를 통하여 도움을 요청한다. 자신이 당한 일을 다른 친구가 당한 일처럼 이야기를 하거나, 집에서 짜증을 내고, 학교 가기를 회피하거나, 다른 학교로 전학을 갔으면 좋겠다고 이야기를 한다. 주변에 있는 자신을 보호해 줄 수 있을 것으로 믿었던 사람이 어떤 반응을 보이느냐 하는 것은 피해학생에게는 매우 중요한 일이다. 부모가 적절하게 대응하지 못하는 경우, 자녀는 자신이 만만하게 여기는 사람에게 자신의 분노와 두려움을 공격적인 행동으로 나타내게 된다.

두려움과 분노의 시기가 지나면 수치심을 느끼게 된다. 또래에게 자신이 '당했다.'는 느낌은 스스로의 정체감을 무력화시키며, 자신을 열등한 존재로 간주하게 된다. 더 나아가 자신이 약해서 맞았다는 생각보다 마치 자신이 무엇인가 잘못된 행동을 했기 때문에 맞을 만해서 맞았다고 생각하면서 폭력사건을 스스로 정당화한다.

이 시기에 피해학생이 실질적으로 얻고자 하는 것은 주변 사람의 도움을 받거나 다른 경로를 통해서, 첫째 가해학생에게서 사과를 받아내고, 둘째 자신의 자존감을 회복하고, 셋째 피해학생이 아닌 동등한 친구관계로 다시 돌아가는 것이다.

이를 가능하게 하기 위해서는 일어난 사건 상황을 기록하고, 사건을 객관적으로 증언할 수 있는 학급 동료를 구하며, 교사와의 협력관계를 구축하여 피해학생의 심정을 깊이 공감해 주어야 한다. 더불어 가해학생에게 사과행동과 책임의식의 학습기회를 제공하여 피해자에게 진심어린 사과를 하도록 함으로써 피해학생의 자존심 회복을 도와야 한다.

이때 피해학생이 능동적으로 이 과정에 참여할 수 있도록 교육 및 상담을 통하여 스스로 자존감을 세울 수 있는 기회를 주어야 한다. 그래야만 가해학생의 사과를 받은 후에 용서하는 절차를 거쳐 원만한 친구관계로 다시 돌아갈 수 있기 때문이다.

🗨 우리 아이가 피해자일 때

1. 힘든 마음을 달래주고 부모에게 털어놓은 것을 지지해 준다.
2. 비판없이 수용하고 지지한다(잘잘못을 따지지 않는다).
3. 피해를 정확히 파악한다.
4. 끝까지 보호하고 문제를 해결할 것이라는 분명한 메시지를 전달한다.
5. 피해의 증거를 확보한다(언제, 얼마나 자주, 피해 내용 등의 기록, 객관적 증거, 녹음, 진술서 증거확보).
6. 심한 신체적 고통이나 정서적 혼란을 경험할 경우 응급처치가 우선이다.
7. 사안에 따라 어떻게 대응할지를 신중히 선택한다(경찰신고, 법적 소송, 학교폭력자치위원회 중재요청 등).
8. 아이를 지원할 수 있는 친구 관계를 만들어 주어야 한다.
9. 가해자 부모에 대한 학교의 책임있는 중재를 요청한다(사과, 협력, 보상).
10. 피해아이 보호, 재발방지, 문제 해결 과정의 협력방안을 학교와 함께 논의한다.
    예: 학교에서 피해 아이가 적응할 수 있도록 사후조치를 요구한다(심리상담, 전체 학교폭력 예방교육 등)

특히 학교폭력의 배후에 일진이 있으며 일진으로 인한 조직적인 폭력인 경우에는 피해가 더욱 심각하고 복잡하기 때문에 피해와 관련해서 일진여부를 잘 파악해야 한다.

학교폭력 피해 처리과정에서 학교폭력 피해학생은 학교를 나오기를 두려워하는 경우가 많다. 이럴 경우 피해학생을 강제로 학교에 나오도록 하면 피해가 더 커질 수 있으므로 피해학생의 상태를 파악하고 최소화할 수 있는 방안을 강구할 필요가 있다(오혜영 외, 2009)

피해학생이 학교폭력으로 인해 등교를 거부하는 경우 학교장이 인정하면 출석을 인정하며, 성적 처리에서 불이익 금지 조항이 있다. 또한 피해학생의 장·단기 결석의 경우 교장은 교육상 필요한 조치를 마련하는 학습권을 보장하도록 되어 있다(「학교폭력예방법」, 16조). 피해학생의 보호조치 외에 법적인 '접근금지 가처분'제도가 있다. 이는 경찰이 필요하다고 인정할 때 신청할 수 있다. 또한 지속적인 학교폭력이나 보복의 우려가 있는 경우 청소년 쉼터, 피해학생 보호센터에서 일시적 보호를 받을 수 있도록 하고 있으며 학교에 출석하지 않고 치료를 위한 요양이나 의료기관 치료 등을 받을 수 있다.

4) 학교폭력 가해의 대처

학교폭력 가해에 잘 대처하기 위해서는 학교폭력 가해의 정도를 정확히 인지하는 것이 필요하며 폭력은 절대로 용인될 수 없다는 부모의 관점이 중요하다. 또한 학교폭력 가해를 인정하고 진심 어린 사과의 중요성을 인지하는 것이 중요하다. 학교에서 이루어지는 절차, 즉 자치위원회에 성실한 태도로 임하는 것이 필요하다. 이때 학교 역시 학교차원에서 항상 일관된 원칙과 태도로 대응하여야 하며 폭력을 용인하지 않는 학교문화와 명확한 교사들의 태도가 부모들의 혼란을 방지할 수 있다.

부모들 입장에서는 신체적 폭력이나 금품갈취와 같은 행동으로 드러난 폭력만이 폭력이라고 생각하고 언어적이거나 정서적인 폭력, 사이버 매체에 의한 폭력은 대수롭지 않은 폭력으로 인식하는 경향이 많다. 그러나 이러한 폭력도 피해자에게는 심각한 문제를 일으키는 폭력임을 인식하고 있어야 한다. 대수롭지 않은 일을 가지고 문제를 만들며 아이를 낙인찍는다는 인식은 학교폭력에 대한 정확한 이해가 부족하기 때문이다. 학교폭력의 유형에 대해 인식하며 사소한 폭력도 심각한 피해를 일으킬 수 있는 범죄가 될 수 있다는 사실을 인지하여야 한다. 교육부에서는 폭력의 세부기준을 마련하여 신체적 폭력이나 언어적 폭력 외에도 경제적 폭력, 정서적 폭력 등을 폭력으로 보고 있으며 사이버 매체에 의한 폭력도 유포의 정도나 폭력성, 음란성에 따라 폭력성이 있는 것으로 판단하기 때문에 이에 대해 잘 이해하고 대처하여야 한다. 특히 피해 학생이 장애 학생이거나 신고에 대한 보복성일 때는 심각한 것으로 판단하게 된다.

가해자 부모가 자녀를 온전히 돕기 위해서는 사건에 대한 객관적 인식이 필요하다. 자녀의 폭력에 대한 인정과 수용을 통해 자녀의 잘못을 바로잡을 기회로 여겨야 한다. 자녀들의 폭력을 낙인으로 인식하고 이를 무마하거나 방어하고자 하는 태도는 자녀에게 올바른 도덕적 판단과 조망능력을 키우는 기회를 상

💬 우리 아이가 가해자일 때

1. 부모는 자녀에게 폭력은 절대 용인할 수 없다는 절대적이고 분명한 메시지를 전달한다.
2. 피해자 입장에서 생각해보도록 한다.
3. 폭력에 대처하는 가족 규칙을 만든다.
4. 담임 교사, 학교장, 학교 폭력 담당 교사와 아이를 돕기 위한 협력 방안을 논의한다.
5. 피해자 측에 대한 사과, 보상에 능동적이어야 한다.
6. 아이의 친구, 생활에 관심을 가지고 가족이 함께하는 시간을 만든다.

💬 피해청소년 및 가족과 합의하기

1. 문제에 대한 책임의식
2. 진심어린 혹은 공식적 사과
3. 상대의 이야기를 경청하기(관찰하고 인정하고 방해하지 않기)
4. 해결책을 찾아내기(가능한 모든 해결책)
5. 긍정적으로 나타내기(만약 이렇게 된다면 고마울 것이다)
6. 타협하기(우리는 하기로 동의한다)
7. 실행과 점검하기
8. 가해 및 피해 청소년들에 대한 지속적인 관심과 교육

실하고 이후 폭력적 행동에 대한 왜곡된 가치관을 심어 줄 수 있음을 명심해야 한다.

가해자 부모가 자녀를 돕기 위해서는 문제에 대한 책임의식을 가지고 피해자와 피해 가족들에게 진심어린 사과의 태도를 보여야 하며 상대의 요구가 무엇인지 잘 듣고 해결책을 찾아 나가려는 태도가 중요하다. 피해에 비해 너무 지나친 요구가 발생할 때는 타협을 시도하는데, 타협이 어려울 경우에는 중재자나 중재기관을 통해 대화가 진행되도록 한다. 학교폭력 자치위원회의 결정이나 학교의 처분이 지나치거나 잘못되었다고 판단될 때에는 재심의 청구가 가능하므로 해당 자치단체에 재심의 청구를 요청할 수 있다.

💬 학교폭력 처리과정에서 나타날 수 있는 어려움(금명자, 오혜영 외, 2005)

- 피해자의 어려움
  : 전학문제/처리의 불공정성
    적응의 어려움/정신적 혼란/가치관 혼란 등

- 가해자의 어려움
  : 피해-가해의 불분명성/피해자의 지나친 요구 등

- 부모나 유관기관의 어려움
  : 치료비/소송비/가해자에 대한 비효과적 접근 등

---

5) 회복적 학교폭력 해결

학교폭력 대책의 궁극적인 목표는 단순히 개별 사건의 처리에 있는 것이 아니라 가해·피해학생을 포함한 모든 학생의 평화로운 학교생활일 것이다. 그러나 현재의 학교폭력 대책은 가해·피해학생을 분리하는 대책이며 가해자에 대한 엄벌주의에 입각하여 처리하고 있어 오히려 학교폭력 문제를 해결하지 못하고 가해자에게는 낙인을, 피해자에게는 지속적인 불안과 상처를 주고 학교와 지역공동체도 지속적인 갈등을 경험하게 된다는 점에서 실효성에 의문을 품게 되었다.

이에 궁극적으로 학교폭력을 해결하기 위해서는 가해 학생에 대한 처벌 중심의 응보적 정의의 관점에서 벗어나 피해를 회복하고 깨어진 관계를 다시 복원하는 것에 초점을 맞춘 회복적 정의 모델을 도입할 필요가 있다는 관점이 제시되었다. 학부모는 회복적 학교폭력 해결을 위해 학교폭력을 단순한 가해자 처벌로 끝내는 것이 아니라 가해자와 피해자의 내면 깊은 곳에 있는 감정과 상처, 분노와 응어리를 듣고 서로의 진정한 소통을 통해 용서와 화해를 만들어 내고 갈등을 교육적으로 해결할 수 있도록 참여하며 보호하는 역할을 한다. 이를 제대로 실현하기 위해서는 법적, 제도적 장치가 필요하고 이를 다룰 전문기관과 사회적 공감대가 형성되어야 하기 때문에 회복적 정의에 입각한 학교폭력 해결 모형 적용은 아직은 초보적인 단계에 불과하다.

여기서는 해외의 학교폭력 해결을 위한 회복적 정의 관련 제도와 우리나라에서 운영된 몇 가지 프로그램을 소개한다.

회복적 정의는 하워드 제어(Howard Zehr, 1990)에 의해 이론적으로 체계화된 개념으로 청소년의 회복적 정의 실천과 관련하여 유럽과 북미에서 다양한 형태의 제도와 프로그램으로 발전하여 왔다. 선진 외국에서 학교폭력 해결을 위해 운영하고 있는 회복적 정의 관련 제도를 비교해 보면 다음 표와 같다.

이유진 등(2014)은 갈등 해결의 과정에서 어느 한쪽의 편에 서는 것이 아니라 각각의 색을 지니면서도 전체적으로 그림을 그릴 수 있는 철학이 회복적 정의라고 보고 우리나라에 맞는 학교폭력 회복적 정의의 원리로 접근하는 것이 필요하다고 주장한다. 이들이 제시한 회복적 정의모델의 도입 목표는 학교폭력으로

〈표 11-2〉 각국의 학교폭력 해결을 위한 회복적 정의 관련제도 비교

	회복적 정의 연혁	회복적 정의 관련 법령	프로그램 유형	형사사법체계와 의관계	우수사례	시사점
호주	1990년 존 맥도날드	「청소년 사법 소년 범죄자법 형(회복적 정의)법」 「어린이, 청소년 그리고 가족법」	1) 형사사법제도 내에서의 프로그램 2) 학교 내에서의 프로그램 3) 돌봄과 보호 환경에서의 프로그램 4) 기타 환경에서의 프로그램	형사사법제도 내에서 운용되는 프로그램은 1) 경찰 주도 프로그램, 법원 운용 프로그램으로나뉨 (상호 독립적)	퀸스랜드 청소년 사법회의	경찰 운용 프로그램은 형사사법제도 진입 이전에 청소년을 선도하려는 목적지님

뉴질랜드	마오리의 전통적 제도와 영국형사사법제도의 혼합	「어린이, 청소년 그리고 그들의 가족법」 「피해자의 권리법」 「판결법」 「교정법」 「가석방법」	가족집단협의	1) 형사사법제도 보다 더 중요 하게 운영 2) 모든 형사사법 단계에서 프로 그램 운영	왕거누이 지역사회 운영 회복적 정의 프로그램	공동체가 직접 비행청소년 문 제에 대응한다 는 인식 필요, 형사사법 절차 의 모든 단계에 서 회복적 정의 실현
미국	매사추세츠 주의 피해자- 가해자 회의	「균형적 접근 관련 법」 「회복적 정의 관련 법」 「회복적 프로그램 관련 법」	서클 관계연습 또래조정, 또래배심원 회복적 대화 및 회의 후속활동	형사사법체계와 병립적 관계	필라델피아 공동의 예술 프로그램	균형적 정의 강 조(책임 및 자 기 개발) 판사 는 조정자로서 어떠한 결정을 내리는 권한자 가 아님
영국	Home Office의 1997년 보고서	「검사 법규범죄 및 무질서 법」 「청소년 사법 그리고 범죄증거 법」 「형사법원의 권한 법」 「형사사법 그리고 이민법 수정된 피해자 법률」 조건부 경고	1) 직접적·간접 적 회복적 정 의 과정 2) 지역사회 회의 3) 전환 명령 패널 4) 조정	형사사법 전반에 서 프로그램 활용 가능검사 및 판사 주도형	브리스톨 RAiS 프로그램	검사 혹은 판사 주도형(형사사 법제도에 종속 적인 프로그램) 다양한 프로그 램 존재
독일	미국제도 도입해 보완	「소년법원법」 「형법」 「형사소송법」	가해자-피해자 조정	형사사법기관에 서 화해조정기관 에 의뢰	브뤼케 뮌헨	가해자-피해자 조정제도가 학 교폭력 해결에 실효성 높음

출처: 이유진 외(2014).

인해 발생한 모든 피해와 상처, 그리고 깨어진 관계를 회복하는 것이다. 대상별
로 가해학생과 부모의 목표는 '반성과 사과 및 원인치료'이고, 피해학생과 부모
의 목표는 '용서와 치유 및 피해회복'이며, 이들을 둘러싼 다른 학생들과 교사들
의 목표는 '평화로운 학교문화' 속에서 생활하는 것이고, 지역사회의 목표는 '안
전한 환경조성'이다.

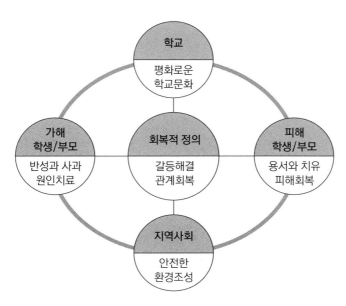

[그림 11-1] 학교폭력 해결을 위한 회복적 정의모델의 대상과 목표

실제로 고양·파주지역의 중학교를 중심으로 한 회복적 서클 학부모 모임 운영 사례나 경기도교육청에서 실시한 'S-V zero(학교폭력제로)'로 불리는 학교폭력 피해학생과 가해학생 그리고 학부모 사이의 관계를 회복하는 프로그램, 부산시교육청의 '회복적 갈등 조정' 프로그램 등이 있다. 특히 회복적 갈등 조정은 피해·가해 당사자뿐만 아니라 이들이 소속된 학교, 학부모, 지역공동체의 일원들이 함께 아픔과 피해 상황을 공유하고, 개인 간 분쟁의 문제를 공동체가 함께 머리를 맞대고 고민함으로써 갈등이 공동체(가정, 학교, 지역)를 파괴하는 요소가 아니라, 가해자와 피해자, 소속 학교, 소속 공동체를 함께 세우고 공동체성을 강화하는 기회로 전환하는 것을 목표로 하고 있다.

4. 학교폭력 사후 부모교육과 상담

학교폭력이 일어난 후 또는 처리되는 과정에서 부모들은 매우 다양한 심리적 어려움을 겪을 수 있다.

가해자들의 부모들을 심층 인터뷰한 정현주 외(2012)에 의하면 가정교육을 잘못 시켜서 자녀가 비뚤어졌다는 죄책감, 부모가 인생을 잘못 살았다는 회의감, 왜 나에게만 이런 일이 일어났는가 하는 원망감, 자녀의 앞날이 잘못될 것에 대한 염려, 자녀가 또다시 사고치지 않을까 하는 불안감을 보고 하였다. 이러한 어려움과 더불어 많은 긍정적인 노력을 기울이기도 하지만 많은 가해자 부모들은 자신의 자녀들에게 체벌과 비난을 가하는 것으로 보고되었다.

피해자들의 부모를 인터뷰한 내용에서는 '울타리가 되지 못한 것에 대한 미안함과 부모가 잘못해서 이런 일이 발생했다는 죄책감, 가해자와 가정에 대한 분노, 피해가 재발될 것에 대한 불안, 자녀가 자살하는 것은 아닌가 하는 극도의 두려움과 우울, 사회적 관계 위축'등이 보고되었다. 피해자 부모들은 자녀가 피해 후유증으로부터 벗어나도록 하기 위해 '대화, 스킨십, 유머, 상처 달래기' 등 다양한 노력을 기울이기도 하지만 '무관심, 화내기' 등과 같은 부적절한 대응도 보고되었다(정현주, 이호준, 김하나, 2012). 이와 관련하여 부모교육 프로그램을 살펴보면 다음과 같다.

1) 사후 부모교육 프로그램

(1) 가해자 부모교육프로그램

가해자와 관련이 있는 부모교육 프로그램으로 비행의 억제 효과가 있다고 알려진 가족체계치료프로그램이 있다. 카즈딘(Kazdin, 1987)은 가족의 상호작용, 가족의 구조, 가족의 생활방식이 비행을 중재할 수 있다는 전제하에 부모에게 의사소통기술, 행동계약, 규칙명세서 작성, 토큰 강화법을 적용하였다. 국내에서 학교폭력 가해 학생을 대상으로 국가청소년위원회에서 개발한 '가해학생 부모교육프로그램(고성혜 외, 2003)'이 있다. 가해 학생들을 대상으로 스트레스, 공격성, 가족 지지도를 먼저 검사하고 이를 토대로 부모에게 자녀들에 대한 객관적인 자료를 제시하여 자녀들에 대한 부모의 이해를 돕는다. 마지막에는 부모-자녀가 함께 서약서, 다짐 등을 읽어 주고 변화를 위한 한 팀으로 활동하도록 하는 내용으로 구성되어 있다. 자녀안심운동본부에서 가해청소년에게 실시한 학교폭력 개입프로그램으로 2박 3일의 농촌 봉사활동과 부모교육이 일부 포함된 프로그램이 있다. 정현주 등(2012)은 가해자 부모 교육으로 6회기 90분에서 110분간 진행되는 6~8명의 소집단 대상의 프로그램을 개발하였다. 현장의 요구나 부모 상황에 따라 일부 회기를 선택하는 모듈식으로 구성하였으며 주요 내용은 다음과 같다.

⟨표 11-3⟩ 학교폭력 가해자 부모교육 프로그램

회기	회기명	회기별 목표	세부내용
1	우리 아이가 왜 그랬을까요?	– 학교폭력에 대한 이해 – 부모의 어려움 공감 – 문제해결, 프로그램 참여동기 고취	– 내 옆의 학교폭력 – 우리 아이들과 학교폭력 – 다시 한번 일어서는 마음
2	우리 아이, 어디서부터 시작할까요?	– 학교폭력 경험 청소년의 어려움 이해 – 학교폭력 절차 및 조치사항 이해 – 학교폭력 해결을 위한 부모의 자세습득	– 마음에서 출발하기 – 학교폭력에 대처하는 부모의 자세
3	아이와 말이 안 통할 때는 어떡하죠?	– 자녀와의 의사소통에서 관심 갖기의 중요성 인식 – 자녀와 의사소통을 위한 경청 중요성 인식과 연습 – 공감적 대화의 중요성 인식과 연습	– 아이와 말문 트기 – 아이와 통하기
4	아이가 말을 안 들을 때는 어떡하죠?	– 자녀와의 갈등상황 탐색 – 갈등상황에서 대처방법 습득 – 칭찬 및 훈육 기술 습득	– 부글부글 100℃ – 따뜻한 40℃ – 우리 아이 보석 찾기
5	부모도 지칠 때는 어떡하죠?	– 부모의 어려움 공감 및 지지 – 부모의 사회적 지지망 인식, 활용 – 부모의 양육 자신감 증진	– 나도 괜찮은 부모! – 나의 지원부대 – 전문가 도움받기
6	앞으로 우리 아이는 어떻게 될까요?	– 프로그램 결과 점검 – 학습내용의 지속적인 실천	– Before & After – Action Plan – 전하고픈 이야기

출처: 정현주 외(2012), p. 73.

(2) 피해자 부모교육 프로그램

국내외 학교폭력 부모 교육 프로그램들은 대부분 가해자와 관련하여 연구가 이루어지고 있으며 피해자를 지원하는 부모교육은 부모자녀 간 의사소통 방식과 학교폭력 예방과 관련된 내용으로 이루어져 있다. 그러나 실제로 학교폭력으로 인한 부모의 상처와 고통은 자녀 못지않게 클 수 있다. 특히 피해자 부모의 경우, 자녀가 겪는 고통으로 인한 낙담과 소진이 크게 나타나는 것으로 보고되었다(정현주, 이호준, 김하나, 2012). 정현주 등(2012)은 이와 관련하여 부모들의 어려움에 대한 지지와 공감을 다루며 부모들이 어떻게 대처할지에 대한 정보 제공과 청소년 자녀에 대한 이해, 부모의 소진 등을 포함한 내용을 다루는 부모교육 프로그램을 제시하였다.

〈표 11-4〉 학교폭력 피해자 부모교육 프로그램

회기	회기명	회기별 목표	세부내용
1	왜 우리 아이에게 이런 일이 생겼을까요?	– 학교폭력에 대한 이해 – 부모의 어려움 공감 – 문제해결, 프로그램 참여동기 고취	– 내 옆의 학교폭력 – 우리 아이들과 학교폭력 – 다시 한번 일어서는 마음
2	왜 우리 아이가 말을 안했을까요?	– 청소년기 특성이해 – 학교폭력 피해자녀 특성 이해 – 부모와의 상호작용 점검	– 아이들 마음속에서는 무슨 일이? – 부모와는 무슨 일이?
3	부모는 무엇을 해야 할까요? – 학교생활 도와주기	– 학교폭력 대응 절차 습득 – 학교폭력 대응을 위한 정보습득 – 자녀학교생활을 위한 협력관계 조성	– 학교폭력에 대처하는 부모의 자세 – 학교폭력에 대처하는 부모의 다른 자세 – 학교폭력에 대처하는 자녀의 다른 자세
4	부모는 무엇을 해야 할까요? – 집에서 도와주기	– 자녀의 상처치유를 위한 공감의 중요성 인식 – 관심, 경청을 통한 의사소통 기술 습득 – 자녀의 강점의 발견 및 활용	– 통(通)하였느냐? – Bully Diary쓰기 – 우리 아이 보석 찾기
5	부모는 무엇을 해야할까요? 부모도 지칠 때	– 부모의 어려움 공감 및 지지 – 부모의 사회적 지지망 인식, 활용 – 부모의 양육 자신감 증진	– 나도 괜찮은 부모! – 나의 지원부대 – 전문가 도움받기
6	앞으로 우리 아이는 어떻게 될까요?	– 프로그램 결과 점검 – 학습내용의 지속적인 실천	– Before & After – Action Plan – 전하고픈 이야기

출처: 정현주 외(2012), p. 74.

2) 사후 부모상담

학교폭력 사건을 계기로 가정의 수면 밑에 있던 가족 내 갈등들이 다시 재현되거나 양육 효능감이 떨어져 가족의 기능이 제 기능을 발휘하지 못하는 경우도 있다. 이와 같은 가족 내에 존재하는 갈등은 학교에서의 다양한 상황에 따라 또다시 학교폭력이나 부적응문제로 나타날 수 있다. 따라서 학교폭력사건이 종료된 후 부모들은 가족 내의 존재하는 갈등들을 해결하고 보다 건강한 가족으로 가족의 기능을 높일 필요가 있다. 특히 폭력에 대해서 왜곡된 학습이 일어나지 않도록 새로운 폭력에 대한 규범을 만들 필요가 있으며 가정 내 폭력 요소로 인한 악순환 고리를 잘라내는 작업도 필요하다. 가족 구성원 개개인이 건강한 기능을 할 수 있도록 필요한 의사소통기술, 스트레스 관리, 분노조절 관리 등 필요한 기술이 제공될 필요가 있다.

💬 가족 내에 존재하는 갈등들

- 원가족과 미해결된 문제로 인한 부모의 내면적 갈등
- 부부 간의 대립과 갈등
- 가족 개개인을 위태롭게 하는 현재의 가족 갈등
- 자녀의 독립과 의존에 따른 갈등

💬 가족상담의 필요성 인식

- 폭력은 학습되는 것: 새로운 관계, 규범창출
- 가해청소년의 폭력적 악순환 고리 파괴
- 가족구성원의 건강성 획득을 위한 노력(의사소통기술, 스트레스 관리, 갈등 관리, 분노 관리)

---

(1) 치료적 동맹을 구축하기

이를 위하여 학교폭력 사후에 부모상담이 제공될 필요가 있다. 그러나 실제로 학교폭력 사후 상담은 잘 이루어지기가 어렵다. 다음과 같은 사례를 예로 들어보자.

14세 현민이는 학교에서 공격적인 행동으로 문제를 일으켜 처분을 받았다. 학교폭력 사건이 종료되고 처분에 따라 현민이 어머니는 상담 시간에 맞추어 현민이를 데려왔고 학교에서 요구하는 상담확인서를 가지고 방문하였다. 첫날 어머니는 자신이 처한 어려움에 대해 울면서 이야기하였다. 남편이 폭력을 행사하고 있으며 재정적인 압박을 받고 있으며 학교에 불려 갈 때마다 직장에서 어렵게 조퇴해야 하는 상황인 것이다. 현민이 학교에서 요구한 심리검사와 상담을 하는 동안 어머니도 일주일에 한 번씩 상담을 받기로 하였지만 첫 번째 온 이후 어머니는 약속을 지키지 못하였다.

현민이는 가정폭력 문제, 정서적·경제적 스트레스를 겪는 가정에서 학교폭력이 반복될 위기를 겪고 있으나 현민이 어머니는 상담 약속을 지키지 못하고 있다. 이러한 사례는 상담기관에서 매우 흔하다. 어떻게 가족이 함께 치료에 참여할 수 있을까?

먼저, 사후 부모상담을 효과적으로 진행하기 위해서는 상담자는 부모와 치료적 동맹을 구축하는 것이 중요하다. 상담자와 부모는 자녀가 일으킨 문제가 무엇을 의미하는지를 같은 관점에서 이해하여야 한다. 문제가 무엇인지 부모와 합의하기 위해서 글렌 등(Glenn et al., 2007)이 제시한 다음과 같은 질문에 답을 찾는 것은 매우 유용하다.

① 보호자는 문제를 무엇이라고 보는가?
② 자녀는 문제를 무엇이라고 보는가?
③ 보호자와 자녀는 그들의 삶에서 어떠한 변화가 일어나기를 바라는가?

문제에 대해 서로 동의하는 것이 바람직하지만 항상 처음부터 가능한 것은 아니다. 상담자는 부모의 말을 진심으로 경청하고 존중하면서 자녀와 보호자 각각과 치료적 동맹을 구축하는 것이 치료의 첫 단추가 될 것이다.

문제가 무엇인지를 서로 동의하기 시작했다면 다음 단계로 문제 해결에 대한 희망이 제시되어야 한다. 충분한 시간과 에너지, 상담의 진행과정, 성공적인 사례들과 같은 다양한 정보와 극복방안에 제시되어야 한다. 부모들은 상담과정이 어떻게 이루어질 것인지 예측할 수 있어야 하며 필요에 따라 약물치료나 다른 훈련도 함께 제시되며 그 이유도 설명해 주어야 한다. 어떠한 처치든 상담자는 부모가 궁금해하고 어려워하는 이유에 대해 듣고 상세히 설명해 줄 수 있어야 한다.

또한 현민이 어머니처럼 현실적인 부분을 고려하여야 한다. 조퇴하여서 상담을 오는 것에 대한 고려, 상담비용, 교통비용 등 실질적인 문제들도 치료적 동맹의 방해요인이 될 수 있으므로 이에 대해 상담자가 어떻게 도울 수 있는지 어떤 자원을 활용할 수 있는지 등을 제시하는 것도 필요하다.

(2) 개별 심리 교육과 상담의 제공

또한 부모 자신이 자녀에게 어떤 도움을 줄 수 있으며 어떤 영향을 미치고 있는지에 대한 기본적인 심리교육이 이루어져야 한다. 학교폭력이 발생하는 원인에 대해 가정의 영향에 대해 어느 정도 알고 있는지, 현재 가족의 기능과 양육방식은 어떠한지, 자녀의 행동특성과 심리적 특성은 어떠한지 등 다양한 심리교육이 제공될 수 있다. 재정적인 스트레스로 현민이 어머니가 겪게 되는 스트레스가 현민이에게는 어떻게 영향을 미치고 있는가? 아버지의 폭력은 현민이에게 폭력에 대한 어떤 태도를 취하게 하는가? 직장을 다니므로 어머니가 현민이와 함께 있는 시간이 적고 덜 지지적이며 이러한 점이 정서를 조절하는 현민이의 능력에 영향을 미칠 수 있다는 점을 어떻게 이해하는가? 이러한 심리적 환경과 현민이의 행동의 연결고리를 보기 시작한다면 현민이의 어머니는 현민이에게 좀 더 화를 덜 내게 될 것이고 덜 신경적으로 반응할수 있을지도 모른다. 또한 현민이를 돕기 위해 할 수 있는 구체적인 것들을 찾아 나갈 수 있을 것이다.

(3) 폭력과 학대의 문제

가정에서 폭력이나 지속적인 학대가 있을 경우 자녀에게 안전한 환경을 제공하는 즉각적인 대처가 필요할 수 있다. 이에 대해 먼저 안전한 환경에 있는지를 확인하는 작업이 필요하며 이에 따른 적절한 보호조치를 위한 연계지원이 이루어질 필요가 있다. 사회 환경으로부터 받는 위협에는 현재 겪고 있는 폭력위협, 가정폭력, 방치, 심각한 빈곤 등이 포함될 수 있다. 위협적인 사회환경에 대하여 위협적인 환경과 위험한 충동에서 보호하는 것이 일차적인 상담개입이 될 수 있다.

학대나 방임을 암시하는 증거가 있을 경우 상담자는 전문가의 의무를 다해야 하며 보고를 해야 한다. 통제를 벗어난 보호자들의 행동은 이미 보호자들도 인식하고 있기 때문에 이에 대해 상담자는 보호자가 아동을 사랑하지만 자신의 행동을 통제하기 어렵다는 사실을 인식하도록 도와주는 방식으로 치료적 관계를 맺어야 한다. 마치 자녀의 문제가 부모의 탓이라는 종교재판과 같은 형식으로 부모 상담이 이루어져서는 안 된다. 폭력과 학대 문제를 다루기 위해서는 팀을 구성하여 접근하는 것이 필요하며 다양한 지역사회 자원과 복지서비스를 연계하여 적절한 돌봄과 상담이 이루어지도록 다원적으로 접근하여야 한다.

(4) 정신건강에 대한 부모교육과 상담

때때로 학교폭력의 원인이 청소년의 여러 가지 정신건강과 관련된 문제일 수 있다. 이때 상담자는 부모에게 청소년의 정신건강 문제에 대하여 감지하고 이에 대해 적극적인 치료를 받을 수 있도록 교육과 상담이 이루어져야 한다. 가해자들에게 발견될 수 있는 공존장애로는 주의력결핍 과잉행동장애, 파괴적 행동장애(품행장애/반항성행동장애), 간헐적 폭발장애, 폭력과 관련된 외상장애 등이 있을 수 있으며 피해자들에게서는 우울증, 인터넷중독, 불안장애 등이 나타날 수 있다. 청소년에 대한 심리평가와 면담결과 정신건강상의 문제가 있는 것으로 의심되면 보다 정확한 진단을 위해 정신과 진료를 의뢰하여야 한다. 그러나 부모들이 자녀들의 정신건강 문제에 대해 수용할 준비가 되어 있지 않거나 치료에 방어적으로 나올 수 있기 때문에 부모들의 심리적 태도에 따라 필요 시 정신건강과 관련된 부모교육이 선행되고 적절한 치료를 받을 수 있도록 연계에 필요한 정보와 치료과정에 대한 정보가 제공될 필요가 있다. 특히 연계할 때는 정신과병원 및 관련 기관의 연락처, 위치, 비용, 약물치료 가능성 등 상세한 정보를 제공한다. 또한 정신과에 의뢰하는 경우 때로는 대기자로 기다려야 하는 상황이 발생할 수 있으며 검사나 치료가 곧바로 이행되지 않을 수 있음을 설명하고 치료과정에서 느껴지는 좌절을 버틸 수 있도록 치료과정에 대한 모니터링과 이에 대한 상담을 제공한다.

🗨 정신건강에 대한 보호자의 관점이 중요하다

1. 정신건강과 정신장애는 극단적인 반대가 아니라 연속선상에 있다.

그러나 이를 인식하는 사람이 많지 않다. 멀쩡한 사람도 감기나 폐렴이 생기듯 정신질환도 건강한 사람에게 언제든 일어날 수 있는 일이다. 대부분의 정신건강 문제는 신체건강과 마찬가지로 초기에 적절하게 치료하면 별문제 없이 정상적으로 복귀된다는 점을 기억하자. 그러나 많은 사람이 정신질환에 대한 낙인 때문에 정신건강 문제가 있음을 부인하거나 도움을 거절하는 경우가 있다. 정신건강은 다룰 수 있고 치료될 수 있는 문제임을 알려 주라.

2. 정신장애를 개인의 정신적인 나약함에 기인하는 것으로 치부하는 것은 매우 위험한 일이다.

많은 청소년이 정신건강의 문제로 고통을 받지만 이에 대한 부모나 지도자의 개입이 소극적이거나 지연적일 경우가 많이 있다. 치료전략은 각 개인마다 다를 수 있지만 전문적인 도움이 반드시 필요하다. 이러한 점에서 청소년의 정신건강 문제에 접근할 필요가 있다. 정신건강 문제는 개인의 의지의 문제가 아니다. 치료를 받으면 좋아질 수 있는 질병개념으로 접근하는 것이 필요하다.

3. 정신장애는 자연스럽게 없어지는 경우는 드물기 때문에 적극적인 치료가 중요하다.

따라서 정신장애를 무시하고 시간이 해결해 줄 것이라고 근거 없는 낙관을 가지는 것은 위험하다. 대신 관심 가져야 할 것은 어떤 의학적인 도움을 필요로 하는가? 약물치료와 병행하면서 상담과 생활관리가 이루어져야 하는가? 등이다. 독감을 방치하면 폐렴이 될 수 있는 것처럼 내담자가 처한 환경과 스트레스 등을 점검하여 좀 더 보호적이고 건강한 환경을 제공하는 데 적극적이어야 할 필요가 있다.

4. 정신건강을 다루기 위해서는 정신건강에 대한 선입견과 두려움을 확인하고 이를 다룰 수 있는 문제로 만들어야 한다.

실제로 정신건강적인 문제를 가진 많은 사람이 생산적인 삶을 살고 있다. 우리가 알고 있는 많은 위대한 사람들, 예를 들면 에디슨, 윈스턴 처칠, 부시 대통령 등 우울증이나 ADHD와 같은 질병을 갖고 있었지만 성공적인 삶을 살았다. 마치 '암'이나 '고혈압'을 걸려도 그 질환을 잘 관리하면 장수할 수 있고 행복할 수 있는 것과 같은 이치이다. 이를 위해서는 질병을 인정하고 받아들이고 적극적으로 치료하며 질병과 더불어 건강하게 살아가는 법을 배울 때 가능한 일이다.

출처: 오혜영 외(2012), p. 355.

(5) 부모의 심리적 어려움에 대한 지원

때때로 보호자들은 자신이 자녀를 보호하지 못했다는 죄책감으로 인해 청소년의 경험을 듣는 것을 어려워한다. 자녀들이 겪는 어려움을 인식하고서 오히려 자신들이 가진 정신건강적 문제나 심리적 상처가 가중되기도 한다. 부모가 원부모로부터 받은 심리적 상처와 가정 내에서 겪었던 심리적 좌절 등이 함께 올라와 자녀의 문제를 다루는 것을 방해할 수 있다. 따라서 자녀를 돕기 위해서 때로는 보호자가 가진 정서적인 문제를 다루어야 할 필요가 있다. 청소년의 자기조절을 도울 수 있도록 보호자를 지원하기 위해서 보호자가 처한 심리적 어려움에 대해 심층 상담을 제공한다.

1. 학교폭력이 일어날 수 있는 가정적 요인을 토대로 학교폭력의 공격적 패턴과 피해 패턴의 발달과정을 토론해 봅시다.

2. 학교폭력을 예방하기 위한 학령기별 가정 내 규칙과 활동을 토의해 봅시다.

3. 학교폭력 가해·피해 부모와 상담 시 상담자가 유의할 점을 토의해 봅시다.

참고문헌

강경옥, 조춘범, 김정화(2019). 부모-자녀 의사소통방식이 사이버폭력 가해행동에 미치는 영향: 청소년의 공감능력 매개효과를 중심으로. 성결대학교 사회복지대학원. 63, 225-245.

강진령, 유형근(2002). 집단 괴롭힘. 서울: 학지사.

곽영길(2007). 학교폭력 피해에 대한 인식과 경험에 관한 연구. 동국대학교 대학원 박사학위논문.

고성희 (2009). 한국형 부모-자녀관계 유형과 학교생활 적응의 관계. 강원대학교 대학원 석사학위 청구논문.

고성혜, 이완수, 정진희, 송말희(2003). '학교폭력 가해학생 선도. 교육 프로그램 모형' 개발. 청소년보호위원회.

고수연, 배성만(2018). 부모의 방임적 양육태도가 초기 청소년의 사이버불링 피해에 미치는 영향. 청소년학연구, 25(9), 203-224.

교육과학기술부, 한국교육개발원(2012). 2012 학교폭력 실태 전수조사 결과 중간 발표. www.emst.go.kr.

교육부(2021). 2020년 학교폭력 실태조사결과 발표. http://www.moe.go.kr.

김경(2010). 청소년 비행행동에 있어서 부모요인과 친구요인의 상호작용 효과에 관한 연구. 청소년복지연구, 12(4), 1-21.

김경년(2021). 학교폭력에서 지배성 매개요소 및 학급내 불평등한 지위구조의 영향. 교육사회학연구, 31(2), 1-30.

김민아, 안윤정(2021). 초기 청소년이 지각한 부모양육태도와 사이버폭력 가해경험: 공격성 매개효과와 교사 및 또래 관계의 조절된 매개효과. 학교사회복지, 53, 375-400.

김명자(2002). 청소년의 학교폭력행위 예측모형. 전남대학교 박사학위논문.

김연, 황혜정(2005). 부모와 자녀가 지각한 촉진적 의사소통이 아동의 문제행동에 미치는 영향, 열린유아교육연구, 10(4), 69-88.

김재엽, 정윤경(2007). 부모의 양육태도와 청소년의 공격성 및 폭력행동과의 관계. 청소년학연구, 14(5), 169-197.

김재엽, 장용언, 민지아(2001). 학교폭력 피해경험이 청소년의 학교적응에 미치는 영향: 부모-자녀 의사소통의 조절효과. 청소년학연구, 18(7), 209-234.

김재영(2005). 실업계 고교에서의 가정폭력 경험과 학교폭력의 관계에 관한 연구. 대전대학교 석사학위논문.

김정옥, 장덕희(1999). 가정폭력이 청소년 학교폭력에 미치는 영향, 한국가족관계학회지, 4(2), 153-186.

김주형, 남정자, 전희순(1992). 한국 청소년의 자살기도에 관한 역학적 연구. 보건사회논

집, 12(1), 194-207.

김혜원(2013). 청소년 학교폭력: 이해 · 예방 · 개입을 위한 지침서, 서울: 학지사.

김혜원, 조성현, 김민(2010). 청소년 삶의 만족도에 대한 공부 중요성 인식, 공부압력과 성공압력의 영향력 및 부모-자녀 의사소통의 중재효과. 대한가정학회, 48(5), 49-60.

노충래, 이신옥(2003). 중학생의 학교폭력에 영향을 미치는 요인에 관한 연구: 부부폭력 목 경험, 아동학대 피해경험, 내적통제감 및 학교생활을 중심으로. 학교사회복지, 6, 1-35.

도기봉(2008). 학교폭력에 영향을 미치는 학교요인에 대한 부모양육태도의 조절효과. 사회복지개발연구, 14(4), 309-326.

도현심, 권정임, 박보경, 홍성훈, 홍주영, 황영은(2003). 또래괴롭힘 피해아의 특성에 기초한 중재프로그램의 개발: 부모교육 프로그램과 사회적 기술훈련 프로그램을 중심으로. 아동학회지, 24(4), 103-121.

도현심, 최미경(1998). 어머니의 양육행동 및 또래경험과 아동의 자아존중감과의 관계. 아동학회지, 19(2). 19-33.

두정일(2010). 파괴적 행동문제가 있는 아동과 부모를 대상으로 실시한 집단 부모-아동 상호작용 치료 프로그램 효과 검증. 한양대학교 대학원 박사학위논문.

문재현 외 12인(2012). 학교폭력 어떻게 만들어지는가. 서울: 도서출판 살림터

문제현 외 12인(2012). 학교폭력 멈춰!. 서울: 도서출판 살림터.

박경숙, 손휘권, 송혜정(1998). 학생의 왕따(집단따돌림 및 괴롭힘) 현상에 관한 연구. 서울: 한국교육개발원.

박경일, 이상주, 권기형(2004). 부모 양육태도와 귀인성향 및 청소년 비행과의 관계에 관한 연구. 한국가족복지학, 14, 177-201.

박영신, 김의철(2001). 학교폭력과 인간관계 및 청소년의 심리 행동특성: 폭력가해, 폭력 피해, 폭력무경험 집단의 비교를 중심으로. 한국심리학회지: 사회문제, 7(1), 63-89.

박애선(2016). 어머니의 양육태도가 학교폭력 피해경험에 미치는 영향: 또래애착관계의 매개 효과. 한국웰니스학회지, 11(1), 97-106.

박정녀, 최해림(2005). 청소년의 부 · 모 애착과 자동적 사고 및 공격성. 한국심리학회지: 상담 및 심리치료, 17(1), 249-264.

박효정(2005). 학교폭력 절대불가 선언, 성인책임 강조. 교육개발, 32(5), 101-107.

반지윤, 오인수(2020). 중학생이 지각한 부정적 부모 양육태도가 공격성을 매개로 사이버폭력가해경험에 미치는 영향: 성별 다중집단분석적용. 한국청소년연구, 31(1), 129-156.

서울특별시 자녀안심운동 서울협의회(2000). 청소년 문제행동의 이해.

소수연, 안지영, 양대희, 김경민(2014). 초기 청소년기의 변화에 대한 부모-자녀의 인식에 관한 연구: 청소년 · 부모 FGI를 중심으로. 청소년상담연구, 22(1), 247-279.

송유정, 이소연(2020). 남녀 청소년의 냉담-무정서 특질과 학교폭력 가해행동의 관계에 서 부모-자녀관계의 조절효과. 한국청소년연구, 31(4), 137-165.

송호창, 오윤자(2006). 청소년이 지각한 부·모애착과 청소년의 비행. 한국가족관계학회 지, 11(2), 151-173.

신희경(2006). 가해 청소년, 피해 청소년, 가해/피해 청소년 집단유형의 발달에 영향을 미치는 변인. 한국청소년연구, 17(1), 297-323.

아영아, 정원철(2007). 부모위험요인이 학교폭력 가해행위에 이르는 발달경로. 청소년학 연구, 14(3), 29-52.

오창순, 송미숙(2004). 부모의 양육태도가 학교폭력에 미치는 영향. 학교사회복지, 7, 136-161.

오혜영, 박현진, 공윤정, 김범구, 양대희, 최영희, 성벼리, 이정실(2012). 학업중단청소년 유형별 상담 매뉴얼. 한국청소년상담원.

오혜영, 전연진, 강석영, 이대형, 한지현, 채중민, 김수희(2009). 학교폭력 학부모개입지 침서. 한국청소년상담원.

오혜영, 금명자, 조은경, 신주연, 백현주(2005). 학교폭력 예방 및 대처를 위한 연계체제 구축방안. 한국청소년상담원.

유청우(2016). 청소년이 지각한 부모의 양육태도와 학교폭력 가.피해경험과의 관계. 전 북대학교 대학원 석사학위 청구논문.

이경님(2003). 청소년의 애착과 우울이 비행에 미치는 영향. 한국생활과학회지, 12(1), 1-13.

이덕진(2007). 가정폭력이 청소년의 학교폭력에 미치는 영향에 관한 연구. 남부대학교 석사학위논문.

이상균(2005). 청소년의 또래폭력 가해경험에 대한 생태체계적 영향 요인. 한국아동복지 학, 19, 141-170.

이유진, 이창훈, 강지명, 이상희(2014). 학교폭력 해결을 위한 회복적 정의모델 도입방안 연구. 한국청소년정책연구원 연구보고서, 1-341.

이은희, 공수자, 이정숙(2004). 청소년들의 가정, 학교, 지역의 심리사회적 환경과 학교폭 력과의 관계, 한국심리학회지 상담 및 심리치료 16(1), 123-145.

이춘재, 곽금주(1999). 이혼과 적응: 심리, 사회, 법률적 조명. 제4회 한국인간발달학회 학 술 심포지움 논문집.

이현림, 김말선, 박춘자(2012). 학교폭력상담의 이론과 실제. 경기: 한국학술정보(주).

임정란, 임경희, 전영국(2019). 한 대학생의 학교폭력 피해경험 및 회복 과정에 관한 질적 사례 탐구. 순천대학교. 5(3), 175-205.

정종진(2012). 학교폭력상담 05: 이론과 실제편, 서울: 학지사.

정현주, 이호준, 김하나(2012). 학교폭력 가/피해자 부모교육 프로그램 개발. 한국청소년상담 복지개발원.

정지선(2021). 청소년의 자살생각에 영향을 주는 요인: 학교폭력 피해 유형, 부모방임, 외로움을 중심으로. 인문사회21, 12(1), 26-46.

조유진(2005). 집단괴롭힘 목격과 피해경험의 가해화 경로에 대한 중재요인. 숙명여자대학교 대학원 박사학위논문.

조혜진(2003). 또래괴롭힘의 피해요인 연구. 숙명여자대학교 대학원 석사학위논문.

지영환(2013). 학교폭력학. 서울: 도서출판 그린.

청소년폭력예방재단(1996). 학교폭력, 고통 받는 아이들을 위해 무엇을 할 것인가? 예방에서 대책까지. 서울: 한울림.

최인재(2007). 한국형 부모-자녀관계 척도 개발 연구. 청소년상담연구, 15(2), 45-56.

한국지능정보사회진흥원(2020). 2020 사이버폭력실태조사.

한국청소년개발원(1999). 청소년폭력 가해자와 가해집단에 관한 연구. 연구보고 99-R 42.

황창순 (2006). 초기 청소년기의 부모 및 또래애착과 애착의 변화. 한국청소년연구, 17(1), 201-225.

Baldry, A. C. (2003). Bullying in schools and exposure to domestic violence. *Child Abuse & Neglect, 27*(7), 713-732.

Barber, B. K., Olsen, J. E. (1997). Socialization in context Connection, regulation, and autonomy in the family, school, and neighborhood, and with peers. *Journal of Adolescent Research, 12*(2), 287-315.

Bernstein, J. Y., & Watson, M. W. (1997). Children who are targets of bullying: A victim pattern. *Journal of Interpersonal Violence, 12*(4), 483-198.

Bond, L., Carlin, J. B., Thomas, L., Rubin, K., & Patton, G. (2001). Does bullying cause emotional problems? A prospective study of young teenagers. *British Medical Journal, 323.* 480-484.

Borba, M. (2002). *Building moral intelligence: The seven essential virtues that teach kids to do the right thing.* San Francisco, CA: Jossey-Bass.

Branstertter, S. A. (2005). *Parent-adolescent attachment, relationship qualities and monitoring: The influence of substance use and consequences.* Unpublished doctoral dissertation, University of Denver.

Burke, K., Brennan L., & Roney, S. (2010). A randomised controlled trial of the efficacy of the ABCD Parenting Young Adolescents Program: rationale and methodology. *Child and Adolescent Psychiatry and Mental Health. 4*(22). 1-15.

Carney, A. G., & Merrell, K. W. (2001). Bullying in schools: Perspectives on understanding and preventing an international problem. *School Psychology International, 22*, 364-382.

Conners-Burrow, N. A., Johnson, D. L., Whiteside-Mansell, L. Mckelvey, L., &

Gargus, R. A. (2009). Adults matter: Protecting children from the negative impacts of bullying. *Psychology in the Schools, 46*, 593-604.

Craig, W. M., Peters, R. D., & Konarski, R. (1998). Bullying and victimization among Canadian school children. *Applied research branch strategic policy.* Human Resources Development Canada.

Curter-Smith, M. E., Culp, A. M. Culp, R., Scheib, C., Owen, K., Tilly, A., Murphy, M., Parkman, L., & Coleman, P. W. (2006). Mother's parenting and young economically disadvantaged children's relational and overt bullying. *Journal of child and Family Studies, 15*(2), 181-193.

Espelage, D. L., Bosworth, K., & Simon, T. R. (2000). Examining the social context of bullying behaviors in early adolescence. *Journal of Counselling and Development, 78*, 326-333.

Farrell, A. D., Henry, D. B., Schoeny, M. E., Bettencourt, A., & Tolan, P. H. (2010). Normative beliefs and self-efficacy for nonviolence as moderators of peer, school, and parental risk factors for aggression in early adolescence. *Journal of Clinicial Child & Adolescent Psychology. 39*(6), 800-813.

Furman, D., & Buhrmester, D. (1992). Age and sex differences in perceptions of networks of person relationships. *Child Development, 63*(1), 103-115.

Glenn N. Saxe, B.Heidi Ellis, Julie B. Kaplow(2007). *Collaborative Treatment of Traumatized Children and Teens: The Trauma Systems Therapy Approach.* (김동일 역. 아동 · 청소년 위기상담). 서울: 학지사.

Georgiou, S. N. (2008). Parental style and child bullying and victimization experiences at school. *Social Psychological Education, 11*, 213-227.

Greenbaum, S., Turner, B., & Stephens, R. (1989). *Set straight on bullies, Malibu.* CA: National school Safety Center.

Hower, J. T., & Edwards, K. J. (1979)."The relationship between moral character and adolescents' perception of parental behavior. *Journal of Genetic Psychology, 135*(1), 23-32.

Hunter, S. C., Boyle, J. M. E., & Warden, D. (2004). Help-seeking amongst child and adolescent victims of peer-aggression and bullying: The influence of the school-stage, gender, victimization, appraisal, and emotion. *British Journal of Educational Psychology, 34*, 267-283.

Kazdin, A. E. (1987). Treatment antisocial behavior in children: Current status and future directions. *Psychological Bulletin, 102*(2), 187-203.

Loeber, R., & Stouthamer-Lober, M. (1998). Development of juvenile aggression and violence: Some common misconceptions and controversies. *American*

Psychologist, 53(2), 242-259.

Lollis, S., & Kuczynski, L. (1997). Beyond one hand clapping: Seeing bidirectionality in parent-child relation. *Journal of Social and Personal Relations, 14*(4), 441-461.

Macklem, G. L. (2003). *Bullying and teasing: Social power in children's groups.* Kluwer Academic Pub.

Olweus, D. (1995). Bullying or peer abuse at school: Facts and intervention. *Current Directions in Psychological Science, 4,* 196-200.

Olweus, D. (1993). *Bullying at school: What we know and what we can do.* Oxford, UK: Blackwell Publishers.

Olweus, D. (1978). *Aggression in the schools, Bullies and whipping boys.* Washington, D. C.: Hemisphere(Wiley).

Rigby, K., & Barnes, A. (2002). To tell or not to tell: The victimized student's dilemma. *Youth Studies Australia*, 21, 33-36.

Rigby, K. J. (2008). *Children and Bullying: How parents and educators can reduce bullying at school.* Malden, MA: Blackwell.

Amstutz, L. S., & Mullet, J. H. (2011). 학교현장을 위한 회복적 학생생활지도. 이재영, 정용진 역. 서울: Korea Anabaptist Press.

Smokowski, P. R., & Kopasz, K. H. (2005). Bullying in school: An overview of types, effects, family characteristics, and intervention strategies. *Children & Schools, 27*(2), 101-110.

Thaxton, S., & Agnes, R. (2004). The non-linear effects of parental and teacher attachment on delinquency: Disentangling strain from social control explanations. *Justice Quarterly, 21*(4), 763-791.

Thomas, J. (2011). Parent's guide to preventing and responding to bullying. School Bullying Council.

Walgrave, L. (2004). Restoration in Youth Justice in M. Tonry & A. N. Doob (Eds.), *Youth Crime and Youth Justice.* The University of Chicago Press.

Vivona (2000). Parental attachment styles of late Adolescents: Qualities of attachment relationships and consequences for adjustment. *Journal of Counseling Psychology, 47,* 316-329.

Zehr, H. (1990). *Changing Lenses: A New focus for crime and justice.* Scottdale, PA: Herald Press.

연합뉴스(2012). 복수담임·일진경보제 도입…대입에 인성반영, https://www.yna.co.kr/view/AKR20120205064500004(2012. 02. 06).

MBC뉴스(2013). '일진경보학교' 선정부터 부실..조사참여율 높으면 제외, https://

imnews.imbc.com/replay/2013/nwdesk/article/3302121_30357.html (2013. 06. 26).

조선에듀(2020). 부모가 '온라인 그루밍'을 모르면 안되는 이유, http://edu.chosun.com/site/data/html_dir/2020/12/09/2020120900725.html?form=MY01SV&OCID=MY01SV (2020. 12.09).

www.olweus.org

www.stopbullying.re.kr

www.parents.go.kr

www.stopbullying.re.kr

www.violencepreventionworks.org

https://goo.gl/uabT9f

학교폭력 분쟁조정의 이해와 실제

이 장에서는 학교폭력이 발생한 뒤 일어나는 다양한 갈등과 분쟁에 대한 효과적인 조정의 원활한 진행을 돕기 위한 분쟁조정에 대해 살펴볼 것이다. 학교폭력 발생 시 학생, 학부모, 학교, 세 주체 간의 복합적인 갈등과 분쟁을 조기에 개입·지원하여 원만한 문제해결을 위한 분쟁 조정의 필요성과 중요성이 부각되고 있다. 이에 이 장은 푸른나무재단(구, 청소년폭력예방재단/이하, 푸른나무재단)에서 연구 및 개발되어 실제 진행되고 있는 학교폭력 분쟁조정 모델과 진행 단계를 바탕으로 분쟁조정의 필요성 및 중요성, 법률적 진행절차, 진행 모델 및 단계, 실제 사례를 적용한 예를 살펴보고, 학교폭력 발생 시 분쟁조정의 다양한 역할에 대해 알아볼 것이다.

1. 학교폭력 분쟁조정의 이해

1) 학교폭력 분쟁조정의 정의

학교폭력 발생 후 피해학생의 보호와 치료, 가해학생의 조치와 선도교육 등 사안처리 및 과정과 절차에 있어서 학생, 학부모, 학교 간에 심리적 · 사회적 · 경제적으로 발생된 문제와 가해 · 피해학생 보호 및 조치, 민 · 형사 및 행정 소송에 이르기까지 다양하고 복잡한 갈등이 발생할 수 있으며, 원만히 해결되지 않을 시 분쟁으로 확대된다. 대부분의 갈등 및 분쟁 사례의 발단은 발생 즉시 초기 대응의 미숙으로 인해 시작된 사례가 다수이며, 자세히 살펴보면 이러한 경우들은 양측 간의 감정적 불안과 양측 욕구 또는 요구의 변화로 인한 오해와 의심이 있을 때, 초기 대응에 실패할 때, 사안처리 절차에 대한 불신과 은폐, 축소 의혹을 가질 때, 당사자들 간의 피해에 대한 이해와 손해배상 욕구 차이가 클때, 한 측의 심리적 · 신체적 피해가 클 때, 주위의 잘못된 정보로 인한 오해와 불신이 클 때, 학교의 사안처리 자세와 태도가 비협조적일 때로 나타났다. 이렇듯 학교폭력 갈등은 학생들 간의 문제로 시작하여 당사자들의 화해, 관계개선, 치료, 학교적응, 회복, 폭력의 재발 방지를 위해 집중적으로 문제해결을 해 나가야 함에도 불구하고, 학교폭력 관계자들의 감정적 대립과 당사자들의 비협조적인 태도로 원만한 대화와 합의 과정이 늦어지게 된다. 따라서 이러한 경우에 제3의 객관성 · 중립성 · 공정성 · 전문성을 갖춘 전문가 또는 전문기관의 조정이 필요하다.

푸른나무재단 학교폭력 SOS지원단[1] 사업결과 보고서에 의하면, 학교폭력 분쟁조정에 대한 현장의 수요가 5차 연도[2] 505건에서 6차 연도엔 1,191건으로 증가했다고 보고하고 있다. 현장출동에 대한 요청은 피해학생, 가해학생, 학교 순

---

1) 학교폭력SOS지원단에서 진행한 학교폭력 화해 · 분쟁조정 사업은 2007년부터 교육부와 협약을 맺고 학교폭력으로 인한 피해 · 가해 · 학교(교사)측 세 주체 사이에서 일어나는 다양한 갈등과 분쟁 문제들을 해결하고 조정을 지원하는 사업임.
2) 5차 연도(2011년 3~12월, 총 9개월), 6차 연도(2012년 1~10월, 총 10개월)

으로 중학생 사안이 51.7%, 초등학생 30.6%, 고등학교 16.5%, 기타 1.2%로 나타나고 있다. 신청자들의 주된 호소로는 가해학생 처벌, 피해학생 보호조치, 조정의 어려움, 합의금 조정, 치료비였다. 또한 주요 특징으로는 학교폭력 유형, 학교 유형 또는 손해배상 필요성의 유무에 상관없이 당사자들 간의 입장 및 이해 차이로 인한 갈등과 학생들 간의 갈등 사안임에도 불구하고, 학부모 간의 갈등이 더욱 심각함을 보고하고 있다. 분쟁조정을 위한 주요 지원서비스는 긴급출동, 사안처리 관련 자문 및 컨설팅, 갈등코칭, 화해조정, 분쟁조정, 법률상담 등으로 도움을 받은 대상자들은 사안처리에 대한 공정함 및 구체적인 지원 방안과 동시에 양측의 입장을 헤아리는 데 도움이 되었고, 관계회복과 합의금 조정에 도움이 되었다고 보고하고 있다.

　학교폭력 발생 후 분쟁조정은 관련 당사자들 간의 화해와 회복뿐만 아니라 지속적인 사례관리로 개인의 인지 및 행동변화와 치유, 가족의 갈등해결 능력 향상, 학교 차원에서의 학교폭력에 대한 이해와 사안처리 능력 강화, 지역사회 내의 회복을 위한 각종 프로그램이 요구된다.

　학교폭력 분쟁조정의 주요 지원서비스로는 학교폭력 갈등코칭 및 관리로서 학교폭력 갈등 발생 시 양측 간의 이해관계 미숙 또는 오해로 다툼이 발생하고, 원활하지 않은 의사소통으로 어려움을 겪을 때 학생, 학부모, 교사의 갈등해결 능력을 향상시켜 심각한 분쟁으로 확대되는 것을 방지하기 위하여 각 주체의 대상자들에게 갈등 원인별로 발생하는 감정적 및 행동별 대응방법에 대한 조언 및 상담을 제공·지원한다. 지원 방법으로는 전화, 면접상담, 현장출동, 사안처리 정보 제공, 법률상담, 학교폭력 예방 컨설팅 등을 들 수 있다. 학교폭력 갈등 당

〈표 12-1〉 갈등 원인별 대응법

갈등 유형	감정적·행동적 대응법
신체적 욕구	격리, 보호, 치료,
심리적 욕구	안전, 보호, 치료 등 현재의 욕구 파악
사회적 욕구	또래관계 계선하기, 인정, 사과, 화해, 주위 소문 방지
재정적 욕구	치료비, 수술비 등에 대한 객관성 확보
처벌적 욕구	조치 갈등, 가해자에 대한 처벌 욕구, 전학, 퇴학 등 사안처리 설명
학교 불신	공정하고 객관적·중립적인 자세로 양측 대하기

사자 또는 중재기능을 하는 개인 및 기관에 도움을 제공한다.

2) 학교폭력 분쟁조정의 유형

(1) 학교폭력 화해조정[3]

학교폭력 화해조정이란 학교폭력으로 인해 발생한 또래 간의 갈등에 대해 전문적이고 중립적인 제3자(조정자)가 개입하여 사안에 대해 이해하고, 사실에 기반을 둔 갈등요소 및 학교폭력 가해·피해학생 각각의 손상된 욕구, 정서 등에 대해 파악하여 이에 적합한 집단 프로그램을 활용하여 당사자 간의 이해 증진, 사실에 대한 오해, 감정 및 의사표현의 기회를 제공하여 또래 간의 진정한 사과와 화해 과정을 경험한 후 관계 개선과 학교폭력 보복행위, 가해·피해 재발을 방지하고 상처를 치유하는 과정을 의미한다.

학교폭력 발생 후 사안처리에만 국한한 나머지 관련 당사자들은 감정적 갈등이나 오해 등이 해결되지 않아 학교생활과 적응이 어렵고, 또래 간의 어려움과 관계악화를 호소하며 이는 이후 2, 3차 피해가 발생하여 회복과 치유를 방해할 수 있다.

화해조정의 대상은 오해와 갈등이 있는 학생으로서 다음과 같은 경우에 적절하다.

- 관련 학생 혹은 학부모들이 의사소통의 어려움으로 갈등이 점차 심화되는 경우
- 관련 학생들 간의 이해 미숙, 오해로 다툼이 발생하여 양측이 화해를 원할 때
- 사안이 경미한데 반해 양측의 감정적 충돌이 발생할 때
- 행정적 학교폭력 사안처리는 해결되었지만 서로 감정적 상처가 있는 경우
- 가해·피해 측의 충분한 의견 진술 및 반영 절차가 이루어지지 않을 경우

---

3) 2019년 9월 「학교폭력 예방 및 대책에 관한 법률」이 일부 개정되어 학교의 장의 자체해결 조항이 신설되었고, 동법 시행령 제14조의3에서 학교의 장은 법률 제13조의2 제1항에 따라 학교폭력 사건을 자체적으로 해결하는 경우 피해학생과 가해학생 간에 학교폭력이 다시 발생하지 않도록 노력해야 하며, 필요한 경우에는 피해학생·가해학생 및 그 보호자 간의 관계 회복을 위한 프로그램을 운영할 수 있다고 명시하였다. 또한 사안 처리 전 과정에서 필요시 학교는 관계회복 프로그램을 운영할 수 있으며, 관련학생 및 보호자에게 관계회복 프로그램에 대해 안내할 수 있다고 하였다.

(2) 학교폭력 분쟁조정

학교폭력 분쟁조정이란 소송에 대한 대체적 분쟁해결 수단으로서 제3자의 개입을 통해 분쟁 당사자가 자율적으로 합의에 이르게 하는 제도를 말한다. 분쟁조정은 소송에 비해 신속하고 효율적으로 진행되며, 비공개로 진행되기 때문에 당사자의 사생활을 보호받을 수 있다는 장점이 있다. 단, 분쟁조정은 당사자 중 어느 한쪽이 거부하면 합의가 이루어지지 않으며, 당사자들이 합의했다 하더라도 그 합의에 법적 구속력이 없다.

「학교폭력 예방 및 대책에 관한 법률」 제18조 3항에 따르면, 피해학생과 가해학생 간 또는 그 보호자 간의 손해배상과 관련된 합의조정 및 그 밖에 심의위원회가 필요하다고 인정하는 사항을 학교폭력 분쟁조정에 포함하고 있다. 분쟁조정 전문가의 도움을 통한 상호 갈등 원인과 기대하는 결과에 대한 인식 차이의 좁힘, 감정적 격앙 방지, 개별 당사자의 가치관, 규범, 기대, 희망에 대한 존중적 의사소통, 사실에 대한 객관적 접근, 감정에 대한 정서적 접근, 절차에 대한 공정함과 공평함이 필요하며, 분쟁당사자들 간의 균형을 유지하여 공통적 합의를 도출하고 약속하며 그 이행을 돕는다. 분쟁조정의 과정과 궁극적 목적은 중립적 제3자의 조정을 통하여 학교폭력 관련 당사자들의 이해증진, 상처 최소화, 치유와 회복에 도움이 되는 의사소통 과정으로 당사자들 간의 불필요한 감정적 대립을 최소화하는 규칙을 집행하여 대화로서 문제해결에 대한 의지와 의사결정력을 높여야 한다.

3) 학교폭력 분쟁조정의 목적

학교폭력 분쟁조정은 사안 발생시 신속하고 공정한 학교폭력 사안처리 진행과 더불어 양측 학생들의 관계회복을 도와 관련 학교 및 일상생활에 적응과 안정적인 대인관계 등 심리정서적 피해를 최소화하고 폭력행위로 인한 결과에 대한 손해배상을 할 수 있도록 돕는 데 목적이 있다. 또한 관련 당사자들을 대상으로 상호 간의 입장 이해와 갈등 해소, 관계개선 및 회복, 원만한 합의, 학교적응을 목표로 각 주체 간의 욕구의 차이를 줄이고, 사건 및 사람을 객관화하고 합의된 내용을 행동으로 이행하게 하여 세 주체(학생, 학부모, 교사) 간의 교육적 신뢰를 회복하도록 한다.

- 또래 간의 관계개선 및 회복을 통한 심리·정서적 안정 및 학교와 일상생활, 또래(교우)관계 등의 안정적 적응과 신속한 복귀 등을 조력한다.
- **학교폭력 발생 후 조기에 신속하고 원만한 초기대응으로 교육 세 주체 간의 갈등심화를 예방하고 당사자들 간의 신뢰회복을 돕는다.**
- 가해학생이 저지른 행위로 인한 피해학생의 고통을 이해하고, 가해행위의 결과에 대해 책임을 가지도록 돕는다.
- 가해·피해학생 부모의 심리적 어려움에 대해 지원한다.
- 신체적 피해, 금전적 손상, 정신적 피해 회복을 위한 손해배상 책임과 이행을 돕는다.
- 추가적인 가해·피해를 방지하고 학교폭력 위기로 인한 신체적·심리정서적·사회적 손상을 최소화시킨다.
- 신속하고 공정한 학교폭력 사안처리 진행과 종결을 도와 관련 학생들의 학교생활 적응 및 안정적인 대인관계, 학업을 지속하도록 심리정서적 피해를 최소화하도록 돕는다.
- 안전한 사회구성원으로 성장할 수 있도록 예방적 환경을 조성한다.
- 학교폭력 관련 당사자에게 객관적이고 전문적인 갈등코칭 및 관리를 통해 학교폭력 재발을 방지한다.
- 학교폭력 관련 당사자들이 가해·피해학생 보호와 조치 결정에 대한 이해를 도와 조치불만과 2, 3차 갈등 및 법적 소송을 방지한다.

4) 학교폭력 분쟁조정의 필요성

학교폭력으로 인한 복합적인 분쟁과 갈등상황들이 갈수록 심해지고 이로 인해 학생, 학부모, 학교들이 어려움을 겪는 사례가 증가하여 이에 대한 전문적 조정과 해결을 위한 접근이 필요하다. 이를 위해 심리적·신체적·사회적 상처 치유와 긍정적인 자아회복을 돕고, 학교생활의 적응을 도우며, 다시 폭력의 피해자와 가해자가 되지 않도록 재발방지를 돕고 조정하는 역할이 필요하다. 따라서 이 과정을 처리하는 제3의 개인 또는 기관은 단순히 조정 역할이나 책임을 떠맡은 것이 아닌 학교폭력에 대한 정보, 올바른 개념 확립, 법률 숙지, 다양한 사례 경험과 조정 전문성을 갖춘 개입을 통해 학교폭력 관련 대상자에게 객관성, 신뢰성, 공정성을 기반으로 전문적 조정 지원을 제공함으로써 원만한 분쟁 해결을 도모하고 균형적으로 회복하도록 하는 것이 필요하다.

- 학교폭력 사안처리 과정에서 원만한 해결이 되지 않을 때 가해·피해학생 뿐만 아니라, 학부모와 학교 간의 욕구 차이로 인한 분쟁이 복합적으로 발생되는데, 이때 중립적인 제3자가 분쟁 당사자들의 이해관계를 충족시키기 위해 서로 조율할 수 있도록 돕는 과정이 필요하다.
- 가해·피해학생을 포함한 학부모, 학교 등 여러 주체가 한 사안에 연루되어 있는 학교폭력 특성상 각 주체에 대한 개별적인 개입뿐만 아니라 주체들 간의 관계에서 발생하는 역동을 이해하는 것이 필요하다.
- 학교폭력 사안처리 과정에 대한 기대가 세 주체 간의 분쟁해결에 대한 단편적인 합의 및 문제해결에서 감정적 갈등해소와 진정한 화해와 적응, 치유, 회복을 위한 심층적이고 통합적인 지원이 필요하다.
- 공정성·전문성·신뢰성 있는 역할로서 가해·피해 학부모와 학생들까지 모두 중립적으로 지원 및 조정할 수 있도록 개입하여 공정성을 확보하고, 분쟁의 근본적 원인을 규명하는 것이 필요하다.
- 학교폭력 갈등 발생 시 양측 간의 이해관계 미숙, 오해로 다툼이 발생하여 양측이 화해를 원할 때 학생, 학부모, 교사의 갈등해결 능력을 향상시켜 심각한 분쟁으로 확대되는 것을 방지하기 위하여 각 주체의 대상자들에게 나타나는 갈등 유형별 감정적 및 행동별 대응방법에 대해 조언, 상담을 제공·지원하는 것이 필요하다.

5) 학교폭력 분쟁조정의 접근

(1) 분쟁조정은 문제보다 해결에 집중한 긍정적 관점과 갈등 당사자의 강점에 중심을 둔 제3자의 문제해결을 돕는 과정이다

학교폭력 당사자 또는 가족은 심리·정서적인 불안, 두려움, 우울, 위축, 죄책감을 호소하고, 특히 억울함, 분함, 사안처리에 대한 불만과 불평, 사실에 대한 오해와 의혹, 자녀의 미래에 대한 불안과 걱정으로 타인과 의사소통, 타협, 협의가 어려우며 대처 방법에도 어려움을 겪는다. 이때는 내담자의 문제에 치우

친 접근보다는 학교폭력 문제해결을 위한 강점이나 이들이 가진 심리정서적, 대
인관계적, 가족적 자원을 적극 발견하여 성공적인 대처방법을 효율적으로 사용
할 수 있도록 도와야 한다. 공감, 위로, 지지와 격려, 용기, 동의, 신뢰, 친밀함을
받는 과정(Klappenbach, 2011)에서 학교폭력으로 인한 상처를 최소화할 수 있으
며, 자아존중감을 잃지 않을 때 이성적이고 합리적인 판단에 근거한 문제해결능
력을 향상시킬 수 있다. 이때 경청과 공감을 통한 존중의 자세, 비언어적 태도에
주의하며, 미래지향적인 질문이 도움이 된다.

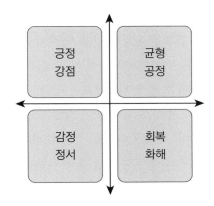

[그림 12-1] 학교폭력 분쟁조정 주요모델

(2) 갈등 당사자가 전달하고자 하는 내용과 감정이 일치하도록 정서적 대화
    와 감정적 표현을 도운다

푸른나무재단 학교폭력 SOS지원단 5차 연도 보고서에서 갈등 당사자의 만족
도 조사에 의하면 '학교폭력 SOS지원단의 긴급출동을 통한 상담 후 학생이 심
리적으로 안정되었다.' '아이들에 대한 지지, 격려가 도움이 되었다.' '상담자와
얘기를 나누면서 안정을 되찾고 의지가 많이 되었다.' '부모의 불안한 마음에
대한 이해가 마음의 안정에 도움이 되었다.' 등으로 나왔는데, 이는 학교폭력 위
기 상황 시 제3자의 전문적 개입과 조정으로 정서적 위로와 격려가 되었음을 보
여 준다.

갈등 당사자들과 조정 면담 시에 중요한 것은 당사자가 지닌 감정 표현이 자
신이 원하고, 뜻하고, 전달하는 의미가 정확해야 한다. 학교폭력 갈등상황에서
당사자들은 감정적 격앙에 치우쳐 욕설, 비하, 비평, 평가절하, 무시, 위협 및 협

박의 발언으로 갈등해결에 부정적인 영향을 미친다. 따라서 갈등의 쟁점과 원인, 결과에 대한 욕구와 기대로 인해 감정 및 의사표현에 어려움을 가지는 경우가 빈번하다. 이런 경우 당사자의 심정과 감정을 읽어 주고 상대방 입장에서 생각하게 해 봄으로써 자신의 문제에 대해 유연하게 대처할 수 있다는 격려와 유능함을 인정함으로써 문제해결 사고방식이 확대된다. 양측이 다른 입장이지만 진정 원하는 것이 무엇인지, 이유와 동기, 자신의 심정들을 솔직히 털어놓을 때 상대방과의 의사소통이 원활하게 되며, 문제해결에 도움이 된다.

(3) 학교폭력 사안에 대해 중립적이고 객관적인 자세와 태도로 공정하고 공평하게 분쟁조정을 진행함으로써 갈등 당사자의 균형적 회복을 돕는다

공정한 절차를 진행함으로써 학교폭력에 대한 오해를 막고 이해를 높여 이로 인한 분쟁을 미연에 방지할 수 있다. 학교폭력 사안에 대한 진행절차가 공정하다고 느낄수록 이로 인한 결과가 설령 만족스럽지 않더라도 그대로 수용하거나 불만이 감소할 수 있으며, 학교폭력으로 인한 분쟁과 갈등을 최소화할 수 있다. 학교폭력 사안 진행과정이 공정하고 공평하며 합리적으로 진행될수록 학교폭력 갈등 당사자들이 그 결과를 받아들이는 반면, 제대로 사안처리 절차가 안내되지 않거나, 주먹구구식으로 진행하거나, 책임을 전가하거나 하는 식이 될수록 학교폭력 갈등 당사자 측은 불만과 불평, 민원과 분쟁으로 확대되는 경우가 허다하다. 특히 학교폭력 사안처리 절차 안내 및 설명, 학교폭력 전담기구 조사, 심의위원회(구 자치위원회) 진행, 분쟁조정 등에서 공정한 절차 진행의 효과를 볼 수 있다. 가해·피해 어느 한 측에 대한 치우침 없이 일련의 절차를 마련하고 평등하게 대하며 양측의 권리에 대한 설명, 의견진술의 기회 부여, 선입견과 편견을 가지지 않고 각자의 입장을 충분히 표현하도록 기회를 제공해야 한다. 분쟁조정은 사건에 대한 조치와 처벌이 아니라 회복을 위한 공정한 절차와 과정 속에서 당사자가 만족하는 합의와 화해, 관계개선을 가능하게 하며, 학생 간의 폭력발생 맥락을 파악하여 향후 재발방지를 위한 치유와 회복에 도달할 수 있다. 갈등 당사자들 간의 위치, 권력, 직업, 학업 수준 등의 여부에 상관없이 공평하게 신뢰를 확보해야 한다.

(4) 당사자 간의 화해를 통해 손상된 심리적 욕구를 회복하고, 현실적 합의
　　를 도출하여 회복적 통합지원으로 재발방지와 치유를 돕는다

　　푸른나무재단 전국학교폭력 실태조사 연구에 따르면, 학교폭력 피해 때문에
얼마나 고통스러웠는지에 대해 5점 만점에 2018년도에는 3.67점, 2019년도에
는 3.76점으로 나타났다. 또한 2018년도 조사에서 학교폭력 피해 이후 가해학
생에게 '복수를 하고 싶은 충동을 느낀 적'이 있는지에 대한 질문에 '하루에 1번
이상'이라는 응답이 '40.6%.로 응답했고, '자살생각' 30.2%, '자해 및 자살시도'
32.3% 로 나타났다. 가해학생 또한 학교폭력 피해를 준 뒤 본인의 가해행동에
대해 '피해학생에게 미안하다'가 28.3%로 가장 많았으며, 그 다음으로는 '내 행
동이 지나쳤다' 27.6%, '후회한다' 19.7% 순으로 나타났다.

　　학교폭력은 가해ㆍ피해학생 모두에게 다양한 신체적ㆍ정신적ㆍ사회적 후유
증을 남긴다. 학교폭력 분쟁조정 상담의 목적은 학교폭력 사안처리에 집중하여
처벌에 중점을 두고, 어느 한 측의 편에서 이익을 추구하는 것이 아니라 당사자
인 학생들의 상처를 최소화하고, 피해학생에겐 보호와 치료를 최우선시하고, 보
복에 대한 두려움 없이 학교생활에 적응할 수 있도록 도우며, 가해학생에겐 재
발방지에 대한 약속과 이행, 반성과 적절한 교육선도적 조치 등 학교폭력으로
인한 회복적 기회를 가질 수 있도록 당사자들 간의 화해와 관계개선을 돕는 치
유와 회복의 과정이어야 한다. 그리고 분쟁조정 중 또는 이후에 필요시 학교폭
력 예방적ㆍ치유적 차원에서 당사자에게 적절한 상담, 교육, 심리치료, 가족치
료, 의료 및 법률지원, 진로지원, 생활지원이 가능하도록 통합적 지원 또는 기관
과 연계하도록 한다.

2. 학교폭력 분쟁조정의 단계 및 진행 모델

1) 학교폭력 분쟁조정의 단계별 이해[4]

「학교폭력 예방 및 대책에 관한 법률」은 학교폭력과 관련하여 분쟁이 있는 경우에 심의위원회는 분쟁을 조정할 수 있도록 정하고 있다. 여기서 분쟁조정이란 '소송'에 대한 대체적 해결수단으로서 중립적인 제삼자의 개입 및 진행을 통해 분쟁 당사자들 간에 자율적으로 타협과 화해에 이르도록 하는 제도를 말한다.

(1) 분쟁조정이 가능한 경우

피해학생과 가해학생 간 또는 그 보호자 간의 손해배상에 관련된 합의조정, 그 밖에 심의위원회가 필요하다고 인정하는 사항

(2) 분쟁조정의 기한

분쟁 당사자가 조정을 신청할 시 5일 이내에 분쟁조정을 개시하여야 하며, 분쟁의 조정기간은 1개월을 넘지 못한다.

(3) 분쟁조정 기관

- 시·도 교육청 관할 구역 안의 소속 교육지원청이 다른 학생 간에 분쟁이 있는 경우에는 교육감이 직접 분쟁을 조정한다.
- 관할 구역을 달리하는 시·도 교육청 소속 학교의 학생 간에 분쟁이 있는 경우에는 피해학생을 감독하는 교육감과 가해학생을 감독하는 교육감이 협의를 거쳐 직접 분쟁을 조정한다.
- 심의위원회는 분쟁조정을 위하여 필요하다고 인정하는 때에는 관계 기관의 협조를 얻어 학교폭력과 관련한 사항을 조사할 수 있다.

---

4) 해당 내용은 「학교폭력 예방 및 대책에 관한 법률」(제18조)과 2008년 문용린 등과 (재)청소년폭력예방재단이 집필한 『학교폭력 위기개입의 이론 및 실제』(학지사), 2014년 학교폭력 갈등·분쟁조정 매뉴얼(교육부·(재)푸른나무 청예단), 2018년 이경상·김승혜 외, 학교폭력 피해·가해학생 간 효율적 화해. 분쟁조정을 위한 연구(청소년정책연구원), 2020년 학교폭력 사안처리 가이드북(교육부)의 내용을 참고로 작성되었다.

(4) 분쟁조정의 거부 또는 중지

분쟁 당사자의 일방이 분쟁조정을 거부한 경우, 분쟁조정의 신청내용이 허위임이 명백하거나 정당한 이유가 없다고 인정되는 경우, 분쟁 당사자가 고소, 고발을 하거나 민사상 소송을 제기한 경우에는 분쟁조정의 종료가 가능하다.

(5) 분쟁조정 종료

● 심의위원회 또는 교육감은 분쟁당사자 간에 합의가 이루어지거나 심의위원회 또는 교육감이 제시한 조정안을 분쟁당사자가 수락하는 등 분쟁조정이 성립한 경우, 분쟁조정 개시일부터 1개월이 지나도록 분쟁조정이 성립하지 아니한 경우에는 분쟁조정 종료가 가능하다.

💬 학교폭력 관련 분쟁의 발생과 특성

✱ **학교폭력도 분쟁인가?**

• 분쟁이란 개개인의 욕구 차이로 인한 갈등이라고 정의할 수 있다. 학교폭력의 발생 또한 분쟁의 개념이 성립되는데, 왜냐하면 학생과 학교, 학부모 등의 복합적 갈등으로 인해 각 주체 간의 문제가 심각해지기 때문이다.

✱ **학교폭력 분쟁의 특성**

• 학교와 학생, 학부모가 연관된 특수한 공간과 신분이 복합적으로 얽힌 특성을 가진 분쟁이다. 내제된 학생들 간의 갈등이 폭력으로 표출되고, 이는 정신적 · 신체적 · 금전적 피해를 수반하게 된다.

• 학교폭력 분쟁은 가해 · 피해학생 학부모(가정) 간의 분쟁이기도 하다. 학교폭력 사안은 피해학생의 치료와 보호 및 가해학생의 선도와 교육을 위해 학생의 보호자인 학부모에게 통보되고, 문제가 원만히 해결되지 않을 때 분쟁으로 확대된다.

• 학교폭력 분쟁은 학교와 가해 · 피해 측 간의 분쟁이다. 학생들은 대부분의 시간을 학교에서 활동한다. 학교는 학생을 교육하는 기관이며, 생활의 공간으로 학생을 보호하고 지도한다. 그렇기 때문에 학교폭력 사안이 발생되면 가해 · 피해 학부모는 학생들의 지도와 보호에 대해 학교에 민감하게 반응하게 된다.

• 이처럼 학교폭력 분쟁은 가해 · 피해학생과 학부모, 학교 간의 민감한 갈등으로 첨예한 감정적 대립과 문제가 야기될 수 있는 심각한 분쟁으로 볼 수 있다.

• 학교폭력 발생 직후 가해 · 피해학생, 가해 · 피해학생 학부모 간의 갈등이 심각하게

발생하게 되고, 전담기구의 조사과정에서 갈등이 심화되며, 심의위원회의 결정과정과 조치ㆍ사과ㆍ손해배상 등의 과정에서 갈등이 증폭되면, 행정심판, 행정소송 등으로 분쟁이 심화되고 확대된다.

2) 학교폭력 분쟁조정 진행모델 및 절차

푸른나무재단은 2007년부터 교육부와 협약을 맺고 학교폭력으로 인해 일어나는 다양하고 복잡한 분쟁과 문제들을 원만히 해결하고자 '학교폭력 화해ㆍ분쟁조정 사업'을 진행하고 있다. 다음은 푸른나무재단이 진행해 온 학교폭력 분쟁조정 진행 단계와 모델 및 절차를 근거로 서술되었다.

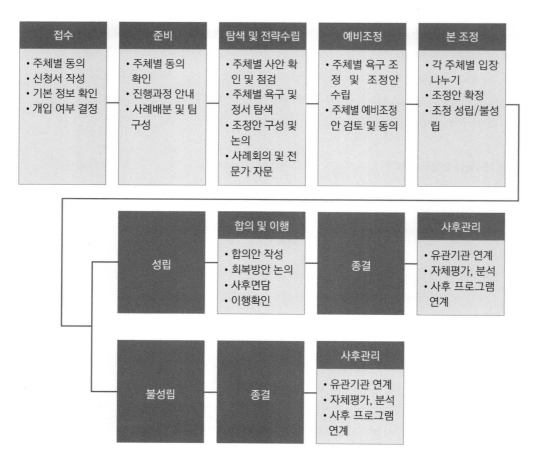

[그림 12-2] 분쟁조정의 진행모델 및 절차

(1) 접수 단계

접수 단계의 개입절차	• 주체별 동의 • 신청서 작성 • 기본 정보 확인 • 개입 여부 결정

　학교폭력 화해 및 분쟁조정의 첫 진행 단계는 접수다. 사례를 접수받으면 의뢰자와 통화하여 외부 전문기관을 통한 분쟁조정 개입에 대하여 학교, 학생, 학부모(가해·피해 모두 포함)의 동의 여부를 확인하여야 한다. 학교폭력 가해·피해 당사자 중 한 측의 의뢰로 개입하게 되면 의뢰자의 다른 한 측으로부터는 처음부터 공정성, 중립성을 바탕으로 한 신뢰감을 형성하기 힘들다. 그렇기 때문에 당사자가 아닌 제3의 기관으로부터 가해·피해 양측의 동의를 받아 초기단계부터 공정성 및 중립성을 바탕으로 학교폭력 분쟁조정이 신청·접수되어 개입한다는 안내절차를 명확히 한다. 다음으로 의뢰자가 작성한 신청서를 바탕으로 각 대상자별 기본 정보(학교, 학년, 이름, 연락처 등)와 사건내용(폭력 유형, 피해 기간, 학교 내에서의 조치, 현재 상태 등)을 수집한다. 신청서에 적혀진 기본 정보를 의뢰자와 재확인한 후 분쟁조정전문가로 구성된 사례판정회의를 통해 개입 여부를 확정짓는다.

(2) 준비 단계

준비 단계의 개입절차	• 주체별 동의 확인 • 진행과정 안내 • 사례 배분 및 팀 구성

　학교폭력 분쟁조정 의뢰자에게 조정 진행과정에 대해 안내를 하고, 당사자가 조정에 대해 동의를 한 여부에 대해 다시 한번 재확인하는 과정이 매우 중요하다. 의뢰자는 상대측 대상자에게 동의를 받았다는 전제로 분쟁조정 신청을 하지만, 실제로 각 주체별로 이야기를 나누다 보면 분쟁조정에 대한 이해가 충분하지 않아 개입을 재고려하는 경우가 발생하기 때문이다. 또한 개입 여부가 결정되면 결정에 대해 의뢰자에게 알린 후 내부적으로 분쟁조정을 진행해 나갈 조

정자를 선정하여 역할을 분담하도록 한다. 학교폭력 분쟁조정 시 1인이 분쟁조정을 진행할 경우보다 2인 이상이 분쟁을 조정할 경우 사안에 대한 심리적 부담감에 대한 경감과 진행과정에서 당사자의 의견을 중립적으로 공정하게 취합하여 다양한 해결방안 모색에 더 효과적일 수 있으므로, 학교폭력 분쟁조정자는 최소한 2인 이상의 팀으로 선정하여 진행한다.

(3) 탐색 및 전략수립 단계

탐색 및 전략수립 단계의 개입절차	• 주체별 사안 확인 및 점검 • 주체별 욕구 및 정서 탐색 • 조정안 구성 및 논의 • 사례회의 및 전문가 자문

이 단계에서는 주체별 인적사항과 연락처 등의 기본 정보와 학교폭력 사안에 대한 정보수집과 사실 확인을 진행한다. 학교폭력이 어떻게 발생이 되었는지, 사안처리 진행이 어떻게 되었는지, 현재 어디까지 진행되었는지, 심의위원회가 개최된 상황이라면 사안 관련에 대한 결과 등의 정보를 수집한다. 이를 기초로 당사자들의 분쟁 내용이 무엇인지 미리 파악하고, 분쟁의 원인, 배경에 대해 정보를 가지고 있으면 조정과정에서 당사자들의 소통을 돕는 데 더 효과적일 수 있다. 각 주체를 면담하는 경우에는 개별적으로 분리하여 진행하는 것이 중요하다. 분쟁조정자가 주체의 욕구를 탐색하기 전에 양측 당사자와 한 자리에서 면담을 진행하는 것은 조정이 진행되기 전에 분쟁을 더 심화시킬 수 있기 때문이다. 또한 학생과 학부모를 각각 면담하여 부모와 자녀 간의 의사소통이 원만하게 진행되고 있는지 알아보고, 학생이 원하는 욕구와 학부모가 원하는 욕구를 각각 파악한다.

분쟁조정자가 이 단계에서 유의해야 하는 부분은 탐색하는 자리에서 조정이 이루어지는 것이 아니라, 각 주체에 대한 욕구를 알아보는 것이 우선이라는 것을 명심해야 한다. 당사자들이 어떤 마음으로 분쟁조정 참여에 동의했는지, 분쟁조정으로 기대하는 바가 무엇인지 등의 욕구를 탐색한다.

탐색 단계의 면담 내용은 앞으로 분쟁조정 진행에 대한 전략을 세우는 데 기초가 된다. 양측의 욕구와 입장에 대해 분쟁조정자는 중립적인 입장에서 앞으로의 진행절차에 대한 접근 전략을 설계한다.

(4) 예비 조정 단계

예비 조정 단계의 개입절차	• 주체별 욕구 조정 및 조정안 수립 • 주체별 예비 조정안 검토 및 동의

　예비 조정은 탐색되었던 당사자의 욕구와 이해관계에 대하여 서로 양보하고 분쟁을 해결하기 위한 방안에 대한 대안모색을 진행하는 단계다. 이 경우 양측이 원한다면 당사자가 만나서 예비 조정이 이루어질 수도 있고, 한 측이 원치 않는다면 예비 조정은 전화 및 문자 등 매체를 활용하여 이루어질 수 있다.

　이 단계에서는 분쟁조정자는 각 주체별 욕구가(손해배상, 심리적 등) 현실성이 있는지 검토하고, 각자의 입장을 충분히 이야기할 수 있도록 돕는다. 이를 통해서 드러나지 않는 내면의 욕구와 기대를 최대한 탐색하고 문제해결을 위해 미래지향적인 의사소통과 합의를 할 수 있도록 지원한다. 또한 효과적인 대안이 모색되어 해결책이 결정될 수 있도록 당사자들이 필요로 하는 자원 및 정보들을 안내하고 지원하면서 진행한다.

(5) 본 조정 단계

본 조정 단계의 개입절차	• 각 주체별 입장 나누기 • 조정안 확정 • 조정 성립/불성립

　본 조정은 예비 조정 때와는 다르게 해결책을 가지고 당사자들이 합의를 하는 결정적인 자리다. 그렇기 때문에 학교폭력 분쟁 당사자는 심리적으로 더 불안하고 예민해질 수 있는 상황이므로 최대한 철저한 준비가 요구된다. 분쟁조정자는 그동안의 진행절차 및 사안에 대해 충분히 숙지하고, 본 조정이 진행되는 일정과 장소 등을 조율하여 준비한다. 본 조정에 참석자들이 도착하기 전에 배치된 좌석 위에 이름표를 놓아두는 것이 좋은데, 참석자들 간의 가능한 역학관계를 고려해서 좌석을 배치한다. 가해·피해 당사자가 마주볼 수 있도록 배

치하면 조정과정에 있어서 의사소통이 원활하게 진행될 수 있다. 분쟁조정자 외에 외부 전문가의 참석이 조정과 관련된 분야별 전문 정보 제공 등을 통해 도움이 된다면 사전에 당사자들에게 충분한 설명을 하고 동의를 구한 후 본 조정에 참석 요청을 한다.

또한 서로의 입장을 나누는 이야기하기, 듣기는 조정과정의 핵심적 단계라고 할 수 있다. 이 단계를 통해 당사자들이 함께 문제를 풀어갈 신뢰를 형성하고, 문제를 풀어갈 준비를 하는 단계이기 때문이다. 또한 분쟁이 발생하게 된 배경, 과정, 당사자 학생 및 학부모 관계, 강한 감정과 편견 등 분쟁상황에서의 각 당사자들이 생각하는 바를 드러내고 이해해야 하는 중요한 과정이기 때문이다. 이 진행과정 중 분쟁조정자는 다른 당사자가 이야기 도중에 끼어들거나 하지 않도록 규칙을 상기시키고 진행하는 것이 중요하다. 분쟁조정자는 경청을 통해 당사자들이 존중감을 느끼면서 이야기할 수 있도록 하고 갈등의 쟁점이 무엇인지를 파악한다. 분쟁조정자는 각 당사자들이 서로 잘 이해할 수 있도록 바꿔 말하기 혹은 재진술(paraphrase or restatement)을 통해 감정적·인신공격적 말에 가시를 빼고 당사자들의 갈등과 요구하는 바를 중립적으로 바꾸어 표현하여 전달해 준다. 그리고 효과적인 질문을 통해 드러난 갈등 외에 근본적인 감정이나 숨은 이익, 요구들을 당사자들이 표현할 수 있도록 돕는다.

분쟁조정자는 당사자들이 충분히 이야기를 나눴다고 판단이 되면 다음 단계로 넘어갈 수 있도록 제안할 수 있다. 당사자들이 동의하면 다음 단계로 진행이 되고, 그렇지 않으면 이 단계를 좀 더 진행할 수 있다.

① 성립 및 종결

성립 후 개입절차	• 합의안 작성 • 회복 방안 논의 • 사후면담 • 이행확인

양측 당사자들이 모색한 해결방안들에 대해서 조정이 성립되면 분쟁조정자는 당사자들이 모색한 해결방안 외에도 본 조정에서 다른 해결방안이 나올 수 있음을 준비하고, 조급하게 결정을 내리지 않도록 충분한 논의와 신중한 결정

을 하게 한다. 이 합의안을 결정하는 단계에서 양측 어느 당사자도 강요나 외부 요인으로 인해서 합의안을 결정하는 일이 발생되어서는 안 되고, 당사자들 간의 의지와 결정을 통해 합의안을 확정하는 것임을 숙지시킨다. 또한 조정된 내용을 구체적으로 합의안으로 작성하되, 양측 당사자 간의 논의와 결정으로 합의안이 작성됨을 명시하고, 서로 동의하고 각각 서명했음을 당사자들에게 확인하여야 한다. 합의사항에 대해서 분쟁 당사자들이 이행을 하였으며, 완전한 종결이 이루어졌음이 명시가 된다면 해당 학교폭력 분쟁조정에 대한 종결을 한다.

② 불성립

양측 당사자 간의 조정이 되지 않고 불성립될 경우 양측에게 이 사실을 고지하고 조정이 불성립되었음을 확인시킨다. 하지만 이 경우에도 사후면담 및 관리, 심리, 의료, 기타 등 도움을 받을 수 있도록 연계해 주는 단계의 안내도 같이 진행된다. 학교폭력의 갈등이나 분쟁은 오랜 기간 동안 해결되지 않고 복합적 상황 및 재발이 될 수도 있기 때문에 불성립 후에도 사후관리가 중요하다. 또한 사례 종결 후에는 불성립이 된 이유와 여러 가지 근거들을 기록하여 이후 개입에 대한 수정 · 보완사항으로 논의하는 과정이 필요하다.

(6) 사후관리 단계

사후관리 단계의 개입절차	• 유관기관연계 • 자체평가 · 분석 • 사후 프로그램 연계

조정이 종결된 후에는 개별적으로 면담을 통해 프로그램의 효과성에 대하여 확인하는 과정이 필요하다. 어떤 점이 도움이 되었다고 생각되는지, 갈등 해결 및 관계회복을 위해 가정과 학교 내에서는 어떤 노력을 할 것인지 등에 대하여 충분히 사후면담을 진행하고, 필요시 심리, 의료, 기타 등 도움을 받을 수 있도록 연계해 주는 단계도 필요하다. 사례 종결 후에는 참석한 상담원의 자체평가 및 분석을 통하여 향후 수정 · 보완사항에 대하여 논의하는 과정도 이후 효과적인 개입을 위해 중요하다.

💬 학교폭력 분쟁조정 시 유의점

✱ **학교폭력 분쟁조정 전문가의 자질 및 역할**

- 조정자의 학교폭력에 대한 가치관과 개념 확립이 중요하다.
- 가장 최선은 당사자에 대한 존중과 경청, 공손한 대화다.
- 솔직, 존중, 이해를 바탕으로 조정에 임한다.
- 학교폭력 관련 진술용어를 명료화한다.
- 당사자의 긍정적 · 부정적 요인을 탐색하여 진행사항에 대한 전략을 수립한다.
- 각 주체 간의 드러난 욕구와 숨겨진 욕구를 잘 구분한다.
- 현재에 미치는 과거의 학교폭력 경험이 있는지 탐색한다.
- 미래에 대한 기대와 바람을 탐색한다.
- 개인들의 욕구가 각자 다르므로 이를 존중하되, 공통점과 합의점을 찾아 내도록 한다.

✱ **학교폭력 분쟁조정 시 주의사항**

- 피해학생의 보호와 존중이 우선되어야 하고, 가해학생과의 균형적 조정을 하도록 돕는다.
- 학교폭력 갈등에 대한 이해를 가진다.
- 당사자들과의 신뢰형성이 중요하다.
- 학교폭력 발생 시 당사자 주변의 중요인물을 간과하지 않는다(위험 또는 보호 요인).
- 직접적인 당사자인 학생들보다 학부모 · 학교(교사) 등의 대상을 상대할 때가 많으니 학생의 욕구와 현재 상태를 반드시 파악해야 한다.
- 사람과 사건을 분리화시킨다.
- 가해 · 피해자가 불분명할 때는 누구나 '피해자'라고 여긴다.
- 각 주체 간의 욕구가 충분히 탐색되어 미래지향적이고 긍정적 관점으로 갈등을 해소하도록 노력한다.
- 갈등상담 또는 조정 진행과정을 구조화하여 진행한다.
- 결과는 당사자의 선택과 책임임을 분명히 알려 준다.
- 섣부른 평가, 비판, 판단, 일방적 조언은 삼간다.
- 현실에 기반하여 지켜질 수 있는 합의점을 가진다.
  예: 치료비 배상 합의와 이행
- 양측의 공통적 관심사를 찾도록 노력한다.
  예: 학교에 다니고 싶다(학생), 양측 부모의 자녀 안전에 대한 욕구의 동일(학부모)

3. 학교폭력 분쟁조정의 사례와 단계별 개입

학교폭력으로 인한 갈등과 분쟁은 다양한 대상자별(학생:학생, 학생:보호자, 학생:교사, 보호자:보호자, 보호자:교사 등)로 발생하기도 하며, 다양한 요인(심리적 요인, 조치적 요인, 관계적 요인, 금전적 요인 등)으로 인해 확대되기도 한다. 이러한 갈등으로 분쟁이 발생하였을 때는 분쟁 당사자 스스로 문제해결을 시도하는 과정과 동시에 전문가의 중립적 개입을 통하여 보다 원만한 문제해결이 가능하다.

따라서 본 장에서는 실제 사례를 학교폭력 갈등 · 분쟁조정의 진행모델을 근거로 분쟁조정의 단계별 개입을 기술하였다.

1) 동성 또래 간 성추행 사례(화해조정)[5]

초등학교 4학년에 재학 중인 A(남)는 왜소한 체격에 내성적인 성격이다. 학급 내에 친하게 지내는 친구는 몇 명 있지만 또래 친구들과 왕성하게 왕래하며 어울리는 성향은 아니었다. 그러던 어느 날 학교에서 수련회를 갔을 때 평소 가깝게 지내던 같은 반 남학생 B, C가 A의 성기에 파스를 붙이고 만지는 등 성추행을 했다(B는 주도적으로 가해행동을 하였고, C는 옆에서 동조하여 가해행동에 동참했다).

이후 자치위원회(현 심의위원회)가 개최되어 B, C는 학급 교체 및 교내 봉사 등의 처벌을 받았고, 교내에서 A와 분리되어 생활하고 있지만 A는 여전히 그날의 기억을 떠올리며 수치심을 호소하였다. 그리고 친하게 지냈던 친구들로부터 학교폭력 피해를 당한 것에 대한 배신감과 당황스러움으로 심리적인 어려움을 겪었으며, 이는 A에게 학교생활 부적응 및 성적 저하로 이어지게 되었다.

이에 A의 모는 A의 문제해결을 위하여 B, C 보호자에게 전화를 걸어 현재 B, C의 상태에 대해 물었고, B, C의 보호자 또한 아이들이 그 사건 이후로 교내에서도 가해학생으로 낙인 찍혀 부적응을 하고 있고, 자신의 행동에도 죄책감을 느

---

5) 이 사례는 2012년도에 접수되어 개입된 사례로 보호자 및 학생의 동의를 바탕으로 작성되었으며, 개인 신상정보 보호를 위해 일부 내용이 각색되었다.

끼며 종종 우울한 모습을 보인다며 아이들의 상태를 염려하였다.

이에 아이들 간의 관계회복이 근본적인 문제해결 방법이라고 생각한 A의 모는 B, C의 보호자와 논의를 통하여 아이들 간의 화해를 통한 관계회복 및 학교생활 적응을 위하여 (재)푸른나무재단 화해·분쟁조정센터에 화해조정을 의뢰하였으며, 이에 다음과 같은 절차를 바탕으로 사례 개입을 진행하였다.

① 접수 단계

이 사안의 의뢰자는 A학생의 모다. 의뢰자인 A의 모는 자녀의 학교폭력 문제로 인터넷 검색을 하던 중 (재)푸른나무재단을 알게 되어 홈페이지를 통해 화해조정 프로그램이 진행되고 있음을 확인하였다.

접수를 받은 상담원은 의뢰자인 A학생의 모와 전화상담을 통하여 외부 전문기관을 통한 개입에 대하여 각 대상자(A, B, C 학생 및 보호자)가 동의하였는지 여부를 확인하였으며, 의뢰자가 작성한 신청서를 바탕으로 각 대상자별 기본 정보(학교, 학년, 이름, 연락처 등)와 사건내용(폭력 유형, 피해 기간, 학교 내에서의 조치, 현재 상태 등)을 수집하였다.

신청서에 적혀진 사건내용에 대하여 의뢰자와 전화상담을 통해 재확인한 후 전문가로 구성된 사례판정회의를 진행하여 개입이 가능한 사례인지 논의 후 개입을 확정지었다.

② 준비 단계

외부기관에 화해조정을 신청하였을 때는 각 주체별로 외부기관의 개입에 대하여 동의하였는지 여부를 재확인하는 과정이 매우 중요하다. 의뢰자는 상대측 대상자에게 동의를 받았다는 전제로 신청을 하지만, 실제로 각 주체별로 이야기를 나누다 보면 충분히 전달되지 않아 개입을 재고려하는 경우가 발생하기 때문이다.

이에 상담원은 B, C의 보호자와 전화상담을 통하여 (재)푸른나무재단에 대한 소개, 화해조정의 취지 및 구체적인 진행과정, 이후의 일정에 대한 안내를 하였고, 중립적인 사건 확인을 위하여 각 대상자별로 인식하고 있는 당시의 사건상황에 대한 정보를 탐색한 후 현재 아이들의 상태 및 본 조정진행을 통해 어떤 점이 변화되기를 기대하는지 등에 대한 상담을 진행하면서 라포와 신뢰를 형성하였다.

준비 단계에서의 충분한 소통은 개입기관 및 전문가에 대한 중립적, 객관적, 전문성에 대한 신뢰로 이어져 중요한 성공요인으로 작용할 수 있다.

A, B, C의 각 보호자와 전화상담을 진행한 결과, A의 보호자가 신청서에 작성한 당시의 사건상황(수련회에서의 성추행 사건)에 대하여 B, C의 보호자도 동일하게 사건에 대한 인식을 하고 있음을 확인하였고, 효과적 화해 조정을 위하여 초등학교 남학생 간에 발생한 성추행 사건 및 학생 간 관계회복이 의뢰자의 욕구임에 중점을 두어 사례회의를 통해 적절한 상담자를 선정하여 사례 배분 및 팀 구성을 진행하였다.

Tip

푸른나무재단에서는 원만한 분쟁조정을 위하여 중립적 자세의 중요성에 대해서 강조하고 있다. 가해 · 피해 측으로부터 사건에 대한 정보를 수집하다 보면 한쪽에 치우친 정보를 얻게 될 가능성이 있기 때문에 손해배상 조정의 경우 가급적 학교 측에서 가해 · 피해 측의 동의를 얻은 후 분쟁조정 신청을 받고 있으며, 학교 측을 통해 사건에 대한 정보를 수집하는 것을 원칙으로 하고 있다.

하지만 이 사안은 화해 조정 신청이므로 사건에 대한 내용보다는 양측 간의 관계회복을 위한 화해의 욕구를 탐색하는 것이 더 우선시 되어야 한다고 사례판정회의를 통해 논의된 결과, 학교 측의 신청서는 별도로 접수하지 않고 양측의 동의 확인 및 신청서를 바탕으로 개입을 결정하였다.

---

③ 탐색 및 전략수집 · 예비 조정 단계

준비 단계에서 진행한 전화상담만으로 대상자별 욕구에 맞는 화해 조정을 진행하기에는 한계가 있다. 효과적 조정을 위해서는 예비 조정 단계에서 얼마나 문제해결과 관련한 구체적인 정보를 수집하고, 각 주체별 욕구와 정서탐색을 통해 양측 간의 화해를 위한 기초 작업을 진행하였는지가 중요한 변수로 작용할 수 있다.

이에 상담원은 A, B, C의 학생 및 보호자와의 개별상담을 통해 각 주체별 사안 확인 및 점검을 진행하였다.

본 사안의 의뢰자인 A의 모는 A가 불안해한다며 아이와 함께 상담하길 원하였지만, A에게 직접 물어본 결과 엄마 도움 없이도 혼자 상담이 가능하다고 하여 A학생, A학생의 모, B학생, B학생의 모, C학생, C학생의 모 총 6명의 대상자를 바탕으로 각 50분씩 면접상담을 진행하였다. 상담을 진행한 결과 각 대상자별로 탐색한 사안 및 욕구는 다음과 같았다.

〈표 12-2〉 예비 조정-개별상담의 적용

대상	구분	예비 조정-개별상담의 적용 세부
A-1	피해학생	욕구 • 진심 어린 사과를 받고 싶다. • 예전에 친했던 친구들이 왜 나에게 그런 행동을 했는지 친구들의 마음을 직접 듣고 싶다. • 앞으로 중학교에 진학해서도 마주칠 수 있는데 화해를 한다면 앞으로 나와 어떻게 지낼 생각인지도 충분히 이야기하고 싶다.
		정서 • 아직 그날의 상황을 잊지 못하고 고통스러워하는데 친구들은 다 잊고 아무렇지 않게 지내는 것 같아 친구들이 원망스럽고 화가 난다. • 난 B와 C가 친한 친구라 생각했는데 그 친구들은 나와 다르게 생각한 것 같아서 친구들을 믿었던 내가 바보 같다.
A-2	피해학생의 모	욕구 • B, C 학생들의 진심 어린 사과는 물론 그들의 부모도 우리 아이에게 "그동안 많이 힘들었지? B, C 엄마들이 미안해."라고 말하며 우리 아이를 안아 주었으면 좋겠다. • 화해조정을 통해 아이들이 당시에 왜 그런 행동을 한 것인지 서로 이야기 나누고, 오해를 풀어 마음 속에 응어리가 사라졌으면 좋겠다. • 단순한 일회적 화해식이 아니라 지속적으로 아이들이 친하게 지내길 바란다.
		정서 • 아직 B, C와 그 부모에게 화가 나는 마음이 남아 있지만 부모인 내가 계속 분노의 감정을 갖고 있으면 A에게도 그 마음이 전달될 것 같아 분노를 참고 있으나, 혼란스러운 마음이 크다.
B-1	가해학생	욕구 • 괴롭힐 생각으로 한 행동이 아닌 친한 마음에 장난으로 한 행동인데 A가 그렇게 상처를 받을 것이라고는 생각하지 못했다. A가 오해하고 있는 당시 상황들에 대하여 솔직한 마음을 전달하고 싶다. • A에게 주려고 만든 조형물과 편지가 있는데, A가 오해하고 학교폭력으로 신고할까 봐 전달하지 못했다. 이번 기회에 전달하고 싶다.
		정서 • 괴롭힐 마음으로 한 행동이 아닌 장난으로 한 행동인데도 학교폭력 가해자로 낙인 찍힌 것 같아 속상하다. 친구들이 나를 보고 손가락질을 하는 것 같아 두렵다.

B-2	가해학생의 모	욕구	• A와 그의 부모가 우리 아이를 진심으로 용서해 주고, B가 죄책감을 덜어 냈으면 좋겠다.
		정서	• 당시 사건 이후로 학교생활에 부적응하는 아이를 보면 속상하다. • A의 부모가 화를 낼까 봐 아이들끼리 만나게 해 주고 싶어도 엄두가 안 났는데, 이런 자리를 주선한 A의 모에게 고마운 마음이 든다.
C-1	가해학생	욕구	• 잘못은 B가 했는데, 옆에서 웃으며 동조했다는 이유로 A가 나를 같은 가해학생으로 취급하지 않았으면 좋겠다. • 엄마가 가자고 해서 오긴 했지만 이번 일로 A와 예전처럼 관계가 회복됐으면 좋겠다.
		정서	• 주 가해행동을 한 것이 아니고 사건 당시 옆에서 웃는 등 가담 정도가 적은데 처벌받았다는 사실에 화가 난다. • 다 끝난 일인데 이제 와서 또 사과를 하고, 죄인 취급받아야 하는 상황에 짜증이 난다.
C-2	가해학생의 모	욕구	• 이렇게 공식적으로 화해하고, 향후에 A의 모가 민사나 형사적 문제제기를 하지 않았으면 좋겠다. • 이왕 하기로 한 거 아이들이 화해하고 예전처럼 잘 지냈으면 한다.
		정서	• 처음 사건이 발생했을 때 충분히 사과를 했고, 아이도 처벌을 받았다. 오늘 화해식을 진행하는 것이 내키지는 않지만, B측에서 진행할 때 같이 진행하는 것이 나을 것 같아 동참했다.

이와 같이 각 대상자별 욕구와 정서를 파악한 뒤 아이들의 관계개선을 위한 화해 조정 구성회의를 진행하였다. 회의 결과, 다음과 같은 의견들이 취합되었다.

• 대상자별로 자신이 생각하는 진심 어린 사과는 어떤 것인지에 대한 구체적 탐색이 필요하다.
• 과거 A, B, C가 친하게 지냈을 때 각자 기억하는 긍정적인 경험을 꺼내어 예전과 같은 관계를 회복하고 싶은 욕구가 충분히 표현되도록 돕는다.
• 아이들과 부모에게 돌아가며 사건 당시의 마음, 현재의 마음, 앞으로 변화될 모습에 대하여 소통할 기회를 주도록 한다(단, 발언 순서 및 발언 시간 등의 규칙은 참석자의 동의를 구해 그 자리에서 정하도록 한다).
• 학교폭력 가해행동에 대해 억울한 마음을 갖고 있는 C가 프로그램에 적극적으로 참여시키기 위해 학교폭력 관련 동영상을 함께 보면서 프로그램을 시작하도록 한다.

다음의 의견을 참고하여 만들기를 좋아하는 A, B, C의 특성을 바탕으로 각자 과거에 함께했던 긍정적 경험, 사건 당시의 마음, 앞으로 지내고 싶은 방향 등을 담아 콜라주로 만들어 보고, 서로에게 설명으로 전달한 후 소감을 나누기로 하였다.

Tip

부모와 아이가 분리되어 개별상담을 진행하는 과정은 예비 조정 단계에서 매우 중요하다. 부모와 함께 상담을 진행하다 보면 아이는 부모의 의견이 자신의 의견인 것으로 혼동하기도 하고, 문제의 당사자인 본인이 해결을 위하여 원하는 욕구가 무엇인지 파악하는 데 방해가 될 수 있기 때문이다. 간혹 몇몇 부모들은 부모의 욕구가 곧 아이의 욕구라 생각하여 아이와의 상담을 거부하는 경우가 있는데, 이는 문제해결에 방해요인으로 작용할뿐더러 아이가 부모에 대한 신뢰가 낮아지는 요인으로도 작용될 수 있다.

따라서 푸른나무재단에서는 화해조정 진행 시 부모, 아이의 개별면담 진행을 통하여 부모와 아이의 욕구가 일치하는지, 일치하지 않는다면 아이의 욕구가 무엇인지를 파악하는 것을 원칙으로 한다.

---

④ 본 조정 단계

대부분 학교폭력이 발생하면 학교에서 학교폭력대책사안 관련을 통해 피해학생 보호조치 및 가해학생 선도 조치를 내린 후 사건이 종결된다. 하지만 중요한 것은 조치 후 아이들이 화해를 하고 관계가 개선되어 다시는 학교폭력이 재발되지 않는 환경을 만들어 주는 어른들의 노력이 필요하다는 점이다. 관계회복을 위해 진행된 A, B, C 학생의 화해조정은 다음과 같은 절차를 통해 진행되었다.

〈표 12-3〉 본 조정 진행 절차

도입	• 입실→착석→재단 소개→상담원 소개→참석자 소개→화해조정 취지 안내
진행	• 진행경과 안내→학교폭력 동영상 시청→진행과정 안내→발언규칙 정하기 • 화해조정을 통해 기대하는 점 나누기→콜라주 설명 및 전달하기 • 현재의 마음 나누기→앞으로 변화될 모습에 대해 나누기
마무리	• 서로 악수/안아 주기→소감 나누기→종결

　　본 조정 진행 전에는 상담자가 대상자별 심리상태를 파악하고자 각 10분간 사전면담을 진행하였다. 다음의 진행내용은 본 조정 사전면담 진행 중에 각 대상자별로 발언한 주요 내용을 근거로 작성한 것이다.

〈표 12-4〉 본 조정-개별상담의 적용

구분		본 조정-개별상담의 적용 세부
당일 사전 면담	피해 학생의 (A) 모	상: 이제 곧 화해조정이 진행될 예정이다. 상담실에 들어가서 가해학생 및 부모를 만나면 어떤 마음이 들 것 같은가? A 모: 아이들의 가해행동이 괘씸하긴 하지만 내가 제안한 화해조정에 동의를 해 준 가해 측에게 한편으론 고맙고, 지금 상황에선 가해 측을 원망하고 싶지는 않다. 가해 측 부모가 우리 아이를 따뜻하게 감싸 줬으면 한다.
	피해 학생 (A)	상: 상담실에 들어가면 B, C에게 가장 먼저 하고 싶은 말은 무엇인가? A: "그동안 잘 지냈어?" 이렇게 이야기할 것 같다. 그러면 그 친구들이 나에게 어떤 말을 할지 기대가 된다. 상: 어떤 이야기를 듣고 싶은가? A: "미안하다. 너 괜찮아?" 라는 말을 듣고 싶다.
	가해 학생 (B), (C)	상: 오늘 기분이 어떤가? B: 떨리기도 하고 설렌다. 상: 어떤 점이 떨리고 설레는가? B: A와 한참 동안 학교에서 분리되어 못 만났는데 어떻게 변했는지도 궁금하고, 사과하는 것이 익숙하지 않아 설레기도 한다. 한편으로는 사과를 받아 주지 않을까 봐 겁 나기도 한다.
	가해 학생 (B), (C) 모	상: 오늘 A를 만나면 어떤 이야기를 하고 싶은가? C 모: 아이가 커 가는 과정에서 이런 일을 겪는 것이 참으로 힘들었을 텐데 "많이 미안하다."라고 하고 싶다. 오해가 생기지 않도록 B와 C가 자신의 마음을 잘 표현했으면 한다.

　　화해조정을 진행하며 대상자들이 나누었던 대화의 주요 내용은 다음과 같다.

　　"우리 아이가 나중에 커서 학창시절에 대한 이야기를 할 때, 학교폭력으로 힘든 시기가 있었지만 그 뒤로 화해를 하고 위로를 받아 다 괜찮아졌다는 이야기를 할 수 있었으면 한다. 이 자리를 통해 A가 그런 이야기를 할 수 있도록 치유받았으면 좋겠다."(피해학생 A의 모)

"A가 그날의 상처로 아직까지 마음이 아프다고 들었는데, 아픈 것에 대한 원인이 우리와 아이들이니까 우리가 도와주어야겠다는 생각으로 프로그램에 참여하게 됐다."(가해학생 B의 모)

"지금 A를 다시 마주하니, 고통스러워하는 A를 보고 옆에서 지켜보기만 하며 도와주지 않았던 제 모습이 바보 같았던 것 같다. 그때 울고 있는 A 앞에서 웃는 게 아니었는데……미안하다……."(가해학생 C)

"내가 한 행동이 후회된다. A에게 많이 미안하다. 만약에 과거로 돌아갈 수 있다면 A를 괴롭히지 않을 것이다. 그렇다면 이렇게 A에게 미안하지는 않을 것 같다."(가해학생 B)

"엄마를 통해서만 B와 C가 나에게 미안해한다는 말을 들었고, 직접 들은 적이 없었다. 그래서 '난 이렇게 고통스러운데, 친구들은 아무렇지 않은 건가?'라고 생각하며 원망했었다. 그런데 오늘 이렇게 이야기를 나누고 보니 친구들도 그날의 일을 후회하고, 나한테 미안함을 느끼고 있는 것 같아 한편으론 마음에 위안이 되고, 친구들이 솔직하게 이야기해 줘서 고맙다."(피해학생 A)

⑤ 종결 단계

본 사안의 경우 피해학생 A 모의 적극적인 개입과 학교 내 처벌을 받았음에도 불구하고 재발방지 및 아이들의 심리적 회복을 위하여 화해가 중요하다고 인지한 B, C 모의 행동이 긍정적인 변수로 작용하여 원만하게 화해조정이 종결된 사례다. 참석한 부모들은 서로 어색한 모습을 보였지만 아이들의 사후관리와 재발방지를 위해 노력하겠다고 다짐하였고, A는 B와 C로부터 콜라주를 선물받은 후 밝은 모습을 보였고, 과거에 함께했던 즐거운 추억들을 회상하는 모습을 보였다.

외부 전문 기관의 개입을 통해 화해조정이 진행되었지만, 향후 재발방지 및 진정한 관계회복을 위해서는 어른들과 아이들이 자주 만나서 소통할 수 있는 환경을 제공해 주는 것이 중요하다고 판단하여 향후 계획에 대해서 구체적으로 이야기를 나누고 종결하였다.

6 사후관리 단계

화해조정이 종결된 후에는 개별적으로 면담을 통해 프로그램의 효과성에 대하여 확인하는 과정이 필요하다. 어떤 점이 도움이 되었다고 생각되는지, 아이들의 관계회복을 위해 가정 내에서는 어떤 노력을 할 것인지 등에 대하여 충분히 사후면담을 진행하고, 필요시 심리, 의료, 기타 등 도움을 받을 수 있을 만한 유관기관을 연계해 주는 단계도 필요하다. 사례 종결 후에는 참석한 상담원의 자체평가 및 분석을 통하여 향후 수정·보완사항에 대하여 논의하는 과정도 필수적이다. 본 사안에 대해서는 A, B, C 학생 및 보호자가 각 팀을 이루어 약 30분간 사후면담을 진행하였으며, 가해·피해 측만 개별적으로 만나서 화해를 시도했더라면 감정적인 대응으로 인해 오히려 분쟁으로 확대될 염려가 있었는데, 상담원의 중립적인 개입을 통하여 상대방의 화해 요청 및 사안에 대하여 객관적으로 바라보고 응대할 수 있었다며 감사한 마음을 표현했다. 하지만 일회적인 행사처럼 화해조정을 진행하고 종결되는 것이 아니라 향후 진정한 관계회복을 위해서는 부모의 역할이 중요함을 스스로 자각하는 모습을 보여 아이들의 관계가 회복되고 안전하게 학교로 복귀할 수 있을 거란 기대를 심어 주었다.

2) 또래 간 괴롭힘 · 신체폭력 사례(분쟁조정)[6]

중학교 3학년에 재학 중인 A는(남) 같은 반 학생인 B, C로부터 약 6개월간 지속적으로 괴롭힘과 신체폭행을 당해 왔다. B, C는 A의 특정 행동을 반복적으로 따라하고, 특별한 이유 없이 신체폭력을 가하였으나, A는 이 사실을 부모에게 알리지 않고 혼자 고통을 참아왔다. 그러던 어느 날, 보다 못한 A의 친구 D가 A의 부모에게 A의 피해사실에 대해 알렸고, A 부모의 신고로 인해 학교에서는 학교폭력 사안조사 및 자치위원회(현 심의위원회)가 개최되었다. 이 사안으로 A는 우울증 진단을 받고 신경정신과에서 치료를 받고 있었으며, 그 외에도 타박상으로 전치 3주의 진단을 받아 통원치료를 진행하고 있었다. A의 모는 이로 인해 현재까지 들어간 진료비 및 향후 진료비 외에도 치료를 받기 위해 들어가는 교통비 등을 가해 측으로부터 받기를 원하고 있으나, B, C측에서는 A가 초등학

---

6) 이 사례는 2013년도에 접수되어 개입된 사례로 보호자 및 학생의 동의를 바탕으로 작성되었으며, 개인 신상정보 보호를 위해 일부 내용이 각색되었다.

교 때도 학교폭력 피해사실이 있었다는 사실을 바탕으로 "신체적 치료 비용은 지불이 가능하나, 초등학교 때부터 생긴 심리적 상처를 왜 우리가 모두 보상하도록 하느냐."며 억울해했고, B, C가 주 가해학생이었던 건 인정하지만, 이미 반의 모든 아이들이 A를 따돌리고 괴롭히는 데 반 전체가 피해 보상을 해야 하는 것이 아니냐고 주장하며 가해·피해 측의 갈등이 심화되었다. 이에 학교 측에서는 A, B, C 모두 합의를 원하고는 있지만 합의점을 찾기가 어려운 관계로 양측의 동의를 구해 (재)푸른나무재단(구 청소년폭력예방재단)에 손해배상에 대한 분쟁조정을 의뢰하였으며, 다음과 같은 절차로 분쟁조정이 진행되었다.

① 접수 단계

이 사안의 의뢰자는 중학교 생활지도부장인 교사 E다. 의뢰자인 E는 (재)푸른나무재단에서 해당 교육청으로 발송한 분쟁조정 안내 공문을 받고 학교 내에서 발생한 학교폭력 사안의 손해배상 합의를 위해 분쟁조정을 신청하게 되었다. 접수를 받은 상담원은 의뢰자인 생활지도부장 교사 E와의 전화상담을 통하여 가해·피해 측 보호자가 외부 전문기관의 개입에 대하여 동의하였는지 여부를 확인한 후 신청서를 접수하였다. 작성한 신청서를 바탕으로 각 대상자별로 기본 정보(학교, 학년, 이름, 연락처 등)와 사건 내용(폭력 유형, 피해 기간, 학교 내에서의 조치, 현재 상태 등)을 파악한 후 사례판정회의를 통해 개입 여부를 확정하였다.

② 준비 단계

생활지도부장인 교사 E가 접수한 신청서를 바탕으로 상담원은 A, B, C 보호자와의 전화상담을 통해 외부기관의 개입에 대한 동의 여부를 재확인하였다. 손해배상 분쟁조정에 대한 명확한 개념 없이 단순히 합의금 조정을 해 주는 것으로만 재단의 역할을 인식하고 있는 각 대상자에게 진행하고 있는 분쟁조정의 정의 및 취지에 대해 다음과 같이 안내하였다.

분쟁조정이란 학교폭력으로 인한 손해배상 조정이 필요할 때 분쟁조정 전문가가 법률적 자문을 통해 원만한 합의를 이끌어 낼 수 있도록 돕는 프로그램이다.

궁극적으로는 손해배상 합의조정을 통해 학생들이 민·형사상 소송에 노출되지 않고 안전하게 학교로 복귀하여 적응할 수 있도록 돕고 학생들의 회복과 치유, 일상으로의 적응, 재발방지 등을 돕는 과정임을 전달한 후 재단 소개, 분쟁조정의 취지 및 구체적인 진행과정과 주의사항, 이후의 일정에 대해 안내하였고, A, B, C 보호자 또한 개입에 동의하였다.

학교폭력으로 인한 신체적·심리적 피해에 대한 실 치료비 및 향후 치료비와 기타 비용에 대한 합의조정이 필요한 사례의 경우 양측 간의 욕구를 파악하는 것도 중요하지만 판례에 근거한 법률적인 자문을 통해 문제해결에 접근하는 것이 필요한 사례라 판단되어 본 사안에 대한 법률자문단을 구성하고, 사례 배분 및 팀 구성을 진행하였다.

③ 탐색 및 전략수립 단계

중립적·전문적·객관적인 분쟁조정 진행을 위하여 상담원은 각 주체별로 인지하고 있는 사안이 명확한지에 대한 확인 및 각 주체별 문제해결을 위한 욕구가 무엇인지 탐색하는 작업을 진행하였다. 본 과정에서는 사건의 의뢰자인 E 교사와의 사전면담을 통하여 본 사안으로 대상자별 갈등이 심화된 요인이 무엇인지를 탐색하고, 대상자별 특징 및 주의사항에 대하여 사전 정보를 구하는 작업을 진행하였다. 이후 A, B, C 학생 및 보호자와의 개별면담을 진행하였고, 개별면담은 총 6명의 대상자를 바탕으로 각 50분씩 진행되었다. 이와 같이 집중적으로 사안을 탐색하는 과정을 통하여 각 대상자별로 숨겨진 욕구를 파악할 수 있고, 그러한 욕구 파악은 문제해결을 위한 전략을 세우는 데 큰 도움이 된다. 더 나아가 상담원은 탐색 및 전략수립의 단계에서 각 대상자별로 신뢰를 형성하기 위하여 다음과 같은 전략을 바탕으로 문제해결을 위해 접근하였다.

- 객관적 시각을 통한 명확한 사건 및 갈등쟁점 파악
- 경청과 공감을 통한 대상자별 신뢰감 형성
- 현재 대상자별 심리상태 파악을 통한 특성 이해
- 대상자별 욕구파악을 통한 문제해결 방안 탐색
- 법률/사안처리 지침/유관기관 연계를 통한 전문성 확보

다음과 같은 전략으로 접근하여 파악한 대상자별 욕구는 다음과 같았다.

〈표 12-5〉 분쟁조정-대상자별 욕구의 적용

대상	구분	분쟁조정-대상자별 욕구의 적용 세부
A-1	피해학생	• 가해학생들의 재발방지 및 보복 행위 금지 • 가해학생이 보호자와 함께하는 사회봉사
A-2	피해학생 보호자	• 치료비 보상을 통한 원만한 합의 (상해 관련 실 치료비, 상해 관련 향후 치료비, 심리치료비, 왕복교통비, 위자료 등) • 가해학생 전학 조치
B-1	가해학생	• 적절한 가해학생 선도 조치 • 가해학생으로서의 낙인 방지
B-2	가해학생 모	• 상해 관련 실 치료비 보상을 통한 원만한 합의 • 피해학생 전학
C-1	가해학생	• 사안 처리의 신속한 종결 • 가해학생에 대한 소문 방지
C-2	가해학생 모	• 상해 관련 실 치료비 보상을 통한 합의 • 가해학생에 대한 낙인 방지

예비 조정을 위한 면접상담 결과, 대부분 학생들은 재발방지 및 보복 행위 금지, 가해학생에 대한 낙인 우려 등, 개인에 대한 외부의 염려나 사안 자체에 집중을 한 반면, 대부분의 부모들은 금전적 보상을 통한 합의에 초점을 맞추고 있다는 점을 파악할 수 있었다. 특이했던 사항은 피해학생이 가해학생의 재발방지와 보복행위 금지 외에 가해학생이 보호자와 함께하는 사회봉사를 진행하기를 원했다는 점이다. 이러한 이유를 확인한 결과, 그동안의 사안처리 과정 중에서 가해 측 부모가 자녀의 잘못에 대해 사과하고 반성하는 모습을 보이기보다는 가해학생의 잘못을 합리화하며 두둔하는 모습을 보고, 가해학생의 행동에 변화가 되기 위해서는 부모가 함께 어려운 계층을 대상으로 봉사하며 약자에 대한 시야를 확장하게 되었을 때 가해학생들이 더 이상 폭력을 가하지 않을 거라 답했던 부분이 인상적이었다.

예비 조정 후 상담에 참여하였던 학생들의 동의를 받아 각 부모들에게 자녀들의 욕구를 전달하였다. 대부분의 부모들은 부모의 욕구가 곧 자녀의 욕구일 것이라 생각하였는데, 상담을 통해 자녀가 문제해결을 위한 욕구를 가지고 있다는 점에 대해서 놀라움을 표현하였으며, 문제해결을 위해서는 합의 및 처벌에 대한 조정이 되어야 한다고 생각했던 어른들의 시각에 대해 반성하면서 자녀의 입장을 고려하여 문제해결을 위해 접근해야 할 것 같다는 의견을 주었다.

이에 상담원은 사례회의를 통하여 보호자의 욕구 중심이 아닌 학생들의 욕구에 맞춰 문제해결을 해 나갈 때 학생들이 안전하게 학교로 복귀할 수 있다는 전략을 바탕으로, 부모들이 서로 간의 합의금에 대한 문제를 양보할 수 있도록 접근하기로 하였다.

④ 예비 조정 단계

개별상담을 통하여 각 대상자별 욕구 탐색 및 전략을 수립한 이후, 주체별 욕구 조정 및 조정안 수립을 위해 대상자별 예비 조정을 진행하였다. 부모들 간의 원만한 합의를 통하여 빠른 시간 안에 학교로의 안전한 복귀 및 적응을 원하는 학생들의 욕구를 고려하여 문제해결을 할 수 있도록 접근을 시도하였다. 또한 변호사의 법률자문을 통하여 양측 부모가 양보할 수 있는 영역에 대한 조정을 하였고, 그로 인해 제안된 예비 조정안은 다음과 같았다.

- 피해 측 부모가 주장하는 가해학생 전학은 피해학생의 욕구와 일치하지 않는 사항이므로 무리하게 부모가 가해학생의 전학을 요구할 때 발생할 수 있는 문제점에 대하여 논의하며, 가해학생의 전학 대신 보복 및 재발 방지를 위해 가해 측이 노력 가능한 사항에 대하여 구체적으로 논의해 본다.
- 학교 내에서 가해학생으로서의 낙인 및 소문 확산을 우려하는 가해 측에게는 학교 내에서의 낙인 방지를 위한 보호방법에 대해 함께 논의하며 대안을 마련하고, 가해·피해 측 모두 본 사안에 대해서는 비밀을 유지하도록 약속하도록 한다.
- 피해학생이 원하는 바인 가해학생이 보호자와 함께하는 사회봉사는 가해 측이 진정성 있는 사회봉사활동을 시도하며 본 사안에 대하여 반성하고 있음을 충분히 피해 측에 전달하도록 노력한다.
- 가해 측이 학교폭력 가해사실을 인정하고, 자치위원회(현 심의위원회)를 통한 선도조치를 받았으므로 이에 대한 실 치료비 및 향후 치료비, 심리치료 비용 등은 가해 측에서 지불하는 것을 원칙으로 하나 실 치료비는 영수증을 근거로, 향후 치료비는 병원에서 발급한 추정서를 근거로 가해 측에서 공동으로 지불하며, 심리치료 비용은 지역 내에서 비교적 비용이 저렴한 상담기관을 통하여 받을 수 있도록 자원을 연계하기로 한다.

가해·피해 측의 조정을 통해서 성립된 이의 조정안에 대하여 대상자별 전화 상담을 통해 예비 조정안을 검토하고, 조정안을 확정한 후 본 조정 일정을 개별 적으로 안내하며 예비 조정 단계를 종결하였다.

5 본 조정 단계

이 조정 단계는 학교폭력으로 인한 손해배상 합의조정 진행 시 가해·피해 측이 한자리에 모여 서로의 입장에 대하여 의견을 소통하는 자리로, 예비 조정 단계에서 서로에 대한 입장이 충분히 공유되지 않았을 때 본 조정 자리에서 분 쟁이 발생할 우려도 있다. 또한 금전적인 문제와 관련된 자리이므로 상담원만 본 조정에 참석하여 진행하기보다는 법률전문가의 도움을 통하여 공동으로 본 조정을 진행하였을 때 보다 객관적이고 전문적으로 본 조정을 진행할 수 있으 며, 참석하는 대상자들 또한 본 조정에 신뢰를 갖고 참여가 가능하다. 본 조정을 시작하기 전에 상담원과 법률전문가는 서로의 역할에 대한 분담을 통하여 원만 하게 본 조정이 진행될 수 있도록 사전 협조가 필요하다. 본 사안은 손해배상에 집중하여 조정을 진행하는 자리인 만큼 학생들은 참석시키지 않았으며, 보호자 중심으로 다음과 같은 절차를 통해 본 조정이 진행되었다.

〈표 12-6〉 본 조정 진행 절차

도입	• 입실→착석→재단 소개→상담원 소개→참석자 소개→분쟁조정 취지 안내
진행	• 진행경과 안내→학교폭력 동영상 시청→진행과정 안내→발언규칙 정하기 • 대상자별 입장 나누기→조정안 확정하기→수정사항 점검하기 • 합의서 작성하기→최종 점검하기→대상자별 합의서 보관하기
마무리	• 회복방안 논의하기→소감 나누기→종결

Tip

상담원은 본 조정 진행 시 필요한 서류 및 주의사항에 대하여 사전에 대상자별로 안 내가 필요하다.

본 조정이 성립된 이후 합의서를 작성하여 대상자별로 합의서를 보관하기로 하였고, 재발 방지 및 안전한 학교생활 적응을 위한 회복방안 및 가정 내 지도방안에 대하여 충분히 논의하는 시간이 진행되었다. 이와 같은 과정을 통하여 단순히 합의금에 대한 조정으로 분쟁조정이 종결되는 것이 아니라 회복적 방법으로 분쟁조정이 진행됨을 대상자들이 인지할 필요가 있음을 강조하며 본 조정을 마무리하였다.

⑥ 종결 단계

본 조정 이후에는 사후면담을 통하여 대상자별 진행과정에 대한 만족도와 향후 합의 이행에 대한 확인을 받는 과정이 진행된다. A 학생의 보호자는 보호자 간의 마찰로 인하여 합의금 및 가해학생을 대상으로 강력한 처벌 등을 요구하였지만, 결국 가정 내에서 아이가 문제해결을 위해 원하는 욕구가 무엇인지 탐색하는 과정을 놓치고 어른들 간의 갈등을 아이들을 통해 해소하고자 했음을 깨달았고, 분쟁조정 전문기관의 개입을 통해 사안을 객관적으로 인지하고 접근하게 되었다며 감사하게 생각한다는 마음을 표현했다.

B, C의 보호자 또한 학생들이 가해자로 낙인 찍힐 것이라는 두려움에 가해행동을 인정하고 싶지 않았고, 피해학생이 전학을 가면 문제가 해결될 것이라고 막연히 생각하였지만, 조정 진행 중 피해 측이 과대하게 치료비용을 요구하지 않고, 가해학생의 무조건적인 처벌보다 근본적인 문제해결을 위해 접근한 점에 대하여 오히려 감사했다며 향후 학생들의 재발방지를 위해 노력할 것임을 약속하였다.

토론주제

1. 「학교폭력 예방 및 대책에 관한 법률」에 근거한 분쟁조정 절차에 대하여 살펴보고, 학교폭력 현장에서 실효성 있는 분쟁조정 진행을 위하여 개선될 방향에 대하여 논의해 봅시다.

2. 분쟁조정 진행 시 초·중·고 학교급별 특성을 고려하여 어떠한 개입 전략을 바탕으로 조정하는 것이 효과적일지 논의해 봅시다.

3. 학교 교사가 외부 전문기관에 분쟁조정을 요청하여 화해·분쟁조정을 진행할 시 교사가 어떠한 역할을 수행해야 상호보완 효과를 누릴 수 있을지 논의해 봅시다.

4. 외부 전문기관의 분쟁조정 개입 이후 학급 내에서 교사가 학생들에 대한 관계회복 및 사후개입과 관리를 어떻게 진행하는 것이 효과적일지 논의해 봅시다.

참고문헌

교육부, (재)푸른나무 청예단(2014). 학교폭력 갈등·분쟁조정 매뉴얼.

교육부, 이화여대 학교폭력예방연구소(2020). 학교폭력 사안처리 가이드북.

김승혜(2013). (재)청소년학교폭력예방재단 연수 조화해 선생의 좌충우돌 학교폭력예방기 27차시. 서울: (재)청소년폭력예방재단.

김승혜, 이경상(2018). Blue Note Vol.102_학교폭력 피·가해학생 간 효율적 화해·분쟁조정을 위한 연구. 청소년정책연구원

문용린, 김준호, 임영식, 곽금주, 최지영, 박병식, 박효정, 이규미, 임재연, 정규원, 김충식, 이정희, 신순갑, 진태원, 장현우, 박종효, 장맹배, 강주현, 이유미, 이주연, 박명진(2006). 학교폭력 예방과 상담. 서울: 학지사.

문용린, 임재연, 이유미, 강주현, 김태희, 김충식, 김현수, 김영란, 이정옥, 박종효, 이진국, 신순갑, 최지영, 김미란, 리하르트 컨더, 최정원, 장맹배, 이기숙, 김미연, 홍경숙, 장현우(2008). 학교폭력 위기개입의 이론 및 실제. 서울: 학지사.

이유미(2013). 청예단 연수 조화해 선생의 좌충우돌 학교폭력예방기 28차시. 서울: (재)청소년

폭력예방재단.

이유미(2013). 학교폭력 분쟁조정을 통한 균형적 회복과 해결. 서울: (재)청소년폭력예방재단.

이유미(2013). 대전광역시 교육청 학교폭력 분쟁조정 지원을 위한 원격연수 콘텐츠. 대전교육청.

임재연, 이유미, 강주현, 김태희, 김충식(2008). 학교폭력 위기개입과 전략.

(재)청소년폭력예방재단(2008). 학교폭력 위기개입 매뉴얼.

(재)청소년폭력예방재단(2009). 학교폭력 분쟁조정 과정 및 실습.

(재)청소년폭력예방재단(2009). 학교폭력 위기상담 과정 및 실습.

(재)청소년폭력예방재단(2012). 학교폭력 SOS지원단 보고서.

(재)청소년폭력예방재단(2012). 2012년 학교폭력 상담사례 연구집.

(재)푸른나무 청예단(2019). 2018년 전국 학교폭력 실태조사.

푸른나무재단(2020). 2019년 전국 학교폭력 실태조사.

Klappenbach, D. (2011). *Mediative Kommunikation, Junfermann*(pp. 100-102). Osnabrück, Deutschland: Junfermann Verlag.

법제처 http://www.moleg.go.kr

찾아보기

인명

내용

저자 소개

이규미(제1장)
이화여자대학교 문학박사(상담심리 전공)
전 한국상담심리학회장
　　한국심리학회장
　　푸른나무재단(구 청소년폭력예방재단) · 동재단 학교폭력문제연구소 소장
현 아주대학교 명예 교수, 나우리심리상담연구소 소장

지승희(제2장)
이화여자대학교 문학박사(상담심리 전공)
전 한국청소년상담원 상담교수
　　고려사이버대학교 상담심리학과 부교수
현 상담심리연구소 쉼표 소장

오인수(제3장)
펜실베이니아 주립대학교 철학박사(상담자교육 전공)
전 미국 사우스캐롤라이나 대학교 교육학과 교수
현 이화여자대학교 교육학과 교수

송미경(제4장)
서울여자대학교 문학박사(상담 및 임상심리 전공)
전 한국청소년상담원 상담교수
　　한국상담심리학회장
현 서울여자대학교 교육심리학과 교수

장재홍(제5장)

고려대학교 문학박사(임상 및 상담심리 전공)

전 한국청소년상담원 상담교수

　　한국상담심리학회 사례위원장 및 수련위원장

　　중앙대학교 청소년학과 교수

현 서강대학교 심리학과 교수

정제영(제6장)

서울대학교 교육학박사(교육행정 전공)

전 교육과학기술부 서기관

　　한국교육개발원 전문연구원

현 이화여자대학교 교육학과 교수

조용선(제7장)

한국교원대학교 교육학박사(상담심리 전공)

전 안양고등학교 교사

현 동덕여자대학교 교양교직학부 교수

이정윤(제8장)

연세대학교 문학박사(상담심리 전공)

전 한국심리학회 학교상담특별위원장

　　상담심리사 수련위원장

현 성신여자대학교 심리학과 교수

이은경(제9장)

이화여자대학교 문학박사(상담심리 전공)

전 한국청소년상담원 상담교수

　　(사)한국상담심리학회장

현 명지대학교 청소년지도학과 교수

고경희(제10장)

성신여자대학교 문학박사(상담심리 전공)

전 이화여자대학교 양성평등센터 연구원

현 연합심리상담센터 부설 고경희심리상담연구소 소장

오혜영(제11장)

성균관대학교 교육학박사(교육심리 전공)

전 한국청소년상담복지개발원 상담교수

현 이화여자대학교 학생상담센터 특임교수

이유미(제12장)

독일 도르트문트 대학교 사회복지학 석사(청소년복지상담 전공)

전 푸른나무재단(구 청소년폭력예방재단) 학교폭력 SOS지원단 단장

　　서초구, 금천구청소년상담복지센터 센터장

현 푸른나무재단 꿈세움 Wee센터 센터장

김승혜(제12장)

연세대학교 문학 석사(가족상담 전공)

전 서초구청소년상담복지센터 팀장

　　푸른나무재단(구 청소년폭력예방재단) 학교폭력 SOS지원단 단장

　　푸른나무재단(구 청소년폭력예방재단) 청소년사업 · 상담본부 본부장

현 유스메이트 아동 · 청소년문제연구소 대표

최희영(제12장)

충남대학교 교육학 석사(교육심리 전공)

전 푸른나무재단(구 청소년폭력예방재단) 학교폭력 SOS지원단 팀장

　　푸른나무재단(구 청소년폭력예방재단) 청소년사업 · 상담본부 센터장

현 유스메이트 아동 · 청소년문제연구소 부대표

학교폭력 예방의 이론과 실제 [2판]

School Violence Prevention (2nd ed.)

2014년 3월 20일 1판 1쇄 발행
2020년 4월 20일 1판 12쇄 발행
2021년 9월 30일 2판 1쇄 발행
2024년 8월 20일 2판 6쇄 발행

엮은이 • 푸른나무재단 학교폭력문제연구소
지은이 • 이규미 · 지승희 · 오인수 · 송미경 · 장재홍
　　　　정제영 · 조용선 · 이정윤 · 이은경 · 고경희
　　　　오혜영 · 이유미 · 김승혜 · 최희영
펴낸이 • 김 진 환
펴낸곳 • (주) **학지사**
　　　　04031 서울특별시 마포구 양화로 15길 20 마인드월드빌딩 5층
대표전화 • 02) 330-5114　　팩스 • 02) 324-2345
등록번호 • 제313-2006-000265호
홈페이지 • http://www.hakjisa.co.kr
인스타그램 • https://www.instagram.com/hakjisabook/

ISBN 978-89-997-2519-7 93370

정가 19,000원